国家出版基金项目
NATIONAL PUBLICATION FOUNDATION

1919—2019 百年五四：
共同的文化精神家园

马勇 著

北方联合出版传媒（集团）股份有限公司
万卷出版公司

ⓒ 马勇 2019

图书在版编目（CIP）数据

五四那些事 / 马勇著. — 沈阳：万卷出版公司，
2019.8（2020.3重印）

（百年五四：共同的文化精神家园）

ISBN 978-7-5470-5176-4

Ⅰ.①五… Ⅱ.①马… Ⅲ.①五四运动—研究 Ⅳ.
①K261.107

中国版本图书馆CIP数据核字（2019）第144572号

出 品 人：刘一秀
出版发行：北方联合出版传媒（集团）股份有限公司
　　　　　万卷出版公司
　　　　　（地址：沈阳市和平区十一纬路25号　邮编：110003）
印 刷 者：辽宁新华印务有限公司
经 销 者：全国新华书店
幅面尺寸：146mm×210mm
字　　数：370千字
印　　张：16.25
出版时间：2019年8月第1版
印刷时间：2020年3月第2次印刷
责任编辑：张雪娇
责任校对：高　辉
封面设计：范　娇
版式设计：马婧莎
ISBN 978-7-5470-5176-4
定　　价：68.00元
联系电话：024-23284090
邮购热线：024-23284627
传　　真：024-23284521

目录

导论：在救亡与启蒙中寻找平衡

世纪初的迷惘与五四的选择 / 1

秩序瓦解 / 9

爱国情结的文化透视 / 16

学生的责任与使命 / 26

启蒙心态能否化解？ / 31

民主是否为中国所最需要？ / 43

文学改良与文学革命：启蒙主题与途径

新文学潜流 / 54

一张传单引发的故事 / 65

白话诗风波 / 78

自古成功在尝试 / 88

新文学是这样"运动"起来的 / 94

一个人和一份杂志：陈独秀与《新青年》

龙种与跳蚤 / 100

一群安徽人 / 105

从"青年"到"新青年" / 112

期待"新"青年 / 119

重构文化传统 / 124

一个人和一所大学：蔡元培与北大

维新时代唯一遗存 / 133

现代高等教育艰难起步 / 142

蔡元培这个人 / 152

群贤毕至新旧杂糅 / 157

新文化中心 / 169

救亡与启蒙：压倒、冲击与转机

内争与外争交织 / 176

中国的失望 / 185

运动学生 / 190

政府反应过度 / 197

谁是"道旁儿" / 204

一个聪明的替代方案 / 228

所谓新旧冲突：重建中国启蒙史叙事

建设的文学革命 / 240

适度的文学保守 / 266

传统主义与反传统主义

反传统主义的兴起 / 280

打孔家店或打倒孔家店 / 295

破坏礼法与国粹 / 313

破坏贞节与旧伦理 / 321

破坏旧艺术旧文学 / 329

破坏旧宗教与旧政治 / 345

反传统主义理论漏洞 / 355

新传统主义崛起 / 361

旧传统新创造 / 367

东西文化混战 / 380

新中有旧，旧中有新 / 399

安娜琪：一个美丽的传说

无政府主义的思想史定位 / 409

无政府主义何以在中国得到广泛传播 / 417

刘师培无政府主义的思想实质 / 423

《新世纪》派的精神追求 / 430

师复主义宗旨 / 437

马克思主义与无政府主义的冲突 / 447

新文化流变

反对派后继乏人 / 463

主义淡出问题凸现 / 473

古史辨与新儒家的兴起 / 490

中国思想的自觉 / 496

导论：在救亡与启蒙中寻找平衡

1919 年爆发的五四爱国运动，无疑是中国历史上最伟大事件之一，它标志着中国人，至少是中国知识分子特别是青年学生意识的觉醒，是 1840 年以来中国青年知识分子群体第一次全身心地投入，由此揭开了中国历史的新篇章，即中国的政治已不再限于职业政治家范围，而扩大到了知识分子特别是青年学生层面；中国政治的阴晴冷暖已不再是职业政治家的任意作为，而在相当程度上取决于知识分子合作的态度。

世纪初的迷惘与五四的选择

依照学术界的通行理解，五四运动有广义、狭义之分。狭义的五四运动指 1919 年因山东问题而引发的爱国热潮，以 1919 年 5 月 4 日的北京大游行、火烧赵家楼及学生被北洋政府逮捕为标志；广义的五四运动则指 1919 年前后长达十余年的新文化运动，其内涵与外延都相当广泛，前后期的变化也相当复杂和明显。

但不论广义的五四运动，还是狭义的五四运动，它们都是中国历史发展的必然趋势。狭义的五四运动即使没有山东问题的引发也迟早会以其他借口而爆发，广义的五四运动即使因某种原因而推迟，但它迟早也会以某种其他形式而发生。因为中国的政治发展和学术流变的内在规律在起着决定作用。

从中国政治发展的角度看，五四运动的爆发与前此中国政治的急剧变化密切相关，是世纪初中国人精神迷惘与探索的继续和发展。易言之，五四运动虽直接启导于山东问题，但其思想背景却是 20 世纪初中国人的精神迷失与困惑。

20 世纪的最初几年，清政府鉴于镇压了康有为、梁启超等人从事的维新运动之后的政治革命停滞状况，特别是八国联军入侵北京所带来的血的教训，又一次深切感到帝国统治的普遍危机，于是于 1901 年年初当两宫尚在西安流亡之际便匆忙地宣布预约变法，以期以新政消弭国内人民的反抗，以变革的姿态来换取列强的重新信任。从后来新政的实际举措看，清政府虽然竭力贬低与排斥康梁的变法路线，但从思想本源来说，毕竟真正第一次认同了康梁的危机意识。

平心而论，清政府对待这次新政的态度是积极而真诚的，也确实采取了一些有力的改革措施，诸如调整官制、整顿吏治、改订刑律、裁汰绿营、编练新军、奖励实业、兴办学堂、废除科举以及准许满汉通婚、劝谕妇女放足等。然而尽管如此，从总体上说，清政府的这次新政最终失败，到了 1905 年实际上已难以再继续进行下去。正如是年 7 月的一份上谕所说："方今时局艰难，百端待理，朝廷屡下明诏，力图变法，锐意振兴，数年以来，规模虽具而实效未彰，总由承办人员向无讲求，未能洞达原委，似此因循敷衍，何由起衰弱而救颠危？"①

　　承办者不力固然是新政失败的原因之一，但绝不是根本原因。事实上，此次新政只是统治者的一厢情愿，它不仅没有引起举国上下的一致兴趣，君民齐心，共度时艰，反而引起一些汉人士大夫对清政府的厌恶以及对满洲人的仇视。这些士大夫普遍相信，维新志士的血迹未干，刽子手怎么可能自动变法呢？他们认为，中国当前的唯一出路是革命，是将满洲人建立的异族政权彻底推翻，然后另起炉灶，重建中国。用章太炎的话说："满洲弗逐，而欲士之争濯磨，民之敌忾效死，以期至乎独立不羁之域，此必不可得之数也。浸微浸衰，亦终为欧美之奴隶而已矣。非种不去，良种不滋；败群不除，善群不殖。自非躬执大彗以扫除其故家污俗，而望禹域之自完也，岂可得乎！"②

　　章太炎的这种激进政治主张虽然不足以代表当时社会的普遍心理，因为当时尚有另外一些汉人士大夫对清政府的新政寄予无限的期望，幻想清政府能吸取戊戌的教训，通过君主立宪为中国的未来开辟一条生路。但章太炎以及他的同志对满洲人的不信任无疑促进了社会关系的紧张，加重了清政府新政的难度，也使中国人在世纪初遂陷入严重的精神困惑之中。

　　鉴于这样一种实际情况，清政府以及同情清政府的士大

①　故宫博物院明清档案部编：《清末筹备立宪档案史料》上，北京：中华书局1979年，第1页。

②　章太炎：《正仇满论》，《辛亥革命前十年间时论选集》卷一上，北京：三联书店1960年，第97页。

夫，几乎不约而同地意识到必须加大改革的力度，尽快确立立宪政体，以政治体制的实质性变革取信于民，换取民众特别是知识分子层的支持。否则，"国民之中，主张激烈之革命论者，日益蔓延"①。于是，君主立宪的呼声日高一日。

1904 年 5 月，张謇替湖广总督张之洞、两江总督魏光焘代撰了《拟请立宪奏稿》，随后又致信直隶总督袁世凯，希望袁能效法日本伊藤博文，利用在清廷中的重要地位和影响，督促清廷早日立宪。他说："公今揽天下重兵，肩天下重任，宜与国家有死生休戚之谊。顾亦知国家之危，非夫甲午、庚子所得比方乎？不变政体，枝枝节节之补救无益也。"②与此同时，清政府驻法国公使孙宝琦也以变更国体为请，他强调："近年中国民志大开，凡有血气者，无不痛国势之衰微，愤外侮之凭陵，昌言改革，莫之能遏。宝琦窃维倡论自下，恐为自上祸之阶，决之上，乃为政治之本。"他恳请清廷认清形势，当机立断，"仿英、德、日本之制，定为立宪政体之国，先行宣布中外，于以固结民心，保全邦本。"③借用一段形象的文字说，1904 年的中国，"通国上下望立宪政体之成立，已有万流奔注，不趋于海不止之势。失此不图，则泛滥为患，祸且甚于古昔之洪水也夫！一转移间，利害若此，谋国是者，奈何不急起而为之所也！"④似乎不立宪中国必亡，只有立宪才是解救中国的唯一出路。

<hr />

① 伧父（杜亚泉）:《立宪运动之进行》,《东方杂志》第九卷第七号，1913 年 1 月。

② 沈祖宪、吴闿生:《容庵弟子记》, 台北：文海出版社 1966 年，第 18 页。

③ 《东方杂志》第一卷第七期，1904 年 7 月，第 82 页。

④ 孙宝琦:《论朝廷欲图存必先定国是》,《时报》1904 年 8 月 7 日。

立宪的呼声与行动在20世纪初年甚嚣尘上，确实热闹了一阵子。但事实表明，既得利益者不可能心甘情愿地放弃权力，当君主的权力以超越法律之外的时候，既得利益集团必将借助君主的权力维护自身的利益。到了这个时候，所谓君主立宪，不过是给君主专制披上一件合法的政治外衣，从而使君主专制集团对任何反抗与不满都能从容不迫地对付之。当1911年5月皇族内阁终于出台的时候，立宪派的大部分人虽然极度失望，但清廷这时已再也不顾及他们的情绪了。下面的这份文件便可说明清廷当权者此时的心态："都察院代奏，直省谘议局议员呈请另行组织内阁一折。黜陟百司，系君上大权，载在先朝钦定宪法大纲，并注明议员不得干预。值兹预备立宪之时，凡我君民上下，何得稍出乎大纲范围之外，乃议员等一再陈请，议论渐近嚣张，若不亟为申明，日久恐滋流弊。朝廷用人，审时度势，一秉大公，尔臣民等均当秉遵钦定宪法大纲，不得率行干请，以符君主立宪之本旨。钦此。"[1]

君主立宪不足以解决中国问题，这一主张既反映了20世纪初中国人精神的迷惘与困惑，实际上也是解决中国问题的一个理论上的误区。它不仅挽救不了清廷灭亡的命运，而且给此后的中国历史发展带来深远而又恶劣的影响。

当君主立宪运动紧锣密鼓的时候，并不是所有的中国人都相信这一主张。以孙中山为核心的革命党人从根本上蔑视清政府的立宪运动，而坚持以武装斗争的手段，彻底推翻清

---

[1] 故宫博物院明清档案部编：《清末筹备立宪档案史料》上，北京：中华书局1979年，第579页。

政府，"驱逐鞑虏，恢复中华"。1905 年 10 月，孙中山在同盟会机关报《民报》发刊词中，系统地阐释了以民族、民权、民生为主要内容的三民主义理论，坚信中国只要参照三民主义的方略便能解决所有问题，既可顺利完成政治革命，又可避免欧美诸国于政治革命之后所出现的社会危机。他说："近时志士舌敝唇枯，惟企强中国以比欧美。然而欧美强矣，其民实困，观大同盟罢工与无政府党、社会党日炽，社会革命其将不远。吾国纵能媲美于欧美，犹不免于第二次之革命，而况追逐于人已然之末轨者之终无成耶！夫欧美社会之祸，伏之数十年，及今而后发见之，又不能使之遽去。吾国治民生主义者，发达最先，睹其祸害于未萌，诚可举政治革命、社会革命毕其功于一役。还视欧美，彼此瞠乎后也。"①

很难说孙中山的设想是一种无根据的乐观主义情绪，但事实上孙中山手创的中华民国也恰恰仅仅完成了政治革命，赶跑了皇帝。中华民国在其最初的年代里似乎仅有一块好听的招牌，其他方面则依然故我。中国人在精神上的空虚与迷惘不是减轻了，而是加重了，似乎比辛亥革命之前更加混乱。因为在辛亥革命之前人们毕竟尚没有看到革命后的清醒，总觉得革命后的中国一定是别有一番新气象。

辛亥革命以及随之而来的政治上的剧烈变动，造成国人信仰的空前危机与混乱，"中国向何处去?"又一次成为中国人心头久久不能忘怀而苦苦思索的问题。正如鲁迅所描述的那样：

---

① 孙中山:《孙中山选集》，北京：人民出版社 1981 年，第 76 页。

见过辛亥革命，见过二次革命，见过袁世凯称帝，张勋复辟，看来看去，就看得怀疑起来，于是失望，颓唐得很了。①

我想，我的神经也许有些瞀乱了。否则，那就可怕。

我觉得仿佛久没有所谓中华民国。

我觉得革命以前，我是做奴隶；革命以后不多久，就受了奴隶的骗，变成他们的奴隶了。

我觉得有许多民国国民而是民国的敌人。

我觉得有许多民国国民很像住在德法等国里的犹太人，他们的意中别有一个国度。

我觉得许多烈士的血都被别人踏灭了，然而又不是故意的。

我觉得什么都要从新做过。②

鲁迅的思考反映了当时国人精神迷失的实际状况，对辛亥革命的实际后果的严重不满正是五四运动得以爆发的直接思想背景。正是基于这种精神上的困惑，新一代的知识分子开始登上历史舞台，他们批判性地对待辛亥革命发起者的精神遗产，以期通过新的思维路向为中国问题的根本解决寻求一剂灵丹妙药。他们苦思寻求的结果，正如多年后毛泽东所指出的那样，中国是以农民为主体的国家，中国问题的真正

---

① 鲁迅：《〈自选集〉自序》，《鲁迅全集》卷四，北京：人民文学出版社 2005 年，第 468 页。

② 鲁迅：《忽然想到》，《鲁迅全集》卷三，北京：人民文学出版社 2005 年，第 16 页。

解决一定是广大农民群众的积极参与，"国民革命需要一个大的农村变动。辛亥革命没有这个变动，所以失败了。"①

无须否认，农民是中国社会较为落后、较为分散、较为不开化的阶级，中国问题的根本解决既然取决于农民群众的参与与否，那么又势必存在着一个如何引导农民的问题。辛亥革命之后的新一代知识分子，亦即五四新人，几乎无一例外地以为应当对农民进行改造，以现代观念革除农民的劣根性，用当时的话说就是"改革国民性"。鲁迅说：

> 说起民元的事来，那时确是光明得多，当时我也在南京教育部，觉得中国将来很有希望。自然，那时恶劣分子固然也有的，然而他总失败。一到二年二次革命之后，即渐渐坏下去，坏而又坏，遂成了现在的清醒。其实这也不是新添的坏，乃是涂饰的新漆剥落已尽，于是旧相又显了出来。使奴才主持家政，哪里会有好样子。最初的革命是排满，容易做到的，其次的改革是要国民改革自己的坏根性，于是旧不肯了。所以此后最要紧的改革国民性，否则，无论是专制，是恭贺，是什么什么，招牌虽换，货色照旧，全不行的。②

鲁迅的话虽说在五四之后，但他确实道出了五四新人在

---

① 毛泽东：《湖南农民运动考察报告》，《毛泽东选集》，北京：人民出版社1991年，第16页。

② 鲁迅：《两地书》，《鲁迅全集》卷十一，北京：人民文学出版社2005年，第31页。

辛亥革命失败之后的思考，是五四之前几年思想文化界的普遍认识。他们相信中国问题的真解决既不限于技术问题，也不单纯是政治问题，而是更深层次的文化问题。只有从文化的层面解决了中国向何处去的问题，才能使中国问题的其他方面获得连带的解决。他们寄希望于青年一代，期望青年一代确立现代化的意识与信念，既克服自身的劣根性，又能促进整个国民性的改革。诚如"五四运动的总司令"陈独秀在新文化运动的宣言书《敬告青年》中所说的那样：

青年如初春，如朝日，如百卉之萌动，如利刃之新发于硎，人生最可宝贵之时期也。青年之于社会，犹新鲜活泼细胞之在人身。新陈代谢，陈腐朽败者无时不在天然淘汰之途，与新鲜活泼者以空间之位置及时间之生命。人身遵新陈代谢之道则健康，陈腐朽败之细胞充塞人身则人身死；社会遵新陈代谢之道则隆盛，陈腐朽败之分子充塞社会则社会亡[1]。

在 20 世纪初国人精神迷失而不知所措的特殊背景下，五四的选择为当时苦闷的思想文化界带来了一线希望，因而很快成为新派知识分子的普遍认识。他们逐渐摆脱辛亥革命失败之后的彷徨与犹豫，以全新的精神面貌去从事他们的理想事业，中国历史从此又揭开了新的一页。

秩序瓦解

五四改造国民性、启发国民意识、重塑国民品格的选择，

---

[1]　陈独秀：《独秀文存》，合肥：安徽人民出版社 1987 年，第 3 页。

是 20 世纪初国人精神迷惘的必然结果，也是鸦片战争以来中国自救自强运动的逻辑发展。就其本质而言，五四的选择自然比洋务运动、戊戌变法、辛亥革命等运动的诸多举措深刻得多，它已触及中国社会存在的深层——民族文化的心理结构，已经意识到中国的发展不仅取决于社会全体成员的共同认识，而且取决于社会全体成员能否具备共同的语言和素质。

但是从另一方面看，五四的选择虽然是当时知识精英深思熟虑的结果，然其问题的焦点似乎找错了方向。辛亥革命的不成功以及前此种种救亡图存运动归于失败，除去国民的不觉悟之外恐怕尚有其他方面的重要原因。换言之，近代中国几次大规模的救亡图存运动都找到过当时中国问题的根本症结之所在，但它们之所以统统归于失败而无法成功，并不都在于国民的不觉悟，而是另有原因在。

我们知道，中国历史上的意识危机和社会危机并不是到了近代才有，然在近代之前的中国基本上都能顺利地解决这些危机，从而使中国社会不断地变化与前进。如果不是西方列强以炮舰撞开中国的大门，中国社会依其内在的规律似乎应该能够完成其向现代社会的转变。正如毛泽东所说："中国封建社会内的商品经济的发展，已经孕育着资本主义的萌芽，如果没有外国资本主义的影响，中国也将缓慢地发展到资本主义社会。"①

西方列强的入侵扰乱了中国社会的正常发展，仅就社会经济而言，它一方面对中国传统社会经济结构起了很大的分

① 毛泽东：《中国革命和中国共产党》，《毛泽东选集》，北京：人民出版社 1991年，第 626 页。

解作用，破坏了中国自给自足的自然经济基础，破坏了城市的手工业和农民的家庭手工业；另一方面，促进了中国城乡商品经济的发展，促进了中国民族工业和民族资产阶级的发生与发展。

但是，西方列强的根本目的并不是为了促进中国传统社会向现代社会的转化，而是为了建立起它们的世界市场。因此，西方列强的到来，一方面刺激了中国社会的发展，另一方面则导致了这一发展的超前和失序。中国民族资产阶级没有获得充分的发育，其先天不足无法担当推动中国社会发生根本性转变的历史重任，致使近代中国一直无法真正完成新旧交替。在这个意义上说，五四的选择虽然极为重要，但并没有抓住中国问题的关键。不仅中国传统社会的发展无须社会全体成员的共同参与，而且近代中国的根本问题也并不是引导全体国民的觉悟，而是使中国民族资产阶级获得充分的发展，成为社会的主导阶级。

中国民族资产阶级先天不足的原因是多方面的。然如前所述，其根本原因在于近代中国社会发展的超前和失序，是近代中国社会秩序危机的必然结果。

在中国尚未与西方世界真正接触的传统社会里，社会的整体结构及其内在各部分的关联相对来说处于一种高度和谐的状态之中，社会的再生机制以及应付危机的能力似乎从未被人怀疑过。因此当西方传教士抵达中国的最初的那些年代里，他们无不对中国的文化成就和社会秩序的和谐而感到欢欣鼓舞。第一个直接掌握中国语文，并对中国古典文明进行过深入研究的西方传教士利玛窦，对孔子的哲学有着浓厚的兴趣，强调西方人如果批判性研究那些被载入史册的孔子的言行，便不得不由衷地承认孔子可以与任何异教哲学家相媲美，而且还要远远超过他们中的大多数人。

利玛窦的态度代表了当时欧洲人的普遍心态，在十六七世纪前后，中国文明的发展虽然也遇到过一些内部障碍，但从总体上说，与欧洲文明相比并不落后，在许多领域中国仍处在世界先进国家的行列。欧洲人看到了这一点，他们力图吸收中国文明，改造他们的固有文化，在那之后的两三个世纪里，欧洲人对中国文明逐渐产生了浓厚的兴趣，在他们的心目中，遥远而神秘的中国是最理想、最完美的贤明政治，道德高尚，文化发达，足以作为欧洲人的楷模。

然而，这种情况在中国人方面则导致了另外一种结果，中国人在与西方人的接触过程中，囿于传统的华夏文化中心主义的观念，确曾有过为时并不太长的自我满足。但当中国人冷静地反省中西社会与文化的差异时，突然发现欧洲人在某些方面要比中国先进得多。特别是经过鸦片战争等实力交锋之后，学习西方文化的某些方面已逐渐成为社会的共识。

学习西方、赶上西方是鸦片战争之后中国人的共同追求，尽管经历了种种挫折与失败，中国人始终没有放弃过这种选择。不过，正是这种挫折与失败，引发了国人的自我怀疑情绪，觉得中国之所以不能赶上西方，除了某些外在的因素外，可能与中国的传统文化和旧的秩序密切相关。我们看到，五四的选择正是这种怀疑情绪的恶性膨胀，它使国人对中国旧的秩序与文化传统的怀疑达到了登峰造极的地步。

五四新人为了启发国人的觉悟，竭力批判中国的旧道德，以为正是中国的旧道德铸就了国民的劣根性，造成了国民的蒙昧主义，使中国迟迟不得翻身和进步。因而，中国欲求进步与发展，便不能不彻底废除旧道德，建立新道德，使国民在价值取向上与现代社会相合。陈独秀说："现代生活，以经济为之命脉，而个人独立主义，乃为经济学产生之大则，其影响遂及于伦理学。故现代伦理学上之个人人格独立，与经济学上之个人财产独立，互相证明，其说遂至不可动摇；而社会风纪，物质文明，因此大进。中土儒者，以纲常立教。为人子为人妻者，既失个人独立之人格，复无个人独立之财产。"[①]

陈独秀从经济关系探讨道德观念转变的必然性，自然要比鸦片战争以来国人的自我怀疑深刻得多。正因为如此，五四对传统秩序的破坏也要严重得多，它触及了中国传统社会秩序的根基，使秩序危机达到近代以来空前的程度。但是，当我们冷静反省当年的情况，我们又不得不承认五四对旧秩序的破坏具有相当大的负面效应，其理论本身也陷入了两难的境地。

伦理观念的变迁取决于社会经济的发展，在某一特定的社会经济状况下，必然产生与之相应的伦理观念。当中国社会经济尚未达到陈独秀所期望的"现代"标准时，理论观念的提前转变势必导致社会秩序的混乱与失范。从这个意义上说，近代以来不是中国旧有的观念阻碍了社会的进步与发展，而是社会经济状况的变化滞后于意识形态的变迁。换言之，包括五四在内的近代国人在精神上的追求远远超过社会的实际承受能力，遂使意识形态不是为社会的稳定与有序服务，而

① 陈独秀：《孔子之道与现代生活》，《独秀文存》，合肥：安徽人民出版社1987年，第83页。

是加剧了社会秩序的混乱与失范。

社会秩序的混乱与失范，在某种情况下有助于养成人们的竞争意识，客观上或许有助于地区经济的增长与繁荣，人们出于基本的生存需要，不得不在激烈的竞争中完善自身，适应环境。但在更多的情况下，社会的繁荣与发展，不仅有赖于能否赢得一个和平的外部环境，而且取决于社会内部全体成员能否携手一致，齐心合力，建立与健全一个长期持续稳定的内部机制。在某种意义上说，近代以来中国问题迟迟得不到根本解决，中国传统社会迟迟没有完成向现代社会的转化，除去种种复杂的背景和原因外，恐怕社会内部秩序的混乱，各种利益集团之间无法则的相互冲突、社会公众信仰的多元化与多变性等，未始不是根本原因之一。

五四新人并不是全然没有意识到这一点，他们在破坏旧秩序的同时，确曾思考过如何重建新秩序的问题。陈独秀对民主科学、法兰西文明的呼唤，李大钊对唯物史观的介绍，吴虞对墨家精神的仰慕，胡适对实用主义的偏爱，等等，无不可视为重建社会秩序的重要步骤。他们一方面排斥旧秩序的精神支柱，另一方面也渴望以新的时代精神重建新的社会秩序。陈独秀说："夫道德之所由起，起于二人以上相互之际，与宗教法律，同为维持群治之具。"[①] 丝毫没有否认道德在维持社会秩序方面的效用。

不过问题在于，五四对中国的社会秩序毕竟建设太少，破坏太大。一方面，五四新人精神追求的多元化使国人无所适从，使近代以来国人的信仰危机到达无以复加的程度。"所

① 常乃德：《纪陈独秀君演讲辞》，《新青年》第三卷第三号，1917年5月1日。

以近一年来，居然也有几个不肯徒托空言的人，叹息一番之后，还要想法子来挽救。第一个是康有为，指手画脚的说'虚君共和'才好，陈独秀便斥他不兴；其次是一班灵学派的人，不知何以起了极古奥的思想，要请'孟圣矣乎'的鬼来画策；陈百年钱玄同刘半农又道他胡说"①。于此不难想见国人信仰到了何等混乱的状况。

另一方面，五四新人所提出的道德标准和精神追求，远远脱离中国的社会实际，因而在新秩序重建过程中的实际效用未免大大减低。如陈独秀期望国人建立"自主的而非奴隶"的人格，称"解放云者，脱离夫奴隶之羁绊，以完其自主自由之谓也。我有手足，自谋温饱；我有口舌，自陈好恶；我有心思，自崇所信。决不认他人之越俎，亦不主我而奴他人：盖自认为独立自主之人格以上，一切操行，一切权力，一切信仰，唯有听命各自固有之智能，断无盲从隶属他人之理"。②不要说这种主张能否真正实现，即或真的实现了，那又将是怎样一种状况还难想象吗？胡适赞成娜拉离家出走，然而鲁迅则反问道，娜拉出走之后怎样？不是回到旧规范的怀抱，便是像子君那样悲惨地死去，活着进入政界商界，成为社会上的某种花瓶。简言之，五四的精神追求虽好，但它毕竟超越了社会发展的实际条件和社会的实际承受能力，因而对社会秩序的重建与稳定并没有获得倡导者预想的效果。

从总体上说，五四的选择代表了中国历史发展的必然方

---

① 鲁迅：《我的节烈观》，《鲁迅全集》卷一，北京：人民文学出版社2005年，第116页。

② 陈独秀：《敬告青年》，《独秀文存》，合肥：安徽人民出版社1987年，第5页。

向，是中国现代化进程中的必然环节。但它依然患有近代国人操之过急的浮躁心理，无视社会秩序和谐在社会发展与进步中的决定性作用。他们渴望一夜之间发生天翻地覆的变化，不愿在有序的环境里为民族复兴做艰苦细致的长期努力。五四之后中国一系列戏剧性的变化，差不多都可以从这里寻找到思想渊源。

现代化是一个长期而艰巨的历史过程，现代西方国家的现代化历史已充分表明，如果没有一个稳定、和谐的内部秩序，任何浮躁的空喊都无济于事。社会秩序的建立与稳定并不单单是政府的责任，全体社会成员不仅应建立起社会秩序的共识，而且要有一种为民族根本利益而自我牺牲的勇气。当民族利益需要的时候，社会成员不是信奉"自陈好恶""自崇所信"的自我中心主义，而是确立一种为民族利益牺牲个人的献身精神，将个人的作为纳入秩序的轨道。

爱国情结的文化透视

现代化的真正实现有赖于能否确立稳定的秩序，而秩序的建设一方面需要政府积极协调各个利益集团的冲突，使各利益集团在确认现代化共识的前提下进行有秩序的竞争；另一方面，各利益集团以及全体社会公众，为了国家和民族现代化的整体利益，既要充分利用对政府的监督权利，使政府的行为不至于超越秩序，或危及国家和民族的根本利益；又要接受政府的指导与协调，使各利益集团及全体社会公众的行为也纳入秩序的轨道。简言之，为了现代化的根本目标，任何个人、任何利益集团、任何行为的责任者和担当者，都必须在秩序之内进行活动，而不应凌驾于秩序之上。

当然，和任何事物的发展规律一样，秩序本身也是一种运动中的范畴。它既不可能凝固于某一点，同时，从实际运作程序看，它也不可能永远处于平衡状态。它的平衡是暂时的，不平衡是绝对的。但平衡是根本目标，不平衡是为了重新实现更高层次上的平衡的必然阶段而不是社会成员的追求目标。

反观近代中国的全部历史，我们不难发现，中国现代化的历程之所以步履维艰，裹足不前，或收效甚微，除却无数复杂的内外在因素和机遇的丧失之外，最根本的原因之一，恐怕还在于社会公众一直未能确立现代化根本目标下的秩序共识，遂使中国秩序一直处于不平衡状态。

中国秩序的失衡不始于五四，而是与中国现代化同时起步。早在 19 世纪中叶，中国现代化酝酿之际，中国秩序的失衡即已显露征兆。早期洋务运动思想家和传统社会的改良主义者，困惑于中国进步与发展的阻力何以如此巨大的客观事实，便已试图从传统秩序的方面寻找内在原因。如果说龚自珍"无八百年不夷之天下，天下有万亿年不夷之道。然而十年而夷，五十年而夷，则以拘一祖之法，惮千夫之议，听其自堕，以俟踵兴者之改图尔"的说法[1]，依然是"药方之贩古时丹"[2]，企

---

[1]　龚自珍：《乙丙之际箸议第七》，《龚自珍全集》，上海：上海人民出版社 1975 年，第 6 页。

[2]　龚自珍：《己亥杂诗》，《龚自珍全集》，上海：上海人民出版社 1975 年，第 513 页。

求发挥传统秩序的调节功能，挽救社会危机的话，那么，魏源提出的"欲制夷患，必筹夷情"，"师夷之长技之制夷"以及"款夷"的主张等，在客观上势必引发对旧秩序合理性的怀疑。他说："天下事，人情所不便者变可复，人情所群便者变则不可复。江河百源，一趋于海，反江河之水而复归之山，得乎？履不必同，期于适足；治不必同，期于利民。是以忠、质、文异尚，子、丑、寅异建，五帝不袭礼，三王不沿乐，况郡县之世而谈封建，阡陌之士而谈井田，笞杖之世而谈肉刑哉！'礼，时为大，顺次之，体次之，宜次之'。"① 这实际上是要求改变中国旧有的社会秩序以合乎变化了的现实。

不过，类似魏源的这种思想倾向一直到清朝末年的新政、君主立宪等运动，虽然对旧秩序的不合时宜提出过种种责难与建议，但他们并不是要求彻底破坏旧有的秩序，而是期望以清政府为主导自觉协调旧秩序与现实生活中的不适应的部分，促进社会秩序由不平衡达到平衡。

但是，自魏源以来的这些善良愿望毕竟统统化为泡影，于是人们便很自然地从根本上怀疑旧秩序存在的合理性、合法性，怀疑清政府以及此后名实不符的共和政府的能力、诚意，于是有了辛亥革命，有了五四运动。

辛亥革命、五四运动对现存政府合法性的怀疑无疑是基于善的理念，也就是说，他们依据善的理念作为批判和评价现实生活和现实国家的标准。因此，他们实际上是把体制的各种政治形态的改变和道德目的等同起来。这一点诚如毛泽东后来所分析的那样："五四运动所反对的是卖国政府，是勾

① 魏源：《默觚·治篇五》，《魏源集》，北京：中华书局1976年，第49页。

结帝国主义出卖民族利益的政府，是压迫人民的政府。这样的政府要不要反对呢？假使不要反对的话，那末，五四运动就是错的。这是很明白的，这样的政府一定要反对，卖国政府应该打倒。你们看，孙中山先生远在五四运动以前，就是当时政府的叛徒，他反对了清朝政府，并且推翻了清朝政府。他做的对不对呢？我以为是很对的。因为他所反对的不是反抗帝国主义的政府，而是勾结帝国主义的政府，不是革命的政府，而是压迫革命的政府。五四运动正是做了反对卖国政府的工作，所以它是革命的运动。"①

　　辛亥革命不在本文的讨论范围。关于五四运动，毛泽东实际上已经讲得很清楚，它是中国人民反对卖国政府的一次革命运动。由于政府卖国，因此必须打倒，必须推翻。这里的实质性问题其实是秩序与爱国的内在关联。

　　无须否认，探讨这一问题的首要困难在于如何确认当时政府的法律地位，其次是如何确认五四爱国运动对政府的指控。关于第一个问题甚为复杂，它实际上是辛亥革命遗留下来的历史问题。1916 年 6 月 6 日，袁世凯在国人的一片咒骂声中死去。不久，袁世凯政府的副总统黎元洪"依法就职"，继任总统。在孙中山等人的强烈要求下，黎元洪恢复了 1912 年的宪法，召回了旧国民议会的议员，重新组织了内阁，由段祺瑞任总理。对黎元洪的做法，孙中山甚为满意，于是他指示中华革命党通告国内外各支分部："迨袁贼自毙，黎大总统依法就职，因令各省党军停止进行。今约法归复，国会定期召集。破

---

① 毛泽东：《青年运动的方向》，《毛泽东选集》，北京：人民出版社 1991 年，第 561~562 页。

坏既终，建设方始，革命名义，已不复存，即一切党务亦应停止。"[1] 这就于事实上承认了黎元洪政府的合法性。

不久，黎元洪与段祺瑞闹分裂，黎将段解职。段纠集北洋系军人谴责黎，黎于是同意张勋出面调停。然而张勋又有自己的打算，他不是调停黎段的矛盾，而是借机进入北京复辟了清朝。1917 年 7 月，段祺瑞以共和国再造者的姿态进入北京，平息了张勋的短命复辟，又逼黎元洪让位与副总统冯国璋。

冯段之间有过短暂的合作，但由于他们分属于北洋系的两大系统，利益的驱使他们并不可能真正合作。1918 年 10 月，段祺瑞安福集团控制的国会将冯挤下台，而冯所属的直系集团则以段勾结日本为借口，指责段出卖中国以换取贷款。此后北方政府在人事上还有种种变动，但在相当长的一个时期实际上都是段祺瑞一系控制着。五四爱国运动的主要矛头就是针对段祺瑞的所谓北洋政府。

与段祺瑞的北洋政府对峙的是南方的孙中山领导的中华民国军政府。这是中国当时的实际状况，从法理学的角度看，南北两政府都有其存在的法律依据。事实上，不论南方政府，还是一般国民，都视段祺瑞的北京政府为一政治实体，否则南方政府就不会和北方政府对等谈判，五四爱国民众也就不会向段祺瑞的北京政府请愿。

就国际地位看，国际社会承认段祺瑞政府是中国的合法代表，出席巴黎和会的代表除了王正廷代表南方军政府外，其余的均应看作北方政府人士。

---

① 孙中山：《中华革命党本部通告》，《孙中山全集》卷三，北京：中华书局 1984 年，第 33 页。

再看五四爱国运动对北方政府的指控。山东问题是五四运动的导火线，但此事由来已久，甚为复杂。如果站在客观、公正的立场上看，中国拒绝在巴黎和约的最后文本上签字，不仅维护了中国的主权尊严，而且将在国际社会引起强烈反响，有助于中国国际地位的提高。[①] 正如福开森当年所描述的那样："据美国人之感想，以威总统对于山东问题让步于日本，以期日本加入国际联盟，实属铸成大错。现在群情忿慨，甚为反对。欲图补救，惟有中国绝端拒绝签字之一法而已。若拒绝签字，则较诸保留为尤善，且有助于中国之国际地位甚大也。""美国舆论及参议院对于巴黎中国代表团拒绝签署和约一事，深表赞同，情意恳至（挚）。"[②] 因此，中国政府拒绝签字是正确的选择。

中国政府代表团最后确实这样做了，这也确实是五四运动的巨大历史功绩。在一定程度上也可以说："在五四运动的巨大的革命洪流下，当时军阀政府不得不被迫向帝国主义进行交涉，巴黎和会的代表陆征祥等竟不敢签字和约。这是中国人民的胜利，这是中国革命走上新民主主义阶段的开始。"[③]

---

① 但从国家的直接利益来说，或许诚如严复所指出的那样，和约不签字，恐怕是有害而无利。"盖拒绝后，于胶济除排阎日货外，羌无办法，而和约中可得利益，从而抛弃（姜汉卿反对是也），所伤实多。此事陆专使及中央政府莫不知之，然终不肯牺牲一己，受国不祥，为国家行一两害择轻之事。此自南宋以来，士大夫所以自为谋者，较诸秦缪丑诸人，为巧多矣。嗟呼！事真不可一端论也。"《与熊纯如书之八十一》，《严复集》（王栻主编）卷三，北京：中华书局1986年，第697页。

② 《近代史资料》编辑室：《秘笈录存》，北京：中国社会科学出版社1984年，第226页。

③ 叶恭绰：《一九一九年南北议和之经过及其内幕》，《北洋军阀史料选辑》（杜春和、林斌生、丘权政编）下，北京：中国社会科学出版社1981年。

不过，当我们回过头来看一下巴黎和会上中国代表团的全部交涉过程，我们便很容易发现北方政府虽然在是否签约上有过某些犹豫，但自始至终的主流见解差不多都是拒绝签约。先看陆征祥等人于五四运动爆发前二日即5月2日引咎辞职书中的一段话，书中写道："我国对德宣战，原冀列席和会。乃此次和会办法，迥与历次公会不同，各国列席全权先即大分差等，我国仅得其二，抗议虚掷东流。此祥之无状者一。到会列席，原为提议商酌，冀有公道之主张，稍减利权之损失。所有希望各案，尤以胶州为先，迭次陈述理由，各国多表同意，内有政府之决心，外有国民之后盾，乃力争数月之结果，终违当日之初衷。此祥之无状者二。"① 很显然，中国代表团在和会上一开始的底牌就是要收回山东的主权，只是由于种种原因而未能实现。对这一结果，代表团和北方政府当然负有责任，但毕竟国势太弱，"弱国无外交"，无法争得在国际上的应有地位。

然而问题在于，既然代表团和北方政府的底牌是收回山东主权，何以称北方政府是卖国政府，何以因此又引起规模如此宏大的五四爱国运动？如欲解释此问题，笔者以为只有从秩序与爱国的内在关联入手。

爱国是一个公民最起码的责任心，如果一个人连自己的国家都不爱，那么他在中国这样文化传统的国度里便难以生存。作为中国的政治家，最大的耻辱莫过于卖国，最高的荣誉也就是看他能否在盖棺论定时获得爱国者的美谥。对于国民特别是青年学生，自古以来就有一种强烈的爱国主义情绪，他们可能

---

① 《近代史资料》编辑室：《秘笈录存》，北京：中国社会科学出版社1984年，第145页。

有时对国内政治麻木不仁，但在涉及国家主权、民族利益的时候，我们的国民，尤其是青年学生便极容易唤起自己的良知。因此我们看到，中国聪明的政治家无不注意以爱国心调动青年的热情，国共两党政治领袖在谈及五四运动时，或许会有意无意贬低启蒙价值、文化意义，但均肯定青年的爱国热情。简言之，在不同的中国人那里，爱国的心态是完全不相同的。

青年的爱国激情最容易被人挑拨，也最容易被人利用。不过，这种挑拨与利用的外在条件必定是秩序失范最严重的时候。如果秩序处在最佳状态，政府可以对社会和青年进行有益的指导，社会公众和青年也比较容易以理性的态度利用自己的权利监督政府。依此反观五四运动爆发的那一年，我们看到中国的秩序是近代以来最坏的几个年头之一，不仅南北政府对峙而和谈不成，而各个政府内部利益集团也在进行无休止的明争暗斗。如北方政府，"安福系所组成的新国会，于1918年9月选举徐世昌为大总统，冯国璋遂下野。安福系认为这次选举既能倒冯，又举一个毫无军权实力的北洋元老徐世昌来作傀儡，那末段祺瑞仍居有参战督办地位，无论是出面组阁与否，实际上操纵全部军政大权。但是徐世昌并非甘心作傀儡，他这次能被选出为大总统，亦正是利用直皖二系之争，坐收渔人之利。"① 像在这种失范的秩序下，青年学生的爱国热情即使不被利用，也往往是一种盲目的行为。

史料表明，五四运动爆发前夕的中国，不仅青年学生不了解事情的真相，即或某些当事者对政府的秘密外交及各利

---

① 叶恭绰：《一九一九年南北和谈之经过及其内幕》，《北洋军阀史料选辑》（杜春和、林斌生、丘权政编）下，北京：中国社会科学出版社1981年，第15页。

益集团之间的关系也不甚了了。"三四月间，上海报界接王正廷专使自巴黎来电云：吾辈提议于和会者，主张废除二十一款及其它秘约不遗余力，推测日本之伎俩仅有二途：曰引诱，曰用武。然皆与正谊公道相违；必不出此。但吾国人中有因私利而让步者，其事与商人违法贩卖者无异，此实卖国之徒也。所望全国舆论对于该卖国贼群起而攻之，然后我辈在此乃能有讨论取消该条件之余地。此电文既披露于各报，于是群情忿怒如触汤火，谓果有是人者，真秦桧再生于今日，李完用复乎中土矣！……时人既读此电，以为此卖国贼必指在巴黎之华人掣专使之肘者，始疑叶玉虎氏，然叶滞在美洲尚未抵欧，于是群疑梁启超氏。"①

作为中国政府代表团的正式成员和南方政府的唯一代表，王正廷仅以"推测"之词吁请国内舆论有所表示，可见此时中国之秩序处于一种非正常的状态。而国内人民特别是青年学生当此时真有所表示不是有点儿盲目，有点儿不太负责任了吗？

再看五四亲历者匡互生1925年对五四大游行背景的回忆。他说："北京各校全体学生本来有一种五月七日举行示威游行运动的预备。不料自五月一日起，由巴黎和会传到北京的消息一天险恶一天。到了五月三日，由几家报纸和几个外国教员宣传的消息，竟说中国的外交已完全失败，并说失败的原因完全在曹汝霖、章宗祥、陆宗舆等秘密订立的高徐、济顺两路借款合同的换文上所有的'欣然承诺'四个大字上面。因为'二十一条'的承认还可以说是由于最后通牒压迫的结果，

---

① 蔡晓舟、杨景工：《五四》，《五四爱国运动》（中国社会科学院近代史研究所近代史资料编辑组编）上，北京：中国社会科学出版社1979年，第450页。

在以谋求永久和平相标榜的和会场中可以借着各国的同情把全案推翻的，但日本的外交家却能立刻拿出中国专使所未曾知道的密约换文上所有的'欣然承诺'四个字来作非强迫承认的反证，来作钳制中国专使的口的利器。这一个消息宣传以后，北京所有的学生除了那些脑筋素来麻木的人以外，没有不痛骂曹、章、陆等没有良心的，没有不想借一个机会来表示一种反抗的精神的。因空气这样紧张的缘故，大家就有提前举行示威运动的提议，于是五月四日举行游街大会的议案就由各校代表会议议决了。"①

当我们冷静思索巴黎和会的消息是如何转到学生那里去的时候，我们不能不怀疑北方政府内部运作程序的紊乱、各派系之间的争斗以及他们对学生爱国热情的利用。据当时参与政府处理和会事务的叶景莘回忆说，五月一日，外交委员会决定不签约，由汪大燮、林长民将电稿亲呈总统徐世昌，徐令国务院拍发巴黎中国代表团。"但二日国务院又密电专使签约，院里电报处一个林长民的同乡当晚潜去报告他。三日清晨，汪、林到会，汪命即刻结束会务……林密电梁启超并请他通知巴黎中国留学生，他另又通知国民外交协会嘱发电反对。我……打了英文电与上海复旦公学李登辉校长，说'政府主签，我们在此已尽其所能反对，请上海响应'。这个电的署名是随便写了三个英文字。……傍晚，我到汪处报告，汪问还有什么办法可想，我说：'北大学生本要游行，何不去告蔡先生。'汪即坐马车从东单二条口赶到东堂子胡同西口蔡宅。

① 匡互生：《五四运动纪实》，《五四运动回忆录》（中国社会科学院近代史研究所编）上，北京：中国社会科学出版社 1979 年，第 306 页。

蔡即电召北大学生代表于当晚九点在他家会议。"①

学生的责任与使命

如果一个民族中的青年学生对政治麻木不仁，对时事不关心，那么这个民族不但难以实现现代化，恐怕也难以生存和延续。一个民族的真正希望在于青年，在于学生，因此怎样才能唤起青年学生的觉醒，调动青年学生的积极性、创造性和爱国心，这是任何一个政府都不能不高度重视的大事。

但是，从学生方面而言，优点和缺点共存，优势与劣势同在。热情、好动，无不具有强烈的爱国意识和奋发精神，这无疑都是值得永远保持的优良品质。不过，也必须坦率地承认，青年学生正是有了这种特殊的优势，往往容易被那些怀有某些特殊政治目的的人所利用。因此，青年学生在保持发扬自身优势的同时，也应时时以一种理性的态度对待自身，明确自己的真正责任与历史使命，在保持高度爱国热情的前提下，确立一种现代的秩序意识。

一个社会如果没有秩序就什么事情也干不成，即使是在反对外国侵略，争取民族权利和尊严的斗争中也应具有一定的秩序。而且，由于学生自身的散漫性和冲动性特征，因而，虽然容易唤醒他们的爱国热情，但实际上往往许多后来的行为就不是学生领袖或社会权威人士所能左右得了的，更不要

---

① 叶景莘:《巴黎和会期间我国拒签和约运动的见闻》,《文史资料选辑》辑二,
　北京:中国文史出版社1986年,第150页。

说令行禁止了。所以，学生的爱国热情如果不能在理性和秩序中得到节制，最后吃亏的依然只能是学生自己。

在五四爱国运动中，学生的爱国激情和英勇无畏的献身精神无疑应当充分肯定，但是如果仅从总结学生运动的历史经验与教训的立场来反思，也不得不承认有许多后来发生的事情并不是学生的最初愿望，甚至有许多方面有悖于现代社会的最基本和最起码的要求。据五四运动亲历者和组织者许德珩的回忆："四月底，巴黎和会决定了要把德国强占我们的山东'权利'，判给日本帝国主义强盗继承。同时还拒绝了取消袁世凯与日本所订的二十一条卖国条约。五月一日，我们得到这个晴天霹雳的消息，参加在国民杂志社的各校学生代表，当天下午在北大西斋饭厅召开了一个紧急会议，讨论办法。高工的一个学生代表，当场咬破手指，写血书，大家激昂得眼里要冒出火来。……三日晚上的会，北大全体学生都到了，各学校也到了许多代表，礼堂里里外外都挤满了人，这算是北京全体学生大团结的一个会议。会开到很紧急的时候，有一位十八九岁的同学，拿出一把菜刀要当场自杀，以激励国人。"[1]

这种为理想而献身的精神令人肃然起敬。但也不难想象在这样一种冲动的氛围中，学生的行动必然缺乏有力的领导和周密的计划。另据五四亲历者杨晦的回忆："五月三日，各校代表和北大学生在北大的三院礼堂开大会，当时群情激昂，发言踊跃，有一位同学咬破了手指，血书'还我青岛'四个字，

---

[1]　许德珩:《五四运动在北京》,《五四运动回忆录》(中国社会科学院近代史研究所编)上，北京：中国社会科学出版社 1979 年，第 215 页。

表示决心。在会上，有人提议：留日学生可以那么对付章宗祥，我们为什么不可以对他们三个（曹、章、陆）来一下？就是说，要把（白）旗子送到他们的家里去。大家一致同意，准备行动。决定提前于明天五月四日举行示威游行，并给卖国贼送白旗。……第二天，北大学生每个人手里都有旗子了。找到卖国贼怎么样呢？也有人想到那里跟卖国贼干一场的；但是大多数人，都没有斗争经验，想的很单纯，只打算把旗送去，像留日学生对章宗祥那样，搞他们一下就算完事。"①

在这样一种气氛中，大多数人的意见往往并不能起主导作用。在人们的潜意识层面实际上是渴望事情闹得越大越好，只是勇于自己亲手去做的人毕竟太少，只要有人去做，大多数人并不会反对和阻拦。"五四那天，究竟因为筹备组织的时间过于匆促，北京各高等学校学生参加示威游行队伍的，也只有城里几个学校，郊外的像清华学校等都赶不及参加。当主席团在天安门前开露天大会决定游行程序时，只说先到总统府要求拒绝在巴黎和约上签字，并惩办曹、陆、章三卖国贼，再到东交民巷英、美、法、意等公使馆，表示国民外交的声势，并没有决议到曹、陆、章等住宅去的，但当游行队伍经过东交民巷以后，有人突然高呼要到赵家楼曹汝霖的住宅去示威。在群情激愤的时候，这响亮的口号得到了群众一致的拥护。"②

当群情激愤达到难以克制的程度，任何理性的原则都抛

---

① 杨晦：《五四运动与北京大学》，《五四运动回忆录》（中国社会科学院近代史研究所编）上，北京：中国社会科学出版社1979年，第223页。

② 周予同：《五四运动片断》，《五四运动回忆录》（中国社会科学院近代史研究所编）上，北京：中国社会科学出版社1979年，第266页。

诸脑后，即使有个别清醒者欲阻止这种行动，也往往不得要领而失败。"大队在东交民巷被阻，自一点半钟起至三点半钟止，足足停立了两个钟头之久。最后就有大家决定改道向曹汝霖家里走去。这时候负总指挥的责任的傅斯年，虽恐发生意外，极力阻止勿去，却亦毫无效力了。大队经过东长安街往赵家楼的时候，沿途都高呼卖国贼曹汝霖、卖国贼章宗祥、卖国贼陆某、徐某、段某和其它骂政府的话。这时候群众的各个分子都没有个性的存在，只是大家同样唱着，同样走着。"[1] 在失去个性存在的人群中，一切激情、一切意识、一切行为都化为一种集体的无意识。到了这种时候，运动的实际进程不但运动的领导者无法把握，即使所有的人也不知道往后将要发生什么样的事情。

据当事人后来回忆："当走到曹宅前面的时候，大多数的学生都从墙外把所持的旗帜抛入墙内，正预备着散队回校时，而那些预备牺牲的几个热烈同学，却乘着大家狂呼着的时候，早已猛力地跳上围墙上的窗洞上，把铁窗冲毁，滚入曹汝霖的住宅里去。……跳进去的几个同学从内面把那紧闭重锁的后门打开。后门打开之后，如鲫如鳞的群众就一拥而入。对着后门立着的一块木屏，被一个人猛力地踢倒在地，发出轰然一声。……因为他们到处搜不出那确实被大家证明在内开会未曾逃出的曹汝霖、陆宗舆、章宗祥，只得烧了他们借以从容商量作恶的巢穴，以泄一时的忿怒。……忽然在东院房间的木桶里走出一个身着西装面像日本人的人，被一

① 匡互生：《五四运动纪实》，《五四爱国运动》（中国社会科学院近代史研究所近代史资料编辑组编）上，北京：中国社会科学出版社 1979 年，第 494 页。

个同学赶上去用一根旗杆劈头一击，那人就倒身在地佯作身死，于是动手打他的人就往后走，而一时'曹汝霖已经被大家打死了'的喊声就传遍了内外，胆怯的学生就乘机回校避祸去了。……哪里知道那佯作身死的人已乘机逃到外面一间皮蛋店里去躲藏好了。后来却被另一批搜寻曹、章的人在一间皮蛋店里面的一间黑屋的床上又把曾经被打装死的人搜寻出来，大家就拉住他的两只脚从那间黑暗屋里倒着拖到皮蛋店的门口，同声问他是什么人，他总是绝对地不作声，大家耐不过，就各用那手中所持长不满尺的小旗杆向他的面孔上横打乱敲，而那些手中没有武器的学生就只得权借皮蛋作武器向被打的人的头上打中几十百把个皮蛋，于是死不作声的被打的头上只见满面的鲜血和那塞满了耳目口鼻的皮蛋汁了。"①

当五四运动二十九周年的时候，胡适说过一番意味深长的话，限于当时的时代氛围，人们不大容易听得进去，今天回味起来，似乎不无启发意义。他说："五四运动是一个新思潮、新文化运动，当时并不是政治运动。""那时，我们觉得要想提倡新文化、新思潮，就必须在非政治的基础上建立一种新的基础。所以我们那时的主张不谈政治是不可能的。但我们很多人确实做到二十年不谈政治，我个人就是在五四运动的二十一年后才做外交官的。我们当时极力的避开政治，但是政治不能避开我们，反之却来追我们，以致五四运动慢慢成了带有政治性的运动。各党派的领导人都认为这是一种伟大的力量。……后来政治性就格外的加强了。这也许是好的，

---

① 匡互生：《五四运动纪实》，《五四爱国运动》（中国社会科学院近代史研究所近代史资料编辑组编）上，北京：中国社会科学出版社 1979 年，第 495 页。

也许是坏的，我个人不愿评论。但文化的意义，就慢慢地削弱了。我个人觉得，这个政治化的运动未免太早，因为力量实在不够。二十九年以来，我个人始终觉得政治的基础应该建筑在文化及思想的基础上，从文化方面去努力，现在还要从各方面去努力。"①

一个民族的现代化是一个艰难而痛苦的历程，它不仅需要持续稳定的国内秩序和和平的外部环境，而且需要民族成员有一种锲而不舍的韧性，一代一代地进行下去。青年是民族的未来和民族的希望，青年的责任与历史使命不仅要爱国，而且要有真本事、真本领来建设祖国，青年要善于保存实力，要善于把力量贡献到祖国更需要的地方。诚如已有人所总结的那样，伟大的五四爱国运动，"从远大的观点看起来，自然是几十年来的一件大事。从这里面发生出来的好效果，自然也不少。引起学生的自动精神，是一件；引起学生对于社会国家的兴趣，是一件；引起学生作文、演说的能力，组织的能力，是三件；使学生增加团体生活的经验，是四件；引起许多学生求知识的欲望，是五件；这都是旧日的课堂生活所不能产生的。我们不能不认为学生运动的重要贡献。"

启蒙心态能否化解？

20世纪的中国知识分子，脱胎于中国传统社会的士大夫，他们虽然生在当今世界，但其致思方式和价值取向与传统社

---

① 胡适:《五四运动廿九周年，胡适指出青年之路》,《申报》1948 年 5 月 5 日。

会的士大夫并无根本区别。

在中国传统社会，知识分子有着不同的名称，但最通行的则为"儒生"、"士"或"士大夫"。儒生的涵盖面较狭，而士在不同的时代也有着不同的含义和性格。士的最初含义，或许如许慎《说文解字》所阐释的那样："士，事也。数始于一，终于十，从一十。"段玉裁注引申发挥为："凡能事其事者称士。"《白虎通义》也说："士者，事也。任事之称也。"故《传》曰："通古今，辨然否，谓之士。"很显然，中国传统社会中的士，是指那些"知数知书"，以自己所掌握的知识服务于某一利益集团或阶级的人，他们的地位类似于古希腊社会中的平民阶级，在一定范围内享有一定的思想言论自由，也不必为其最基本的生存条件而犯愁。

中国知识分子有着许多良好的传统，他们甘于清贫，"一箪食，一瓢饮，居陋巷，人不堪其忧，回也不改其乐"的孔颜乐处成为中国知识分子普遍向往的生命境界。但在政治上，在人格上，中国知识分子向来有一种以天下为己任的远大抱负，有不成功便成仁的人格理想。因而，中国知识分子与西方知识分子的根本区别，在于西方知识分子一般以自己的专业知识服务于社会，而中国知识分子轻视专业知识，最看重的是"修齐治平"的学问，他们强调以经世致用的精神从事学术工作，总以为自己所事之学系天下之安危、社会之消长，故往往借学术攻击政治，攻击现实。这在一定范围内或许可行，一旦超过这个范围，则势必导致统治者的镇压，形成新的黑暗时期，使中国社会似乎一直处在循环往复的历史过程中，而不见明显的大进步。

鉴于中国历史上的经验教训，中国知识分子欲为国家民族效力，必须划清学术与政治的界限，欲讨论政治，就全力讨论政治；欲探讨学术，就冷静地、独立地探讨学术，一不为政治所囿，二不与现实政治相瓜葛。果如此，其学术成果的真理成分才能增多，而社会成员各安其业，各司其职，中国焉有不进步之理？

任何社会，即使是极端黑暗的社会，都有其存在的内在依据和有机构成。它的进步与发展有赖于社会全体成员的共同努力，知识分子作为社会的中坚力量和较早接触新事物的人，固然有义不容辞的责任。只是面对这种责任，知识分子不应当以急功近利的经世致用思想从事学术，更不应处处时时以救世主的姿态与神情面对社会公众。中国社会的真正进步与发展，取决于包括知识分子在内的全体社会成员能否各司其职，协调前进。因此，就知识分子与 20 世纪中国现代化发展的相互关联来说，最大的教训恐怕莫过于两条，一是淡化参与意识，下决心以自由主义的客观立场从学术和学理上，在思想文化方面为中国的综合、平衡发展打下一个坚实而长远的基础；二是化解启蒙心态，既不能以救世主自居，又要深切体验中国社会全体公众特别是下层民众的所思所想，将中国社会的发展方案建筑在整个社会的协调发展的基础之上。

参与意识与启蒙心态，虽说是中国知识分子的传统，但它在中国历史上获得登峰造极的发展无疑是在 20 世纪，而其导源则是五四新文化运动。因此，欲正确说明参与意识和启蒙心态在中国历史上的作用和影响，便不能不从五四新文化运动入手。

五四新文化运动一方面根植于中国传统社会，是中国传统社会向现代化社会转变过程中的逻辑发展和必然环节；另一方面，五四新文化运动之所以得以在那个时代发生，主要的不是由于中国社会的内部矛盾运动，而是中国知识分子在相当大的程度上受到西方社会与文化的强烈刺激而发动的一场思想革命运动。换言之，五四新文化运动有其内在的思想依据，但其智慧资源和直接动力则是外在的。五四新文化运动的直接动因主要是外国列强的入侵和中国的一败再败。瞿秋白说："中国社会思想到如今，已是一大变动的时候。一般青年都是栖栖皇皇寝食不安的样子，究竟为什么？无非是社会生活不安的反动。反动初起的时候，群流并进，集中于'旧'思想学术制度，作勇猛的攻击。等到代表'旧'的失利宣告无战争力的时期，'新'派思想之中，因潜伏的矛盾点——历史上学术思想的渊源，地理上文化交流的法则——渐渐发现出来，于是思想的趋向就不像当初那样简单了。政治上：虽然过了十年前的一次革命，成立了一个括弧内的'民国'，而德谟克拉西（lademocratie）一个字到十年后再发现。西欧已成重新估定价值的问题，中国却还很新鲜，人人乐道，津津有味。这是一方面。另一方面呢，根据于中国历史上的无政府状态的统治之意义，与现存的非集权的暴政之反动，又激起一种思想，迎受'社会主义'的学说，其实带着无政府主义的色彩——如托尔斯泰派之宣传等。或者更进一步，简直声言无政府主义。于是'德谟克拉西'和'社会主义'有时相攻击，有时相调和。实际上这两个字的意义，在现在中国学术界里自有他们特别的解释，并没有与现代术语——欧美思想界之所谓德谟克拉西，所谓社会主义——相同之点。由科学的术语上看来，中国社会思想确有进步，还没有免掉模糊影响的弊病。经济上虽已和西欧物质文明接触了五六十年，实际上已遵殖民地化的经济原则成了一变态的经济现象，却还想抄欧洲工业革命的老文章，提倡'振兴实业利用外资'。——这是中了美国资本家新式侵略政策的骗，及听了罗素偶然的一句'中国应当振兴实业'的话，所起的一种很奇怪的'社会主义'的反动。当然又因社会主义渐落实际的运动，稍稍显露一点威权，而起一派调和的论调，崇拜'德国式'妥协的革命，或主张社会政策。——这又是一种所谓'社会主义'。两派于中国经济上最痛切的外国帝国主义，或者是忘记了，或者是简直不能解决而置之不谈，却还尽在经济问题上打磨旋。学术上：二十余年和欧美文化相接，科学早已编入国立学校的教科书内，却直到如今，才有人认真聘请赛先生（陈独秀先生称科学为 Mr.science）到古旧的东方国来。"[1]

很显然，以民主与科学为主要内容的五四新文化运动或称中国启蒙运动，虽然是基于中国社会的现实条件而激荡出来的新思潮，但其智慧资源和直接动因则是外在的，是少数"先知先觉"者倡导与发动的一场运动。诚如孙中山当年所揭示的那样："自北京大学学生发生五四运动以来，一般爱国青年，无不以革新思想，为将来革新事业之预备。于是蓬蓬勃勃，抒发言论。国内各界舆论，一致同倡。各种新出版物，为热心青年所举办者，纷纷应时而出。扬葩吐艳，各极其致，社

---

① 瞿秋白：《饿乡纪程》，《瞿秋白文集》卷一，北京：人民文学出版社1953年，第26页。

会遂蒙绝大之影响。虽以顽劣伪政府，犹且不敢撄其锋。此种新文化运动，在我国今日，诚思想界空前之大变动。推其原始，不过由于出版界之一二觉悟者从事提倡，遂至舆论放大异彩，学潮弥漫全国，人皆激发天良，誓死为爱国之运动。倘能继长增高，其将来收效之伟大且久远者，可无疑也。"①

这"一二觉悟者"，显然是指陈独秀和他的《新青年》的同事们。1915年，陈独秀有感于"今之中国，人心散乱，感情智识，两无可言，惟其无情，故视公共之安危，不关己身之喜戚，是谓之无爱国心。惟其无智，既不知彼，复不知此，是谓之无自觉心。国人无爱国心者，其国恒亡。国人无自觉心者，其国亦殆。二者俱无，国必不国。"②遂毅然独自创办《青年杂志》，欲以民主与科学唤醒国人，造就新一代自觉自立的国民，推动中国社会的进步与发展。他说，欲救中国于危亡之际，"非太息咨嗟之所能济，是在一二敏于自觉勇于奋斗之青年，发挥人间固有之智能，决择人间种种之思想，——孰为新鲜活泼而适于今世之争存，孰为陈腐朽败而不容留置于脑后，——利刃断铁，快刀理麻，决不作牵就依违之想，自度度人，社会庶几其有清宁之日也。"而"新鲜活泼"的新思想，在陈独秀看来，就是民主与科学，"国人而欲脱离蒙昧时代，羞为浅化之民也，则急起直追，当以科学与人权并重。"③

科学与民主是近代西方社会的产物，也是近代西方之所

---

① 孙中山：《致海外国民党同志函》，《孙中山全集》卷五，北京：中华书局1985年，第210页。

② 陈独秀：《爱国心与自觉心》，《陈独秀文章选编》上，北京：三联书店1984年，第67页。

③ 陈独秀：《敬告青年》，《独秀文存》，合肥：安徽人民出版社1987年，第9页。

以获得如此巨大进步的两大直接动力。不过，科学与民主在西方社会的发生与发展有着特殊的历史背景和思想渊源。在某种程度说，它也正是中国传统文化中所缺少的，而又是中国传统社会向现代化转变过程中所必不可少的。因此，陈独秀的多元开放的文化心态将民主与科学引进中国，足见其"先知先觉"的远见卓识。

作为文化资源的吸收与互补，民主与科学传入中国，自然有着巨大的历史功绩。如果陈独秀和他的《新青年》的同志们持之以恒地坚持十年、二十年，民主与科学的现代观念和理性精神便有可能在中国人的心灵深处扎下根，中国社会经济逐步发展与演变也会为民主与科学的观念提供现实的条件和土壤。然而，"问题的复杂性却在，尽管新文化运动的自我意识并非政治，而是文化。它的目的是国民性的改造，是旧传统的摧毁。它把社会进步的基础放在意识形态的思想改造上，放在民主启蒙工作上。但从一开头，其中便明显包含着或暗中潜埋着政治的因素和要素。"[1]基于政治要求的启蒙心态不仅导致真正意义上的文化启蒙运动的夭折或变质，而且其政治氛围的加浓也势必导致本以理性精神为根本特征的启蒙运动带有浓厚的非理性色彩和不科学的成分。

推绎陈独秀和他的同志们的本意，他们最初的想法似乎并不愿意将启蒙运动与政治挂钩，陈独秀在《一九一六年》一文中，号召国人从头忏悔，改过自新，从1916年开始，以学步慢行的危心，采取哀兵的策略，作动心忍性的功夫改造自

---

[1] 李泽厚：《启蒙与救亡的双重变奏》，《中国现代思想史论》，北京：东方出版社1987年，第11页。

我，建立全新的人格，为国家的未来发展打下一个坚实的基础。他说："吾人首当一新其心血，以新人格；以新国家；以新社会；以新家庭；以新民族。必追民族更新，吾人之愿始偿，吾人始有与晰族周旋之价值，吾人始有食息此大地一隅之资格。"①胡适也说："吾国几十年来的政府，全无主意，全无方针，全无政策，大似船在海洋中，无有罗盘，不知方向，但能随风漂泊。这种漂泊 Drift 最是大患。一人犯之，终身无成；一国犯之，终归灭亡。因为漂泊乃是光阴的最大仇敌。无有方针，不知应作何事，又不知从何下手，又不知如何做法，于是日复一日，年复一年，终成不可救。"因此，解救中国的"第一要务，在于打定主意，定下根本政策"②。而这个主意和政策，就是"打定二十年不谈政治的决心，要想在思想文艺上替中国政治建筑一个革新的基础"。③

胡适的这种主张虽然不足以代表《新青年》同仁的真实想法，但在《新青年》的早期，至少是 1919 年之前确实是这样做的。那时的《新青年》尽管避免和政治势力作直接的冲突，而以引进西方文化，促进国民性的改造为其根本任务。可惜，这种情况并未能持续很久，一方面，文化的革新触及中国传统文化的存废问题，这不能不引起守旧势力的反对。"当时安福政权的护法大神是段祺瑞，而段祺瑞的脑筋是徐树铮。徐树铮是林纾的学生，颇自居于'卫道君子'之流。"而另一方

① 陈独秀：《一九一六年》，《独秀文存》，合肥：安徽人民出版社 1981 年，第 33 页。

② 胡适：《胡适日记全编》卷二，合肥：安徽教育出版社 2001 年，第 431 页。

③ 胡适：《我的歧路》，《胡适文集》卷三，北京：北京大学出版社 1998 年，第 363 页。

面，陈独秀和《新青年》的同仁虽然暂时不愿和政治势力作直接冲突，但在思想深处他们实在对政治有着无限的深情，一旦时机适宜，他们便会义无反顾地投身于政治斗争。"陈独秀、李大钊、高一涵诸先生都很注意政治的问题。蔡元培先生也是关心政治的改善的。这种政治兴趣的爆发是在欧战终了（七年十一月十一日）的消息传来的时候。停战的电报传出之夜，全世界都发狂了，中国也传染着了一点狂热。"[①]

偏激和狂热固然可以逞一时之快，但它给后世中国所带来的负面效应也是极其沉痛的。而这两种偏向本身似乎也不合乎他们所倡导的理性精神和科学与民主。在现代社会，政治是一种专门的职业，在一定程度上说，现代社会的公民不可能没有一定的政治倾向和政治原则，只是这种倾向和原则要运用得适度，要在理性精神的指导下，在一定的秩序范围内通过民主的程序实现和完成。"即是说，启蒙的目标，文化的改造，传统的扬弃，仍是为了国家、民族，仍是为了改变中国的政局和社会的面貌。它仍然既没有脱离中国士大夫'以天下为己任'的固有传统，也没有脱离中国近代的反抗外侮，追求富强的救亡路线。扬弃传统（以儒学为代表的旧文化旧道德）、打碎偶像（孔子）、全盘西化、民主启蒙，都仍然是为了使中国富强起来，使中国社会进步起来，使中国不再受欺侮受压迫，使广大人民生活得更好一些……所有这些就并不是为了争个人的'天赋权利'——纯然个体主义的自由、独立、平等。所以，当把这种本来建立在个体主义基础上的西方文化介绍输入以抨击传统打倒孔子时，却不自觉地遇上自己本

---

① 胡适:《纪念五四》,《独立评论》一四九号, 1935 年 5 月 5 日。

来就有的上述集体主义的意识和无意识，遇上了这种仍然异常关怀国事民瘼的社会政治的意识和无意识传统。"① 正是从这个意义上说，五四新文化运动注定不可能坚持十年、二十年。

五四启蒙者后来的行为背离了他们的初衷，这既是一个沉痛的历史教训，又是五四启蒙运动夭折的根本原因。这一结局之所以如此，除了中国知识分子固有的政治热情的文化传统外，似乎还有五四启蒙者的心态以及内在理路上的原因。囿于当时的历史条件，五四启蒙者的道路选择是不破不立，他们虽然以多元开放的文化心灵面对西方文化，呼唤民主与科学，但在他们的骨子里却对中国的旧文化旧道德充满了没有丝毫缓和余地的仇恨。他们一方面批评学术上的独尊一家，好同恶异导致专制、黑暗的恶果，另一方面则竭力排斥和自己学术见解、政治见解不同者，企图以新的文化独裁代替旧的文化独裁。陈独秀说："学术之发展，固有分析与综合二种方向，互嬗递变，以赴进化之途。此二种方向，前者多属于科学方面，后者属于哲学方面，皆得谓之进步，不得以孰为进步孰为退步也。此综合的发展，乃综合众学以成一家之言；与学术思想之统一，决非一物。所谓学术思想之统一者，乃黜百家而独尊一说，如中国汉后独尊儒术罢黜百家，欧洲中世纪独扬宗教遏抑学术，是也。易词言之，即独尊一家言，视为文明之中心，视为文化之结晶体，视为天经地义，视为国粹，视为国是；有与之立异者，即目为异端邪说，即目为非圣无法，即目为破坏学术思想之统一，即目为混乱矛盾庞

---

① 李泽厚：《启蒙与救亡的双重变奏》，《中国现代思想史论》，北京：东方出版社 1987 年，第 12 页。

杂纠纷，即目为国是之丧失，即目为精神界之破产，即目为人心迷乱。此种学术思想之统一，其为恶异好同之专制，其为学术思想自由发展之障碍，乃现代稍有常识者之公言，非余一人独得之见解也。"①

陈独秀的批判，其立论无疑是正确的，它不仅击中了旧思想营垒的要害，而且为中国新文化的发展指明了方向，即学术的发展、文化的繁荣只能通过不同意见的自由讨论和争辩才能实现，"思想、言论、出版三者，为精神之生命；三大自由，为精神生命之保护物，世界文化之进步，即在于此。"②"从来一种思想，决非压抑的力量所能打消"，"吾国孔子的学说，只因禁止批评，所以变成一种锢蔽思想的枷锁。"③任何一种学说在坚持自己原则的前提下，更应该有一种多元开放的宽容心态，尤其应当容忍与自己的学说意见相左者。

五四启蒙者的正确认识并没有导致正确的行动，他们面对与自己意见相左的旧文化没有丝毫的宽容精神，既无视旧文化得以发生发展的历史背景，又武断而不容商量地主张彻底抛弃旧文化。1917年4月9日，胡适就其《文学改良刍议》一文发表致信陈独秀说："（文学改良）此事之是非，非一朝一夕所能定，亦非一二人所能定。甚愿国中人士能平心静气与吾辈同力研究此问题！讨论既熟，是非自明。吾辈已张革命之旗，虽不容退缩，然亦决不敢以吾辈所主张为必是而不容他人之匡正

---

① 陈独秀：《再质问〈东方杂志〉记者》，《独秀文存》，合肥：安徽人民出版社1987年，第216页。

② 平平：《北京大学暗潮之感想》，《每周评论》十七号"特别附录"。

③ 毋忘：《最近新旧思想冲突之杂感》，《每周评论》十七号"特别附录"。

也。"这种态度应该说是合乎现代理性精神的。而陈独秀的回答竟然说:"改良文学之声,已起于国中,赞成反对者各居其半。鄙意容纳异议,自由讨论,固为学术发达之原则;独至改良中国文学,当以白话为文学正宗之说,其是非甚明,必不容反对者有讨论之余地,必以吾辈所主张者为绝对之是,而不容他人之匡正也。其故何哉?盖以吾国文化,倘已至文言一致地步,则以国语为文,达意状物,岂非天经地义,尚有何种疑义必待讨论乎?其必欲摈弃国语文学,而悍然以古文为文学正宗者,犹之清初历家排斥西法,乾嘉畴人非难地球绕日之说,吾辈实无余闲与之作此无谓之讨论也!"① 白话文学的价值是否如陈独秀所自信的那样,姑且勿论。而陈独秀的这种态度本身便很难说是合乎现代理性的科学与民主。实在说来,五四启蒙者虽然在主观上追求民主与科学,期望以理性精神改造中国,但由于他们普遍怀抱有救世主的"启蒙心态",因而在客观效果上往往可能是假借科学与民主的名义而行一种新的文化独裁之实,五四之后的中国历史已充分说明了这一点。

当我们回顾 20 世纪中国历史的时候,我们觉得五四新文化运动在知识分子层面建立的启蒙心态虽然给中国带来了无限的好处,使中国传统社会的秩序根基真正第一次发生动摇,但由于启蒙者无意识地承继了中国知识分子"唯我独尊""真理只在我手"的思想传统,缺乏现代社会更加需要的容忍精神,因而其负面效应绝不应当低估。正如杜维明所指出的那样:"今天,面向 21 世纪,启蒙心态的弊端有目共睹。我们除

---

① 陈独秀:《陈独秀答胡适》,《陈独秀书信集》,北京:新华出版社 1987 年,第 133 页。

了要忍耐救亡的迫切感以平常心来进行启蒙的补课，还得从根源处对现代西方文明作全面而深入的反思。以此为背景，发掘传统资源不只是民族再生的课题，也是人类自救的当务之急。启蒙心态（特别是人类中心主义和科学主义）为一切生灵所带来的危机要靠世界各地的精神文明来化解，基督教、回教（应为伊斯兰教，不用旧称谓——编者注）、佛教、犹太教、兴都教、道教乃至巫教、神道，和民建宗教既然都有传统资源可以提供，儒家的人文精神当然也有滋养现代心灵的源头活水。"[1]

民主是否为中国所最需要?

植根于启蒙心态的民主与科学不可能创造真正意义上的民主，因为它的假定性前提甚为明显，那就是举世皆浊我独醒。在某种意义上说，这是一种典型的唯心史观，相信只有自己才能普度众生、解救人类。其实在现实生活中则不然。社会中的绝大多数人可能不具有少数人所拥有的知识，但他们无疑具有自己的价值观念和价值取向，而且他们也必然拥有自己的代言人。五四启蒙运动所遭遇的反击，与其说来自旧营垒中的少数知识分子，不如说来自社会成员中绝大多数人的习惯势力的反抗。

马克思在《政治经济学批判》中分析民主政治得以发生发展的社会原因时明确强调，民主政治是与商品经济相伴而来，在商品经济没有获得充分发展的时候，小农经济处在对地主

---

[1]　杜维明:《化解启蒙心态》,《二十一世纪》1990 年第 2 期。

的人身依附之中且承受着后者的超经济强制的时候，他们之间的交往根本不可能是自由的和平等的。商品经济则不然。所谓商品交换纯粹是各商品所有者之间的等价交换，民主政治所包含的自由原则和平等原则只有在这种交换中才有可能成为现实。换言之，在商品经济尚未获得充分发展的条件下，强行实行民主政治，其结果不仅不是真正意义上的民主，而且极容易地破坏了民主的名声和信誉。

民主政治对中国来说显然是舶来品。虽然"民主"一词在中国古典文献中出现得很早，两千多年前的《尚书》《左传》等书中就有所谓"作民主""天惟时求民主""其语偷，不似民主"等，然其内涵不仅没有西方近代"民主"的意味，而且刚好和西方近代意义上的"民主"的含义相反，不是强调自由、平等的原则的人民做主，而是意味着皇帝老子为民之主。

为民之主的观念今日看来甚不合现代社会，但在中国传统社会条件下自有其发生发展和长期存在的内在依据，在相当长的历史时期为中国社会的发展与稳定做出过积极的贡献。只是到了近代，由于外国资本主义试图以武力征服中国，民族危机日益加深。先进的中国人在民族危难日甚一日的时候，开始反省中国旧有的传统和体制，在与西方政体进行比较的时候猛然发现"君民不隔不如夷"[①]，并使中国人逐渐确立在学习西方科学技术的同时，也应借鉴西方政体中更合乎人道的民主政治的信念。

这种信念逐渐由理念转向实践，中经洋务运动、戊戌维

① 冯桂芬：《制洋器议》；《晚清文选》（郑振铎编），上海：上海书店1987年，第106页。

新，到了辛亥革命达到高潮。辛亥革命赶跑了皇帝，推翻了"民之主"，剩下的似乎应该是实行民主政治了。那时的"国民相信自己是主人翁，官吏自问没有什么威光"[①]。然而遗憾的是，闹腾了几年，民国除了剩下一块空招牌之外，民主、自由依然与中国人无缘。

痛定思痛。按理说这时的中国人应该很好地反省一下民主政治为什么不能在中国实现的根本原因，而不应该一口咬定中国一定要实现民主政治。可惜的是，辛亥革命之后的五四青年并没有这样想，他们按照自己惯有的思维方式认为民主政治之所以没有随着辛亥革命的胜利而确立，那不是中国不具备民主政治的实现条件，而是袁世凯等极少数守旧人物存心破坏。陈独秀说："求共和适得其反，而得帝制，而得专制，诸共和先进国非无其例，何独以此归罪于吾国之共和耶？共和建设之初，所以艰难不易现实，往往复反专制或帝国之理由，乃因社会之惰力，阻碍新法使不易行，非共和本身之罪也。其阻力最强者，莫如守旧之武人（例如中国北洋派军人张勋等），及学者（例如中国保守党人康有为等）。其反动所至，往往视改革以前黑暗尤甚，此亦自然之势也。然此反动时代之黑暗，不久必然消灭，胜利之冠，终加诸改革者之头上；此中外古今一切革新历史经过之惯例，不独共和如斯也。平情论事，倘局视反动时代之黑暗，不于阻碍改革者之武人学者是诛，而归罪于谋改革者之酿乱，则天壤间尚有是

---

① 朱执信：《朱执信集》（广东省哲学社会科学研究所历史研究室编）下，北京：中华书局 1979 年，第 865 页。

非曲直之可言乎?" ①

　　这种认识不独陈独秀一人,五四一代基本上都反对保皇派关于中国国民不具备实现民主政治主张,而强调民主政治之所以艰难不得实现,主要在于守旧势力的破坏和多数国民的不觉悟。李大钊说:"盖民与君不两立,自由与专制不并存,是故君主生则国民死,专制活则自由亡。而专制之政与君主之制,如水与鱼,如胶与漆,固结不解,形影相依。今犹敢播专制之余烬,起君主之篝火者,不问其为筹安之徒与复辟之辈,一律认为国家之叛逆、国民之公敌,而诛其人,火其书,殄灭其丑类,摧抗其根株,无所姑息,不稍优容,永绝其萌,勿使滋蔓,而后再造神州之大任始有可图,中华维新之运命始有成功之望也。" ②似乎只要彻底薥除"筹安之徒与复辟之辈",民主政治就有可能在中国得以实现。

　　五四一代对民主政治的热情与渴望无可非议,民主政治虽不是人类最好的制度,但它毕竟是人类发展到今天所发现最不坏的制度。因此,在一定历史阶段,民主政治确实值得中国人去追求,也值得中国人为之而献身。不过我们所要强调的是,五四一代思想家在分析民主政治何以在中国不能成为现实的时候,未免太过于看重人为的因素,而相对忽略了从社会经济结构中去寻求民主政治得以产生、发展的根源,没有能从经济生活中揭示出民主政治在中国发展的根本障碍。

① 　陈独秀:《驳康有为〈共和平议〉》,《独秀文存》,合肥:安徽人民出版社1987年,第133页。

② 　李大钊:《民彝与政治》,《李大钊文集》上,北京:人民出版社1984年,第175页。

在这个意义上说，五四一代思想家的思考甚至不及他们的对手——保皇党、复辟分子——来得深刻。辛亥革命的复辟势力，均不满意暴力革命所产生的直接政治后果，他们对暴力革命、共和政体的指责，从政治上说无疑是落后的，但他们基于社会现实、经济状况以及中国文化传统所作的分析，则有相当的参考价值，并非全无道理。他们普遍认为，中华民国建立之后所产生的混乱状况已远过于晚清，"国愈纷而无力统一，国愈贫而无术理财，政府无权不能行治，旧制尽扫而乱状日出"，究其根本原因，是"中国承数千年之帝制，本不知共和之情状"，"中国不适于共和也。"[1] 根据康有为的分析，中国不适于共和民主政体至少有这样三个方面的原因："一以地大民多，为不宜也"。依照共和民权始祖卢梭的本意，共和之制可在二万人之国行之，今中国有四万万人，"得毋有不同耶？得毋有不可行者乎？""一以民习于专制太久，而不能骤改也"；"一以旧教伦理太深，而不能骤弃也。"总之，"今若人人知以救中国为最要之图，则国重而民轻矣，先于为国而后于为民矣，重于为国而轻于为民矣。若然，则凡可以救中国之方药，无美恶，惟救国是宜，则牺牲其一切之良方、一切之良药可也。权国民之公私轻重，凡有损于救中国之术，则舍弃人民之所快意者，舍弃人民之所习恋者，舍弃人民之所自由而必当为之矣。若能如是乎，中国犹有望也。"[2] 不难看出，

---

① 康有为：《中国以何方救危论》，《康有为政论集》下，北京：中华书局1981年，第816页。

② 康有为：《中国以何方救危论》，《康有为政论集》下，北京：中华书局1981年，第822页。

康有为对中国未来出路的选择，并非以感情用事无限眷恋传统帝制，而是立足于中国国情的现实分析和对中国文化传统的深切体验。

在对现实的分析时，康有为认为，民主政治或许不失为一种理想的选择，或许应该成为中国人的追求目标。他说："今共和告成矣，扫中国数千年专制之弊，不止革一朝之命，五族合轨，人心趋同矣。然或以为共和已得，大功告成，国利民福，即可自致，则未然也。吾所深虑却顾者，以共和虽美，民治虽正，而中国数千年未之行之，四万万人士未之知之，众瞽论日，冥行擿埴，吾虑其错行而颠坠也。夫使当中国一统之时，稍有错误，民少受害耳，于国无关也。今何时乎？乃万国竞争之日，列强群迫之时，而骤行人人所未经之涂，人人所未闻之事，此吾所深忧却顾，俯仰彷徨而不能自已也。"[1] 换言之，康有为对民主政治的忧虑不在于对民主政治理想的根本怀疑，而在于对中国实行民主政治所导致的现实后果。

对辛亥革命之后号称民主政治的现实状况的观察，康有为的见解了无新意，他所描述的那些现象也是后来五四一代思想家所能同意的。他说："今共和数月矣，所闻于耳、触于目者，悍将骄兵之日变也，都督分府之日争也，士农工商之失也，小民之流离饿毙也，纲纪尽废，法典皆无，长吏豪猾、土匪强盗，各自横行，相望成风，搜括则择肥搏噬，仇害则焚杀盈村，暗杀则伏血载途，明乱则连城阵战，抢掠于白昼，

---

① 　康有为：《中华救国论》，《康有为政论集》下，北京：中华书局1981年，第699页。

勒赎于大都，胁击于公会，骚扰于城市，以至私抽赋税，妄刑无辜，兵变相望，叛立日闻，莫之过问也。烽火一惊，民逃无所，但观京津之变，损失愈万万矣。武昌、南京，更迭告变，若江西、贵州、四川、福建、陕西、新疆、山东之争乱，更无已时矣。各省皆是，粤、黔最甚，士夫豪富，走之上海，避匿租界，而上海租界达官某某，亦无免焉。炸弹日鸣于社会，手枪公行于朝堂，争地鏖兵，风尘遍地，政府隐忍而痴聋，大官畏缩而被胁，四万万人无所控诉，妇弱惟转沟壑，壮者只行劫盗，土田不耕，廛肆皆闭，杼轴既空，租税无入，于是各省拥兵，而仰食于政府，日腾呼号之函电，政府仰屋而乞食于外人，甘受监理之胁章也。……嗟乎！号为共和，而实共争共乱；号为自由，而实自死自亡；号为爱国，而实卖国灭国。"[1]现实状况的如此不景气，不能不使人从根本上怀疑民主政治在中国实现的可能性。

在对中国传统进行分析时，康有为一班保守者普遍认为民主政治不合乎中国固有的文化传统，勉强推行，有可能招致混乱不已的严重后果。劳乃宣说："夫纲常名教，中国数千年相传之国粹，立国之大本也。有之则人，无之则兽，崇之则治，蔑之则乱。六朝薄名教，乱者百余年；五代轻纲常，乱者数十年。今者邪说流行，堤防尽决，三纲沦，九法斁，千圣百王相传之遗教，扫除破坏，荡然无复几希之存，过于六朝五代远甚，则其乱之甚且久，必过六朝五代无疑。吾恐

---

① 康有为：《中华救国论》，《康有为政论集》下，北京：中华书局1981年，第703页。

非百余年数十年所能止也。"①20世纪中国历史的发展虽不能证明劳乃宣的判断是完全正确的,然冷静想来劳氏的见解也并非全无道理的迂腐之谈。

按照康有为一班人的理解,民主共和也罢,君主立宪也好,中国人的理想追求和未来涉及都不应脱离中国国情和现实条件,中国人千百年来几乎一成不变的农业耕作方式、社会组织形式,决定了"中国不可一日无君",决定了中国民主政治的艰难性。在传统社会条件不发生根本转变的条件下,绝大多数中国人渴望的不是建立一个无君的社会,而是寄希望于一个开明君主的开明专制。这样,政府既有整合社会的权威,人民也较容易获得真正的自由,并受到政府强有力的保护。②平心而论,康有为等人对中国国情的认识与把握也甚有独到之处。

或许是出于一种无可名状的逆反心理,五四一代的思想家在分析民主政治何以在中国不能顺利实现时,既无视他们的对手所作出的结论,而在论证自己的观点时,又不得不从对手们的结论出发。他们认为,民主政治作为全人类的共同理想和美好追求,在中国成为现实是没有丝毫问题和丝毫疑义的。对于他们的对手所分析的中国文化传统、社会现状等因素,他们则推论为除少数守旧武人与学者的破坏外,便统统归之于多数国民的不觉悟。陈独秀说:"所谓立宪政体,所

---

① 劳乃宣:《续共和正解》,《桐乡劳先生遗稿》卷一,《近代中国史料丛刊》(沈云龙主编),台北:文海出版社1973年,第148页。

② 按康有为理解,真正意义上的民主共和应以美国为蓝本,即"以人民之权威为基础,政府为谋人民之平和安宁幸福及保护财产而设之者"。见《中华救国论》,《康有为政论集》,第703页。

谓国民政治，果能实现与否，纯然以多数国民能否对于政治，自觉其居于主人的主动的地位为唯一根本之条件。自居于主人的主动地位，则应自进而建设政府，自立法度而自服从之，自定权利而自尊重之。倘立宪政治之主动地位属于政府而不属于人民，不独宪法乃一纸空文，无永久厉行之保障，且宪法上之自由权利，人民将视为不足重轻之物，而不以生命拥护之；则立宪政治之精神已完全丧失矣。是以立宪政治而不出于多数国民之自觉，多数国民之自动，惟日仰望善良政府，贤人政治，其卑屈陋劣，与奴隶之希冀主恩，小民之希冀圣君贤相施行仁政，无以异也。……共和立宪而不出于多数国民之自觉与自动，皆伪共和也，伪立宪也，政治之装饰品也，与欧、美各国共和立宪绝非一物。以其于多数国民之思想人格无变更，与多数国民之利害休戚无切身之观感也。"[1] 多数国民的觉悟诚然为民主政治的根本条件，问题在于，多数国民的觉悟与不觉悟的原因又何在呢？

陈独秀认为，多数国民的不觉悟来自中国传统社会官方意识形态——孔子之道和三纲五常的束缚。他说："窃以无论何种学派，均不能定为一尊，以阻碍思想文化之自由发展。况儒术孔道，非无优点，而缺点则正多。尤与近世文明社会绝不相容者，其一贯伦理政治之纲常阶级说也。此不攻破，吾国之政治、法律、社会道德，俱无由出黑暗而入光明。"[2] "孔

① 陈独秀：《吾人最后之觉悟》，《独秀文存》，合肥：安徽人民出版社1987年，第40页。

② 陈独秀：《答吴又陵（孔教）》，《独秀文存》，合肥：安徽人民出版社1987年，第646页。

子生长封建时代，所提倡之道德，封建时代之道德也；所垂示之礼教，即生活状态，封建时代之礼教，封建时代之生活状态也；所主张之政治，封建时代之政治也。封建时代之道德、礼教、生活、政治，所心营目注，其范围不越少数君主贵族之权利与名誉，于多数国民之幸福无与焉。"[①] 诚哉斯言，任何一种意识形态都是历史的产物，都只能在一定历史阶段发挥作用。孔子所昭示的那些道德箴言与训诫只能是中国传统社会的产物，只能与中国传统社会相吻合。假如中国已经进入现代文明社会，孔子之道与三纲五常自然没有其存在的余地，至少也必须进行"创造性的转化"。

然而问题在于，陈独秀心目中的现代文明社会毕竟没有成为中国社会的现实，在陈独秀的时代，不要说广大的农村依然处于中国传统社会的生存条件下，即使在中国为数不多的都市中，又有多少人在享受现代社会的文明，真正处于现代社会条件之中呢？在中国人自古以来的生存条件没有发生根本性变化的条件下，企图以观念的变化和政治体制的改变来推动社会的进步与发展，其用意虽然善良，其目的并不一定能实现。如果我们承认"旧思想的瓦解是同旧生活条件的瓦解步调一致"的话[②]，我们便不能不承认五四一代思想家对民主政治的急切渴望是一种不切实际的向往，民主政治的选择在中国人的生活条件没有根本改变的时候，只能是美妙的向

---

① 陈独秀：《孔子之道与现代生活》，《独秀文存》，合肥：安徽人民出版社 1987年，第 85 页。

② 马克思、恩格斯：《共产党宣言》，《马克思恩格斯选集》卷一，北京：人民出版社 1972 年，第 271 页。

往。从这个意义上说，至少在五四的年代里，民主政治不是中国最需要的。中国最需要的是发展经济，发展社会生产力。只有在商品经济获得充分发展，自由、平等的商品交换原则在经济生活中习以为常的时候，民主政治才能真正得以实现。"如果资产阶级实行统治的经济条件没有充分成熟，君主专制的被推翻也只能是暂时的。人们为自己建造新世界，不是如粗俗之徒的成见所臆想的靠'地上的财富'，而是靠他们垂死的世界上历来所创置的产业。他们在自己的发展过程中首先必须创造新社会的物质条件，任何强大的思想或意志力量都不能使他们摆脱这个命运。"[①] 这不仅是五四思想家留给我们的思维教训，而且是今日知识分子所应该达成的共识。

当然，问题的另一面是，当经济问题大致不是问题的时候，统治者无论如何不能寻找理由为集权、为专制而拒绝民主政治，因为不管怎么说，不管现实运行中的民主政治多么无效、低效、不尽如人意，但依然应谨记，民主政治是人类历史数千年的追求，是几百年来经过实践检验最不坏的制度。

---

① 马克思:《道德化的批评和批评化的道德》,《马克思恩格斯选集》卷一，北京：人民出版社 1972 年，第 172 页。

文学改良与文学革命：启蒙主题与途径

　　文学是传统中国士大夫的专门职业，在 19 世纪中国文学领域中，占统治地位的主要有桐城派、文选派等，当时只有诗和非小说性散文才被视为严肃文学或文学的正宗，负有"文以载道"的责任，先前几个世纪许多用白话文写作的小说、故事和剧本等常常遭到蔑视，被视为不入大雅之堂的下里巴人。到了 19 世纪末和 20 世纪初，随着中国社会世俗化的发展，一些新派诗人和政治改革家受西方思想文化的影响，试图改革文体，提倡新诗，并开始在一些新创办的杂志、报纸上用白话文进行著述。文学改良运动正在悄悄进行，只是这种改良局限在少数学者的范围内，尚没有构成对传统文学和语言的严重威胁。

新文学潜流

　　文学的世俗化是与中国社会的世俗化同步进行，而这一点又与中国自古以来的文学形态有着密切关联。
　　中国文学所依据的载体是中国文字和中国语言，而中国文字与中国语言似乎自古以来就是分成两个相互关联又相互有别的系统，也就是说"文言分家"：书面表达与口头表达似乎始终是两个不同的系统。所以现在有些电视剧刻意让古人用文言说法，可能是过于拟古化，因为至少在我们可以见到的文献中，诸如敦煌遗书、宋朝人的语录中，我们可以很清楚地感到古人说话与文字书面表达并不一致。这也是中国社会阶层区分的一个重要标志，一般百姓的口头俚语不登大雅之堂，但它生动鲜活，富有生活气息，所以至少自周朝开始，知识阶层中稍有头脑的人就比较注意从民间收集这些语言和作品，以丰富中国文学的表达方式和表达内容，像未经孔子删改之前的所谓《诗经》，实际上都是民间小调、段子、顺口溜，然后经过孔子以及其他知识阶层的加工、提升，逐渐成为庙堂之上的典雅之作。所以新文学的潜流实际上就是胡适所说的"白话"的文学史，而白话的文学史，也就是民间的文学史，也就是郑振铎所说的"俗文学史"。

文学的历史或许正如许多人所猜测的那样，其兴衰总是与政治的情形相反背。当政治上纷乱不堪，国家不能统一，周天子地位明显下降，只是列侯之一的时候，民间的或俗的文学史就格外发达，诸子凭借自己的才情肆意表达自己的意见，总是希望以自己的言论去干预政治，以易天下，自由发言导致思想的自由发展，也使文学达到了一个空前繁荣的状态。

与春秋战国时的情形相反，秦汉重建统一后，为了巩固统一，政治上的高压不可避免地发生，特别是董仲舒之后，意识形态一元化，儒家思想成为中国社会最高的和唯一的指导思想，结果使文学走上了万马齐喑的道路，文学成了文化领域的主体，文以载道的使命感使文学成了令人生厌的东西。看看两汉文学主流中的所谓汉赋，其夸饰、华丽、铺张，逐渐脱离了生活实际，完全成为文字游戏。而在民间，生动鲜活的文学形态作为一股潜流继续流淌着，看看司马迁本来无意于发表，本来准备藏诸名山留诸后世的《史记》，其语言的活泼远远非汉赋可比。

东汉末年，中国政治再次陷入弱中央强地方的状态，稍后更是三国分裂，诸侯称王称霸，人民苦于战争，而文学却在这种状态下重新获得解放。东汉末年，民间的文学潜流诸如谣言、品评人物的判语等在这个时期获得新的发展，这对于魏晋时期富于真情实感的诗歌，比较好地展现文人才情的清谈，都起到了非常大的作用。我们今天阅读曹操的诗歌，其语言的口语化，充分反映了文学的潜流并没有因为两汉政治高压而中断。《世说新语》也是这个时期的代表作，其语言鲜活，真实再现了那个时代文人的精神生活。

中国历史真的如《三国演义》开篇所说，分久必合，合久必分。魏晋南北朝几百年的国家分裂、分治，对于许多家庭来说或许有着痛苦与苦难，但是对于社会进步、思想进步，或许也有其好处，地区间的生存竞争推动了社会整体面貌的改善，区域文化特色也在种种竞争中愈加明显。到了隋唐重建统一后，中国文学再次走上秦汉时期的旧路，文学只是政治的婢女，只担负着教化人民，为统治者歌功颂德的主流意识形态的功能，文学的批判色彩不再存在，文字的雕琢、考究，都使所谓文学成了文人手中的技艺。韩愈的作品据说是那个时代最好的文章，而其中所明白表露的政治意识、道德说教，实在使读者生厌。

倒是从魏晋南北朝诗歌演化过来的唐诗，更多地保留了作者的真情实感，口语化的表达也反映了民间文学潜流对主流文化的影响力并没有完全衰竭。像白居易、杜甫的作品，虽然经过文人的修饰、加工，但民间生活的气息依然非常浓郁。这个传统在此后的宋词、元曲、明清话本和小说中依然保留了下来，这就为后来的新文学发生提供了历史依据和智慧资源。

隋唐之前中国人口头语言的表达方式我们现在似乎已经不是很清楚了，但唐代留下的文献使我们知道，至少在那个时期以来，中国人的口头语言与书面语言实际上存在两个系统。隋唐口头语言的表达或许受到印度佛教文化的影响，因为深奥难懂的佛教经典要扩大其受众，就必须注意其受众本身的文化程度，注意其本身的语言习惯。佛教典籍的中译说明了这一点，而明清以来基督教来华，其《圣经》以及其他典籍的翻译也都说明这个道理。

域外典籍的通俗化翻译当然是为了下层社会，扩大受众，然而必须注意的一点是，他们的这种通俗化翻译所依据的就是民间社会活生生的语言和生活，并不是翻译者的生造。所以，我们应该注意佛教典籍、基督教典籍汉译作品中所保留的中国社会、中国语言等文化史的史料，而这些史料都构成了近代新文学的源头和资源。

仅就文学主张而言，周作人在《中国新文学的源流》演讲中强调明代公安派与竟陵派的主张，以为他们的主张甚至与胡适在新文化运动中的文学主张相类似，当然要除去胡适主张中的西洋思想文化影响。

根据周作人的研究，公安派的"三袁"——袁宗道、袁宏道、袁中道，差不多在文学上都主张"独抒性灵，不拘格套"，所以他们的作品可能并不是中国文学史上最优秀的，但正如周作人所评判的那样，大都"清新流丽"，他们的诗大都巧妙而易懂，他们不在文章里面摆架子，不在文章中拉开架势大谈修身齐家治国平天下的大道理。如果看过前后七子的假古董，就很容易明白公安派的好处。总之，如果用胡适的话说，公安派的文学是一种活的文学，而不是死的文学。

到了清代，文学上又发生一次"反动"。清代文学的方向大致上是对公安派及竟陵派清新流丽文学形态的反动，特别是因为科举考试的缘故，清代人的文章几乎没有什么可以看的，几乎所有的文章都要蕴含某些貌似深刻的见解或中心思想，作者无法自由表达自己的见解和理念，心灵约束并不是外在的不自由，而其内心世界已经被这种外在的不自由深刻内化，成为读书人作文说话潜意识的自律，政治上的正确和文体上的程式化，导致清代文学品质的下降，清代文学真正有点价值的，还是民间文学的潜流，像从宋元话本、明代小说演化过来的清代小说，就能够保留民间生活的情形与语言风格。这都为后来的文学革命提供了可能与条件。

科举制度、八股取士，扼杀了中国读书人的性灵，但是从科举考试、八股取士制度创设本意看，原本是为了考试公平、录取公正而创设的制度，竟然走到了制度创设的反面。按照科举制度设计者的本意，这个制度主要的还是出于考试规范化、客观化一系列公平公正公开的考虑，因为只有在规定的字数内、时间单位内，才能考查各位考生的差异。这就像体育竞赛一样，所有竞赛者必须遵循同一的规则，没有例外。规定动作必须执行。而且作文的评估从来都是阅读者主观色彩最浓的一门科，如果不对文章结构进行细密解析，阅卷者势必仁者见仁、智者见智。所以这个制度的创设犹如苏轼《书吴道子画后》所说的那样，"出新意于法度之中，寄妙理于豪放之外"。即要求所有考生在一定规则限制下，从事创新，一决胜负，衡量优劣。而这个"一定规则"，就是设定文章的特定章法、规则、结构、引证、论据、材料以及理论深度、文采等要素。如果作者不能紧扣题目，下笔千言、离题万里，那当然也不能得分，所以那些补习老师就不断总结经验，终于归纳出能够紧扣题目，讲究文章气势、结构，而又能进行个性表达、张扬个性的办法。

在八股取士的几百年中，当然是鱼龙混杂，即便是那些所谓状元，也不是个个都是优秀人才，这就像现在的高考一样，我们不能因为高考选出来的并不都是优秀人才而将高考废弃，因为这种相对说来最为公平公正公开的考试制度，所选出来的毕竟优秀者居多。翻看明清进士题名录，就可以深切理解这个制度的利弊得失。

然而八股取士的弊病在近代中国大转型的年代里没有及时更新内容、刷新页面，这就使它背负了更多罪名。

鸦片战争后，中国人逐渐感到以八股取士的科举制度远远不能适应现实需要，于是他们开始了向西方寻求真理的艰难旅程。魏源提出"师夷之长技以制夷"，强调应将中国传统学问从文史经义扩大到科学技术。此后不久，冯桂芬更明确提出改变科举取士的方法与内容，严厉指责八股取士使"聪明智巧之士穷老尽气，销磨于时文、试帖、楷法无用之事"。这便将吴敬梓《儒林外史》、曹雪芹《红楼梦》以及蒲松龄《聊斋志异》等文学作品对科举制的讥讽更加理论化、理性化，终于敲响科举制的丧钟。

伴随着此后一连串战争失败后的割地赔款，尤其甲午战争后，许多有识之士更感到单单学习西方科学技术并不能从根本上有助于改变中国的处境，他们特别指责科举制度害人才，试图以改革乃至废除科举制作为中国进步的首要或先决条件。严复在1895年发表的《救亡决论》中强调，甲午后天下之理最明而势所必至者，就是中国不变法则必亡。但是中国变法将从何处入手？严复的答复很简单，就一句话，曰莫亟于废八股。

严复指出，不是说八股损害了中国，而是说八股取士的结果使中国无有用之才。他根据个人体验，归纳八股取士的弊病有三：其一害曰锢智慧；其二害曰坏心术；其三害曰滋游手。有了这三大害中的一害，不亡国灭种是不可能的，何况中国现在是三害兼有？或许是因为严复三进考场三次名落孙山的结局使他产生如此情绪化的言辞。

以八股为主要内容的科举考试制度所存在的弊端在清廷最高决策层那里也不是一点都不知道，经过几十年的议论，这一制度所存在的问题是再明显不过了，但究竟应该怎样改革，是否可能一下子废除？在清廷最高决策层那里似乎很难下决心，因为这毕竟牵涉到无数青年才俊的出路，必须找到一个妥善的解决方案。所以，光绪帝在 1898 年 6 月 11 日宣布明定国是诏时，一是明确宣布创立京师大学堂，作为新知识教育的基地以及将来青年知识分子获取功名的培养基地，似乎期待以新学堂的创办去取代旧的教育体制；二是将以八股为主要内容的科举考试制度的弊端大体指出，但对是否废除科举考试、怎样改革科举考试，并没有提出明确的看法，似乎依然期待能够寻求一个最佳的解决方案。

对科举制度、八股取士的批判，只是对清代文学"反动"的"再反动"，只是理论上的论证与提升，而文学尤其是民间文学并没有受到科举制度、八股取士过多影响或干预。清代的俗文学的形态、种类都远较前代丰富，只是有些不入读书人的法眼而已，清代晚期成为文坛主流的依然是桐城派和文选派，也就是钱玄同所说的"选学妖孽，桐城谬种"①。

桐城派的首领是方苞和姚鼐，他们之所以被称为桐城派，是因为他们都是安徽桐城人。按照桐城派自己所说的传统，他们是接续《左传》《史记》，韩愈、归有光等人往下发展，以唐宋八大家的直接传承者自居，主张义理、考据、词章三方面合一。到了曾国藩，又加进去一个经济，这样就是义理、考据、词章、经济合在一起，反映了桐城派的文学主张，大致依然是"文以载道"的主流意识形态思想，只是更强调主流意识形态也要好看、好玩，不要板着面孔说教，要有文采，有根据，有实际生活，不要空洞话语。

方苞、姚鼐都是桐城派的开创者，而到了曾国藩，桐城派才真正成为中国文学的主流，这与曾国藩对桐城派文学理

---

① 钱玄同：《钱玄同致陈独秀》，《新青年》第二卷第六号，1917 年 2 月 1 日。

念的改造，加进去经济、政治等因素有关，更与曾国藩个人的政治地位、涵养有关。他对文学的看法已有很大改变，他虽然不如金圣叹大胆，但因为他比较开通，所以他的文学观念就与正统的桐城派稍有不同，像后来受他的影响的吴汝纶，间接受其影响的严复、林纾等，他们对文学的看法，就与方苞、姚鼐明显的不同了。他们既注意从中国传统文学中汲取养料，更注意对西方文学的引进与吸收，注意介绍西方的科学思想。

按照周作人的说法，五四新文化运动的主流人物如胡适、陈独秀、梁启超等人，虽然无情批判桐城派，大骂桐城派，但他们实际上也是接受了经过曾国藩改良，经吴汝纶、严复等人传播的新桐城派的文学理念，他们实际上是从桐城派的阵营中走出的反叛者。按照周作人的假设，如果没有严复翻译的《天演论》，没有林纾翻译的西洋小说，文学革命或许还是要发生，但至少不会在那个时代发生。

吴汝纶、严复、林纾等人已经有了新思想的萌芽，只是他们没有接着往下走，但在他们的启发下，新一代知识分子终于迈开大步，开始了一场轰轰烈烈的文学革命。在这一进程中，梁启超无疑是一个重要角色。

梁启超在文章方面是非常喜欢桐城派的，看他的文章，很明显地糅合了唐宋八大家、桐城派以及李渔、金圣叹等文章精华，不是从文学的正路出发，而是期待以文学的感染力扩大其政治言论的影响力，达到改良中国政治和中国社会的目的，所以梁启超的作品笔锋常带感情，因而在近代中国影响很大。这种影响不独在政治层面，也给予文学以很大的冲击力。特别是他的文字浅显明白，不用典，一般读者都很容易理解。

或许是受到梁启超的影响，或许是近代中国政治发展中的实际需要，总之在戊戌维新以后，中国出现了一些较梁启超文体更通俗易懂的白话报纸或白话作品，这大概是后来新文化运动中新文学的直接源头之一。只是这个时代的白话作品似乎显得很生硬，大概是习惯于文言思考与文言写作的读书人为了白话而白话，将文言硬性翻译成白话，因此从后来的眼光看，这些白话就显得不那么自然，总显得是读书人刻意为那些没有文化的普通大众专门写出来的白话，而不是一般读书人所要读的东西。所以，近代出现的白话文、白话报纸虽然是后来新文学的一个源头，但那时白话只是文章的口头表达，是我手写我口，但文章还有另外一种比较典雅的表达方式，即书面表达，书面表达依然使用典雅的文言。这也就是后来胡适要进行文学改良的原因之一。

在梁启超和他的一班朋友中，也有一些人抱着改革文学的想法，而最突出的就是黄遵宪。黄遵宪做过三十年的外交官，游历过东洋和西洋，著有《日本国志》和《日本杂事诗》，主张"诗界革命"，主张为文要摆脱一切拘牵和束缚，"我手写我口"，即便是民间俗语俚语，只要能够准确表达作者的意思，都不妨坦然写进作品。他不仅这样主张，而且身体力行，充分吸收乡土生活中的白话和平民文学，创作出一大批试验作品。我们去读他的《人境庐诗草》，就能深切感到扑面而来的清风，很像《古诗十九首》中的作品那样明白流畅，那样生活化，那样直白。

黄遵宪更多的是自己实践"诗界革命"的主张，似乎还没有进行系统的文学改良或提倡新文学的想法。比较早且有意识提倡新文学的是著名记者黄远庸。黄远庸（1884—1915），江西九江人，笔名远生。他是大清王朝最后一次会试的进士，但他没有接受清政府安排的官职，而是前往日本留学；辛亥革命后，任上海《时报》《申报》驻京记者，成为近代中国第一个真正意义上的记者。或许正是因为他的记者身份，他的文章需要更多的读者，所以他较梁启超更加自觉地试验新文体，并能够坦然地将市井琐屑、街谈巷议、民间语言等充分吸纳进他的文章里，以进士出身彻底将先前中国士大夫看惯了写惯了的官样文章、宫门抄予以改变，创建了一种为一般读者所接受所乐见的新闻文体。这种文体以白描式刻画为主，极具现场感，极具感染力，因而更受读者追捧。

或许像一些研究者所认识到的那样，黄远庸对新闻文体的改革与创新在文化史上具有非同寻常的意义，这实际上意味着黄远庸是作为一个新文化运动的先驱者而存在。所以在后来的新文化运动中，黄远庸人虽不在了，但其影响却依然遍布整个思想文化领域。更极端的说法是，后来的新文化运动中的文学革命、思想革命，不过是将黄远庸的未竟事业推向前进而已。

黄远庸反对"文以载道"的传统观念，主张从提倡新文学入手，为中国改革和发展开出一条新路。这当然是新文学的"先声"，深刻启发了后来者。①

与黄远庸思路比较接近的是陈独秀。早在 1904 年，陈独

---

① 胡适：《五十年来中国之文学》，《胡适文集》卷三，北京：北京大学出版社 1998 年，第 238 页。

秀就创办有《安徽俗话报》，以民间百姓熟悉的俗语俚语报道和评论国内外时事政治，介绍科学文化知识，向民众灌输近代国家观念和民主自由的思想。

有《安徽俗话报》的经验，陈独秀当然比较容易理解黄远庸的主张，所以他在1915年创办《青年杂志》时，虽然依旧采取文言稿件，但他非常注意现代文学的介绍，注意文章的通俗明白，并不是原来意义上的文言。我们看他写的《敬告青年》，就能感到这种改良后的文言所具有的感染力。也正因为这样，他在后来能够欣然接受胡适的文学改良主张，甚至以为这种改良过于保守，而提出"文学革命"的激进主张。

一张传单引发的故事

黄远庸、陈独秀关于中国文学的看法并没有引起国内读者的很大注意，但在美国留学的胡适却致信陈独秀，表示支持陈独秀关于中国文学应当是现实主义的观念。他在信中批评了南社的诗风，并提出了自己关于"文学革命"的一些见解，于是引发一场被誉为"中国文艺复兴"的文学改良或文学革命运动。

胡适对中国文学怎样改良的问题的关注已久，大约1915年年初，胡适对这个问题就有系统思考，而背景或者说刺激，据胡适自己回忆，是因为清华学生监督处书记钟文鳌。这个故事大致是：

钟文鳌是一个基督徒，深受传教士和青年会的影响。他在每月寄发给在美各地官费留学生经费时，总是夹寄一张有关社会改革的宣传单。这种宣传单有各种花样，大致内容不外乎：

不满二十五岁不要娶妻；

废除汉字，取用字母；

多种树，种树有益。

钟文鳌的热心和宣传并没有在留学生中引起什么波澜，尽管许多学生不满他这种青年会的宣传办法，更不满他这种滥用职权。终于有一天，钟文鳌在传单中说中国应该改用字母拼音，理由就是方块字太难，要普及教育，非有字母不可。

其实，汉字拼音化并不是钟文鳌最先提出来的，大约在19世纪中晚期，中国士大夫在向西方学习的过程中，就已有人敏感意识到东西方在文字上的差异可能是导致双方在近代不同走向的一个重要原因，于是有人开始琢磨汉字改革的可能性。19世纪80年代，福建人卢憨章（1854—1928）在研读《圣经》以及学习西方知识时，突然领悟到欧美各国皆拼音文字，便恍然发改造汉字之宏愿。此后他用数年时间研究英文和中文，终于在19世纪90年代初写成厦门话的切音字著作《一目了然初阶》，这是中国第一个以拼音字母为导向的文字改革方案。正如书名所揭示的那样，卢憨章的研究主要解决汉字难认难记的问题，希望用拼音即切音的办法推动文化普及，"一目了然，男可晓，女可晓，智否贤愚均可晓"，以注音的方式缩短人们认识汉字的时间，提升文化普及率。

汉语拼音化是那一代维新志士对中国落后于西方原因的反省，因此在过去的一百多年中，几乎所有的文字改革、文学改革，差不多都与振兴民族、重建辉煌这样的重大主题密切相关。所以稍后又有蔡锡勇的《传音快字》（1896）、沈学的《盛世元音》（1896）、王照的《官话字母》（1900）、朱文雄的《江苏新字母》（1906）、刘孟扬的《中国音标字书》等，大致规范了后来的汉字改革方向。所以，钟文鳌只是一个热心于社会改革的基督徒，他所宣扬的汉字拼音化方案实际上是那个时代文化改革的主流意见。

胡适原本是一个热心社会改良、社会改造的人，但不知道为什么他不能容忍钟文鳌这种热心与虔诚。当他又一次收到钟文鳌寄来的汉字改革宣传单时，突然动怒写了一封信回敬，大意指责钟文鳌这种不通汉文的人，不配谈改良中国文字问题。要想谈这个问题，就必须先下几年工夫，把汉文弄通了，那时才有资格谈汉字是不是应该废除。

这种高人一等的盛气凌人不是胡适的风格，所以信寄出后胡适就感到后悔。不过由此也引起胡适另一层反省，既然指责别人不够讨论的资格，那么自己是否够资格呢？如果自己够资格，为什么不用点心思去研究这个问题呢？

有了这层反省，胡适就和他的好友赵元任商量，希望将"中国文字的问题"能够列入当时美国东部中国学生会"文学科学研究部"当年年会的主题，由胡适与赵元任分作两篇论文，讨论这个问题的两个方面：一、如何可使吾国文言易于教授，二、吾国文字能否采用字母制，及其进行方法。商量的结果，前一篇由胡适负责，后一篇由赵元任分担。赵元任后来觉得一篇论文说不清，于是连作了几篇长文，论证中国文字可以采用音标拼音，力主中国文字改革的方向就是汉字拼音化、罗马化。所以，赵元任后来就成为中国文字改革运动中非常重要的人物。

胡适的论文大致强调这样几层意思：

一、汉字是否真的阻碍了文明的传播，不利于教授；

二、汉字所以不易于普及，其原因不在文字本身，而在教授方法的不完善。

三、旧的教授方法之弊有：

1. 根据自己早年接受教育的经验，胡适认为，汉字乃是半死的文字，不当以教授活文字的方法进行。这里的所谓活文字，即是指日用语言之文字，如英法文，如中国的白话文；而死文字，则是指希腊文、拉丁文，非日用文字语言。所谓"半死的文字"，就是说其中还有一些日用成分在，如"犬"字是已死之字，而"狗"字仍是活字；"乘马"是死语，而"骑马"是活语。旧的教授汉字方法不明此意，以为书读百遍其义自见，字的意思也就明白了。这显然是有问题的，所以胡适建议汉语教学应该像教授外国文一样，须用翻译的方法，将死文字翻译成活文字，像旧教育中的"讲书"，要让学生充分理解死文字的活意义。

2. 汉字是一种视官文字，非听官的文字。凡一字有二义，一为其声，一为其义：无论何种文字，皆不能同时兼及声义两个方面。字母文字能传其声，不能达其意；象形会意的文字，但能达意而不能传其声。汉字在后来的发展中，逐步失去象形、会意、指事的特长，而教授者并不明白这一道理，于是使中国文字既不能传声，又不能达意。所以胡适建议，中国文字教学中应该加强字源学的研究，当以古体和今体同列教科书，让学生先学象形指事之字，再学会意之字。后来的小学语文教学似乎真的是循着这个方法进行。

3. 受《马氏文通》的启发和学习英语的经验教训，胡适认为中国文字本有文法，这是学习文字语言的捷径，所以他建议将汉字文法学列为汉语教学的科目。

4. 胡适指出，中国人向来不用文字符号，致使文字不容易普及；而文法又不研究、不讲究，遂使学习汉字成为相当困难的事。所以今后应该加强文字符号的研究和运用，以求文法明显易解，及意义确定不易。那几年，胡适正热心为中国文字创造种种标点符号，期待以标点符号弥补汉字在意义、文法方面的不足，以方便文字的学习和使用。应该说，标点符号的创造和推行，是胡适对中国文明发展的巨大贡献。

按照胡适自己的说法，他并不反对汉字拼音化，但他的历史训练使他具有一定的保守性，使他觉得汉字的拼音化可能并不那么乐观，并不那么容易推行，汉字终究是庞大中国内部联系的纽带，终究不可能被废弃而选择一种拼音文字。不过，他那时也没有想到白话完全可以替代文言，所以胡适当时能够想到的就是根据自己早年接受教育的经验，改良文言教授方法，使汉文比较容易教授，容易掌握。

钟文鳌的刺激使胡适意识到中国文字可能并不像近代以来许多维新志士所期待的那样，通过拼音化改变中国文字难学的特征，以提升文化普及的速度和程度。中国文字的未来出路究竟何在，胡适也没有明白的方案，只是他在 1915 年的夏天，确实意识到中国文字可能分为死的和活的两个方面，白话是活文字，文言是死文字。

那年暑假，胡适的朋友任鸿隽、梅光迪、杨杏佛、唐钺等正在纽约附近的小镇绮色佳（Ithaca）康奈尔大学度假，胡适的观点引起了他们的兴趣，也引起了他们的争论。梅光迪无论如何不能承认胡适的判断，以为中国文字是半死或全死的。他的驳斥引起了胡适的反省，往复论战也使他们观点越走越远，梅光迪越辩越趋于保守，而胡适在防守中也就越来越趋于激进。

胡适与梅光迪的争论逐步从文字问题转向文学，涉及中国文学的存废等大是大非问题。这是一个巨大转变，在这个转变过程中，胡适常常表达中国文学必须经过一场革命的意思，"文学革命"的口号就在那个夏天由这样几个青年在异国他乡乱谈出来了。

梅光迪（1890—1945），字迪生、觐庄，安徽宣城人，与胡适算是比较近的安徽老乡，比胡适大一岁，但却比胡适迟一年考上庚款留美学生，1911年到达美国，先入威斯康星大学，1913年转入芝加哥西北大学，专攻文学。此时他刚从西北大学毕业，准备到哈佛大学去读书，追随美国新人文主义鼻祖白璧德。

1915年9月17日，梅光迪将赴哈佛，胡适作了一首长诗送行，诗中有两段很大胆的宣言：

梅生梅生毋自鄙！神州文学久枯馁，百年未有健者起。新潮之来不可止，文学革命其时矣！吾辈势不容坐视，且复号召二三子，革命军前仗马箠，鞭笞驱除一车鬼，再拜迎入新世纪。以此报国未云菲：缩地戡天差可儗。梅生梅生毋自鄙。

　　作歌今送梅生行，狂言人道臣当烹。我自不吐定
不快，人言未足为重轻。①

　　在这首诗里，胡适第一次使用了"文学革命"这个名词。
这首诗颇引起了一些小风波。原诗共有四百二十字，全篇用
了爱默生、达尔文、拿破仑等十一个外国字的译音。任鸿隽
将诗中的这些外国字连缀起来，作了一首游戏诗送给也将离
开绮色佳康奈尔大学前往哥伦比亚大学的胡适：

　　　　牛敦，爱迭孙，培根，客尔文，
　　　　索虏，与霍桑，"烟士披里纯"。
　　　　鞭笞一车鬼，为君生琼英。
　　　　文学今革命，作歌送胡生。②

　　这首诗的末尾当然有点讽刺挖苦胡适"文学革命"的狂
言，所以胡适不愿将这首诗当作游戏看。9 月 20 日，胡适在
前往哥伦比亚大学的火车上用任鸿隽游戏诗的韵脚，写了一
首很庄重的答词，寄给依然留在绮色佳的朋友们：

　　　　诗国革命何自始？要须作诗如作文。

---

① 胡适：《送梅觐庄往哈佛大学诗》，《胡适全集》卷二十八，合肥：安徽教育出
　版社 2003 年，第 268 页。
② 任鸿隽：《叔永戏赠诗》，《胡适全集》卷二十八，合肥：安徽教育出版社
　2003 年，第 270 页。

琢镂粉饰丧元气，貌似未必诗之纯。

小人行文颇大胆，诸公一一皆人英。

愿共僇力莫相笑，我辈不作腐儒生。①

  在这首诗里，胡适特别提出了"诗国革命"的问题，并且提出一个"要须作诗如作文"的方案，从这个惹出了后来的白话诗尝试。其实，这个方案，也不外乎黄遵宪的"我手写我口"。只是胡适当年不太明白黄遵宪的主张，不太了解先前中国人在白话文学上的努力而已。

  不过，胡适此时坚信，中国诗史上的趋势，由唐诗变为宋词，并没有什么玄妙的道理，只是作诗更近于作文而已，更近于说话。近代诗人喜欢作宋诗，其实他们并不明白宋诗的长处在哪里。宋朝大诗人的绝大贡献，只在打破六朝以来的声律束缚，努力造成一种近乎说话的新诗体。胡适此时的主张，显然受到宋诗的深刻影响，所以格外强调"要须作诗如作文"，反对任何方式的"琢镂粉饰"，以为琢镂粉饰只会导致"元气"的丧失，并不是诗的最高境界。

  如果延续《诗经》、汉赋、六朝诗特别是唐诗、宋词、元曲的理路进行考量，我们应该承认黄遵宪的"我手写我口"以及胡适"要须作诗如作文"思想的合理性、有用性。这既符合进化的观念，也是历史发展的事实。文学为人的心声，文学在反映心声的时候，不可能反复琢磨、雕琢，而是脱口而出，直率表达。然而这种文学理念无论如何不能被梅光迪所接受，

---

① 胡适：《依韵和叔永戏赠诗》，《胡适全集》卷二十八，合肥：安徽教育出版社2003年，第272页。

他在忙过了开学之初的功课后，遂于 1916 年春致信胡适，表达自己的不满，以为诗文截然两途，自古依然。诗之文字（Poetic diction）与文之文字（Prose diction）自有诗文以来（无论中西）已分道而驰。所以中国求诗界革命，当于诗中求之，与文无涉。若移"文之文字"于诗即谓之革命，则诗界革命不成问题。中国诗界现在之所以需要革命，在诗家为古人奴婢，无古人学术怀抱，而只知效其形式，故其结果只见有"琢镂粉饰"，不见有真诗，且此古人之形式为后人抄袭，陈陈相因，至今已腐烂不堪，其病不仅在古人之"琢镂粉饰"。①

　　胡适的另一位好朋友任鸿隽也来信，表示他不能认同胡适的说法，而是赞成梅光迪的主张。胡适觉得很孤独很孤立，但是扪心自问，他又觉得梅光迪的理由、任鸿隽的说法，都不能使他心服。胡适无论如何不能相信诗与文是截然分途的。他在回答这些朋友的来信时，反复强调自己的主张并不仅仅是以"文之文字"入诗。他的大意是：今日文学大病在于徒有形式而无精神，徒有文而无质，徒有铿锵之韵、貌似之辞而已。今欲救此文胜之弊，宜从三事入手：第一须言之有物，第二须讲文法，第三当用"文之文字"时，不可避之。三者皆以质救文胜之敝也。

　　胡适表示，他之所以如此持论，固不徒以"文之文字"入诗而已。然不避"文之文字"，自是他讨论诗的一个重要方法。在中国古代优秀诗篇中，何以非用"文之文字"，又何以非用"诗之文字"？

---

① 梅光迪：《与胡适函之三十一》，《梅光迪文录》（罗岗，陈春艳编），沈阳：辽宁教育出版社 2001 年，第 160 页。

到了这时，胡适仿佛认识到了中国文学问题的性质，认清了这个问题在于"有文而无质"。那么，怎样才能拯救这"文胜质"的毛病呢？胡适此时并没有想到白话上去，他只敢说"不避文的文字"而已。然而尽管如此胆小的建议，胡适的那班朋友还是不能理解，梅光迪依然坚守"诗的文字"与"文的文字"之间的区别，而任鸿隽则认为中国文学的最大问题在于文人无学：要之，无论诗文，皆当有质。有文无质，则成中国近世萎靡腐朽之文学，正当廓而清之。然使以文学革命自命者，乃言之无文，欲其行远，得乎？任鸿隽认为，中国近代文学不振，其最大原因，乃在文人无学。救之之法，当从绩学入手，而不应只从文字形式上进行讨论，寻找原因。[1] 这个说法，有点后来所谓"作家学者化"的味道。

　　对于任鸿隽的说法，胡适不以为然。他认为，任鸿隽与梅光迪一样，都不明白文学形式往往是可以束缚文学的本质。"旧皮囊装不得新酒"，这是西方的老话；而"工欲善其事，必先利其器"，则是东方智慧中的古训。文字形式是文学的工具，工具不能适用，如何能够达意表情呢？

　　在梅光迪、任鸿隽等朋友的反复刺激下，胡适的思想在1916年春天发生了一个根本的变化，起了根本的觉悟。他曾经想过，一部中国文学史只是一部文字形式（工具）新陈代谢的历史，只是"活文学"随时起来替代了"死文学"的历史。文学与生命全靠能用一个时代的活的工具来表现一个时代的情感与思想。工具僵化了，必须另换新的，活的。这就是"文

---

[1]　任鸿隽：《叔永答余论改良文学书》，《胡适全集》卷二十八，合肥：安徽教育出版社 2003 年，第 319 页。

学革命"。

直到这个时候，胡适认为他才将中国文学史的本质看明白了，才认清从宋儒的白话语录到元明时期的白话戏剧和白话小说这类俗话文学才是中国文学史上的正统文学，代表着中国文学革命自然发展的趋势。也直到这个时候，胡适才坦率地承认中国今日所需要的文学革命不是别的，只是用白话去替代古文的革命，是用活的工具去替代死的工具的革命。

1916 年 3 月，胡适在写给梅光迪的信中简略梳理了自己的思路和新见解，指出宋元白话文学的重要价值。梅光迪究竟是研究过西洋文学史的人，他在回信中表示很赞成胡适的意见，以为文学革命自当从"民间文学"入手，且惟非经一番大战争不可。骤言俚俗文学，必为旧派文家所讪笑攻击，但这种攻击不仅无损我辈主张的价值，反而在无意中扩大了我辈的影响。①

这封信当然使胡适激动不已，毕竟先前竭力反对他的梅光迪以"我辈"自居，以新派自居，以反对旧派文家攻击讪笑为己任。这不能不使胡适狂喜，更坚定了胡适对中国文学史的认知和对文学革命的信心。4 月 5 日，胡适充满激情与自信地写下自己的心得：

> 文学革命，在吾国史上非创见也。即以韵文而论，三百篇变而为骚，一大革命也；又变为五言、七言古诗，二大革命也；赋之变为无韵之骈文，三大革命也；

---

① 梅光迪：《与胡适函之三十三》，《梅光迪文录》（罗岗、陈春艳编），沈阳：辽宁教育出版社 2001 年，第 162 页。

古诗之变为律诗，四大革命也；诗之变为词，五大革命也；词之变为曲，为剧本，六大革命也。何独于吾所持文学革命论而疑之？

文亦遭几许革命矣。孔子以前无论矣。孔子至于秦汉，中国文体始臻完备，议论如墨翟、孟轲、韩非，说理如公孙龙，荀卿，庄周，记事如左氏，司马迁，皆不朽之文也。六朝之文亦有绝妙之作，如吾所记沈休文、范缜形神之辩，及何晏、王弼诸人说理之作，都有可观者。然其时骈俪之体大盛，文以工巧雕琢见长，文法遂衰。韩退之"文起八代之衰"，其功在于恢复散文，讲求文法，一洗六朝人骈俪纤巧之习。此亦一革命也。唐代文学革命巨子不仅韩氏一人，初唐之小说家，皆革命功臣也（诗中如李、杜、韩、孟，皆革命家也）。"古文"一派至今为散文正宗，然宋人谈哲理者似悟古文之不适于用，于是语录体兴焉。语录体者，以俚语说理记事。……此亦一大革命也。至元人之小说，此体始臻极盛。……总之，文学革命至元代而登峰造极。其时，词也，曲也，剧本也，小说也，皆第一流之文学，而皆以俚语为之。其时吾国真可谓有一种"活文学"出世。倘此革命潮流（革命潮流即天演进化之迹。自其异者言之，谓之"革命"；自其循序渐进之迹言之，即谓之"进化"，可也）。不遭明代八股之劫，不受明初七子诸文人复古之劫，则吾国之文学必已为俚语的文学，而吾国之语言早成为言文一致之语言，可无疑也。但丁（Dante）之创意大利文，却叟（Chaucer）诸人之创英吉利文，马丁路德（Martin Luther）之创德意志文，未足独有千古矣。惜乎五百余年来，半死之古文，半死之诗词，复夺此"活文学"之席，而"半死文学"遂苟延残喘，以至于今日。今日之文学，独我佛山人（吴趼人）、南亭亭长（李伯元）、洪都百炼生诸公之小说可称"活文学"耳。①

从此以后，胡适觉得已从中国文学演变的历史上寻找了中国文学问题的解决方案，所以他更加自信这条路是不错的。这个心迹还可见于他在那几天后所做的一首词：

> 更不伤春，更不悲秋，以此誓诗。任花开也好，花飞也好，月圆固好，日落何悲？我闻之曰，"从天而颂，孰与制天而用之？"更安用为苍天歌哭，作彼奴为！　文学革命何疑？且准备搴旗作健儿。要前空千古，下开百世，收他臭腐，还我神奇。为大中华，造新文学，此业吾曹欲让谁？诗材料，有簇新世界，供我驱驰。②

这首词下半阕的口气当然是很狂的，胡适稍后也有不安，一再修改，到第三次修改时，就将"为大中华，造新文学，此

---

① 胡适：《吾国历史上的文学革命》，《胡适全集》卷二十八，合肥：安徽教育出版社2003年，第337页。

② 胡适：《沁园春·誓诗》，《胡适全集》卷二十八，合肥：安徽教育出版社2003年，第353页。

业吾曹欲让谁"这段文字改写成：

> ……文章要有神思，到琢句雕辞意已卑。定不师秦七，不师黄九；但求似我，何效人为？语必由衷，言须有物，此意寻常当告谁？从今后，倘傍人门户，不是男儿。

在这次改定后，胡适还写了一段文字：

> 吾国文学大病有三：一曰无病而呻……二曰摹仿古人……三曰言之无物。[①]

这个概括加上胡适前此答梅光迪书提出的言之有物、讲文法、不避"文的文字"，共有六条，而言之有物与言之无物大意相同，除此一条，还有五条。这五条概括表明胡适关于文学革命的思路大致定型。

白话诗风波

1916年6月中，胡适因事前往克利佛兰（Cleveland）城，往返两次经过绮色佳小住，其间常常与还在那里读书的任鸿隽、唐钺、杨杏佛等朋友一起谈论改良中国文学的方法，这

---

① 胡适：《吾国文学三大病》，《胡适全集》卷二十八，合肥：安徽教育出版社2003年，第356页。

个时候，胡适已经有了具体的改革方案，那就是用白话作文、作诗、作戏曲。其大要有九点：

一、今日之文言乃是一种半死的文字；

二、今日之白话是一种活的文字；

三、白话并不鄙俗，俗儒乃谓之俗耳；

四、白话不但不鄙俗，而且甚优美适用。凡言要以达意为主，其不能达意者，则为不美；

五、凡文言之所长，白话皆有之；而白话之所长，则文言未必能及之；

六、白话并非文言之退化，乃是文言之进化；

七、白话可以产生第一流文学。白话已产生小说、戏剧、语录、诗词，此四者皆有史事可证；

八、白话的文学为中国千年来仅有之文学。其非白话的文学如古文、八股、笔记小说等，不可能进入第一流文学的序列；

九、文言的文字可读而听不懂；白话的文字既可读，又听得懂。凡演说、讲学、笔记，文言决不能应用。

胡适的结论是：今日中国之所需，是一种可读、可听、可歌、可讲、可记的言语。要读书不须口译，演说不须笔译；要施诸讲坛、舞台而皆可，诵之村妪妇孺而皆懂。不如此，就不是活的言语，就不可能成为中国的国语，就不可能由此语言产生第一流的文学作品。[①]

很显然，胡适从欧洲文艺复兴的历史事实中得出一个重

---

① 胡适：《白话文言之优劣比较》，《胡适全集》卷二十八，合肥：安徽教育出版社 2003 年，第 392 页。

要的启示，即所谓文艺的复兴，其实就是工具的革命，而这个工具就是语言文字的革命。

7月2日晚上，胡适离开绮色佳回纽约。离开前，他与梅光迪谈了半天。其要点有：

一、文学在今日不当为少数文人的私产，而当以能够普及最大多数国人为一大能事；

二、文学不当与人事全无关系；

三、凡世界有永久价值的文学，皆尝有大影响于世道人心。

对于胡适的三大要点，梅光迪似乎都有不同意见，他认为胡适的第一点是一种功利主义，第二点实际上是抄袭托尔斯泰的观点，第三点为十九世纪旧观念，久为今人所弃置 [①]。

梅光迪的批评当然不能使胡适心服，胡适以为他个人讨论中国文学改革与改良，其目的只是从中国方面着想，并没有考虑或者说顾及西方文学批评家的观点。所以，只要他的观点合乎中国实际，有助于中国进步，那么不管是否沦入功利主义，是否拾托尔斯泰之余唾，这都是不必讨论不必忧虑的；假如他的看法有问题，那么就应该批评其问题之所在，而不必动辄引经据典，问其与何种主义合。

其实，所有的学术问题都是争论不清的，都是各说各话。胡适与梅光迪是多年好朋友，所以他们的争论并不影响关系的延续，各自又继续忙着各自的事情。

7月8日，仍在绮色佳的任鸿隽同陈衡哲、梅光迪、杨杏佛、唐钺等人一起在凯约嘉湖上划船，不料靠岸时船翻了，

---

① 梅光迪：《觐庄对余新文学主张之非难》,《胡适全集》卷二十八，合肥：安徽教育出版社 2003 年，第 403 页。

又遇着大雨。虽然没有伤人，大家的衣服都湿了。任鸿隽有感而发，作了一首四言古体《泛湖即事》长诗：

> 荡荡平湖，漪漪绿波。言榷轻楫，以涤烦疴。
>
> 既备我馔，既偕我友。容与中流，山光前后。
>
> 俯瞩清涟，仰瞻飞艘。桥出荫榆，亭过带柳。
>
> 清风竞爽，微云蔽暄。猜谜赌胜，载笑载言。
>
> 行行忘远，息楫崖根。忽逢波怒，鼍掣鲸奔。
>
> 岸逼流回，石斜浪翻。翩翩一叶，冯夷所吞。
>
> 舟则可弃，水则可揭。湿我裳衣，畏他人视。
>
> 湿衣未干，雨来倾盆。濛濛远山，漠漠近澜。
>
> 乃据野亭，蓐食放观。"此景岂常？君当加餐"。
>
> 日斜雨霁，湖光静和。晞巾归舟，荡漾委蛇。①

　　如果从旧的文学观念看，任鸿隽的这首四言古诗应该说写得并不错，但当他将这首诗寄给胡适欣赏指正时，不料却遭到胡适当头棒喝。胡适指出，这首诗在写翻船一节时未免小题大做，读者方疑为巨洋大海，否则亦当是鄱阳湖、洞庭湖这样的地方。乃忽然来了一句"水则可揭"，岂不令人失望。至于"岸逼流回，石斜浪翻"等，当然都是好句，可惜都被那些大话所误。②

---

① 任鸿隽：《泛湖即事》，《胡适全集》卷二十八，合肥：安徽教育出版社2003年，第416页。

② 胡适：《胡适寄叔永书》，《胡适全集》卷二十八，合肥：安徽教育出版社2003年，第416页。

胡适的批评虽然比较严厉，但任鸿隽对此表示大致接受，尤其是对小题大做的指责，更是心服口服，只是对个别细节略有解释和修改。对于翻船一节，任鸿隽的解释是：在布局之初，最想用力写好这一段，以为全诗中坚。或许是太想写好了，结果用力太过，遂流为大话。①

任鸿隽的解释已经很谦虚了，但胡适对这个解释很不满意，以为任鸿隽的解释恰好将问题说反了，不是用力太过，而是根本不曾用力。胡适说："诗中写翻船一段，所用字句，皆前人用以写江海大风浪之套语。足下避自己铸词之难，而趋借用陈言套语之易，故全段一无精彩。足下自谓用力太过，实则全未用气力。趋易避难，非不用气力而何？"胡适确实抓住了任鸿隽问题的关键。

而且，胡适研究《诗经》中关于"言"字的用法，专门写了《诗三百篇中言字解》，所以对任鸿隽诗中"言櫂轻楫，以涤烦疴"；"猜谜赌胜，载笑载言"等描写很不舒服，所以他又写信给任鸿隽，告诉他诗中所用"言"字、"载"字，皆系死字，至于"猜谜赌胜，载笑载言"二句，上一句为二十世纪之活字，下一句则为三千年前之死句，殊不相称。②

胡适这一次批评没有说服任鸿隽。任鸿隽在回信中指出，"言"字、"载"字为死字，只是你胡适的一家之言，未必就是历史真实。如果真像你所说的那样，凡《诗经》中使用过的字、

---

① 任鸿隽：《叔永答胡适》，《胡适全集》卷二十八，合肥：安徽教育出版社 2003 年，第 417 页。

② 胡适：《胡适答叔永》，《胡适全集》卷二十八，合肥：安徽教育出版社 2003 年，第 417 页。

82 | 百年五四：共同的文化精神家园

词，我们今天所用字典、辞典，是否都不应该收入，都不应该再用？"载笑载言"或许是三千年前的话语，然而如果可以用来表达现代生活，为什么不可使用，难道不能变成现代语言吗？

任鸿隽显然与胡适说的是两个问题，胡适只是在文法上讨论"言""载"的作用，而任鸿隽则是从文明史的视角探讨语言文字怎样化腐朽为神奇，怎样将死文字变成活文字，死语言变成活语言。

胡适与任鸿隽的争论如果没有外力的介入，或许到这里就可结束，因为不论任鸿隽是否接受胡适的批评，他们的讨论都无法继续下去。不料梅光迪出来打抱不平，不愿苟同胡适对任鸿隽的批评。他在写给胡适的信中说：

> 足下所自矜为"文学革命"真谛者，不外乎用"活字"以入文，于叔永诗中稍古之字，皆所不取，以为非"廿世纪之活字"。此种论调，固足下所恃为哓哓以提倡"新文学"者，迪亦闻之素矣。夫文学革新，须洗去旧日腔套，务去陈言固矣；然此非尽屏古人所用之字，而另以俗语白话代之之谓也。……足下以俗语白话为向来文学上不用之字，骤以入文，似觉新奇而美，实则无永久价值。因其向未经美术家之锻炼，徒诿诸愚夫愚妇无美术观念者之口，历世相传，愈趋愈下，鄙俚乃不可言。足下得之，乃矜矜自喜，眩为创获异矣！如足下之言，则人间才智、教育选择，诸事皆无足算，而村农伧夫皆足为诗人、美术家矣。甚至

非洲之黑蛮，南洋之土人，其言文无分者，最有诗人、美术家之资格矣。何足下之醉心于俗语白话如是耶？至于无所谓"活文学"，亦与足下前此言之。……文字者，世界上最守旧之物也。……一字意义之变迁，必经数十或数百年而后成，又须经文学大家承认之，而恒人始沿用之焉。足下乃视改革文字如是之易易乎？……

　　总之，吾辈言文学革命须谨慎以出之。尤须先精究吾国文字，始敢言改革。欲加用新字，须先用美术以锻炼之。非仅以俗语白话代之即可了事者也。如足下言，乃以暴易暴耳，岂得谓之改良乎？大抵改革一事，只须改革其流弊，而与其事之本体无关。如足下言革命，直欲将吾国之文学尽行推翻，本体与流弊无别，可乎？足下言文学革命本所赞成，惟言之过激，将吾国文学之本体与其流弊混杂言之，故不敢赞同。[①]

梅光迪的讨论是严肃的，他或许对胡适的认识有误解，但他在总体上赞同胡适文学革命主张的同时，不太赞同过激倾向，劝告胡适谨慎行事。这并没有什么坏处，然而胡适却不这样认为，他接着却以一首长达一千多字的白话游戏诗回答梅光迪，显得极不庄重。开篇描摹"老梅"生气的神气：

　　"人闲天又凉"，老梅上战场。

---

① 梅光迪：《与胡适函之三十四》，《梅光迪文录》（罗岗、陈春艳编），沈阳：辽宁教育出版社 2001 年，第 165 页。

拍桌骂胡适，"说话太荒唐！
说什么'中国有活文学'！
说什么'须用白话做文章！'
文字岂有死活！白话俗不可当！
把《水浒》来比《史记》，
好似麻雀来比凤凰。
说'二十世纪的活字，
胜于三千年的死字'，
岂非瞎了眼睛，
定是丧心病狂！"

在第二段中有这样的话：

老梅牢骚发了，老胡呵呵大笑。
"且请平心静气，这是什么论调！
文字没有古今，却有死活可道。
古人叫做'欲'，今人叫做'要'。
古人叫做'至'，今人叫做'到'。
古人叫做'溺'，今人叫做'尿'。
本来同是一字，声音少许变了。
并无雅俗可言，何必纷纷胡闹？
至于古人叫'字'，今人叫'号'；
古人悬梁，今人上吊：
古名虽未必不佳，今名又何尝不妙？
至于古人乘舆，今人坐轿；

古人加冠束帻，今人但知戴帽：

这都是古所没有，而后人所创造。

在第四段，胡适写道：

今我苦口哓舌，算来却是为何？

正要求今日的文学大家，

把那些活泼泼的白话，

拿来"锻炼"，拿来琢磨，

拿来作文演说，作曲作歌：——

出几个白话的嚣俄^①，

和几个白话的东坡，

那不是"活文学"是什么？

那不是"活文学"是什么？^②

胡适的这首游戏诗当然是对白话能否入诗的一个有益尝试，但他的调侃和嬉笑怒骂的腔调，无论如何都很难获得梅光迪乃至任鸿隽的认同。7月24日，梅光迪致信胡适说：

读大作如儿时听"莲花落"，真所谓革尽古今中外诗人之命者！足下诚豪健哉！^③

任鸿隽也致信胡适表示：

---

① 今译雨果。

② 胡适：《答梅觐庄——白话诗》，《胡适全集》卷二十八，合肥：安徽教育出版社 2003 年，第 411 页。

③ 梅光迪：《与胡适函之三十六》，《梅光迪文录》（罗岗、陈春艳编），沈阳：辽宁教育出版社 2001 年，第 167 页。

足下此次试验之结果，乃完全失败是也；盖足下所作，白话则诚白话矣，韵则有韵矣，然却不可谓之诗。盖诗词之为物，除有韵之外，必须有和谐之音调、审美之辞句，非如宝玉所云"押韵就好"也。[①]

应该承认，任鸿隽的这个批评不仅点到胡适新诗的要害，而且也是五四后直至现在新诗无法解决的问题，新诗之所以逐步失去读者，其原因在很大程度上都与任鸿隽的这个认识相近。

对于梅光迪、任鸿隽的批评，胡适当然不服气，他曾有信替自己辩护，说他这首诗只是一首嘲讽诗，并不算是失败。

胡适的不服气只是嘴上的，其实在心里，他也不能不承认梅光迪、任鸿隽的批评有一定的道理，所以在这种刺激下，不是迫使胡适放弃用白话写诗的尝试，而是激励他继续尝试用白话写诗的可能，因为梅光迪在信中明确表示，文章的体裁不同，小说、词曲固可用白话写作，但诗文则不可。而任鸿隽也在信中强调，要之，白话自有白话的用处，可以用来写小说、做演讲，但是不能用于写诗。

其实，梅光迪、任鸿隽的说法也表明他们在胡适不断尝试压力下已经开始让步，至少已经承认白话自有白话的用处，至少承认白话文学在小说、戏曲、词曲、演说等几个方面可能较文言优越，这自然是胡适的胜利。问题是白话能否在所

---

① 任鸿隽：《一首白话诗引起的风波》，《胡适全集》卷二十八，合肥：安徽教育出版社 2003 年，第 423 页。

谓的"美文"，所谓的"文"中使用呢？这是梅光迪、任鸿隽的疑问，但胡适看来却不成问题，他自信在几年前他用白话写过许多议论文，应该说这些议论文并非都是失败。现在争论的焦点只剩下一个，那就是白话是否可以作诗。

在胡适看来，他与梅光迪、任鸿隽等人关于白话文学的争论，十仗之中已胜了七八仗。现在只剩下一座诗的堡垒。胡适相信，一旦用白话征服了诗的王国，白话文学的胜利就可说是十足的了，所以他当时就打定主意，要做先锋去打这座未投降的壁垒，就是用全力去尝试写作白话诗。

自古成功在尝试

促使胡适尝试用白话写诗的刺激还有任鸿隽这样几句话。任鸿隽说，如果白话皆可为诗的话，那么中国的京调高腔，何以非诗？所以中国文学或许确有需要改革之处，但似乎并不只是文言与白话之争。你老兄如果真的能够促动文学革命成功，那么中国文学的将来不外乎就是现在的京调高腔，高雅美文如陶渊明、谢灵运、李商隐、杜牧等人的作品将永不复见于神州，中国文学必将走上低俗、庸俗一路。这样的成功，又有什么意义呢？他劝胡适如果一定要发动文学革命，请从其他方面讲文学革命，不要只以白话诗为事。①

真是不幸而言中。当我们今天陶醉在大众欢乐之中时，

---

① 任鸿隽：《一首白话诗引起的风波》，《胡适全集》卷二十八，合肥：安徽教育出版社 2003 年，第 424 页。

我们不能不承认任鸿隽的这番告诫所具有的先见之明。因为在任鸿隽、梅光迪的全部论述中，他们始终并不排斥白话在中国文明进程中的地位，始终认为白话在口头表达、小说戏曲等方面有着无可替代的功能，但它只是在这个方面而已。中国文化的主流依然应该是一种"美文"，是一种改良后的文言。因为文言本身并没有一定之规，每个时代的美文总是具有自己时代的特色，但无论如何都不能通俗到低俗、庸俗的一路。

胡适当然听不进任鸿隽、梅光迪的劝告，他反而认为任鸿隽、梅光迪等人都有一个根本上的误解。他们都赞成文学革命，都知道中国文学已经到不可不改革的程度，但他们所赞成的文学革命，只是一种空荡荡的目的，没有具体计划，也没有下手的途径。等到胡适提出用白话作"一切文学"的工具时，他们又都不赞成了。他们都说，文学革命绝不是文言、白话之争而已，文学革命应该有它的方面，应该走大道。但究竟它的方面是什么方面，究竟大道是什么道，他们又都说不出来，但他们只清楚地知道绝不是白话。

这显然是胡适对任鸿隽、梅光迪认识的误解，只是正是从这个误解出发，胡适歪打正着走上了一条文学革命的正道。胡适知道，光有白话算不得新文学，新文学必须有新思想、新精神。但是，胡适认定，无论如何，死文字决不能产生活文学。若要造一种活的文学，必须有活的工具。那已产生的白话小说、戏曲，都可证明白话是最配作中国活文学的工具的。胡适认为，必须先把这个工具抬高起来，使它成为公认的中国文学工具，使它完全替代那半死的或全死的老工具。

有了新工具，人们方有可能谈得到新思想、新精神等其他方面。这就是胡适的具体方案。

基于这个方案，胡适又认为，他的那几位反对的朋友，其实已承认了白话的部分地位，他们不能承认的只是白话能否作"美文"，能否入诗。这种怀疑，不仅是对白话诗的局部怀疑，实在是对白话文学的根本怀疑。在他们心目中，诗与文是文学的正宗，小说戏曲只是旁门左道，他们不承认白话诗文，其实就是不承认白话可以成为中国文学的唯一工具。基于这样一种认知，胡适决心要用白话去征服诗的堡垒，要用实际例证去证明白话作诗不仅可能，而且白话可以作中国文学的一切门类的唯一工具。

白话可以作诗，本来就是一个假问题。因为从历史的文学观念看，《诗经》中的文字并不是当时的古文或文言，至于后来六朝时的诗文，像曹操的诗，像陶渊明的诗，像杜甫、白居易、寒山、拾得、邵雍、王安石、陆游等人的白话诗，都是白话可以入诗的证明。至于词曲中的例子就更多。但对于这些例子，任鸿隽、梅光迪等人并不愿意承认，因为第一，从历史上看，成功的白话诗确实不多；第二，过去的诗人只是偶然地用白话作诗，既没有用全力，更缺少自觉的意识。所以，白话能否入诗的问题依然需要实地试验去证明。基于这样的考虑，胡适于 1916 年 7 月 26 日正式宣言不再做文言韵文、文言诗词，专心用白话尝试作诗作词作韵文 ①。

胡适终于与他那班讨论文学的朋友告别了，他决心用自

---

① 胡适：《胡适致任鸿隽函》，《胡适全集》卷二十八，合肥：安徽教育出版社 2003 年，第 431 页。

己的试验去证明自己的主张，所以从此他也不再与梅光迪、任鸿隽这些朋友打笔墨官司了。他本指望能够说服一两个或更多的朋友一起尝试，一起试验，可惜那些朋友都太有主见了，不愿与胡适一同探险，一同前行，胡适只能单枪匹马、踽踽独行。这虽然有几分落寞，几分失望，几分悲壮，但由此也可看到胡适的固执与坚持，看到他的毅力与决心。他虽然怀疑自己在一年多的笔墨交往中都没有说服一两个好朋友，又怎能说服一国之众？

有一天，胡适坐在窗口吃自己做的午餐，窗下就是一大片长林乱草，远望着赫贞江①。胡适忽然看见一对黄蝴蝶从树梢上飞上来。一会儿，一只蝴蝶飞下去了；另一只蝴蝶独自飞了一会儿，也慢慢地飞了下去，去寻它的同伴去了。触景生情，落寞、孤独的胡适颇有点感触，感触到寂寞的难受，所以他写了一首白话小诗，题目就叫作《朋友》，后来又改成《蝴蝶》：

> 两个黄蝴蝶，双双飞上天。
> 不知为什么，一个忽飞还。
> 剩下那一个，孤单怪可怜。
> 也无心上天，天上太孤单。②

---

① 赫贞江：胡适将美国纽约的哈得孙河翻译为"赫贞江"，显得更诗情画意，并在他的作品里多次提到。

② 胡适：《窗上有所见口占》，《胡适全集》卷二十八，合肥：安徽教育出版社2003年，第442页。

这种孤单的情绪，并不含有抱怨梅光迪、任鸿隽的意思。胡适始终承认，如果没有那一班朋友的热情讨论，没有那一日一个明信片、三天一封长函的朋友切磋的乐趣，胡适的文学主张决不会经过那几层大变化，决不会渐渐结晶成一个有系统的方案，决不会慢慢地寻出一条光明的大路来。况且，在1916年3月间，梅光迪对于胡适的俗话文学主张，已很明白地表示赞成了。后来的坚决反对，也许是胡适当年的少年意气太盛，叫朋友难堪，反而引起他们的反感来了，就使他们不能平心静气地考虑胡适的历史见解，就使他们走上反对的路上去了。但是因为他们的反驳，才使胡适有实地试验白话诗的决心。所以说起来，梅光迪、任鸿隽的反对正是胡适新文学试验的真正动因。

不过，还值得指出的一点是，在胡适后来的回忆中，总是将梅光迪、任鸿隽等人一律视为新文学的反对者，总是强调正是他们的反对促成了他下最后的决心。这个评判在一定意义上说是对的，但过分强调梅光迪、任鸿隽的反对，特别是将他们二人描绘成负面的形象，其实也与历史真实相距稍远。举一个简单的例子，就在胡适下定最后的决心，准备单枪匹马试验白话诗之后，梅光迪仍于1916年8月8日致信胡适，提出文学革命的四大纲领：

一曰摈去通用陈言腐语。

二曰复用古字以增加字数。

三曰添入新名词，如科学、法政诸新名字，为旧文学中所无者。

四曰选择白话中之有来源、有意义、有美术价值者之一部分，以加入文学，然须慎之又慎。①

由此看来，无论如何不能将梅光迪、任鸿隽等人塑造成新文学反对者的形象，实际上他们同是新文学的倡导者，只是与胡适所选择的路径不同而已，至多算作新文学的右翼。

梅光迪、任鸿隽从新文学的另一方向刺激了胡适的试验，而胡适的试验在哲学上的依据则是他所接受的实验主义哲学。实验主义的基本原则是：一切学理都只是一种假设；必须要证实了，然后可算是真理。证实的步骤，只是先把一个假设的理论的种种可能的后果都推想出来，然后想法试验这些结果是否适用，或是否能解决原来的问题。胡适的白话文学论不过是一种假设，这个假设的一部分如小说、词曲已有历史的证实了，其余的部分也就是诗词这一块还有待证明，有待实地试验。所以，胡适的白话诗试验，不过是他所信仰的实验主义的一种应用而已。也正因为如此，胡适的白话诗虽连天加夜地写作还没有几首的时候，他的诗集却已有了名字，那就是《尝试集》。这个"尝试"，据胡适说就是来源于陆游的一句"尝试成功自古无"的诗。胡适为此还写了一首诗，专门说明他的尝试主义：

> "尝试成功自古无"，放翁这话未必是。
> 我今为下一转语："自古成功在尝试。"
> 请看药圣尝百草，尝了一味又一味。
> 又如名医试灵药，何嫌"六百零六"次？

---

① 梅光迪：《与胡适函之三十七》，《梅光迪文录》（罗岗、陈春艳编），沈阳：辽宁教育出版社 2001 年，第 171 页。

莫想小试便成功，天下无此容易事！

有时试到千百回，始知前功尽抛弃。

即使如此已无愧，即此失败便足记。

告人"此路不通行"，可使脚力莫枉费。

我生求师二十年，今得"尝试"两个字。

作诗做事要如此，虽未能到颇有志。

作《尝试歌》颂吾师：愿吾师寿千万岁！ [①]

这就是胡适的实验主义文学观，也是他从事白话诗创作的思想基础。

新文学是这样"运动"起来的

差不多一年的连续讨论使胡适关于新文学的思想逐步成为一个系统，至 1916 年 9 月 19 日，他已经能够清楚地表达心目中或理想中的新文学究竟应该包括哪些条件，这些条件约有八事：

一、不用典；

二、不用陈套语；

三、不讲对仗；

四、不避俗字俗语（不嫌以白话作诗词）；

五、须讲求文法；

---

① 胡适：《〈尝试歌〉有序》,《胡适全集》卷二十八，合肥：安徽教育出版社 2003 年，第 452 页。《逼上梁山》引用时文字稍异。

（以上为形式的方面）

六、不作无病之呻吟；

七、不摹仿古人；

八、须言之有物。

（以上为精神或内容的方面）

如果这八事仅仅记在胡适的日记中，或许就不会有后来的故事了，然而胡适毕竟是一个开风气的人，他想到多少总会传播多少，所以当他将这八条意见写信告诉陈独秀之后，竟然由这八条引发一场新文学运动，引发中国的文艺复兴。

正如我们已经知道的那样，胡适与陈独秀的交往比较早，他们的中间人就是上海亚东图书馆的主人汪孟邹。早在《甲寅》时代，胡适就给陈独秀留下了深刻印象，至1915年秋，当陈独秀主办的《青年杂志》创刊后，胡适就成为陈独秀作者阵容中的主要人物。在汪孟邹的一再催促下，胡适于1916年2月3日给陈独秀寄去一篇翻译小说，并写了一封信，谈翻译小说在新文学创造、发展中的作用，以为今日欲为中国造新文学，宜从输入西方文学名著入手，使中国知识分子有所取法，有所观摩，然后乃有自己创造的新文学可言。[①]

胡适的看法引起陈独秀的积极回应。陈独秀在8月13日的回信中表示对这个看法非常佩服，并建议胡适在功课之暇多为《青年杂志》翻译西方小说，以为改良文学之先导。陈独秀也认为，此时中国知识分子宜多翻译西方作品，尽量少创作，日本兴学四十多年，其国人著述尚不足观，何况中国这

---

① 胡适：《论译书寄陈独秀》，《胡适全集》卷二十八，合肥：安徽教育出版社2003年，第318页。

样刚起步的新兴国家？①

　　陈独秀的激赏无疑鼓舞了胡适的热情，特别是当胡适在受到梅光迪、任鸿隽等人激烈反对时，更感到陈独秀的赏识、支持来之不易。8月21日，胡适再寄书陈独秀，讨论中国文学的理想主义、古典主义和写实主义等问题，并正面陈述自己对中国文学改良的根本看法，以为中国文学的堕落主要是因为"文胜质"，有形式而无精神，貌似而神亏。欲救此弊，当注重言中之意，文中之质，躯壳内之精神。由此，胡适将9月16日写就的文学革命"八事"抄寄陈独秀，并表示不用典等八项条件只是粗略的要领，详细节目当俟诸他日再作一文。②胡适终于将他的文学改良主张在国内中文刊物上公开发布。

　　胡适的文学革命八事获得了陈独秀高度评价，他在发表按语中表示除第五项须讲求文法、第八项须言之有物这两项略有保留外，其余六事，无不合十赞叹，以为今日中国文界之雷音，倘能详其理由，指陈得失，衍为一文，以告当世，其业尤盛。③

　　10月5日，陈独秀又专门回信胡适，详谈自己对这几个问题的看法，以为文学改良确为中国当前最为迫切的事情，所以《新青年》的文艺栏意在能够有所推动，只是中国自来文学中没有写实诗文以为模范，而翻译西方作品又很难唤醒国人写实主义的观念，所以陈独秀建议胡适给《新青年》撰写写

---

① 陈独秀：《陈独秀致胡适》，《胡适来往书信选》（中国社会科学院近代史研究所中华民国史组编）上，北京：中华书局1979年，第3页。

② 胡适：《胡适致陈独秀》，《新青年》第二卷第二号，1916年10月1日。

③ 陈独秀按语，《新青年》第二卷第二号，1916年10月1日。

实主义文字，切实作一篇改良文学的论文。按照陈独秀的设想，改良后的中国文学应该文学之文与应用之文区而为二，应用之文但求朴实说理纪事，其道甚简；而文学之文，尚须有斟酌处。①

陈独秀的夸赞和约稿显然促动了胡适的干劲，不到一个月，胡适就写了一篇关于文学革命的论文，只是到了快要邮寄时，胡适想到过去一年多所遭到的反对，胆子变小了，态度变得谦虚了，于是将标题改定为"文学改良刍议"，通篇不再提起"文学革命"的旗帜。

胡适用复写纸将《文学改良刍议》抄了两份，一份给《留美学生季报》发表，一份寄给陈独秀在《新青年》上发表。在这篇文字中，胡适将文学八事的顺序略有调整：

一、须言之有物；

二、不摹仿古人；

三、须讲求文法；

四、不作无病之呻吟；

五、务去烂调套语；

六、不用典；

七、不讲对仗；

八、不避俗字俗语。

胡适表示这个新次序是有意改动的，他把"不避俗字俗语"一件放在最后，标题只是很委婉地说"不避俗字俗语"，其实是很郑重地提出他的白话文学主张。在这篇文章中，胡

---

① 陈独秀：《陈独秀致胡适》，《胡适来往书信选》（中国社会科学院近代史研究所中华民国史组编）上，北京：中华书局 1979 年，第 5 页。

适反对中国传统的"文以载道"的思想意识，主张"言之有物"，反对摹仿古人，主张"实写今日社会之情状"；肯定白话文学为中国文学之正宗，又为"将来文学必用之利器"。

《文学改良刍议》在《新青年》第二卷第五号即1917年1月1日发表，这篇文章实际上只是将胡适一年来的思考重新系统化，将文学八事拆开详论，其结论柔中有刚地表示，这文学八事只是自己在异国他乡的思考，容或有矫枉过正之处。然而此八事皆文学上的根本问题，一一有研究之价值。故草成此论，以为海内外留心此问题者作为讨论的基础，谓之"刍议"，就是这个意思①。

按照胡适的本意，文字题为"刍议"，诗集题名"尝试"，既表明一个海外留学生对国内学者的谦逊态度，似乎也不希望引起国内学者特别是老辈学者很大的反感。这大概是胡适的个性使然。

然而老革命党人陈独秀却不这样认为。陈独秀起初对胡适的文学八事还有保留和怀疑，以为文学之文与应用之文可能还会有所区别②。国内好学深思的少年常乃德等人也认为说理纪事之文必当以白话行之，但白话文的局限性使它不可能用之于美术文③。这个看法与海外留学生中的梅光迪、任鸿隽大致相同。但到了陈独秀看到胡适的《文学改良刍议》之后，他的态度就发生很大变化，不仅完全赞成胡适的说法，而且

① 胡适：《文学改良刍议》，《胡适全集》卷一，合肥：安徽教育出版社2003年，第15页。

② 陈独秀按语，《新青年》第二卷第二号，1916年10月1日。

③ 常乃德：《常乃德致陈独秀》，《新青年》二卷四号，1916年12月1日。

觉得胡适欲说还休的姿态太过保守，他接着写了一篇《文学革命论》，"甘冒全国学究之敌，高张文学革命大旗"，以为"其首举义旗之急先锋"的胡适作"声援"，明确提出"文学革命"的口号，并揭示自己文学革命的三大主义：

一曰推倒雕琢的、阿谀的贵族文学，建设平易的、抒情的国民文学；

二曰推倒陈腐的、铺张的古典文学，建设新鲜的、立诚的写实文学；

三曰推倒迂晦的、艰涩的山林文学，建设明了的、通俗的社会文学。[①]

陈独秀之外，最初赞成胡适文学改良主张的还有北京大学教授钱玄同。钱玄同对胡适的观点无保留地支持，以为其结果必佳良无疑，为选学妖孽、桐城谬种见此又不知作何咒骂，虽然得此辈多咒骂一句，便是价值增加一分。[②]

钱玄同是章太炎的大弟子，以声韵、训诂学大家的身份支持胡适的文学改良论，提倡通俗的新文学，何忧全国不趋之若鹜，紧随其后？[③] 所以钱玄同的支持格外宝贵，此后文学革命运动就从美国几个留学生的课余讨论转变为国内文人学者的讨论了，新文学就这样运动起来了。

① 陈独秀：《文学革命论》，《新青年》第二卷第六号，1917 年 2 月 1 日。

② 钱玄同：《钱玄同致陈独秀》，《新青年》第二卷第六号，1917 年 2 月 1 日。

③ 陈独秀按语，《新青年》第二卷第六号，1917 年 2 月 1 日。

一个人和一份杂志：陈独秀与《新青年》

在辛亥革命爆发前十年，民主共和思想在孙中山等革命党人的不懈宣传下日趋深入人心，尤其是经历了清政府皇族内阁、铁路国有这两大愚蠢政策强烈刺激后，原本支持清政府进行渐进改革的所谓立宪派也转变态度，由先前对清政府的支持转而反对清政府，清政府的统治基础严重动摇，革命势力空前高涨，于是在武昌城头的一个小小意外事件，就可以将有两百多年统治根基的大清王朝送进历史博物馆，中国进入一个新时代。

龙种与跳蚤

清末民初的更姓易代当然不同于过往的改朝换代，按照革命党人多年来的宣传，中国在推翻清朝之后，恢复中华，建立的是一个以美国为范式的民主共和国家，而不是汉族人的帝国。

民主共和的理想太美妙了，或许是辛亥革命前数年革命党人的宣传太美妙了，总之，待到革命成功，从南京政府到北京政府，几年前中国人种下了龙种却收到了跳蚤，人们普遍感到失望和不值。社会秩序空前混乱、无聊的党争演化成暴力冲突，人民的生活不仅没有改善，反而不如过去在大清王朝"皇恩浩荡"的统治下安宁祥和，许多人都觉得这场革命不仅没有改变自己的地位，反而在革命后"做了奴隶的奴隶"，历史场景或许正像鲁迅"忽然想到"的那样：

> 我想，我的神经也许有些瞀乱了。否则，那就可怕。
>
> 我觉得仿佛久没有所谓中华民国。
>
> 我觉得革命以前，我是做奴隶；革命以后不多久，就受了奴隶的骗，变成他们的奴隶了。
>
> 我觉得有许多民国国民而是民国的敌人。
>
> 我觉得有许多民国国民很像住在德法等国里的犹太人，他们的意中别有一个国度。
>
> 我觉得许多烈士的血都被人们踏灭了，然而又不是故意的。
>
> 我觉得什么都要从新做过。①

失望是普遍的，并不仅仅是鲁迅这个阶级。

前朝统治者感到失望，他们觉得新朝并没有像先前承诺的那样推动中国民主政治的发展，反而越闹越糟，与其这样让这帮不守诚信的政治小人胡闹，还不如大清王朝复辟，夺

---

① 鲁迅：《忽然想到》，《鲁迅全集》卷三，北京：人民文学出版社 2005 年，第 16 页。

回政权；

革命者也感到失望，他们在革命前流血牺牲，然而夺取政权没有几天，就不明不白地拱手让给了旧官僚，他们从前朝的政治边缘人变为新朝的政治边缘人，所以他们内心的怨气最大，只要一有机会就要爆发，就要冲突，就要斗争。

革命的同盟者如无政府主义者也很失望，他们在前朝冒着生命危险组织暗杀团、组织暴动，在推翻清王朝的过程中立有大功，可是新建立的政权并没有达到他们的期待，不是给人民更多的自由和选择，而是与旧政府相比有过之而无不及。所以当孙中山等南方革命势力起而反对袁世凯的时候，他们冷眼旁观，坚守中立，因为他们感到以政府反政府，不过是一场以暴易暴的闹剧。

空前的失望笼罩着中国，特别是经过二次革命之后，中国的政治局面彻底改变，袁世凯的势力在国内外期待建立强有力政权的背景下逐步做大，先前参加过辛亥革命的，参加过二次革命的革命党人、无政府主义者等政治人物大都逃亡国外。这其中就有年轻的老革命党人陈独秀。

陈独秀（1879—1942），字仲甫，安徽怀宁人。早年就参加过反对清政府的斗争，受到过清政府的通缉，曾流亡日本。1903年回到上海，协助章士钊编辑《国民日日报》，翌年回芜湖创办《安徽俗话报》，宣传革命思想。1905年组织反清秘密组织岳王会，自任总会长。辛亥革命后，出任安徽省都督府秘书长。二次革命后再度流亡日本，又与章士钊合作编辑出版《甲寅》杂志。

章士钊（1881—1973），字行严，湖南善化人。他也是一个非常奇特的人物，1901 年寄读两湖书院，结识黄兴，遂与孙中山、黄兴等革命党人结缘。1903 年任上海《苏报》主笔，与章太炎、邹容、张继等结识，意气相投，结拜为异姓四兄弟。苏报案后，章太炎、邹容入狱，章士钊在主办此案的江苏候补道俞明震庇护下，侥幸逃脱。8 月 7 日，又与张继等人在上海创办《国民日日报》，更激烈地鼓吹革命。11 月，回长沙，与黄兴等组织华兴会，积极从事反清暴力活动，被捕后经蔡锷营救出狱后东渡日本流亡。1908 年转英国入爱丁堡大学习法律、政治，兼逻辑学。武昌起义后，章士钊欢欣鼓舞赶回国内，主持同盟会机关报《民立报》。宋教仁案发生后，章士钊积极支持孙中山起兵反对袁世凯，草拟《二次革命宣言》，并出任讨袁军秘书长。二次革命失败后，再度亡命日本，遂于 1914 年 5 月 10 日在东京创办《甲寅》杂志，稍后又有陈独秀、杨永泰、易培荃等人加入，先后为《甲寅》撰稿者有李大钊、高一涵、易白沙、张东荪、梁漱溟、苏曼殊、胡适等，后来在新文化运动中有比较突出表现的人物基本上都在这里亮过相。

《甲寅》杂志创刊时，正值袁世凯解散国会，废除约法，刻意加强专制统治之时。所以《甲寅》的主旨就是反对袁世凯的独裁倾向，鼓吹民主政治。在《甲寅》第一期，章士钊发表《政本》一文，重申两党制的政治主张，提出执政党应借反对党之刺激而维持其进步，不好同恶异，而要有容，能够容许对立面的存在。朝野相互监督，取长补短，这样统治才会有力量，政策才能够最大限度地减少失误。很显然，这篇文章对袁世凯的独裁倾向有所警惕。

袁世凯的独裁倾向导致国内政治环境急剧恶化，陈独秀在《甲寅》第二期发表的一封私人信件表示："自国会解散以来，百政俱废，失业者盈下，又复繁刑苛税，惠及农商。此时全国人民，除官吏兵匪侦探之外，无不重足而立，生机断绝，不独党人为然也。国人唯一之希望外人之分割耳"①，似乎外人的分割都比现在的独裁统治要好些。这个叹息当然显得过于沉重。章士钊在这封信件的按语中指出，"以寥寥数语，十足写尽今社会状态"。章士钊还邀请陈独秀到东京和他一起编辑《甲寅》杂志。不久，陈独秀就来到东京，加盟《甲寅》。

　　陈独秀对国内政治局面的失望似乎已经到了空前程度，他在稍后发表的《爱国心与自觉心》一文，更充分表露了这种失望。他指出，国人无爱国心者，其国恒亡；国人无自觉心者，其国亦殆。二者俱无，国必不国。接着，陈独秀分析中西对国家的两种不同认识和态度，以为中国人把国家看作与社稷齐观，爱国与忠君同义。其实，人民不过是那些缔造大业、得天下者的牺牲品而已，并没有丝毫的自由权利和幸福。欧美人看待国家与中国人明显不同。他们把国家看作为国人共谋安宁幸福的团体，人民之所以要建立国家，其目的在于保障权利，共谋幸福。这才是真正意义上的立国精神。所谓爱国，就是要爱其为保障人民权利，促进人民幸福的团体，如果不懂这个道理，那么爱之愈殷，其愚也愈深。

　　按照陈独秀的意思，人民应该是没有国界的，就像列宁所说的工人阶级无祖国一样，人民要爱自己的国家，首先弄

---

① 陈独秀：《甲寅杂志·生机》，《甲寅杂志·甲寅周刊》（章士钊主编）第一册，北京：国家图书馆出版社 2009 年，第 351 页。

明白自己的国家在当时世界格局中所处的地位即"情势"，不知国家的目的而爱之者，如当时世界大战中的德国人、日本人，其实他们的爱国心乃为侵犯他人自由而战者，这就不是爱国主义，而是帝国主义、侵略主义。

在陈独秀看来，不知国家情势而爱之的愚忠还有中国人、朝鲜人。中国本来就面临着被瓜分的危险，但中国本身却法日废、吏日贪、兵日乱、匪日众、财日竭、民日偷、群日溃，政纪至此，夫复何言？即使像辛亥革命这样的大变动，换上一批政治新人执政，这批政治新人也没有救民于水火之诚，所有的依然是功名利禄毁人如故，依然是敌视异己，耀兵残民，漠视法治，紊乱财政，奋私无纪。总之，中国之为国，外无以御侮，内无以保民，不独无以保民，且适以残害百姓，朝野同科，人民绝望。对于这样的国家，陈独秀以为亡国无所惜，"亡国为奴，何事可怖？"中国人在殖民统治下当亡国奴，也比在当时那样的中国被家奴所统治要好些。

陈独秀的失望、伤感、绝望和极端判断引起了知识界极大反响，反对人以为"不知爱国，宁复为人，何物狂徒，敢为是论"①？赞成者"悟其言之可味，而不禁以其自觉心自觉也"②。

一群安徽人

陈独秀的愤世嫉俗与悲怆迷惘反映了当时中国知识界特

---

① 《甲寅》第一卷第八号，1915 年 8 月 10 日。

② 李大钊：《厌世心与自觉心》，《甲寅》第一卷第八号，1915 年 8 月 10 日。

别年轻一代对国事的失望，他们不能不思考的一个重要问题是：为什么辛亥革命的客观效果与其主观目的这样严重背离，为什么中国人种下了龙种却收获了跳蚤？这其中是否有更为深层的背景与原因？按照这个思路，陈独秀开始向制度层面之外进行探索，并最终引发一场文化运动。

1914年11月，当《甲寅》杂志出版至第四期的时候，或许是出于经济上的考虑，这个已经很有名的杂志从东京转至上海，由亚东图书馆代理，负责印刷、发行两事。

亚东图书馆创办于1913年春，其主人为安徽绩溪人汪孟邹，而汪孟邹的哥哥汪希颜是陈独秀在日本留学时的挚友。

1903年冬，汪孟邹在芜湖开办科学图书社，实际上是一家图书文具兼营的店面。当此时，陈独秀在芜湖筹办《安徽俗话报》，寄居在科学图书社楼上，与之建立了深厚的感情。

辛亥革命后，陈独秀出任柏文蔚的都督府秘书长，这时候，汪孟邹也在一些朋友鼓动下从芜湖来到省会安庆，希望陈独秀能够帮他找个事情做，也就是弄个官当当。这些朋友的好意确实不错，但陈独秀却竭力反对，不主张汪孟邹弃商从政，一方面他预感到辛亥革命后的政治局面长不了，另一方面他似乎觉得汪孟邹大概不是从政的料，所以他劝汪还是回芜湖开自己的文具书店，并答应找柏文蔚商量商量，要他帮忙凑点股份，让汪到上海再开一家书店。于是有亚东图书馆的成立。鉴于这层关系，陈独秀理所当然随时会照顾亚东的生意，会为亚东的长远发展考虑，他不仅要让亚东在经济上有收益，更希望亚东能够在文化上有影响。这大概就是陈独秀将《甲寅》从第五期开始交给亚东代理的背景。

进入 1915 年，中国国内的政治形势持续恶化，袁世凯加快了帝制复辟的步伐，而日本政府为了攫取更多利益，诱导袁世凯同意丧权辱国的"二十一条"。在这样一种政治背景下，陈独秀与易白沙从日本返回国内，于 1915 年 6 月中旬到达上海。6 月 20 日晚间，亚东图书馆主人汪孟邹为陈独秀、易白沙接风洗尘。

　　或许是受国内政治环境的刺激，或许是因为参与《甲寅》的经验，使陈独秀又萌生早年创办《安徽俗话报》那样的念头，只是他此时的想法与过去大为不同。应该是在这次接风洗尘的宴会上，陈独秀诚恳地告诉亚东主人汪孟邹，表示他个人很久以来就想创办一本杂志，只要十年八年的工夫，这个杂志就可以使全国的思想为之改观。

　　对于老朋友的想法，汪孟邹当然不会怀疑，无奈亚东的实力太小了，汪孟邹是心有余而力不足，再加上亚东正在承担着《甲寅》的印制和发行，汪孟邹表示单靠亚东的力量可能有困难。

　　汪孟邹对老朋友陈独秀非常崇拜，他自己虽然没有力量接下陈独秀的这个计划，但他又不忍放弃，于是利用自己的人脉，找到通俗书局的老板汪叔潜，以及群益书社的老板陈子寿、陈子沛兄弟，希望几家合作共襄盛举，办成这个新杂志。

　　汪叔潜的详细情况不是很清楚，大概也是安徽人，而且很可能还是汪孟邹的小老乡或者亲戚关系，辛亥革命前曾在安徽参加陈独秀组织的反清活动，又留学日本参加同盟会。民国初年当选为第一届国会众议院议员。1915 年成立通俗图书局，创办有《通俗》杂志。他的通俗书局创办不是很长时间，所以估计本钱、规模都不是很大。但他与陈独秀的关系比较密切。所以他很快就答应与汪孟邹一起想办法。汪孟邹宴请陈独秀之后的第三天即 6 月 22 日下午，汪孟邹等人就到汪叔潜的通俗书局开会商量怎样办这个刊物。

陈子寿、陈子沛是章士钊的湖南同乡，也曾在日本留过学，与章士钊、陈独秀似乎也早就熟悉，群益书社成立于 1902 年，仅比亚东早一年，经过十年来的经营，生意似乎比亚东大，所以一拍即合，陈子寿、陈子沛兄弟同意与陈独秀合作共同创办一个新杂志。6 月 23 日上午，汪孟邹、汪叔潜等人赶到陈子寿的家里开会，议定由亚东、群益及通俗书局三家合办，所有款项由三家分担。

在此后一段时间里，陈独秀、汪孟邹、汪叔潜、陈氏兄弟以及章士钊、柏文蔚等常常聚谈，讨论刊物的创办以及怎样筹措资金，扩大亚东图书馆的股本，并准备将亚东与群益合组为一家大的书局等问题。

汪孟邹、陈氏兄弟大概主要用力于筹措资金等方面，陈独秀等人从旁帮助。至于刊物构想及组织稿件，大概主要由陈独秀承担。陈氏兄弟答应每月编辑费、稿费两百元，月出一本。至少在 1915 年 7 月 4 日，他们已经将这个新创办的杂志定名为《青年》。[①]

如果从 1903 年在上海协助章士钊编辑《国民日日报》，第二年独自创办《安徽俗话报》算起，至 1914 年协助章士钊编辑《甲寅》杂志，三十六岁的陈独秀实际上已经是近代中国不

① 汪孟邹:《梦舟日记》，转引自沈寂《陈独秀传论》，合肥：安徽大学出版社 2007 年，第 347 页。

可多得的老资格报人，他所拥有的人脉也是其他人很难具备的，所以他的组稿进展应该说非常顺利，大约仅仅两个月的时间，他就基本上凑齐了《青年杂志》前几期的稿子。

1915 年 9 月 15 日，《青年杂志》第一卷第一号终于问世，这一期直接署名陈独秀的文章共有四篇，即《敬告青年》《法兰西人与近代文明》《妇人观》及《现代文明史》，署名"记者"的有三个栏目，即"国外大事记"四篇、"国内大事记"三篇，及"通信"栏。此外，作者还有汪叔潜、高一涵、陈嘏、彭德尊、李亦民及"一青年"共六人。

汪叔潜的情况前面已经说过，他不仅是《青年杂志》的作者，而且也是合伙人。至于高一涵，那更是陈独秀的铁杆。

高一涵（1885—1968），安徽六安人，1913 年留学日本，第二年就成为《甲寅》杂志的作者，与陈独秀是同乡加同学的关系，所以他在《青年杂志》中的地位最重要，大概仅次于陈独秀。

陈嘏（？—1956），为陈独秀长兄陈孟吉的儿子，他在《青年杂志》第一卷前四期连载翻译小说《春潮》，原作者为俄国作家屠格涅夫，此后他一直担任该刊的英文编辑，发表翻译作品。

除了彭德尊、李亦民及"一青年"的情况现在还不太清楚外，其余的几个作者或译者其实都来自安徽，都与陈独秀有或多或少的关系。所以在很大程度上说，《青年杂志》在其初，其实就是几个安徽人办的一个刊物。

在《青年杂志》第一卷第二号，除陈独秀、高一涵、李亦民、陈嘏继续提供作品外，新增的作者只有薛琪瑛女士、易白沙、汝非，至于"国外大事记"、"国内大事记"及"通信"

三个栏目，依然署名记者。

薛琪瑛为江苏无锡人，为薛福成的孙女，她的母亲是桐城吴汝纶的女儿，毕业于苏州景海女学英文高等科，兼通拉丁文。她在这一期发表的作品为翻译的英国作家王尔德的爱情喜剧《意中人》。从薛琪瑛的家庭背景看，她虽然不是安徽人，但与安徽的关系却是不一般①。

易白沙（1886—1921）虽为湖南长沙人，但据说他自幼年时代即跟随父辈在安徽居住，1903年主持怀宁中学，而怀宁就是陈独秀的老家，所以他们两人相识应该很早。易白沙后来也在二次革命失败后流亡日本，并很快成为《甲寅》杂志的撰稿人，应该说都与陈独秀有着密切的关系。

至于汝非，很明显是个笔名，所以就不好判断了。这样，第二期新增作者三人除一人不知真名外，另外两人都与安徽有着非同寻常的关系。

再看第三期。第三期的老作者有陈独秀、高一涵、薛琪瑛女士、陈嘏、"一青年"、李亦民，"国内、外大事记"及"通信"三个固定栏目依然署名"记者"，新增作者也是三人，即谢无量、谢鸿和刘叔雅。

谢无量（1884—1964），四川乐至人，但他在四岁的时候就随父辈居住安徽，也算是半个安徽人。谢无量原名蒙，字大澄，号希范，后易名沉，字无量，别署啬庵。1901年与李叔同、黄炎培等同入南洋公学，此时与章太炎、邹容、章士钊结识，开始为《苏报》撰稿。1904年到芜湖公学任教，并从

---

① 薛琪瑛女士：《意中人》"记者识"，《青年杂志》第一卷第一号，1915年9月15日。

事反清革命活动，大约此时与陈独秀交往并建立了比较密切的关系。所以二次革命后，也曾为《甲寅》提供作品。

谢鸿的情况不详，至于刘叔雅，就是后来大名鼎鼎的刘文典。刘文典（1889—1958），字叔雅，安徽合肥人，1906年入芜湖安徽公学学习，因聪明好学、积极上进，为公学老师陈独秀、刘师培所赏识，当然也就受到陈独秀的很大影响，1907年加入同盟会。1909年到日本留学，民国元年回国，担任《民立报》编辑。1913年再度赴日，1914年加入中华革命党，并任孙中山的秘书。

由此可见，《青年杂志》第一卷第三号新增三个作者，除了谢鸿的情况待查外，谢无量是半个安徽人，刘文典是地地道道的安徽人，且与陈独秀有师生之谊。

再看第四号。第四号的老作者有陈独秀、高一涵、李亦民、薛琪瑛、谢无量、陈嘏、汝非、刘叔雅，三个固定栏目署名依旧。新增作者有方澍、孟明、潘赞三个人。方澍、孟明的情况不详，潘赞就是潘赞化（1885—1959），安徽桐城人，清末就与陈独秀一起从事反清活动，二次革命后流亡日本，与陈独秀的关系当然也就不同寻常。[①]

再看第五号。第五号的老作者有陈独秀、易白沙、高一涵、陈嘏、刘叔雅、潘赞、孟明、李亦民以及"国内、外大事记"两个栏目的"记者"署名，新增作者仍旧是三人，即高语罕、李穆、萧汝霖。

高语罕（1888—1948），安徽寿县人。他在辛亥革命前就

---

① 李公案：《辛亥革命在安徽》，《辛亥革命回忆录》卷四，北京：中华书局1963年。

在安徽与陈独秀一道参加反清革命活动，辛亥革命后与韩衍、易白沙等组织安徽青年军，后又一同参加反对袁世凯的斗争，所以他自然成为《青年杂志》的主力作者，只是出场稍晚一点。

李穆、萧汝霖的情况不太清楚，李穆在这一期提供的稿件是"英汉对译"作品《英国少年团规律》；而萧汝霖在这一期提供了两篇稿件，一篇是《大力士霍元甲传》，一篇为《述精武体育会事》，均为武林中事。

再看第一卷第六号。这一期的老作者有陈独秀、易白沙、高语罕、薛琪瑛、刘叔雅、孟明、谢鸿、李亦民及"国内、外大事记"和"通信"三个固定栏目的"记者"署名，另外还有一篇署名"记者"的《大飞行家谭根》，新增作者只有一人，即澍生。澍生的情况也不太清楚，大概也是一个笔名，他提供的文章是《巡视美国少年团记》。

至此，《青年杂志》第一卷的全部作者已经分析完毕，易白沙、谢无量原籍不是安徽，但他们自幼年时代就在安徽居住，也算是半个安徽人；薛琪瑛的外家为安徽大姓，名人之后，也应该算是安徽人，至于其他可考的作者无一例外为安徽人，所以学术界公认所谓《青年杂志》不管它后来的名声有多大、影响有多大，它最初其实就是一帮安徽人合办的一本普普通通的杂志而已。

从"青年"到"新青年"

《青年杂志》在创办之初影响并不大，每期印制也不过一千本的样子，这份刊物虽然由陈独秀这样的老报人主持，但并没有像他最初所期许的那样有什么特色，只是一个普普通通的刊物而已，这种刊物在大上海并不少。而且，陈独秀此时似乎在政治主张、文化主张上也比较温和，依然延续着他在《安徽俗话报》《甲寅》时期的文化思路，而在政治上反而不如过去激进，因为陈独秀此时似乎不愿沿用《甲寅》政论的路数，而希望在文化上下功夫。在文化上下功夫的方向应该是对的，但陈独秀似乎还没有找到文化批判的视角，不知道应该从哪个方向用力，所以从《青年杂志》第一卷六期刊物看，所载基本上都是泛泛之论，并没有什么可以激动人心的文章。或许正是这种原因，使《青年杂志》在其创刊之初不温不火。

这本杂志出到第一卷第六期即到了 1916 年 2 月 15 日就有点出不下去了，这肯定与其发行量上不去有很大关系。另外一个原因，是《青年杂志》的刊名与上海青年会出版的《上海青年》周刊有点雷同，上海青年会致函群益书社要求《青年杂志》改名，以免发生侵权问题。这大概也是《青年杂志》停刊的原因。

陈独秀是一个勇于反省又善于反省的人，他将《青年杂志》停刊，并不意味着他放弃了理想，事实上他此后一段时间一直在为这个刊物重新出版做准备。关于刊名，既然人家上海青年会提出意见，那就只好改名，于是接受陈子寿的建议，将《青年杂志》更名为《新青年》。其实，要是细究的话，"新青年"可能比"青年杂志"更像"上海青年"，不过上海青年会无论如何不会一而再，再而三地纠缠这些细节，何况《新青年》

很快就火了呢！成功者从来不会受到指责，所以《新青年》的名字后来再也没有谁提出争议。

按照"新青年"的思路，陈独秀在稳定巩固安徽同乡这个基本面的同时，开始扩大作者的范围，所以我们看到更名后的《青年杂志》在1916年9月1日以《新青年》第二卷第一号的名义出版时，作者阵容开始改变，明显增加了外省籍人士，甚至在知识背景上也开始改变。

《新青年》第二卷第一号的老作者有陈独秀、易白沙、高一涵、陈嘏等，"国内、外大事记"及"通信"这三个栏目仍署名"记者"，另外增加了一个"读者论坛"的互动栏目。而新增的作者有李大钊、温宗尧和胡适三人。

李大钊（1889—1927），河北乐亭人，1913年毕业于天津北洋法政专门学校，旋赴日本留学，入早稻田大学政治科，结识章士钊，并通过章士钊结识陈独秀，二人同为《甲寅》杂志撰稿人。在日本，李大钊开始接触社会主义思潮，1916年5月回国，在北京创办《晨钟报》，任总编辑。旋辞职，任《甲寅日刊》编辑。或许正是这一层关系，使李大钊成为《新青年》的撰稿人。

温宗尧（1876—1947），字钦甫，广东台山人。早年在香港皇仁府院任英文教员，1890年与香港新知识分子杨衢云等共组辅仁文社，研讨时政，主张革新，并逐步演变成鼓吹革命的组织。1900年，温宗尧参加唐才常的自立军起义，任自立军驻上海总代表。后与蔡元培、张元济一起创办《外交报》，为晚清维新人物。民国成立后一度追随孙中山，协助伍廷芳进行南北议和。1916年3月，参与肇庆护国军军务院的筹组，支持反袁护国运动。他为本期《新青年》提供的是一篇英文稿，题目是 *On Education*。

至于胡适，并不是陈独秀的老相识，而是汪孟邹的朋友。1877 年出生的汪孟邹较 1891 年出生的胡适年长十四岁，但他们同为安徽绩溪老乡。1903 年汪孟邹到上海办亚东图书馆，第二年，年仅十二岁的胡适也来到上海读书，至 1910 年赴美国留学。在那几年里，胡适应该与汪孟邹有不少交往。胡适到美国留学后，主要精力似乎依然放在他在上海读书时的兴趣上，那就是中国历史与文明，所以他对国内外中文出版物都很敏感。当《甲寅》杂志在日本创刊出版后，汪孟邹就将这个由他代理的杂志寄给胡适，一方面希望胡适能够在美国帮助推广，另一方面也希望胡适为《甲寅》撰稿，因为胡适在上海读书时就办过《竞业旬报》，喜欢写写画画，是年轻的老报人。胡适就主动将翻译的《柏林之围》及写作的《非留学篇》投给《甲寅》杂志，很获章士钊的赏识，两人开始书信往还，互相仰慕。大约也是在这个时候，陈独秀知道他的这个小老乡有不错的文字功夫和思想，所以当《青年杂志》创刊后，陈独秀就嘱汪孟邹逐期寄给仍在美国留学的胡适，并请胡适供稿。于是胡适就顺便寄来一篇翻译小说《决斗》。

《新青年》第二卷第一号只是表明陈独秀有突破原来那个安徽人圈子的企图，但力度显然不够大，这需要时间和等待，到了第二卷第二号，情况有了更大改观。这一期的老作者有陈独秀、刘叔雅、薛琪瑛、陈嘏、谢鸿、李亦民，"读者论坛"的两封来信作者为罗佩宜和李平，"国内、外大事记"和"通信"三个固定栏目依旧。新增的作者有吴稚晖、刘半农和马君武三人。这显然是一个很大的突破。

吴稚晖（1865—1953），是老一代革命家和学者，他这时已经年过半百，享有很高的声誉。吴稚晖是江苏武进人。早年也曾信仰过维新变法，但稍后即转向无政府主义，后来又参与孙中山主导的国民革命，是后来国民党的大佬之一。民国建立后，吴稚晖将精力转向文化运动，致力于提倡国语注音和国语运动，在文化界拥有重要地位，他为《新青年》提供稿件，一是已成名的重量级学者真正介入了《新青年》，二是终于真正突破安徽人的小圈子。

刘半农（1891—1934），江苏江阴人，参加过辛亥革命，稍后在上海以向鸳鸯蝴蝶派报刊投稿为生，在上海滩颇有文名。他的加盟使《新青年》作者多元化色彩开始呈现，而且他后来确实成为《新青年》的重要作者和新文化运动最具影响力的人物。

马君武（1881—1940），广西桂林人，1901年入上海震旦学院，同年冬赴日本京都帝国大学读化学。1905年加入同盟会，为同盟会章程起草人之一，又是《民报》重要撰稿人。同年底回国，任上海公学总教习，积极宣传革命。1907年赴德国入柏林工业大学习冶金。辛亥革命爆发后回国，以广西代表身份参与起草《临时政府组织大纲》和《中华民国临时约法》，并任南京临时政府实业部次长。后出任国会参议员。二次革命失败后，再度赴德国入柏林大学学习，获工学博士。1916年回国。所以他为《新青年》提供的文章是《赫克尔之一元哲学》。

《新青年》第二卷第三号新增作者也是三人，即苏曼殊、淮阴钓叟和程宗泗。淮阴钓叟显然是笔名，而苏曼殊（1884—1918）则是大名鼎鼎的情僧，生于日本横滨，父亲为广东香山人，母亲为日本人。苏曼殊曾就读于日本早稻田大学预科，后学成归国，任上海《国民日日报》翻译，不久出家为僧。1907年赴日本组织亚洲和亲会，之后云游四方。他的加盟显然扩大了《新青年》的声势。

程宗泗（1888—1955），安徽怀宁人。肄业于安徽高等学堂，后留学法国，获考古研究院博士学位。回国后曾任职北京大学、暨南大学等校教授，1932年出任安徽大学校长。

《新青年》第二卷第四号新增作者有杨昌济、汪中明两人。汪中明的情况现在不太清楚，而杨昌济可是名声显赫的教授。

杨昌济（1871—1920），名怀中，字华生，湖南长沙人。1898年就读岳麓书院，曾加入南学会，赞同谭嗣同的思想。1903年东渡日本留学，主攻教育学。1909年留学英国，专攻哲学、伦理学。1913年后在湖南省立高等师范学校等校任教，致力于人才培养，毛泽东就是他此时的学生。

到了第二卷第五号，《新青年》新增作者有陶履恭、康普二人。康普的情况不可考，而陶履恭即陶孟和（1887—1960），祖籍浙江绍兴，生于天津，南开学校第一届师范生，1906年赴日本入东京高等师范学校学习历史和地理，1910年转英国入伦敦大学经济政治学院攻读社会学和经济学，1913年获博士学位。同年回国任商务印书馆编辑，北京高等师范学校、北京大学教授，他是中国第一个将"社会"变成"学"的人。

《新青年》第二卷第六号的作者阵容更加强大，新增作者有吴虞、光昇、陈其鹿、曾孟鸣、李张绍南、陈钱爱琛等六人。

李张绍南、陈钱爱琛分别讨论的"女子问题",显然为女性知识分子。李张绍南为李寅恭的太太,而李寅恭为安徽合肥人,他们夫妇于1914年赴英国留学,李寅恭攻读农学,毕生致力于林学教育事业。而陈钱爱琛的情况不太清楚。

至于吴虞(1874—1939),那可是五四运动的闯将,被誉为"只手打孔家店"的"老英雄",是"中国思想界的清道夫"。吴虞,字又陵,四川新繁人。早岁留学日本,归国后任四川《醒群报》主笔,鼓吹新学。1910年任成都府立中学国文教员,后任教北大。他的加盟不仅壮大《新青年》的声势,而且给《新青年》的思想带来了强烈的冲击,所谓"片面的深刻",在吴虞的言论中被发挥到极致。

光昇(1876—1963),字明甫,安徽桐城人。1902年考入江南高等学堂,结识革命志士赵声等,后被学堂开除。回乡至桐城中学堂任教五年,然后赴日本留学,在那里与章太炎、陈独秀等人过往甚密,加入同盟会。1911年回国,任安徽省立法政学堂教务长等,柏文蔚任安徽都督时,陈独秀为秘书长,光昇为秘书。二次革命失败后,流亡京沪。

陈其鹿(1895—1981),昆山人,早岁毕业于上海南洋模范中学,此时为北京大学经济系学生,他向《新青年》提供的文章是《听蔡孑民先生演辞感言》,记述蔡元培就任北京大学校长时的讲话及自己的体会。陈其鹿后来留学美国,归国后在各大学任教授,专攻统计学。

曾孟鸣的情况不是很清楚,他为《新青年》提供的文章是《北京航空学校参观记》。

总而言之,1916年9月1日《新青年》再度出现,其作者阵容的扩大，内容的丰富，特别是其观点的犀利，再次吸引了国内知识界的眼球，所以《新青年》很快从《青年杂志》不温不火的一千册迅速上升到一万五六千本，成为国内最火的刊物。

如果仅仅从上述分析看，《新青年》的阵容已经很了得，而陈独秀在《新青年》第二卷第一号上就开始连续"通告"："本志自出版以来，颇蒙国人称许，第一卷六册已经完竣。自第二卷起，欲益加策励，勉副读者诸君属望，因更名为《新青年》，且得当代名流之助，如温宗尧、吴敬恒、张继、马君武、胡适、苏曼殊诸君允许，关于青年文字，皆由本志发表，嗣后内容当较前尤有精采。此不独本志之私幸，亦读者诸君文字之缘也。"这不能说是拉大旗作虎皮，但这种略带夸张的广告应该说还是蛮吸引人的。《新青年》终于从平庸走向突出，终于初步实现了陈独秀改变中国思想界的心愿。

期待"新"青年

在陈独秀苦心经营下，《新青年》成了新文化运动的急先锋 [1]，成为中国文学史和思想史上划分一个时代的刊物，此后二十年中的文学运动和思想改革，差不多都是从这个刊物出发的 [2]。

陈独秀的经营是人为，《新青年》之所以成为这么重要的

---

[1] 蔡元培为《新青年》1935 年重印本题辞。

[2] 胡适为《新青年》1935 年重印本题辞。

刊物，开辟一个时代，还应该承认是时代所造成的。

自袁世凯当国，中国政治一直受到帝制复辟的困扰，守旧的知识分子则为了迎合现实政治，总是自觉或不自觉地为帝制复辟提供理论准备，曲解和宣扬中国正统的儒家教条。"真龙天子"回归的谣传充塞着没有文化，并且没有受到过现代文明熏陶的一般民众的头脑。这样，年轻的中华民国一方面受到来自日本的压力，另一方面又受到来自国内旧军阀、旧官僚、旧士绅阴谋的威胁。中华民国岌岌可危，只剩下一块空招牌。

正是在这种动乱的形势下，一大批中国年轻的知识分子为了挽救国家，纷纷从国外赶了回来，他们不仅带来挽救民族危亡的良策，而且更重要的是带来了在国外所学到的新思想、新观念。这正是《新青年》得以赢得读者的社会文化背景。

经过辛亥革命、二次革命等一系列政治事件的刺激，陈独秀在协助章士钊编辑《甲寅》杂志时似乎就已经意识到，中国问题的关键似乎不是政治，政治问题的背后实际上蕴含着非常复杂的非政治因素。所以他回国创办《青年杂志》时，就明确一条大原则，就是《青年杂志》在编辑方针上要与《甲寅》杂志做出必要的区隔。也就是说，《甲寅》是那个时代最成功的政论刊物，而《青年杂志》不准备在政论做文章，甚至陈独秀一再表露二十年不谈政治的心迹，专门用力在文化批评上，致力于从文化上为中国政治变动打下一个良好基础。

基于这种考量，陈独秀的刊物之所以取名"青年杂志"，之所以在遭到侵权指责后依然坚持"青年"两个字，改为"新青年"，实际上是表示对老一代政治家特别是中国先前政治诉求某种程度的失望，期望新一代青年能够担起时代重任，开辟一个新时代。陈独秀意识到，只有当中国人民特别是青年觉醒之后，只有当旧社会和旧文明发生了根本变化之后，中国才能摆脱军阀控制。中国只有在文化上有办法，其他问题才能有办法，有出路。

陈独秀认为，中国政治问题的根源比人们一般想象要深得多，中国必须打破陈腐的旧传统，必须在思想上唤醒青年，在这些青年身上寄托着建设一个新中国的希望。因此，陈独秀鉴于当时险恶的政治环境，尽量避免直接卷入政治，反复声称《青年杂志》和稍后的《新青年》的目的是要改变中国青年的思想和行为，而不是开展政治批评。这个意思在他为《青年杂志》创刊号写的《敬告青年》和《新青年》创刊号写的《新青年》中都有非常明白的表述，寄希望于青年一代能够摆脱孔子之道的束缚，为中国文化开辟出一条新鲜、活泼、富于生机的新路：

> 青年如初春，如朝日，如百卉之萌动，如利刃之新发于硎，人生最可宝贵之时期也。青年之于社会，犹新鲜活泼细胞之在人身。新陈代谢，陈腐朽败者无时不在天然淘汰之途，与新鲜活泼者以空间之位置及时间之生命。人身遵新陈代谢之道则健康，陈腐朽败之充塞细胞人身则人身死；社会遵新陈代谢之道则隆盛，陈腐朽败之分子充塞社会则社会亡。[①]

中国社会与文化的脱胎换骨，只能属望于新鲜活泼之青

---

① 陈独秀：《敬告青年》，《青年杂志》第一卷第一号，1915 年 9 月 15 日。

年的自觉奋斗，发挥人间固有之智能，决择人间种种思想，视陈腐朽败的旧观念若仇敌，若洪水，若猛兽，利刃断铁，快刀理麻，决不作牵就依违之想，力排之，不可与之为邻，而建立一种全新的民族文化。

对这种全新的民族文化，陈独秀作了大概的描述，以为主要应该包括有这样几个方面，即自主的而非奴隶的、进步的而非保守的、进取的而非退隐的、世界的而非锁国的、实利的而非虚文的、科学的而非想象的。简言之，即民主、自由与科学。陈独秀强调，民主与自由为现代文化的根本要义，人人生而平等，既无奴隶他人的权利，也无以奴自处的义务，"奴隶之名，非血气所忍受"，而要人人均建立成一种完全的"自主自由之人格"，即"我有手足，自谋温饱；我有口舌，自陈好恶；我有心思，自崇所信；绝不认他人之越俎，亦不应主我而奴他人。盖自认为独立自主之人格，以上一切操行，一切权利，一切信仰，唯有听命各自固有之智能，断无盲从隶属他人之理"①。以此律之于中国旧有文化观念，则不难发现中国"固有之伦理、法律、学术、礼俗，无一非封建制度之遗，持较皙种之所为，以并世之人，而思想差迟几及千载；尊重廿四朝之历史性，而不作改进之图，则驱吾民于二十世纪之世界以外，纳之奴隶牛马黑暗沟中而已，复何说哉"②？因此在陈独秀看来，自主自由完全人格之建立，有待于彻底打碎中国传统旧文化的束缚，"吾宁忍过去国粹之消亡，而不忍现

① 陈独秀：《敬告青年》，《青年杂志》第一卷第一号，1915 年 9 月 15 日。
② 陈独秀：《敬告青年》，《青年杂志》第一卷第一号，1915 年 9 月 15 日。

在及将来之民族，不适世界之生存而归消灭也"①。为民族前途计，中国文化确实到了转型换代的关键时刻，适应于中国传统社会条件的旧文化确实应该让位于现代新文化。

自主自由完全之人格的建立，是民族新文化的一个方面。民族新文化的另一个方面，在陈独秀看来，就是建立一种科学的而非想象的理性主义观念。他说："科学者何？吾人对于事物之概念，综合客观之现象，诉之主观之理性而不矛盾之谓也。想象者何？既超脱客观之现象，复抛弃主观之理性，凭空构造，有假定而无实证，不可以人间已有之智灵，明其理由，道其法则者也。"②科学既是对想象而言，更是对愚昧而说。一个国家，一个民族，如果不能确立一种科学的信念，那么只能永远停留在蒙昧或宗教的阶段。近代欧洲之所以能在中世纪的重压下异军突起，领先于世界其他民族，排除其他复杂的内外在因素不说，而"科学之兴，其功不在人权说下，若舟车之有两轮焉。今且日新月异，举凡一事之兴，一物之细，罔不诉之科学法则，以定其得失从违；其效将使人间之思想云为，一遵理性，而迷信斩焉，而无知妄作之风息焉"。③仅从民主政治的社会保障方面而言，如果没有科学的发展，效率的提高，民主政治在现代社会也无从建立。

中国传统知识分子，貌似博学多才，忧国忧民，实际上并不懂科学，而是因袭阴阳家符瑞五行之说，惑世诬民；地气风水之谈，乞灵枯骨。"农不知科学，故无择种去虫之术；

---

① 陈独秀：《敬告青年》，《青年杂志》第一卷第一号，1915 年 9 月 15 日。

② 陈独秀：《敬告青年》，《青年杂志》第一卷第一号，1915 年 9 月 15 日。

③ 陈独秀：《敬告青年》，《青年杂志》第一卷第一号，1915 年 9 月 15 日。

工不知科学，故货弃于地，战斗生事之所需，——仰给于异国；商不知科学，故惟识罔取近利，未来之胜算，无容心焉；医不知科学，既不解人身之构造，复不事业药性之分析，菌毒传染，更无闻焉；惟知附会五行生克寒热阴阳之说，袭古方以投药饵，其术殆与矢人同科；其想象之最神奇者，莫如'气'之一说；其说且过于力士羽流之术；试遍索宇宙间，诚不知此气之果为何物也"①。

应该说，陈独秀对中国传统文化的整体判断，虽有偏颇不尽完全的弱点、问题，但他基本上抓住了中国传统文化何以到了近代远远落后于社会需要，而成为社会前进障碍的根本症结。不论中国文化的信仰者如何解释阴阳五行、地气风水、中医中药以及"气一元论"如何与现代科学"暗合"等，都不能改变这些中国文化的"精华"只是一种直观的、想象的而非理性的、实证的事实。正是中国文化这一根本性缺陷，使之在中国被迫进入近代以来远远滞后于社会。中国不抛弃这种文化包袱，那么中国就有被抛弃的危险。于是，中国文化的命运在五四新文化运动前后成为国人极为关注的重要课题之一。

重构文化传统

欲将中国文化彻底抛弃，而代之以西方近代文明，或造成文化断层与真空，似乎也不是陈独秀的真实想法。陈独秀确实表现出一种全盘西化的思想倾向，但他基于更现实的考

---

① 陈独秀：《敬告青年》，《青年杂志》第一卷第一号，1915 年 9 月 15 日。

虑，似乎更主张以近代西方文明充实、完善中国文化，以使中国文化发生质的变化，从而适应现代生活，促进社会繁荣。他说："凡此无常识之思，惟无理由之信仰，欲根治之，厥维科学。夫以科学说明真理，事事求诸证实，较之想象武断之所为，其步度诚缓；然其步步皆踏实地，不若幻想突飞者之终无寸进也。宇宙间之事理无穷，科学领土内膏腴待辟者，正自广阔。"[①] 中国民族新文化的建立，也正赖于国人对科学的重视，对想象与非理性的鄙弃。

民主、自由与科学并重，是中国民族急起直追，跻身世界民族之林的关键。然而问题在于，民主、自由与科学的观念毕竟是外来之物，与中国传统观念意识"根本思想亦各成一系，若南北之不相并，水火之不相容"[②]。那么，如何解决这一冲突，便成为中国文化未来命运的关键。

欲解决中西文化的冲突，要在区别中西社会与文化相同与相异之处何在。陈独秀认为，东西方社会与文化是两种根本不同的体系，但由于人类面对一些最基本问题的相同性，遂使"世界各国，无东西今古，但有教化之国，即不得谓之无文明。惟地阻时更，其质量遂至相越。古代文明，语其大要，不外宗教以止残杀，法禁以制黔首，文学以扬神武。此万国之所同，未可自矜其特异者"[③]。只是到了近代，欧洲科学技术突飞猛进的发展，经济制度尤其是分配制度的不断调整，

① 陈独秀：《敬告青年》，《青年杂志》第一卷第一号，1915 年 9 月 15 日。

② 陈独秀：《东西民族根本思想之差异》，《独秀文存》，合肥：安徽人民出版社 1987 年，第 27 页。

③ 陈独秀：《法兰西人与近世文明》，《独秀文存》，合肥：安徽人民出版社 1987 年，第 10 页。

使东西文明"绝别为二"。然而，从根本说，东西方近代"此二种文明虽不无相异之点，而大体相同，其质量举未能脱古代文明之窠臼，名之曰'近世'，其实犹古之遗也"①。简言之，即使是近代东西方文明，也并无本质上的区别。

在陈独秀的心目中，真正构成东西方文明区别的，或者说是真正意义上的近代文明，绝不是"泛欧化主义"或"泛西化主义"，而仅仅是指法兰西文明。只有法兰西文明才超然于欧洲他国及世界其他国家文明之上，成为近代文明。也正是法兰西文明，为人类开辟了一个新的时代，以有别于以往的全部人类文明，"最足以变古之道，而使人心社会划然一新"。而其内容或特征也只在天赋人权说、生物进化论及社会主义三个方面。

天赋人权与生物进化论，其实就是民主、自由与科学精神，而社会主义就不仅是一种文化观念，它在一定意义上含有社会制度的根本变革。近代资本主义社会的兴起，无疑是对君主专制的中世纪的彻底否定，但由于资本主义自由竞争的法则作用以及大机器生产的广泛应用，使资本主义社会的不合理性日趋凸显，"政治之不平等，一变而为社会之不平等；君主贵族之压制，一变而为资本家之压制"②。欲去此不平等与压制，伴随着资本主义社会的发展，不可避免地由政治革命演变成社会革命，从而造成财产为国家或社会公有，"人各从

---

① 陈独秀：《法兰西人与近世文明》，《独秀文存》，合肥：安徽人民出版社1987年，第10页。

② 陈独秀：《法兰西人与近世文明》，《独秀文存》，合肥：安徽人民出版社1987年，第12页。

其才能以事事，名称其劳力以获报酬，排斥违背人道之私有权。"[1] 陈独秀指出，正是法兰西这三大文明，才真正为人类历史开辟了新纪元，中国所欲学习西方者，中国文化所需充实、完善者，均不外乎法兰西这三大文明。

历史表明，法兰西文明虽与欧洲其他民族的文明有着很大差别，但其民主、自由、平等、博爱与科学的根本精神极易为欧洲其他民族所吸收。然而在东方，在中国，法兰西文明的传播每每遇到极强的阻力，原因何在？一言以蔽之，和"国民性质的好歹"密切相关[2]。就国民性质而言，西方各民族好战健斗，根诸天性，成为风俗。人类历史的进化，正是竞争与互助的交互作用，只有竞争而无互助，人类残杀不已；只有互助而无竞争，也无法使社会进步。陈独秀说："鄙意以为人类之进化，竞争与互助，二者不可缺一，犹车之两轮，鸟之双翼，其目的仍不外自我之生存与进步，特其间境地有差别，界限有广狭耳。"[3] 欧洲自古以来，宗教之战、政治之战、商业之战，几乎欧洲全部文明史，无一字非鲜血所书。而在中国，"儒者不尚力争，何况于战？老氏之教，不尚贤，使民不争，以任兵为不祥之器。故中土自西汉以来，黩武穷兵，国之大戒，佛徒去杀，益堕健斗之风。世或称中国民族安息于地上，犹太民族安息于天国，印度民族安息于涅槃，安息为东洋诸民族一贯之精神"；"西洋民族性，恶侮辱，宁斗死；

---

① 陈独秀：《法兰西人与近世文明》，《独秀文存》，合肥：安徽人民出版社 1987 年，第 12 页。

② 陈独秀：《亡国篇》，《陈独秀文章选编》上，北京：三联书店 1984 年，第 53 页。

③ 陈独秀：《答李平敨》，《陈独秀著作选》卷一，上海：上海人民出版社 1984 年，第 147 页。

东洋民族性，恶斗死，宁忍辱。"[1] 在当今适者生存的国际环境下，"国人须知奋斗乃人生之职，苟安为召乱之媒！兼弱攻昧，弱肉强食，中外古今，举无异说。国人而抛置抵抗力，即不啻自署奴券，置身弱昧之林也。"[2] 然而，中国传统观念向以苟安、柔弱为教，不思进取，造成国民无爱群向上、宁死不辱的战斗精神，"吾国旧说，最尊莫如孔、老。一则崇封建之礼教，尚谦让以弱民性；一则以雌退柔弱为教，不为天下先"[3]。由此不难看出东西方"国民性质"之好歹，此其一。

东方民族"恶斗死，宁忍辱"的国民性格除儒家、佛教的伦理道德教化的影响外，最根本的原因还在于社会组织结构与西方民族根本不同。东方各民族尤其是中国，自原始社会解体而进入以血缘关系为纽带的宗法社会之后，数千年来无根本变化。在宗法社会中，以家族为本位，而个人无权利，一家之中一切听命于至高无上的家长。因此，中国人"只知道有家，不知道有国"，个人毕生的希望，也只限于成家立业，发财做官。至于中国怎样才能够兴旺，怎样才可以比世界各国还要强盛，怎样才可以为民除害，怎样才可以为国兴利，这是宗法社会下的绝大多数中国人做梦也不曾想的事。

宗法社会尊家长，重等级，故教孝；国为家的放大，国家的一切政治，一如家族，故教忠。"忠孝者，宗法社会封建

---

① 陈独秀：《东西民族根本思想之差异》，《独秀文存》，合肥：安徽人民出版社1987年，第28页。

② 陈独秀：《抵抗力》，《独秀文存》，合肥：安徽人民出版社1987年，第24页。

③ 陈独秀：《答李大槐》，《独秀文存》，合肥：安徽人民出版社1987年，第625页。

时代之道德，半开化东洋民族一贯之精神也"①。自古忠孝美谈，未尝无可歌可泣之事，然律之以现代文明社会之组织结构，宗法社会的恶劣作用则尤其明显。"一曰损坏个人独立自尊之人格；一曰窒碍个人意思之自由；一曰剥夺个人法律上平等之权利；一曰养成依赖性，戕贼个人之生产力"。②总之，中国的宗法社会无视个人利益与权利，将个人消融于整体之中。而西方民族则不然，自古及今，彻头彻尾，是以个人利益为至上利益，"举一切伦理、道德、政治、法律，社会之所向往，国家之所祈求，拥护个人之自由权利与幸福而已。思想言论之自由，谋个性之发展也。法律之前，个人平等也。个人之自由权利，载诸宪章，国法不得而剥夺之，所谓人权是也。人权者，成人以往，自非奴隶，悉享此权，无有差别。此纯粹个人主义之大精神也"③。西方近代社会的每一进步与发展，无不与这种个人利益至上的道德原则密切相关。从表面看，国家利益、社会利益与个人主义相冲突，实则个人利益的充分发展才是社会进步的根本原因。东方民族欲摆脱贫穷落后之境，其努力的方向之一，便是由个人本位主义取代家族本位主义。此其二。

东西方民族根本精神之差异的第三点，陈独秀认为，是西方民族以法治为本位，以实利为本位；而东方民族以感情

① 陈独秀：《东西民族根本思想之差异》，《独秀文存》，合肥：安徽人民出版社1987年，第29页。

② 陈独秀：《东西民族根本思想之差异》，《独秀文存》，合肥：安徽人民出版社1987年，第29页。

③ 陈独秀：《东西民族根本思想之差异》，《独秀文存》，合肥：安徽人民出版社1987年，第29页。

为本位，以虚文为本位。西方民族之重视法治，不独国家社会生活、政治生活为然，即使家庭之间，其各自权利与义务，也不因感情之故有所损益。而东方民族重家族、轻个人，重虚情、轻法治，不仅社会经济生活，即使许多家庭纷争也多因经济利益而起，表面上的和睦掩盖着实质性的刻薄无情，以君子始，以小人终。

既然东西方民族精神存在如此大的差异，那么，中国学习西方，学习法兰西，建立民主、自由与科学的新文化是否可能便成为不得不考虑的问题。陈独秀认为，东西民族精神的差异，是时代之异，而非种族之异，西方民族所已解决和正面临的问题是东方民族迟早也要面临和解决的问题。因此，东方民族从现在开始，从教育入手，持之以恒，大力引进法兰西文明，那么，不远的将来必将使中国的民族精神焕然一新，以与世界同步。

陈独秀指出，人之善恶智愚，先天的力量诚然不少，后天的教育则更为重要。譬如木材的好丑和用处大小，虽然是生来不同，但必经工匠的斧斤雕凿，良材方成栋梁和精美的器具，就是粗恶的材料，也有相当的用处。教育的作用，亦复如此。"未受教育的人，好像生材；已受教育的人，好像做成的器具。人类美点，可由教育完全发展；人类的恶点，也可由教育略为减少。请看世界万国，那教育发达的和那教育不发达的人民，智愚贤否迥然不同，这就是吾人必须教育的铁证了"①。

---

① 陈独秀:《近代西洋教育——在天津南开学校演讲》,《独秀文存》, 合肥: 安徽人民出版社 1987 年, 第 106 页。

教育兴国。教育的重要性是包括陈独秀在内的一大批启蒙思想家的共同认识。试观当时的中国，"一国之民，精神上，物质上，如此退化，如此堕落，即人不我伐，亦有何颜面，有何权利，生存于世界？一国之民德，民力，在水平线以上者，一时遭逢独夫强敌，国家濒于危亡，得献身为国之烈士而救之，足济于难；若其国之民德，民力，在水平线以下者，则自侮自伐，其招致强敌独夫也，如磁石之引针，其国家无时不在灭亡之数，其亡自亡也，其灭自灭也；即幸不遭逢强敌独夫，而其国之不幸，乃在遭逢强敌独夫以上，反以遭逢强敌独夫，促其觉悟，为国之大幸"①。在陈独秀看来，民族的觉醒，国民性质、行为的改善，才是解救中国的唯一出路。

按理说，泱泱乎文明中国，历史悠久，文物灿烂，素有礼仪之邦的雅号，中国文明远在域外文明之上，中国国民性质、行为的改善无须他求；只要在自家文明中"讨生活"，用中国传统文化教育国人即可达此目的。然而，陈独秀认为，中国传统文化包括孔子之道，已严重脱离中国现实要求，中国国民性质、行为的改善，用中国固有文明根本无法解决，中国民族的根本出路，中国国民性质的根本改善必有待于取法欧美教育。

欲取法欧美教育，必须弄清欧美教育的真相、真精神是什么，然后所办的教育才真是教育而不是科举，才真是欧美教育而不是中国教育。否则，仅从表层模仿欧美教育，而不把握欧美教育的真精神，到头来徒多设一些讲述中国腐旧的

---

① 陈独秀：《我之爱国主义》，《独秀文存》，合肥：安徽人民出版社1987年，第61页。

经史文学的学校之外，并不能将国民性质、行为根本改善。陈独秀指出，真正的近代欧美教育与中国传统教育有着本质上的区别，这种区别概括起来至少有这样三个方面：

一是中国的传统教育多半是被动的而非主动的，灌入式的而非启发式的，根本不顾及儿童心理和人类性灵。至于西洋近代教育，无一不取启发式教育法，处处体贴学生的心理作用，用种种方法启发学生的性灵，养成自动的能力。

二是中国的传统教育所重的是神圣无用的幻想，记忆先贤先圣的遗文，而西方近代教育重在世俗日用的知识，重在直观自然界的现象。

三是中国传统教育重在记忆，忽视思考，更忽视学生全身的训练，结果，中国的青年不读书还好，读了书弄得面黄肌瘦，耳目手脚，无一件灵动中用。[1]

陈独秀强调，只要中国能在教育上取得长足进步，培养一代新型知识分子，具有开放的文化态度和文化心理、文化政策，吸取包括西方文化在内的全部人类遗产，建立全新的民族文化体系，便能"补偏救弊，以求适世界之生存"[2]，完成中国文化的现代化转化或重造。

---

[1] 陈独秀：《近代西洋教育——在天津南开学校演讲》，《独秀文存》，合肥：安徽人民出版社 1987 年，第 109 页。

[2] 陈独秀：《今日之教育方针》，《独秀文存》，合肥：安徽人民出版社 1987 年，第 16 页。

一个人和一所大学：蔡元培与北大

　　五四新文化运动的发生说复杂很复杂，说简单又很简单。除却时代背景和时代恩赐外，也就是陈独秀从日本归来突发奇想要办那么一个叫作"青年"或者"新青年"的杂志，经过短短几年鼓吹，那些来自西方的新思想竟然真的成为改变中国人意识的动力，这是《新青年》和陈独秀的不朽功绩。另外一个可以与陈独秀和《新青年》相辅相成相得益彰的是蔡元培和北京大学，如果不是蔡元培主持北京大学，大概就不会有陈独秀出任北大文科学长；如果陈独秀没有出任北大文科学长，《新青年》的作者阵容不会这样强大，《新青年》的影响力也就不会空前，更不会绝后。当然，如果没有陈独秀和《新青年》，北京大学也不可能在那个时代成为新文化运动的中心。所以历史的因果与循环非常值得玩味，很难说哪个原因才是最根本的。

维新时代唯一遗存

　　北京自元朝开始成为中国的政治中心，中间除极个别年份外，一直是元明清和民国的首都，历时近千年。长时期的政治中心地位，使北京成为一个非常特殊的政治城市：政治敏感，但趋于保守；文化繁荣，但容不得异端；经济无忧，但总显得暮气沉沉。总之，北京这个政治中心不知从何时开始，成为中国政治保守势力的大本营，许多新思想、新文化在这里萌生，但又总是在这里被扼杀，被绞死。

1894 年甲午战争爆发，经过三十年洋务新政强势发展的"大中国"竟然不敌东邻小国日本，痛定思痛，中国人意识到还是中日两国在过去三十年所走的路不同。中国在 1860 年开始走上向西方学习的路，但中国人始终自以为聪明，坚信中国所需要的只是西方的"用"西方的"末"，只是西方的科学技术。至于西方国家的政治体制、西方的"体"西方的"本"，中国不仅不需要，而且始终认为西方的"本"西方的"体"远不如中国的好。那时的中国人，发自内心坚信"民主是个好东西"，但这个"好东西"并不是放之四海而皆准，各国国情不同，各国的政治发展就不可能整齐划一，仅就政治体制、国家权力架构、民意表达等方面而言，民主"还是中国的好"，于是自 1860 年至 1890 年长达三十年的所谓洋务运动的结果就是一场"跛足的现代化"，经济虽然发展了，但经济的基础、政治的架构则始终没有变。

而日本自 1868 年开始向西方学习，由明治天皇为主导进行变法，史称"明治维新"。日本没有多少文化包袱，没有多少文化积淀，没有传统的太多束缚，所以日本人像先前千余年坦然向中国学习一样，彻底转身向西，全盘西化，与先前高度崇拜的中国文化彻底告别，甚至与身在其中的亚洲脱离，目标是在远东在亚洲建设一个西方式的国家，当时日本人的口号就叫作"脱亚入欧"。

日本这个民族确实太厉害了，一旦确定了发展目标就举国一致，仅仅用了二十来年的时间，就重建了一套比较完整的政治体制、权力架构，更重要的是重建了日本人的政治文化心态，日本俨然成为亚洲的一个西方国家，与西方近代国家在政治上获得了平等地位，以兄弟相称，从而拉开了与中国的距离，先前较日本先进的中国竟然在那几十年不知不觉中落后于日本。

当中国还在陶醉三十年辉煌成就的时候，日本人正在做着灭亡中国的准备。1894年中日两国军队轻轻交手，"大中国"就仓皇败在"小日本"的手中。

甲午战败不仅是中国的奇耻大辱，也是中国的一次警醒。中国人是一个不怕失败不怕挫折的民族，于是在甲午战后很短的时间里，中国就重振精神，甚至向自己的"敌人"日本学习，试图走上日本仿照西方发展的道路。中国进入了一个"维新时代"，经过几年筹备、酝酿，至1898年达到高潮，中国从先前的经济变革进入政治变革、文化变革的阶段。那一年，短短的一百天，清政府以光绪帝的名义发布了一系列变法诏书，其中一个最重要的诏书，也是新政开始的第一份诏书，就是在北京建立一所大学堂。

清政府要建立京师大学堂的本意，是因为在那之前几十年，大家都逐步意识到旧有的科举考试制度已经无法满足世界的变化和中国的需要，科举制度所考的内容主要是传统体制下官僚养成所需要的人文知识，而近代西方对中国的冲击，或者说中国最迫切需要的是自然科学、技术科学之类的新知识和现代法律、国际事务方面的专家，而这些内容在旧有的科举考试体制中似乎很难容纳。稍前，严修提出设置特科以选择这些方面的人才，但那还是不能满足中国对新知识的需求，于是有建立京师大学堂以弥补旧有体制缺陷的目的和用意。

1898年轰轰烈烈的变法因各种机缘巧合在一百天后草草结束了，失败了，新政期间的许多政治、经济、文化方面的新政策也相继被废除，然而京师大学堂却没有在旧制复辟的过程中受到伤害，成为"维新时代"留下的很少一部分痕迹中一个重要痕迹。

维新运动短暂的潮水已经消退而成为历史陈迹，只留下一些贝壳，星散在这恬静的古都里供人凭吊，但是在京师大学堂里，却集结着好些蕴蓄珍珠的活贝。特别是由于命运之神的摆布，幸运的京师大学堂居然在后来短短三十年历史中对中国文化与思想，对中国历史发展做出了重大贡献。

当然，京师大学堂也是19世纪中叶开始的中学与西学、科举与学校长期冲突、对峙的产物。按照清政府1898年的办学意图，京师大学堂的基本方针是为清王朝培养一批具有近代知识而又能效忠于清帝国的知识分子。故而京师大学堂的办学宗旨只能是"中学为体，西学为用；中学为主，西学为辅"。这是清政府能够接受的"西化"极限。按照规划，京师大学堂不仅是中国的最高学府，是一所大学，而且还是清政府的最高教育行政管理机关，担负着指导全国教育特别是新教育的规划、指导和管理功能。

作为维新时代留下的纪念品，京师大学堂终于在 1898 年之后得以存在。但到了 1900 年，却因为洋学堂的关系而受到义和团运动的强烈冲击，先是被义和神拳的弟兄们作为基地，作为拳坛，继则被这些神拳兄弟视为和洋学堂、教堂一样的舶来品，遭到空前劫难。

八国联军打进北京后，京师大学堂一度因曾被义和神拳的弟兄们设为神坛而受到联军的占领和摧残，以致学校关门，师生流离，校舍建筑遭到破坏，图书仪器荡然无存。直到 1901 年年底，议和结束，《辛丑条约》签订，清政府方才下令恢复重建京师大学堂，并于 1902 年年初委派吏部尚书张百熙为管学大臣，着手筹办。

张百熙是晚清具有新思想新见解的开明官僚，1901 年百废待举之际就向清政府提出"增设官制，整理财政，变通科举，广建学堂，创立报馆"五条革新大计，并明确建议将京师大学堂改隶国子监，正名为大学，"以一学术而育真才"，改总理衙门附设的同文馆隶属于大学，重建中国教育新体制。所以清政府于 1902 年 1 月 10 日任命吏部尚书张百熙为官学大臣，经理大学堂一切事宜，负责大学堂重建，也算是用其所长，使其有机会一展抱负。

出任官学大臣后，张百熙很快提出《筹办京师大学堂情形疏》，建议清政府先开预备、速成两科，预备科分为政科、艺科，速成科分为仕学、师范两馆。仕学馆主要对官员队伍中可造之才进行在职培训，使之适应当时正在启动的新政需要；预备科及师范馆则主要从事基础教育、理论教育，着眼于长远发展。

一个篱笆三个桩，一个好汉三人帮。张百熙接受京师大学堂重建使命后，遂聘请吴汝纶担任京师大学堂总教习，具体负责京师大学堂日常事务。

吴汝纶是晚清著名教育家，也是桐城派的重镇，先后入曾国藩、李鸿章幕府，与张裕钊、黎庶昌、薛福成合称"曾门四大弟子"。后弃官从学，长期主持莲池书院，弟子遍天下，不仅使他声望大增，而且使他俨然成为晚清颇具影响力的"意见领袖"，一言九鼎，名满天下。

吴汝纶确实是当时担任京师大学堂总教习的最佳人选，在张百熙多次恳请下，吴汝纶最终答应了这一任命，但提出的条件是，在赴任就职前前往日本考察学政。

1902 年 5 月，吴汝纶一行启程赴日，先后在长崎、神户、大阪、西京和东京等地考察了各级各类学校和相关机构，拜访众多日方官员，了解日本在过去几十年的发展尤其是教育的作用、功能及举措，后来他将自己的所见所闻所思所想整理成册，定名为《东游丛录》。

然而在日本考察期间，吴汝纶因留学生事与驻日公使蔡钧发生龃龉，10 月 22 日归国抵达上海后以拟返乡谋办桐城小学校为借口，固辞不就京师大学堂总教习职。

任命吴汝纶是清政府已经决定了的事情，吴汝纶的反悔使张百熙非常为难，"至踵门长跽以请，吴不为动，云家事放纷，非归不了。又经丧乱，精力短耗，若必欲其任京师大学堂总教习，恐有生之年难返乡园。"且他这次返回安徽，也不是没有事情，当务之急是他必须尽快将李鸿章遗稿整理出来，"以答厚我之意"。

吴汝纶的理由不可谓不充分，然而深悉其内情的严复则认为，吴汝纶之所以反悔，除了与蔡钧龃龉外，主要的还是吴汝纶担心京城人众，"新少旧多"，大学堂的未来实在难以逆料，他不愿将一世英名毁于一旦，不欲以是累其盛名，为晚节诟病。

　　严复与吴汝纶有着非常友谊，他在甲午后暴得大名在某种程度上说得益于吴汝纶的提携和推举，而且现在严复实际上也处于待岗状态，并没有正式职务和工作，他当然希望吴汝纶就任大学堂总教习，这样他自己或许有机会出任副总教习或洋文总教习。这一点或吴汝纶，或张百熙似乎都曾当面答应过他，所以严复比张百熙可能更期待吴汝纶改变主意。①

　　其实，就对京师大学堂的兴趣而言，严复可能比吴汝纶更甚。吴汝纶清楚地知道，张百熙和清政府之所以对他感兴趣，之所以任命他为总教习，主要的还是看中了吴汝纶的名气，要的是他的招牌，并不一定是他的本人，"大学堂求我，是要三字招牌，非叫我穿八卦衣也"②。有了这样清晰的认知，已经六十多岁的吴汝纶岂肯轻而易举被人当枪使？

　　严复则不然。严复对京师大学堂的重建有着相当兴致，所以他在张百熙获得官学大臣的任命后，即应邀进京参与相关事务的讨论。他在到京第二天即去拜访张百熙，上来就向张百熙提出一连串的建议，其中最重要的一个建议是将京师大学堂原总教习丁韪良（William A.P.Martin）尽快除名，为吴

---

①　严复：《与张元济书之十三》，《严复集》（王栻主编）卷三，北京：中华书局1986年，第547页。

②　《致熊季廉书》，《严复合集》卷五，台北：辜公亮文教基金会1999年，第16页。

汝纶出山扫清障碍。对于这个建议，张百熙面有难色，并没有当场答应。

继问办法，严复建议重建后的京师大学堂设四斋：

> 一正斋，从西文入手，驯至头等学业，以待少年之俊与各省学堂所送之高才生；
>
> 二附斋，以中语演译西文，专讲西史、理财、立法、交涉诸科，以待年稍长之京朝官；
>
> 三外斋，募自备资斧游学外洋已得学凭子弟，课以中学，如掌故、词章之类；
>
> 四改同文馆为外交学堂，以言语、公牍、国际课之，以备外部出使之取材。[①]

严复的这几个建议深得张百熙等主事诸公的赞赏，也被吸收到相关方案中。

在这次谈话前后，外间诸人皆以洋文教习推荐严复，然张百熙在与严复见面时不知什么缘故，根本没有提及这件事，这当然使严复感到失望，他猜想可能和过去在北洋的经历相似，"谮者必多，未必果尔"。吃不到葡萄的人总会说葡萄酸。严复说到这里愤愤不平地向友人知己表示："使复而不为总教习者，其不幸自在大学，于复无所失也；不独无所失，且甚

---

① 严复：《与张元济书之十三》，《严复集》（王栻主编）卷三，北京：中华书局1986年，第548页。

得也。"① 为什么这么说呢？严复认为，主要是现在把握大学堂权力的这批人则以为清政府同意复兴大学，为他们应得之权力，不敢公然自信，则数数嗾丁韪良日用总教习权力，促张百熙开学。地方、办法、师徒，一切必仍旧贯，且出要挟之言。而严复建议将丁韪良罢职，且曰天下无以延师课徒而启国衅者，一个丁韪良也没有什么好怕的，去则去，留则留。这内部矛盾如此之多之激烈，所以严复即便不去，似乎也不觉得是多大损失。②

其实，严复的建议还是很得张百熙的赏识，张百熙甚至有让吴汝纶出任总教习而以严复辅之构想。2 月 13 日，张百熙奏准以于式枚为京师大学堂总办，李家驹、赵从蕃为副总办，吴汝纶为总教习。大学堂下设编译书局，以李希圣为总纂，以严复为总办。然而，吴汝纶不肯就职，在这种情形下，严复也推辞不就。后在张百熙再三恳请并派员劝驾后，直至 3 月 4 日，严复方同意应聘为京师大学堂编译局总办，负责先行编辑普通读本，以备颁行海内小学堂。③ 严复正式介入京师大学堂事务，成为京师大学堂的一员。后经准备，至 1902 年 12 月 17 日，京师大学堂开学，各方面开始步入正轨，中国现代高等教育终于揭开新的一页。

① 严复：《与张元济书之十三》，《严复集》（王栻主编）卷三，北京：中华书局 1986 年，第 548 页。

② 严复：《与张元济书之十三》，《严复集》（王栻主编）卷三，北京：中华书局 1986 年，第 548 页。

③ 严复：《与张元济书之十三》，《严复集》（王栻主编）卷三，北京：中华书局 1986 年，第 550 页。

现代高等教育艰难起步

按照张百熙的规划，京师大学堂重建后，将总理衙门附设的同文馆并入，设置有速成、预备两科。速成科分为仕学馆、师范馆；预备科分为政科与艺科。翌年增设进士馆、译学馆及医学实业馆。至 1910 年已成为拥有经、法、文、格致、农、工、商等七大专业设置的综合性高等教育机关。

辛亥革命爆发后，京师大学堂受到短暂影响，一度陷入无法维持的局面，教员学生请假回籍者已居多数，以致不能上课[①]，大学堂负责人只好呈请暂行停办，以待时局好转，再通知回学堂上课。

南京临时政府成立，临时大总统孙中山委任蔡元培为临时政府教育总长。2 月 12 日，宣统帝溥仪宣告退位，大清王朝的政治统治终结。13 日，孙中山履行诺言，向南京临时参议院辞临时大总统职，并推荐袁世凯继任。15 日，南京临时参议院选举袁世凯为临时大总统。不到十天，先前代表北方"民意"受袁世凯指派前往汉口、上海参与南北和谈的严复于 2 月 24 日拜谒袁世凯，由于两人关系匪浅，袁世凯当场指派严复参加临时大总统就职前的咨询策划机关"临时筹备处"。恰当此时，京师大学堂前监督劳乃宣以国体既变，统一政府

---

① 《给学部呈》，转引自萧超然《北京大学与五四运动》，北京：北京大学出版社 1986 年，第 22 页。

已告成，即上书请派员接收大学堂事务。于是第三天即2月26日，袁世凯又指定严复为京师大学堂总监督，接管大学堂事务，薪水月三百两。此缺本系三品实缺京堂官，但新政府有意将之贬值，使严复虽然接手，但心里老大不高兴。

不高兴归不高兴，但任命消息传出后，即有人来荐管理员、教员等[1]，这又不能不使严复对权力略有亢奋。3月8日，严复正式就职，到校视事，开始主持大学堂日常工作，京外人士属望甚殷，运动求缺者四面而至，这使严复心中很高兴。欣喜之余，也不无烦恼，那就是经费支绌。大学堂每月至省须两万金，即使不开学也需要一万五[2]，大学堂的存款早已告罄，度支部、学部一文不给，辄以饷军为亟，致受事匝月，不能定期开学，更无论拾遗补阙，有所改良[3]。再加上《国风日报》时时反对严复的作为和主张，做尽谣言，这更使严复心里很不爽，他曾向家人仔细算过一笔账：海军总长已有他的同乡、学生刘冠雄出任，教育总长为蔡元培，如果教育部下属的名词馆不撤销，他一直兼任的海军参谋犹在，那么他每月的收入将在六百金，姑且敷衍，与家人节俭过日子，胜大学堂总监督数倍。于是严复暗自发誓，大学堂财政问题如果不能顺利解决，他个人辞职也只是早晚的事情。

大学堂的经费在清末民初是一个非常复杂的问题，按照

① 严复：《与夫人朱明丽书之五十一》，《严复集》（王栻主编）卷三，北京：中华书局1986年，第770页。

② 严复：《与夫人朱明丽书之五十四》，《严复集》（王栻主编）卷三，北京：中华书局1986年，第772页。

③ 严复：《与熊纯如书之一》，《严复集》（王栻主编）卷三，北京：中华书局1986年，第602页。

清政府最初构想，由户部将五百万两库平银存放于华俄道胜银行，以每年所生利息的绝大部分约二万两作为大学堂办学经费。1902 年大学堂恢复重建时，经张百熙奏准"经费宜宽筹"的原则，清政府批准将这批存款的年利息二万二千两全部拨归大学堂专款专用，并由大学堂直接向道胜银行办理存支手续，年终开单呈览结账，无须向户部造册报销。①

1905 年，学部成立，中国教育体制面临一次大的调整。学部尚书荣庆为压抑管学大臣张百熙，并试图独揽京师大学堂管学专权，遂要求道胜银行将这笔款项转由学部代管，于是从此以后京师大学堂办学经费便须按月向学部领取。

辛亥革命后，学部就不再给京师大学堂划拨经费，道胜银行的款项也不能由大学堂提取，财政部稍有积存，便立即移作军费，大学堂捉襟见肘，形同停顿，学部分文不发，堂中异常支绌。严复在开学前专程前往教育部商量，教育部相关主事竟然置之不理，置若罔闻。②幸亏严复与袁世凯关系比较特殊，经其反复交涉并经袁世凯批准，4 月 7 日，大学堂方获准向道胜银行筹借经费七万两，暂时缓解了大学堂经济方面的困难，大学堂重新开学有了可能。③

严复京师大学堂总监督来自袁世凯的指定，但这个指定似乎并没有与临时政府教育总长蔡元培商量，或者说并不是蔡元培的意见。

---

① 《光绪朝东华录》(朱寿朋编)，北京：中华书局 1958 年，第 4822 页。

② 《大事记》，《教育杂志》1912 年第一期。

③ 严复：《与熊纯如书之三》，《严复集》(王栻主编)卷三，北京：中华书局 1986 年，第 604 页。

4月8日，散在上海的京师大学堂学生唐宗郭、秦炳汉、夏昌炽等人上书并走访蔡元培，称京师大学堂"去年停课，五月于兹，各科教员，既坐消岁月；同堂多士，更闲掷居诸。抛一年有半之研摩，前劳尽废；虚三载有成之考绩，后效难期。半途易辙，志士灰心；中道回车，英贤短气"。他们希望新政府成立之后，教育部能够尽早定下开学日期，"俾峨峨髦士，获竟前修，蔼蔼吉人，郁成大器"。对于这些学子的合理要求，蔡元培深表嘉许，并答应一旦到京赴任迅即安排开学事宜。①4月24日，蔡元培在北京就任教育总长，旋践前言，即派教育部专门教育司第一科科长王云五、第三科科长杨焕之会同接收京师大学堂，并迅即向袁世凯提出改名建议，理由是从前京师大学堂职员有总监督、分科监督、教务提调，各种名目、名称，似欠适当，事权亦觉分歧。所以建议改名为"北京大学校"，大学堂总监督改称为大学校校长，总理校务；分科大学监督改称为分科大学学长，分掌教务；分科大学教务提调即行裁撤。大学校校长须由教育部于分科大学学长中荐一人任之，庶几名实相符，事权划一，学校经费亦得藉以搏节。②

根据蔡元培的建议，教育部于5月1日下令京师大学堂改称北京大学校，废除原总监督，设校长，各科设学长。5月3日，呈准袁世凯发布命令，任命严复署理北京大学校校长。③这是北京大学历史上一次重要改制，使北京大学具有明显的

---

① 《民立报》1912年4月9日。

② 蔡元培：《为北京大学堂改称并推荐严复任校长呈》，《蔡元培全集》卷二，北京：中华书局1984年，第162页。

③ 《民立报》1912年5月5日。

近代特色，较先前旧式大学堂有了很大进步。

经过一番紧张准备，北京大学校于 5 月 15 日举行开学典礼，学生到者百余人，教员数十人，教育总长蔡元培、英国驻华公使朱尔典、税务司及东西洋博士、学问专家，咸来观礼。严复主持典礼并致词，蔡元培发表演说，略谓大学为研究高尚学问之地，即校内课余，仍当温习旧学 ①，表达了蔡元培对中国高等教育的期待。

尽管有如许困难，严复在接办北京大学校后，仍力所能及地对校内事务进行了积极改革，校中一切规模，颇有更张，即职教各员亦不尽仍旧贯。严复有长期掌管北洋水师学堂的经验，对于管理北京大学校并不觉得太困难，只是鉴于北洋水师学堂的经验与教训，严复也希望在主持北京大学校时能够有所改进，有所调整，所以"自受命以来，亦欲痛自策励，期无负所学，不怍国民，至其他利害，诚不暇计"。

基于这种意识，严复在教学内容与教学方法上都进行了大胆改革。对文科，他遵照教育部及蔡元培制定的基本原则，将经科合并到文科，经文合一，以为完全讲学之区，用以保持中国四五千载圣圣相传之纲纪理伦道德文章于不坠。且又悟过去所谓将中西文化合一炉而冶之者徒虚言耳，为之不已，最终结果则至于两亡，不中不西，不伦不类。鉴于此种教训，严复在整顿北京大学校文科的时候，下决心"尽从吾旧，而勿杂以新；且必为其真，而勿循其伪"，希望能够重振真正意义上的中国传统文明。在没有物色到合适人选前，严复决定由

---

① 《教育杂志》1912 年第 4 期。

他自己兼任文科学长，具体主持文科教学改革。① 这是文科中保持旧学的方面。

文科还有一个重要功能是开拓眼界，融汇古今中外学识。严复指出，大学文科应该是对东西方哲学、中外历史、地理、文学，都理宜兼收并蓄，广纳众流，以成其大。当然真要办到此点，颇为不易。所招收的学生，不仅需要西文根底深厚，且要有中文基础，又尊重中国文化，兼治始能有益。这是在文科方面的创新。

对于法科，严复提出要改变目前北京大学法科科目以学习外国法律为中心的现状。他说各国法律学校无不以本国法律为主。中国特别自共和立宪以来，大学法科应以新政府的约法、参议院以及将来可能会制定的各种新法律为主课，而以外国及历代法律为参考借鉴。

对于北京大学校的理科建构，严复也有一套全盘规划，把先前的格致科正式改为理科，以与西方近代科学接轨。

至于工科，严复提出在理工科的地质、化学、土木、矿冶四科当年毕业生中另行通过极严格的选拔考试，择其普通学、专业学以及外国语成绩较优者，各选派两三名送往德国、美国学习，为北京大学校储备师资。另外，实验室要整顿，凌乱图书要清理，仪器、药品等要配置。

关于农科，严复的考虑与工科相似，即从相关学科毕业生物色优秀生选派到日本留学，两年为期，回来创办或加强农科。

---

① 严复:《与熊纯如书之三》,《严复集》（王栻主编）卷三，北京：中华书局 1986 年，第 605 页。

至于商科，严复建议将原先规定的三年学习期限改为四年，前两年学习公共课程，后两年学习专业课，专业课大致有经济学、财政学、商学、交通学等。[①]

严复对北京大学校改革的另一个重点是教职员队伍的调整。多年的北洋水师学堂总教习、总办的经历，学贯中西尤其是对西学的精通，使严复具有一般教育家所不具备的鉴别人才的能力，而且更重要的是，严复是一个自视甚高的人，他对人才的企求总是立有一个很高的标杆。他决定，在他主持北京大学校的时候，各科监督、提调，必用出洋毕业优等生，即管理员亦求由学校出身且有经验者，无他，切戒滥竽而已。[②]这个规定虽然有点唯学历的感觉，但对于先前几任管理者随意聘请教职员、用人不当确实是一个巨大冲击。

合格的优秀的教职员选出之后，还要有严格管理与考核，严复要求所有教员必须专职教学，不得在政府里有任何兼职。否则，一经发现，一律开除。尤其值得注意的是，严复基于自己的学术背景和文化理想，在他主持北京大学校的短暂岁月里，他虽然主张对中国传统文化进行"尽从吾旧，而勿杂以新"的研究，但他毕竟是近代中国西学第一人，知识的广博仅从"严译名著"就可以看到其涵盖跨越政治学、经济学、法律、哲学、逻辑学、历史学等诸多学科，所以他对西方思想文化有着非常人所能达到的境界，所以他在强调加强对中国传统文化研究的同时，更不会忘记克服困难，利用北京大学校的

---

① 张寄谦：《严复与北京大学》，《近代史研究》1993 年第 5 期。

② 严复：《与熊纯如书之三》，《严复集》（王栻主编）卷三，北京：中华书局 1986 年，第 605 页。

有利机会和条件，积极开设介绍西方近代文化思想与近代学术课程，竭力提倡学习西方新学，积极提倡外语教育，要求学校所有课程除了国学外，必须一律用外语教授。一时"校中盛昌西语之风。教员室中，华语几绝。开会计事，亦用西语。所用以英语为多，有能作德语者尤名贵，为众所称羡"。[①] 这种近似于国际化的教学方式，是北大一百多年历史中很少有的一段时间。北大如欲重建昔日辉煌，至少要在这些方面痛下决心。

在基础建设方面，严复在主持北京大学校的那些日子里，也积极争取各方面，尤其是蔡元培及教育部的支持与帮助，筹划恢复因辛亥革命而被迫停止的校舍建设工程。蔡元培也从大局考量，以为校舍建设工程不可半途而废，且北京大学为全国学校之模范，观瞻所系，遂与相关部门协商，派员支持，筹备款项，即行开工。[②]

严复的辛勤努力换来了北京大学校秩序的恢复和教学水准的提升，然而由于先前政治动荡的冲击，学生在开学之后到校不过百人，其中法政科竟不足十人，理科更少，结果造成"十羊九牧"，教员多于学生，学校不堪重负，尤其是那些外籍教师虽然薪金很高，但他们实在是"在岗失业"，往往几个教师才指导一个学生，月费多金，而效率效果低下。所以开学不到一个月，有关北京大学校的谣言就在教育部、在北京教育界不胫而走，有的说北京大学校办学经费困难，程度不高，管理不善；有的竟然直接建议政府不如将北京大学校

---

① 萧超然：《北京大学与五四运动》，北京：北京大学出版社1986年，第23页。

② 《教育杂志》1912年第4期。

解散，另行组建新的教育机构。

谣言的传播起初并没有引起严复的注意和重视，因为民主初生的时候，言论自由，任何一件事情都不可能获得举国一致的赞同，而且那时党派斗争已经开始，政党政治、责任内阁已经面临诸多难题，蔡元培一再请辞，教育部本身亦人心惶惶，所以谁都没有太过重视这些谣言。然而由于这些谣言越传越盛，特别是目标越来越集中，说法越来越统一，那就是解散北京大学校似乎成了大家的共识。在这种情况下，严复开始着急，他遂在7月1日向教育部呈递了一份《论北京大学校不可停办》的说帖，从北京大学校历史、中国教育现状、世界各文明国家对高等教育的重视，以及高等教育在一个民族发展过程中的作用等方面详细申述北京大学校存在的意义以及不可停办的理由。

严复指出，北京大学校创建十有余年，为全国最高教育机关，未尝一日停辍。去年辛亥革命爆发，学生相率归散。民国建立，国用愈绌，几至不名一钱。此时京师大学堂仅图看守，亦且费无从出。后来在政府支持下，经费问题暂获解决，重新开学。比者颇闻斯校有停办之意，本校长始亦赞同其说，解散了之，也未尝不是一个解决办法，不过仔细想想，还是觉得就此解散甚为可惜。

至于不可停办、不可解散的理由，严复主要讲了这样几点：

一是不论北京大学校与世界特别是欧美一流大学相比还有多少差距，但毕竟是中国人自己创办的第一所高等学校，不说耗费了多少银子，仅十余年惨淡经营的人力物力，一旦停办解散，实在太可惜。

二是关于北京大学校的程度，也并非反对者所说的那样低下，那样不堪，各国大学程度高低不可一概而论，也没有统一的标准。只是北京大学校能够坚持下去，其程度终有提高之一日。

三是反对者以为目前中国程度低下，尚不需要高等教育，而只需加强普通教育即可。严复指出，这种说法甚为荒唐，不知高等大学与普通教育双方并进，本不相仿。普通教育所以养公民之常识，高等大学所以养专门之人才；无公民则宪法难以推行，无专门则庶功无由克举。

四是当此革新方亟之时，旧学要保存，新学要学习，现在需要培养人才，所以仅从保存新旧诸学的观点看，这所全国唯一的准大学更不能半途而废，就此撤销。

五是经费问题更不能构成撤销停办的理由，因为区区一校所待以存者，对于整个国家财政来说，不过九牛一毛，但其所保存者甚大，所规划者至远，如此，一个堂堂大国竟然养不起一所大学，说起来真令人汗颜。[1]

严复有关北京大学校不可停办的五条理由论证清晰，观点明确，所以教育部收到后当即答复，说教育部并没有解散北京大学校的计划，并饬严复终于职守，严加整顿，以期进步。[2]

然而谣言的力量有时可以战胜事实，有时很有杀伤力。在教育部负责人信誓旦旦表示不会解散停办北京大学校不到

---

[1] 萧超然：《北京大学与五四运动》，北京：北京大学出版社1986年，第26页。

[2] 《民立报》1912年7月3日。

一个星期，7月7日，教育部突然下达结束北京大学校的命令，并将教育部已议决的"结束北京大学校办法"通知学校。理由是：

大学校自开办以来历十余载，中更经丧乱，因陋敷陈，学生之班次虽增，陶植之成绩未著。政体既变，各方对于大学校咸有不满之意。不得已，只好将北京大学校停办。

教育部的决定显然草率了一点，三天后（7月10日），全国临时教育会开幕，会上讨论了教育部拟将北京大学校停办的决议，嗣以事实困难，停办之议遂亦打消。北京大学校在侥幸中度过了这次劫难。

蔡元培这个人

北京大学校存在下来了，但教育总长蔡元培辞职了，新任总长范源廉被严复目为"东学党人"，处处与严复的主张相反对，在无法解散北京大学校的前提下，欲令教育部将大学校长更易。[1] 再加上另外各方面原因，严复在北京大学校的处境似乎越来越不妙。反对者甚至在报纸上点名攻击严复，暗示严复吸食鸦片，携带禁物[2]，为最终将严复解职制造理由。

无端的攻击，无聊的争斗，使严复很不耐烦，于是他在10月7日辞去北京大学校校长职。第二天，大总统任命章士

---

① 严复：《与甥女何纫兰书之二十七》，《严复集》（王栻主编）卷三，北京：中华书局1986年，第844页。

② 杨曼青：《论严复》，《北京新报》1912年9月25日。

钊接替。章士钊因公在上海，一时无法北上就职，袁世凯遂于 18 日任命马相伯代理，但北京大学校学生均不满意此项任命，竟然引发直接冲突，破口大骂，且有欲用武者。[①] 不得已，马遂于 12 月 27 日辞职。北京大学校进入一个多事动荡之秋。

到了袁世凯帝制复辟失败，黎元洪于 1916 年 6 月 7 日继任大总统，政府改组势所必然。而国会里的一些浙江籍议员鉴于浙江局势，便想请正在国外的蔡元培回国做浙江省省长，并打了电报与蔡商量。正在德国的蔡元培回电说，他回来是可以的，但不愿做官。在这种情形下，正在北京的马叙伦便对汤尔和说，北京大学校长胡仁源有点做不下去，何妨把蔡请回来替他。汤尔和说，这是很好的，但是蔡先生不是办事之才，你可以帮助他？马叙伦便说自己现在不行，"但是我有办法，我们只需把北大内部布置好了，就不使蔡先生为难，以后更无问题了。我想找仲甫（陈独秀）来做文学院长，是很合适的，理学院长让夏元瑮担任，声望够的（他是夏曾佑先生的儿子，德国留学生，本是北大教授，研究相对论），法学院长仍旧不动吧，另外请沈尹默在实际上帮忙。"汤尔和连声说好。第二天，汤尔和就去和教育总长范源廉说了，范正找不到北大校长，开心得了不得。[②] 于是 9 月 1 日，范源廉便以北京黎元洪政府教育总长的名义致电尚在法国巴黎的蔡元培，请他回国担任北京大学校长。

蔡元培是中国文化所孕育出来的著名学者，但是又充满

① 严复：《与甥女何纫兰书之二十九》，《严复集》（王栻主编）卷三，北京：中华书局 1986 年，第 845 页。

② 马叙伦：《我在六十岁以前》，北京：三联书店 1983 年，第 58 页。

了西洋学人的精神，尤其是古希腊文化的自由研究精神。他的"为学问而学问"的信仰，植根于对古希腊文化的透彻了解，这种信仰与中国"学以致用"的思想传统适成强烈对照。蔡元培对学问的看法，据蒋梦麟说，基本上与孙中山的看法一致，不过孙中山的见解来自自然科学，而蔡元培的见解则导源于希腊哲学。

蔡元培认为，美的欣赏比宗教信仰更重要。这是与古希腊文化交融的一个耐人寻味的实例。蔡元培的思想中融合着中国学者对自然的传统爱好和希腊人对美的敏感，结果产生对西洋雕塑和中国雕刻的爱好，他喜爱中国的山水画，也喜爱西洋油画，对中西建筑和中西音乐都一样喜欢。他对宗教的看法基本上是中国人的传统见解，认为宗教不过是道德的一部分。他希望以爱美的习惯来提高青年的道德观念，这也就是古语所谓"移风易俗莫大于乐"的传统信念。高尚的道德基于七情调和，要做到七情调和则必须透过艺术和音乐或与音乐有密切关系的诗歌。

蔡元培崇信自然科学。他不但相信科学可以产生发明、机器以及其他实益，并且相信科学可以培养有系统的思想和研究的心理习惯，有了系统的思想和研究，才有定理定则的发现。定理定则则是一切真知灼见的基础。

蔡元培年轻时锋芒毕露。他在绍兴中西学堂当校长时，有一天晚上参加一个宴会，酒过三巡之后，他推杯而起，高声批评康有为、梁启超维新运动的不彻底，因为他们主张保存清室来领导维新。说到激烈时，他高举右臂大喊道："我蔡元培可不这样，除非你推翻清廷，否则任何改革都不可能!"

蔡元培在早年写过许多才华横溢、见解精辟的文章，与当时四平八稳、言之无物的科举八股适成强烈的对照。有一位浙江省老举人曾经告诉蒋梦麟，蔡元培写过一篇怪文，一开头就引用《礼记》里的"饮食男女，人之大欲存焉"一句。交卷时间到时，他就把这篇文章交给考官。蔡元培就在这场乡试里中了举人。后来他又考取进士，当时他不过三十岁左右。以后就成为翰林。

　　蔡元培晚年表现了中国文人的一切优点，同时虚怀若谷，乐于接受西洋观念。他那从眼镜上面望出来的两只眼睛，机警而沉着；他的语调虽然平板，但是从容、清晰、流利而恳挚。他从来不疾言厉色对人，但是在气愤时，他的话也会变得非常快捷、严厉、扼要，就像法官宣判一样的简单明了，也像绒布下面冒出来的匕首那样的尖锐。

　　蔡元培身材矮小，但是行动沉稳。他读书时，伸出纤细的手指迅速地翻着书页，似乎是一目十行地读，而且有过目不忘之称。他对自然和艺术的爱好使他的心境平静、思想崇高、趣味雅洁，态度恳切而平和，生活朴素而谦抑。他虚怀若谷，对于任何意见、批评或建议都欣然接纳。

　　1916年冬，蔡元培在法国接到教育部电促回国，任北大校长。至年底，蔡元培回国，初到上海，有人劝他不必就职，说北大腐败极了，进去若不能整顿，反于自己的声名有碍。蔡元培承认这种看法当然是出于对他的爱护。但也有少数人就说，既然知道北大腐败，更应进去整顿，就是失败，也算尽了心。这也是"我不入地狱谁入地狱"的意思。当然，责任心促使蔡元培还是接受了后一种说法，所以他决定无论是否担任北京大学校长，都应该进京实地考察，看看能否着手进行整顿。[1]

基于这种判断，蔡元培于 1916 年 12 月 21 日抵达北京，大风雪中，来此学界泰斗，如晦雾之时忽睹一颗明星[2]。政界、学界，尤其是他的那些北方浙江籍教授们劝驾甚殷，蔡元培终于有点架不住，遂决定接受北京大学校长的任命[3]。

12 月 26 日，大总统黎元洪发布命令，任命蔡元培为北京大学校长。翌年 1 月 4 日，蔡元培到校视事。在蔡元培的主持下，北京大学开始一连串的重大改革。1 月 9 日，蔡元培到校发表就职演说，提出以"抱定宗旨""砥砺德行""敬爱师友"作为治理整顿北京大学的基本要求。他对北大学生说："诸君来此求学，必有一定宗旨，欲求宗旨之正大与否，必先知大学之性质。今人肄业专门学校，学成任事，此固势所必然，而在大学则不然。大学者，研究高深学问者也。"[4] 现在外面的人每每指责北京大学腐败不堪，所有到北京大学来求学的人，似乎皆有做官发财的思想。所以毕业预科者多入法科，入文科做学问继续深造的越来越少，入理科从事创造献身科学的就更少之又少。这种情形之所以发生，主要是因为中国官本位的传统太过深厚，而以法学科目作为干禄之终南捷径。外面的这些指责是否有道理，我们姑且不论，然则弭谤莫如自

① 《民国日报》1916 年 12 月 22 日。

② 《中华新报》1917 年 1 月 1 日。

③ 蔡元培：《整顿北京大学的经过》，《蔡元培全集》卷七，北京：中华书局 1989 年，第 20 页。

④ 蔡元培：《就任北京大学校长之演说》，《蔡元培全集》卷三，北京：中华书局 1984 年，第 5 页。

修，人讥我腐败，而我不腐败，问心无愧，于我何损？果欲达其做官发财之目的，则北京不少专门学校，入法科者尽可肄业法律学堂，入商科者亦可投考商业学校，又何必来北京大学呢？蔡元培在此次演讲中善意告诫北大学子："诸君须抱定宗旨，为求学而来。入法科者，非为做官；入商科者，非为致富。宗旨既定，自趋正轨。"[①]

北大的腐败主要从文科发生，所以蔡元培的整顿，也就从文科入手。他在刚到北京时，先访有小诸葛之称的汤尔和，汤尔和是杭州人，先后留学日本和德国，获有医学博士学位，他与蔡元培有很深的关系，在政治和人际交往方面自认为很有一套，因而在现代中国许多重大问题上都很愿意参与，很愿意建言。不过从大的方面说，他在蔡元培治理整顿北大，在新文化运动过程中，贡献还是很大，形象还是很正面的。

群贤毕至新旧杂糅

汤尔和此时为北京医学专门学校校长，是北京教育界的大人物，对北大情况了如指掌，他在向蔡元培详尽介绍了北大情况之后建言道："文科、预科的情形，可问沈尹默君，理工科的情形，可问夏浮筠君。"至于文科，汤尔和说："文科学长如未定，可请陈仲甫君；陈君现改名独秀，主编《新青年》杂志，确可为青年的指导者。"汤尔和随手送给蔡元培十余本

---

① 蔡元培：《就任北京大学校长之演说》，《蔡元培全集》卷三，北京：中华书局1984年，第5页。

《新青年》杂志，请其看看之后再做决定。

陈独秀在蔡元培的印象中本来就有一种不忘的印象，早在1904年蔡元培与刘师培合作编辑《警钟日报》的时候，刘师培就向蔡元培介绍过陈独秀。刘师培格外强调："有一种在芜湖发行的白话报，发起的若干人，都因困苦及危险而散去了，陈仲甫一个人又支持了好几个月。"这个印象太难磨灭了，所以蔡元培现在听了汤尔和的介绍，回想起刘师培的评说，再看看如雷贯耳的《新青年》，蔡元培毫不犹豫当即决定无论如何也要请陈独秀来北大担任文科学长。

蔡元培从汤尔和那里探知陈独秀正因亚东图书馆及群益书社筹集资金的事来到北京，寓居前门外一家旅馆。这样的巧合，蔡元培当然不愿错过，尽管他刚刚接手北大，忙乱不堪，依然于12月26日晨九时，专程前往这家旅馆拜访。陈独秀那些天白天四处接洽，晚间看戏，睡晚起迟，所以当蔡元培来的时候，陈独秀似乎还没有起床。

陈独秀获悉蔡元培的用意后，起初并不想接受，因为他的《新青年》正如日中天，不论是社会效益还是经济效益，可能都远远超过去担任北大文科学长，所以他再三强调要回上海办《新青年》。

陈独秀的坚持使蔡元培更为感动，也使他更加坚定聘请陈独秀的信心，此后数日蔡元培差不多天天来看陈独秀，有时来得很早，他就招呼茶房不要叫醒陈，只要拿个凳子给他坐在房门口等候。

蔡元培"三顾茅庐""礼贤下士"终于打动了陈独秀，特别是蔡元培建议将《新青年》搬到北京来办之后，办杂志可以与文科学长两者兼顾，这就使陈独秀没有后顾之忧，总算找到了一个两全其美的平衡点。

继陈独秀之后，蔡元培又聘用一批提倡白话诗文和文学革命的先驱者担任北大教员，其中包括文字学和声韵学家钱玄同、语言学家和诗人刘复以及诗人、书法家沈尹默。

钱玄同（1887—1939），原名钱夏，号疑古，浙江吴兴人。1906年秋，十九岁的钱玄同第二次来到日本，入早稻田大学。这一年，因《苏报》案入狱的章太炎出狱后也来到日本，主编同盟会的《民报》。多余的时间则应中国留学生之请，宣讲国学。钱玄同就这个时候开始师从章太炎治国学治小学，是章太炎门下大弟子之一，在文字、声韵等方面有着精深的研究。

1910年，钱玄同回国，在他的家乡浙江做中学国文教员。第二年，钱玄同在故乡吴兴拜访了经学大师崔适，得读崔适的重要著作《史记探源》稿本，并通过崔适阅读了康有为的名著《新学伪经考》，这使钱玄同的学术观点发生很大改变，由先前笃信章太炎的古文经学转而赞同康有为、崔适的今文经学，相信所谓古文经为刘歆伪造的说法。1913年，北大代理校长何燏时及胡仁源接手北大后，为了打击先前的守旧的桐城派势力，陆续聘请一些章太炎门生弟子充任北大教授，这样钱玄同就来到北大担任文字学教授及北京大学研究所国学门导师。

钱玄同在政治上、学术上都比较激进，两次帝制复辟给他非常强烈的刺激，使他的看法与陈独秀在文化上为中国政治发展打下坚实基础的想法不谋而合，所以他积极投身于新文化运动，反对复古，反对帝制复辟，不仅是蔡元培主持的北京大学著名的新派教授，而且成为陈独秀《新青年》的重要作者，新文化运动的核心成员之一。他个人在《新青年》先后发表 60 多篇文章，鼓吹新文化新思想，更重要的是，他是中国现代文学史上第一篇白话小说《狂人日记》的催生者，如果没有他的不断催促与约稿，鲁迅沉睡的文学激情不可能在那个时候醒来。

鲁迅的《狂人日记》所攻击的是吃人的礼教，而这个观点正与钱玄同当时的激进主义主张相吻合，其价值已远远超出文学革命本身，而具有思想史的意义。所谓五四时期全盘反传统的思想，其最初的端倪大概都可从钱玄同的言论中找到蛛丝马迹。

钱玄同是近代中国比较早试验用白话写文章的学者之一，早在 1910 年，他就与章太炎、陶成章在东京创办《教育今语》杂志，尝试用白话撰写学术性文章，以期为一般读者提供有思想有见解的历史文化知识。所以，他不仅推动鲁迅尝试用白话写小说，而且推动胡适用白话去写诗，写韵文，尝试白话在各种文体中使用的可能性和局限性。1917 年 7 月，他对胡适在《新青年》上发表的白话诗提出意见，以为胡适的白话诗并不彻底，还没有摆脱文言的束缚，没有走出文言的窠臼。胡适虚心接受钱玄同的建议，此后的诗作基本上不再使用文言。同年 10 月，胡适将他一年来所写的白话诗编成《尝试集》，请钱玄同作序并指正。钱玄同在序言中详尽表达了自己对白话入诗的想法以及言文一致的道理。

鲁迅的《狂人日记》和胡适的《尝试集》，都是现代中国新文学最早的试验和成绩，而这两部作品都与钱玄同有着如此密切的关系，可见钱玄同在新文化运动中的地位。有人将他与陈独秀、胡适并列，誉为五四"三杰"。

在蔡元培北大班底中，钱玄同的地位也非常重要。他不仅是浙江籍，而且是章太炎的弟子，浙江籍使他与蔡元培以及那些来自浙江的学者有着许多共同语言，担当着许多责任；而章太炎弟子这个背景也非常重要，因为在蔡元培时代的北大，著名教授中与章太炎的关系太密切了，许多人其实都是章太炎门生，章太炎本身不进北大，但北大实在是章太炎学术的天下。

至于刘复（刘半农），我们在介绍《新青年》作者阵容时提到过他，他是才子型的青年才俊，成名早，但主要局限于文学特别是通俗文学，他对旧文学的贡献当然很大，只是鸳鸯蝴蝶派的名声似乎总不是太好听。不过蔡元培似乎并不计较这一点，他确实欣赏刘半农的才华，所以在他接任北大校长时，就欣然接受文科学长陈独秀的推荐，向这位连中学都没有毕业的文学青年颁发了北京大学预科国文教授的聘书。只是在北大这个自负的校园里，刘半农并没有承受住没有学位的压力，他后来还是在蔡元培的支持下到国外留学，弄了一个博士学位回来。不过这都是后话，是在新文化运动后期。

说到沈尹默，那也是蔡元培主持北大非常仰仗的人物。沈尹默（1883—1971），原名君默，原籍浙江吴兴人，但因他的父亲在陕西供职，所以沈尹默出生于陕西汉阴。不过从原籍上说，沈尹默与钱玄同是小老乡，与蔡元培等浙江籍教授是大老乡。1905年，沈尹默与三弟沈兼士自费赴日本留学。他们兄弟在日本待了九个月，因家庭经济不宽裕，无力供应他们继续求学，沈兼士考取了日本铁道学校，留日攻读，而沈尹默则于1906年返回中国，先是在陕西住了一年，又返回浙江吴兴闲居。不久，到杭州高等学校、幼级师范、第一中学等教书。第一中学校长马幼渔和沈尹默的三弟沈兼士在日本同学，都是章太炎的门下弟子。其时，沈兼士也从日本返国，在嘉兴教书。

1912年10月7日，严复辞去北大校长。第二天，大总统袁世凯任命章士钊接替。章士钊因在上海无法北上，袁世凯遂任命马相伯代理。但北大学生不接受，马相伯很快也辞职。北大进入动荡岁月。后由工科学长何燏时代理校长，预科学长胡仁源与沈尹默同乡，都是浙江吴兴人。何燏时、胡仁源都曾留学日本，与曾在日本留学的许炳坤都是非常要好的朋友。而许炳坤又是沈尹默、沈兼士兄弟留学日本时的监护人。所以，许炳坤就向何燏时、胡仁源推荐沈尹默到北大预科担任教授，时在1913年2月，沈尹默刚刚三十岁。

根据沈尹默后来的说法，何燏时、胡仁源之所以同意沈尹默到北大当教授，原以为他是章太炎的弟子。章太炎当时享有崇高的学术声望，他的门生弟子也都陆续回国，由于沈尹默的三弟沈兼士是章门弟子，所以何燏时、胡仁源推论沈尹默也是章太炎的门生。其实，沈尹默在日本只有九个月，并没有从章太炎受业。只是何燏时、胡仁源并未明言这一道理，所以沈尹默也就无从否认，只好硬着头皮顶着章太炎门生的招牌到北大去了。与此同时，真正的章太炎弟子朱希祖、马裕藻、沈兼士、钱玄同、黄侃等都陆续来到北大，一时间，北大成了章太炎的天下，尽管章太炎本人并没有去北大任教。

在北大的章太炎门生，大致分为三派：一是以黄侃为首的守旧派，这一派的特点是凡旧皆以为然；第二派是以钱玄同、沈兼士为代表的开新派，钱玄同自称疑古玄同，其意可知；第三派是以马裕藻为代表的中间派，两边都不得罪，依违两可，皆以为然。不过，章太炎门生在北大虽然分为三派，互有冲突乃至斗争，但对北大原先在严复时代的旧人则采取一致的立场，以为这些旧人都过时了，应该让位，北京大学的讲堂应该由他们占领。

由于沈尹默在北大的资历比较老，所以当蔡元培要到北大当校长时，汤尔和建议蔡元培请沈尹默多帮忙，至少请他帮助照看文科与预科的情形。这时，沈尹默似乎还不认识蔡元培，但当他听说蔡元培决心整顿北大的计划后，立即表示支持。蔡元培到校后，沈尹默鞍前马后出主意想办法，有思虑有主见，足智多谋，但是并不出风头，而是凡事后退，赤诚相见，坦率建言，在北大改革中起到非常重要的作用，据说"教授治校"的方案就是沈尹默最先提出来的，所以朋友们送给他一个"鬼谷子"的雅号。正面呢，是说他足智多谋，善思考；反面则暗指他是一个阴谋大家，这对他后来的处境可能有直接关系。

不过，由于沈尹默并不是章太炎门生，又不是在浙江出生长大的浙江人，也可能是因为其性格使然，虽然他后来也参加《新青年》的编辑，成为新文化运动的主力之一，但他还是与陈独秀、蒋梦麟、汤尔和发生冲突，闹了一些矛盾，在北大逐步被边缘化。

沈尹默不是章太炎门生，但他的三弟沈兼士却是货真价实的章太炎弟子。沈兼士在日本留学时有正经的专业，但他的兴趣却在国学的小学方面，后来他就专做文字学的形声，在这方面下过很大功夫。沈兼士也是1913年进入北大的，他与研究元史的陈垣相互赏识相互提携，遂成为国学研究的名流，出任北大研究所国学门主任，带领学生及同仁将久积凌乱的大内档案整理出来，有功史学，夫岂浅鲜。

沈尹默、沈兼士兄弟在北大很有名气，他们的兄长沈士远也因机缘巧合于1913年来到北大，成为北大所谓"一钱、二周、三沈、五马"中的"三沈"之一 ①。

沈士远、沈尹默、沈兼士是亲兄弟，分别生于1881、1883和1887年。大先生沈士远的名气不大，但在周作人看来却是直爽，有北方人的气概，他最初在北大预科教授国文，讲解得十分仔细。讲义中有一篇《庄子》的《天下篇》，据说沈士远能够将这一篇文章讲上一个学期，因此学生们送给沈大先生一个外号叫"沈天下"。沈士远后来转任北大庶务主任，当五四运动发生时，担任北京中等以上学校教职员联合会书记，参与组织领导了整个五四运动，为营救被捕学生，挽留蔡元培和保护北大等做了大量工作，展现非常强的行政事务领导能力。所以后来的岁月中一直担任教育系统的行政领导。

沈氏三兄弟是中国现代学术史上的奇观，也是中国文化史上一门数杰传统的延续 ②。

---

① 所谓"一钱"即钱玄同；"二周"即周树人、周作人；"三沈"即沈士远、沈尹默、沈兼士三兄弟；"五马"指马裕藻五兄弟。

② 周作人：《三沈二马》，《北大旧事》（陈平原、夏晓虹编），北京：三联书店1998年，第421页。

蔡元培主持北大后的中心人物除陈独秀外，还有那年夏天刚刚从美国回来的胡适。关于胡适，我们在介绍《新青年》时也说过他的前期情况。他在美国留学的时候，最关心的还不是西方思想与学术，而是中国历史与文化，关心中国的文化革新与思想革新，所以他的中文写作远远多于英文写作，特别是他因汪孟邹的关系与陈独秀接上头之后，在《新青年》上的关于文学革命的言论震动了国人，开辟了一个新时代，胡适也因此暴得大名。1917 年，胡适完成博士论文回国，遂被蔡元培聘为北大教授。这一年，胡适满打满算不过二十六岁。

　　年轻的胡适能言善辩足智多谋，性情温厚待人诚恳，很快赢得了蔡元培和陈独秀的高度信任，而且他的徽州出身也使蔡元培误以为他是乾嘉汉学院派后人，赞美他"真是旧学邃密而且新知深沉的一个人"，所以一方面授权胡适与沈尹默、沈兼士兄弟、钱玄同、马幼渔、刘半农等教授一起以新方法整理国故，一方面授权他整理英文系。而胡适自己不仅以异于传统的观点讲授中国哲学史，赢得学生的信任，而且因他的关系，也为北大请到一大批好教员。

　　1917 年 4 月以后，新散文和短篇小说的先驱者周作人也到北大教书。周作人与周树人合称北大"二周"。周树人即鲁迅，是周家大先生，周作人为二先生，周氏三兄弟的小弟为周建人。大先生周树人 1902 年留学日本，也曾师从章太炎。1909 年回国。辛亥革命后因蔡元培的提携，到南京临时政府教育部任职，后转至北京政府教育部继续任公务员。或许是因为其性格缺陷，或许是他始终无法集中精力于公务，总之，大先生在官场上始终郁郁不得志。官场上不得志使他将精力用之于其他方面，比如写作，而大量的写作肯定影响了本职工作，更使他在官场的环境恶化。于是大先生不再将官场作为自己的终老之地，他在担任教育部部员、佥事的同时，兼在北京大学、女子师范大学担任几个钟点的课程，1918 年以"鲁迅"的笔名在《新青年》发表《狂人日记》，这是现代中国文学史上第一篇白话小说，奠定了新文学运动的基础。大先生鲁迅也就由此成名。

周家二先生周作人（1885—1967），号起孟、启明、知堂等，1906 年留学日本，1911 年夏回国，任浙江省教育司视学及绍兴教育会会长等，1917 年 4 月任北大教授，兼国史编纂处纂辑员。

周作人是新文化运动的重要代表人物，他参加发起文学研究会，曾任新潮社主任编辑，主持北京大学歌谣研究会，也是《新青年》的重要作者之一。他的文学主张影响了五四一代青年，而他的创作实践也极大丰富了新文学的业绩。

遵循兼容并蓄的原则，蔡元培在北大主持校政的那些年，确实吸纳了大量人才，甚至对那些政治观点上比较激进的人，蔡元培也是唯才是用。1918 年 2 月，李大钊被任命为北大图书部主任，尽管李大钊这时还没有获得教授的资格。

李大钊（1889—1927），字守常，河北乐亭人。早岁毕业于北洋法政专门学校，1913 年留学日本，此时与章士钊、陈独秀相识，参与《甲寅》杂志的撰稿与编辑。1916 年回国，成为《新青年》的撰稿人之一，陈独秀出任北大文科学长后，李大钊大概因章士钊的推荐出任北大图书馆馆长，实际上也就是接替章士钊。所差别的是，章士钊是以教授兼图书馆主任，而李大钊只是图书馆主任而没有教授衔。其间的原因，据章士钊说主要是因为李大钊的学问实至而声不至，北大同僚皆擅有欧美大学的镀金品质，而李大钊没有，于是不免被势利者小视。这在很大程度上反映了北大当时的学风和门户之见。好在李大钊是一个有真才实学埋头苦干的人，也只是两年时间，李大钊声誉鹊起，与北大各科名教授并驾齐驱。先后被聘为历史、政治科学、经济学及法学教授，并当选为北大评议会评议员，在北大权力圈子中占有一席之地。后来更成为马克思主义在中国最早最热情的传播者，成为中国共产主义运动的先驱者之一。

1919 年，"只手打孔家店"的著名学者吴虞也被蔡元培、陈独秀及胡适等人邀请到北大担任教授。他既是《新青年》最为激进的作者之一，到了北大也是比较激进的教授。只是由于他的旧学没有办法与黄侃那些人比，而新学又没有欧美大学的经历和学位，所以他虽然在公共知识分子圈很风光，实际上在北大内部还是比较边缘的。他对孔子和儒家伦理的批判，在稍后的梁漱溟那里基本上都给驳了回去。

此外，蔡元培主持北大后，聘请的新派教授还有高一涵、陶孟和，以及早期心理学和逻辑学家陈大齐及中国最早研究科学方法的学者王星拱等。

高一涵、陶孟和等是《新青年》的作者，我们在前面略有介绍。高一涵有日本留学的经历，也是《甲寅》杂志的撰稿人，大概在那里与章士钊、陈独秀、李大钊等人结识。1916 年 7 月，高一涵回国，应李大钊之约到北京参与创办《晨钟报》。蔡元培、陈独秀入主北大后，高一涵于1918年进入北大，任北京大学丛书编译委员，兼北大、中国法政专门学校教授。由于他与陈独秀关系密切，给《新青年》供稿也最多，所以他在学术界声名鹊起，成为很有成就的政治学教授。

陶孟和原为南开优等生，先后留学日本和英国，并获得英国伦敦大学经济政治学院社会学博士学位，是正儿八经的科班出身。1913年，陶孟和回国，翌年就进入北大任教授。所以并不是蔡元培引进的人才，但他发挥非常重要的作用大概是在蔡元培进入北大之后，先后担任过系主任、文学院院长、教务长等。陶孟和在学术上的贡献是推动了中国社会学的产生，早在1918年，他就在《新青年》撰文倡导社会调查，希望能够把中国社会的各个方面都能进行系统的调查，一则可以知道中国社会的好处，诸如家庭生活种种事情，婚丧祭祀种种制度，凡是使人民全体生活良善的地方，都应该保存光大；二则通过系统调查，可以寻出中国社会上种种凡是使人民不得其所，或阻碍人民发达的地方，当讲求改良、改进的办法。陶孟和是当时真正意义上的大知识分子，其学问也为同仁所钦佩所推崇。

与陶孟和一样，陈大齐也不是蔡元培等人引进的，而是在他们之前就进入北大。陈大齐（1887—1983），字百年，浙江海盐人。1901年入上海广方言馆学习。1903年赴日本留学，后入东京帝国大学文科哲学门，专攻心理学。1912年毕业后回国，在浙江几所学校短暂任教，1913年任北京法政专门学校预科教授，第二年起进入北大担任心理学教授。1917年在北大创建中国第一个心理学实验室，是中国心理学的重要开创者。陈大齐还是《新青年》的政论作者之一，是五四运动的赞助人，与鲁迅关系密切。在新文化运动中关于科学与灵学的争论中，陈大齐发表了《辟灵学》《心灵现象学》等文章，率先从心理学的观点解释某些神灵现象，在社会上产生很大反响。

王星拱（1887—1949），字抚五，安徽怀宁人，与陈独秀是小老乡，与胡适等皖籍教授关系密切。王星拱早年入安徽高等学堂，深受学堂监督严复的影响和赏识。1908年官费留学英国，入伦敦大学皇家理工学院，专攻化学，苦读十年，于1916年获硕士学位后回国，旋被蔡元培聘请为北京大学教授。王星拱在专业工作之外，与陈独秀、沈尹默、钱玄同、程演生等进步教授发起组织北京大学俱乐部，并参与《新青年》的编辑，积极为《新青年》撰稿，宣传科学知识，反对宗教迷信。在新文化运动后期的科学与玄学论战中，王星拱坚定地站在科学一边，主张科学万能，是马赫主义在中国的主要宣传者之一。科学方法论是科学精神的核心，也是新文化运动的主题之一，作为科学研究者出身的王星拱，于1920年出版《科学方法论》，系统介绍归纳、逻辑、观察、试验、假定等一系列科学方法概念，启发了国人的科学意识，是现代中国所谓"绝对科学主义"的重要代表人物。

新文化中心

自古以来，中国的知识领域一直是由文学独霸的，现在北京大学在蔡元培、陈独秀等人的主持下却使科学与文学分庭抗礼了。历史、哲学和四书五经也要根据现代科学方法来研究，为学问而学问的精神蓬勃一时。保守派、维新派和激进派都同样有机会争一日之长短。背后拖着长辫子，心里眷恋着帝制的老先生如辜鸿铭与思想激进的新人物如胡适并坐讨论，同席笑谈。教室里，座谈会上，社交场合里，到处讨论着知识、文化、家庭、社会关系和政治制度等问题。这种情形很像中国文明的"轴心时代"春秋战国时期的百家争鸣，或者如古希腊苏格拉底和亚里士多德时代的重演。蔡元培就是中国的老哲人苏格拉底，同时，如果不是全国到处有同情他的人，蔡元培也很可能遭遇苏格拉底同样的命运。在南方建有坚强根据地的国民党中，同情、支持蔡元培的人很多。他之所以义无反顾以"我不入地狱谁入地狱"的精神去整顿北大，改造北大，在他背后实际上有孙中山一派政治势力的支持，孙中山与蔡元培是多年老朋友、老同志，他们共同期待改造后的北大能够为中国革命，为中国社会进步做出更大贡献。后来，蒋梦麟接替蔡元培出任北大校长，其背后也有着相同的力量。

蔡元培和他的同志通力合作使北大很快就发生很大变化，但是中国的和外国的保守势力却一直指责北京大学在蔡元培的支持纵容下肆意鼓吹无宗教、无政府、无家庭的所谓"三无主义"，同苏格拉底被古希腊人指责戕害青年心灵的情形如出一辙。蔡元培和他的同志在这些保守势力的眼里就是嵇康、阮籍、李贽那样的"名教罪人"，就是中国传统的叛徒。争辩不足以消除这些毫无根据的猜疑，只有历史才能证明它们的虚妄。历史不是已经证明了苏格拉底的清白无罪吗？历史不也已经证明了嵇康、阮籍、李贽等人"越名教而任自然"代表着个人主义的觉醒，代表着历史的进步吗？

蔡元培提倡美学以替代宗教，提倡自由研究以追求真理。文科学长陈独秀则提倡赛先生和德先生，认为科学与民主才是能够使中国现代化的两种武器。自由研究导致思想自由，科学破坏了旧信仰，民主则确立了民权的主张。同时，哲学教授胡适正在进行文学革命，主张以白话文代替文言，以作为表情达意的工具。白话比较接近中国的口语，因此比较易学易懂。它是表达思想的比较良好也比较容易的工具。在过去知识原是士大夫阶级的专利品，推行白话的目的就是普及知识。白话运动推行结果，全国各地产生了无数的青年作家。几年之后，中华民国教育部下令全国小学校一律采用白话为教学工具。

在蔡元培、陈独秀、胡适以及全体北大师生的共同努力下，北京大学成为中国知识沙漠上的一片绿洲，革命的种子在这块小小的绿洲上很快地发育成长。北京大学一时间成为中国未来希望之所在，成为中国新文化运动的中心。新派教授竭力提倡思想文学的革新与创造，旧派学者则恐惧国学之沦亡，竭力以保存国粹为能事。于是新旧两派作思想学术之竞争，而国立北京大学遂为此竞争之中心点。高屋建瓴，其势将弥漫全国，由黄河而长江，由长江而浙水、闽水、珠江，必将相继而起。昔欧洲文运复兴，肇自意大利古城。由意而德而法而英，卒至蔓延全欧，终于酿成18世纪之大光明时代，而中古千年之漫漫长夜，若遇天笑而复光明，星星之火，竟至燎原。彼被动派之反抗，犹若扬风止火，适足以助其焰耳。今日中国之新潮发轫于北京古城，犹欧洲文艺复兴运动之发轫于意大利古城。其弥漫全国之势，犹欧洲文艺复兴运动之澎湃全欧洲。这难道不是中国文明的新希望新期待吗？ [①]

　　北大成为中国新文化的中心，成为全国瞩目的文化焦点。这个新文化运动或许真的类似爆发于意大利的欧洲文艺复兴运动，以星星之火，竟至燎原。反对派的反对不仅没有遏止新文化新思想的传播，结果适得其反，扬风止火，风助火威，火借风势，越烧越凶，于是引起全国性的思想启蒙运动。

　　1918年11月，北京大学学生傅斯年、顾颉刚、徐彦之等二十一人自发成立一个规模很小的"新潮社"。他们在陈独秀、李大钊等人帮助下，编辑出版了《新潮》杂志（英文名为"Renaissance"，即"复兴"之意）。随后，一批对新文学和历史感兴趣的学生如罗家伦、潘家洵、康白情等人也参与进来，至1919年12月，新潮社的成员已有三十七人，其中大部分为北大学生。新潮社的成员在狭义的五四政治运动中大多数成为带头人，在广义的新文化运动中更是起到不可估量的作用。其中最有影响的有：

　　傅斯年，现代中国最有影响的历史学家，曾任中央研究院历史语言研究所所长、台湾大学校长；

　　罗家伦，历史学家、教育家，曾任北京清华大学、重庆国立中央大学校长；

　　顾颉刚，现代中国最著名的中国古代史和民俗史研究专

---

① 蒋梦麟：《教育评论》，《过渡时代之思想与教育》，上海：商务印书馆1933年，第449页。

家，主编有《古史辨》多卷本，开创现代中国史学中疑古思潮流派；

康白情，现代中国浪漫派抒情诗人；

毛子水，教育家和历史学家；

江绍原，教育家、宗教史学家；

汪敬熙，作家、心理学和生理学家；

吴康，哲学家；

何思源，教育家，曾任山东省政府主席、北平市市长；

李荣弟（小峰），出版家，曾创办现代中国颇富影响的"北新书局"，出版有许多重要的新文学著作；

俞平伯，著名散文作家、诗人、文学评论家、《红楼梦》研究专家；

郭绍虞（希汾），作家，中国文学史专家；

孙伏园（福源），著名编辑和作家；

张申府（崧年），基尔特社会主义者、罗素哲学、数理逻辑学者，曾一度对辩证唯物主义的传播起过重要作用；

叶圣陶（绍钧），著名小说家、诗人、教育家；

杨振声（金甫），著名教育家，曾任国立青岛大学校长；

刘秉麟（南陔），经济学家；

孟寿椿，曾任上海国立暨南大学文学系主任；

冯友兰，著名哲学家和中国哲学史专家；

朱自清，著名散文作家、诗人。

《新潮》在创办之初就提出批评的精神、科学的主义和革新的文词这三条原则。他们支持《新青年》和《每周评论》所提倡的改革运动，在某些方面甚至比《新青年》和《每周评论》

更激进，因此出版后即在新知识分子层面获得广泛欢迎和崇高声誉，虽诞生于北大校园，却具有全国性的影响。

由北大内部星星之火引发的新文化运动唤醒了一代"新青年"。自1917年起，年轻的他们纷纷组织各种各样的政治团体、学术团体，秉持不同的政治立场、学术立场，有自由主义的，有激进主义的，有无政府主义的，有基尔特社会主义的，有新村运动，有勤工俭学，有留学运动。这些团体或许在当时影响并不算太大，并不具有全局性的影响力，但他们中的大多数在后来的政治运动、社会改造运动中发挥了重要作用，甚至有的影响或左右了中国历史走向，如毛泽东。

毛泽东和他的一批朋友于1918年在长沙创办的新民学会，拥有七八十名成员，这些人后来差不多都成为中国共产党人。新民学会成立后招募和组织学生去法国勤工俭学，并在那里发展扩大了激进分子的阵容，推动了后来的政治革命。

在毛泽东等人组织新民学会的同一年，留学日本归来的王光祈、曾琦、李大钊、张尚龄、雷宝菁和周芜等在北京创办"少年中国学会"，期待以"科学的精神，为社会的活动，以创造少年中国"。

同一年成立的新团体还有以北大学生为中心的"国民社"，编辑出版《国民》杂志，致力于鼓吹新知识分子和民众相结合，其宗旨为：一、增进国民人格。二、研究学术。三、灌输国民常识。四、提倡国货。其主要成员有邓中夏、高君宇、黄日葵、段锡朋等。

救亡与启蒙：压倒、冲击与转机

如果不发生意外的话，按照学术发展的一般规律，不论是文言白话的文学革命和文学改良争论，还是反传统与继承传统的新旧之争，其最后的结果一定是为中国的未来发展寻找一个比较适中的妥协方案。然而中国的问题委实复杂，当新文化启蒙运动刚刚发动不久，却因政治上的变动使这场启蒙运动没有按照既定的方向继续前行，陈独秀、胡适准备用二十年时间为中国打下政治变革坚实的文化基础的想法受到了嘲弄，于是有学者判断是救亡压倒了启蒙，中国的启蒙运动不幸中断。其实，仔细辨析1919年政治事件前后的中国思想文化界，我们恰恰可以得出一个很不一样的判断，那就是1919年的五四爱国运动确实一度打断了启蒙运动的进程，改变了启蒙运动的方向，但正是这场政治上的变动极大地促进了启蒙运动的发展，加速了启蒙运动前行的步伐。只是五四后的启蒙运动已不再是陈独秀、胡适等人在五四前所规划的那样一种启蒙运动而已。

内争与外争交织

1919 年的五四爱国运动主要是中国人反对日本帝国主义的斗争，由对外的斗争转向对内的斗争，进而引发一场国内政治的重新洗牌，重新组合。

在近代中国历史中，日本始终是一个重要因素。中日两国一衣带水，有过上千年的友好历史，日本从中国学到了不少本事。然而到了近代，由于西方的压力，中日两国分道扬镳，各走各的路。

如果只是各走各的路，井水不犯河水的话，那么中日两国尽管不会持续友好，但作为邻国，总还是要继续相处。然而日本在转身向西，加入"欧美俱乐部"之后，迅即奉行"走别人的路，让别人无路可走"的霸道原则，一再欺负中国。

1894 年，日本在甲午战争中一举打败中国，震惊了国人，中国在赢得起输得起的前提下，大致接受了日本的议和条件，割让土地，支付巨额赔款，且心悦诚服开始了向西方向日本学习的艰难历程。在《马关条约》之后的几年中，中日关系恢复到近代最好的水平，中国人真诚佩服、相信日本人。

然而好景不长，到了 1900 年庚子事变，日本带头忽悠各国联合向中国出兵，随后又是《辛丑条约》的签订及巨额赔偿。更奇怪的是，1901 年开始的新政，特别是稍后开始的预备立宪、官制改革，中国又一次踏上向日本学习的征程，那时的中国人并没有对日本失去信任，前往日本留学的青年络绎不绝。他们不仅学习日本的科学技术，而且学习日本的政治管理、法律制度，"小日本"俨然成为"大中国"的启蒙老师和家教。中国人在日本那里学到了社会主义、无政府主义、新村主义，还有后来矛头直接对准日本的民族主义。

中国之所以在后来将民族主义的矛头对准日本，主要是因为日本在近代始终觊觎中国的领土和财富，始终对中国不怀好意。而最直接的证据，就是日本利用袁世凯急于恢复帝制，重建中国政治秩序的急切心理，向中国提出了令人难以置信的"二十一条"。

1915 年 1 月 18 日傍晚，日本驻华公使日置益违反正常外交途径，在与中国总统袁世凯进行私人会晤时，向袁提交了几页用印有兵舰和机关枪水印的纸写文件。日方文件之所以选择这种特别的水印纸绝非出于偶然，它暗示了日方的意图和文件的内容。这个文件，就是引发后来一系列重大政治变故的所谓"二十一条"。

"二十一条"实际上要求由日本人来控制中国的满洲里、内蒙古、山东、东南沿海和长江领域。接受这些条件就等于让日本人在所有这些地区实行殖民统治，掌握整个中国的经济和行政控制权。它要求中国政府在政治、财政、军事事务方面聘用有影响的日本顾问；要求政府提供建造日本医院、教堂、学校的土地所有权；要求中国重要地区的警察要由中日两国共同组织和管理；要求中国所需的军火不得少于百分之五十从日本购买，或在中国建立中日合办的兵工厂等。"二十一条"对中国人自尊心的伤害，实胜过任何真正的坚船利炮。如果这个条约实现了，中国也就全部沦亡在日本之手。

当日本公使将"二十一条"的原文递交给袁世凯的时候，要求中国方面"绝对保密，否则要负一切严重后果之责"。日本担心条约内容透露出去，将更进一步激化它与列强之间的矛盾，引起第三国干涉。为了能使袁世凯痛快地答应日本的要求，日置益在递交这份文件时甚至露骨暗示，如果贵总统接受日本此种要求，那么日本政府对袁总统亦能遇事相助。所谓袁总统将要遇到的困难，显然是指正在紧锣密鼓进行的帝制自为运动。

但在谈判过程中，中国对"绝对保密"则有自己的想法。中国不仅不担心内容透露出去，而且由于弱国无外交的根本特征，反而期望将内容透露出去，以引起列强干预，从而形成对中国有利的局面。在此后长达四个月的谈判过程中，中国政府采取了前所未有的异乎寻常的做法，将"二十一条"的性质和主要内容，一点一点地透露给了新闻界，以争取国际社会在道义上的同情和支持，换取国内民众和舆论界的理解、谅解、同情和声援。

正是由于袁世凯在谈判过程中异乎寻常地采取争取公众舆论支持的政策，遂使中国公众舆论第一次在政治混乱、落后、军阀统治的条件下，有了发言的机会。在谈判进行的过程中，全国许多地方群情激愤，人民表达愤慨心情的来信每天都像潮水一般的"涌入"总统府；二十九个省的都督向中央政府呼吁，不要向"二十一条"屈服；知识分子传达公众民族屈辱感的心声，全国上下处处可闻。几乎所有的中国报纸都表现出强烈的反日情绪。

人民的支持依然不能从根本上提高袁世凯的政治底气和抗争勇气。1915 年 5 月 7 日下午三时，日本政府向中国政府提出最后通牒，宣布除个别过于苛刻的条款有所修改外，要求中国不得再加修改地三日内予以接受。如果日本方面届时收不到中国方面的圆满答复，那么日本政府有权采用自己认为合适的手段。

日本的最后通牒终于使袁世凯屈服。5 月 9 日晚十一时许，中国政府终于在通牒规定的最后时刻答应接受日本的所有要求，并以此为基础于 5 月 25 日签订条约。

当中国政府接受最后通牒的消息传出来以后，中国人的愤怒心情达到了顶点。"勿忘国耻"的标语在全国触目皆是；它被刷在墙上，附入商标，或印在信纸信封上。5 月 7 日和 9 日很快被命名为"国耻纪念日"。这个屈辱的历史也被写进了教科书。

袁世凯接受日本的胁迫，并没有对他的帝制自为运动产生多大的积极作用。当袁世凯紧锣密鼓筹备帝制时，最先向中国方面提出质疑和反对的，就是日本。日本还支持反对帝制复辟的中国人士如孙中山和蔡锷，这样袁世凯的帝制自为终于在内外交困中迅速走向终结。

1916 年 6 月 6 日，袁世凯在国人一片咒骂声中死去。第二天，副总统黎元洪依法就职，继任总统。在孙中山等南方革命党人强烈要求下，黎元洪恢复宣布 1912 年《中华民国临时约法》，召回旧议员，组织新内阁，由段祺瑞掌握实际权力，担任总理。

对黎元洪的做法，孙中山甚为满意，他指示中华革命党通告国内外各支分部，停止各省党军进行，准备重新进入国会，进行议会斗争①。在事实上承认黎元洪政府的合法性。

同年10月，日本的政局也发生一些变化，内阁改组，寺内正毅继大隈重信出任首相，遂改变对华政策。当时日本经济正经历着空前的战时繁荣，到处都有可供发展新企业的剩余资本，因此日本政府便试图通过贷款和投资的方式在中国建立经济根基，并使中国殖民化。这项新政策导致日本从1917年1月到1918年9月的一段时间向段祺瑞政府提供巨额的"西原贷款"。

由于这些贷款的影响，段祺瑞政府越来越倒向日本。1918年上半年，中日两国就《陆军共同防敌协定》进行谈判，5月16日在北京签字。5月19日，中日两国政府又签订《海军共同防敌协定》。根据这些协定，中国政府允许日本有权在北满洲和外蒙古驻军，借口是防止苏联和中欧同盟国的入侵，允许日本使用中国的军事地图，为中国陆军和海军配备日本教官，等等。这样，日本政府通过借款的行动用金钱买到了当年向袁世凯索要而没有全部得到的特权。寺内下台时曾夸耀：大隈内阁向中国要求"二十一条"，惹中国人全体之怨恨，而日本却无实在利益。本人在任期间，借与中国之款，三倍于从前之数；其实际上持植日本对于中国之权利，何止十倍于"二十一条"？

中国的殖民地化程度因段祺瑞政府的亲日政策而越来越严重。

---

① 孙中山：《中华革命党本部通告》，《孙中山全集》卷三，北京：中华书局1984年，第33页。

在段祺瑞逐步倒向日本的同时，他与黎元洪之间的矛盾也越来越不容易调和。总统府与国务院之间的冲突已经到了一触即发的程度。当时，日本大规模给段祺瑞贷款，除支持段祺瑞扩张政治势力外，也希望段祺瑞能够尽快宣布对德作战，减轻日本的压力，并使日本有机会控制中国的政治和经济。

然而以美国为代表的西方国家并不希望中国迅即参战，所以国内的政治势力在参战和不参战的问题上形成了观点鲜明对立的两大派，而最可悲的是总统府与国务院竟然分属这两个派别，成为两派中枢，并引外部势力为奥援。

1917年4月25日，段祺瑞在北京召开督军团会议，向黎元洪和国会施加压力，胁迫他们同意参战。5月7日，国务院向国会提出对德宣战案。8日，国会对这个议案进行讨论。10日，在段祺瑞授意下，由流氓、乞丐、军警包围国会，殴打辱骂议员，胁迫他们必须在当天通过参战案，遭到拒绝。19日，段祺瑞策动各省督军要求黎元洪解散国会。至此，府院对立不可调和。23日，黎元洪发布命令，免去段祺瑞的国务总理兼陆军总长职务。

段祺瑞当然不会束手就缚，他遂纠集北洋系军人谴责黎元洪违法，黎元洪于是同意张勋出面调停。然而张勋又有自己的打算，他不是调停黎元洪和段祺瑞的矛盾，而是于7月1日借机进入北京，拥前清废帝宣统小皇帝复辟。

张勋的蛮干给段祺瑞的武装干涉提供了非常好的口实。7月4日，段祺瑞马厂誓师，稍后遂以"再造共和"的姿态进入北京，平息张勋的短命复辟，又逼黎元洪让位于副总统冯国璋。

冯国璋、段祺瑞之间有过短暂的合作，但由于他们分属于北洋系的两大系统，利益的驱使造成他们并不可能真正合作或长期合作。

受日本政府贷款的影响，段祺瑞政府越来越依赖日本，当然也因为有了这些经济上的援助，段祺瑞在国会的势力也急剧膨胀。段祺瑞的重要"家臣"徐树铮在得到曹汝霖等财政官员支持后，组织了一个势力雄厚的安福俱乐部，用来收买国会议员，巩固段祺瑞在国会和政府中的势力，所以在那段时间里，段祺瑞真的做到了呼风唤雨为所欲为。当然，段祺瑞的专断独裁及对部属的纵容等，也引起公众和其他利益集团的不满和猜忌。而恰当此时，又注入了一个"苏联因素"。

1917年11月7日，在俄国爆发了震惊世界的十月社会主义革命，诞生了人类历史上第一个社会主义国家，世界历史开始了一个新纪元。同时也对中国的历史进程发生巨大而深远的影响，给沉闷而迷惘的中国带来了新的希望，直接推动了五四运动的爆发。

在十月革命爆发后的第三天，中国传媒上即开始对这一伟大事件进行系列报道，人们对俄国的新进展感到欢欣鼓舞。尤其是到了1918年2月间，苏维埃政府宣布废除以前沙皇政府与他国所签订的一切不平等条约，更给灾难沉重的中国人民带来鼓舞，中国人不仅感到与俄国之间的不平等条约已有希望解除，而且开始佩服、向往起俄国人的社会革命了。

十月革命在政治上对中国的影响是多方面的，给中国送来了马克思主义和社会主义只是问题的一个方面，问题的另外一个方面是，苏维埃政权在宣布废除沙皇政府与中国政府签订的那些不平等条约的同时，也宣布废除沙皇政府与日本政府之前一系列秘密协约，先前的日俄同盟解体，远东政治格局发生巨大变化。日本政府遂将注意力转向中国，希望乘机出兵西伯利亚，扩张日本在远东的势力。

日本要出兵西伯利亚，最便捷的进军路线当然是通过中国东北地区，沿中东路进入俄国。日本政府为此向段祺瑞政府提出合作要求，经过协商，两国政府于1918年5月在北京签署《中日共同防敌军事协定》。

日本签订该协定的目的，一方面是为了干涉苏俄革命，另一方面也是为了借此进一步控制中国，特别是巩固其在东北的统治。日本政府可以以协同作战为理由，在中国境内自由地动用军队，而且可以以军事合作的名义，参与编练中国军队；尤为重要的是有利于日本控制掌握中国军火制造的原料。在政治上，基于同盟关系，日本积极参与中国内政，以便于从各方面扶植亲日的政治势力。在经济上，以同盟协作之名，开发中国丰富的资源，努力开拓市场，以利于日本经济的发展。总而言之，《中日共同防敌军事协定》将中国牢牢地绑在日本的战车上，使中国成为日本的军事盟友乃至附属。

《中日共同防敌军事协定》从表面上看是对等合作，但实际上是不平等的，是中国单方面承担片面的义务。它与"西原借款"一起构成了日本套在中国脖子上的两大枷锁，达到了"二十一条"都没有达到的目的。

段祺瑞政府的亲日政策激起了中国民众的愤怒和抗议。在日本和法国的中国留学生举行了游行示威，谴责段祺瑞政府"出卖中国"。留日学生开始集体回国,以抗议日本政府对中国的欺凌。

1918年5月,中国民众反对《中日陆军共同防敌协定》的情绪空前高涨。5月21日,北京许多大学的两千多名学生举行声势浩大的示威游行,抗议中国政府签署《中日共同防敌军事协定》。此后,天津、上海、福州等许多城市的学生也举行了类似活动,他们敦促地方政府要求北京政府废除与日本的军事协定。各地商人鉴于第一次世界大战后期日本对中国市场的控制日趋严重,也在学生的影响下举行集会,抨击段祺瑞政府的亲日政策。这些活动虽然对政府的决策并没有多少直接和有效影响,但它标志着新知识分子与其他社会力量较大规模合作的开始,在某种意义上说是1919年"五四事件"的演习。

段祺瑞的亲日政策虽然遭到国内民众的普遍反对,但由于其政治势力盘根错节,而且安福系牢牢控制着国会,所以段祺瑞不仅没有在民众的反对声中调整对日政策,反而在一系列错综复杂的政治冲突中增强了自己的政治势力。1918年10月,安福系控制的国会将大总统冯国璋挤下台,北洋系元老徐世昌出任大总统,段祺瑞被免去国务总理职务,而仅仅保留参战督办的身份,但北京政府的实际权力依然在段祺瑞的手里。

中国的失望

　　段祺瑞之所以能在那么多反对声音、反对力量面前屹立不倒，在很大程度上得益于他的国际视野和决断。第一次世界大战爆发后，段祺瑞比较早地意识到这对中国来说是一个重要机会，中国要成为世界主流国家，要与各大国平起平坐，就必须加入协约国，对德作战；即便从解决中国当时所面临的实际问题，段祺瑞也认为参战是唯一办法，只有参战，只有胜利，中国才能从列强手里收回某些权利。段祺瑞的这个判断当然是政治赌博，因为谁也无法预测这场战争究竟要进行多长时间。

　　然而段祺瑞的判断并不能成为中国人的意志，当时的中国人包括袁世凯、黎元洪、孙中山等一大批人，几乎一直反对中国参战，反对加入协约国。1914 年大战爆发后，袁世凯政府宣布中立，日本则以参战的名义乘机向德国在远东的据点发动进攻，出兵占领了德国在山东的势力范围和青岛，实际上是利用战争机会扩大对中国的侵略，只是这种做法使中国有苦说不出，中国的处境一下子陷入非常尴尬的地步。

　　袁世凯死后，黎元洪继任大总统，段祺瑞为总理，稍后又举冯国璋为副总统。中国原本可以利用这个机会调整政策，加入协约国。然而黎元洪在这个问题上与段祺瑞发生分歧，直至闹到府院冲突，黎元洪免了段祺瑞的职务，而段祺瑞则唆使各省都督闹独立，结果引发张勋复辟，段祺瑞马厂誓师，进北京"再造共和"，黎元洪离京出走。段祺瑞政府乘机于1917年8月14日宣布对德奥作战，使中国成为协约国的一员。

1918年11月11日，第一次世界大战终止，协约国与德国签订休战条约。尽管中国很晚才宣布作战，并且也没有真正出兵欧洲，不过中国的协约国成员地位是不容动摇的，段祺瑞一下子成为最具有远见的政治家，享有很高的威望。中国人也欣喜若狂，北京政府于11月14日宣布放假三天，并举行盛大阅兵典礼和游行示威以庆祝协约国胜利，一直被视为中国耻辱的"克林德碑"也被移走。中国人总算跟着协约国出了一口气，一洗1840年以来所受到的痛苦和屈辱。

当人们在庆祝协约国胜利的时候，新知识分子领导者相信，协约国胜利是民主战胜了专制和军国主义，工人和平民战胜了压迫者。从这个观点出发，他们认为，自1898年以来德国抢占的中国领土和权益应该归还给中国，大战期间在日本胁迫下所签订的中日条约和协定应当废除或调整。特别是美国总统威尔逊1918年1月8日提出以"十四条原则"作为解决战后问题的出发点，倡导"公理战胜强权"，更使中国人对威尔逊倡导的"国际联盟"的成立及巴黎和会寄予无限希望：中国希望成为一个正常国家，享有一个大国应有的尊严与地位；列强必须以平等姿态待我。更重要更明白的要求是：日本从德国手中攫取的山东权益和青岛必须归还给中国。中国对威尔逊总统给予很高期待，更对巴黎和会寄予无限希望。

然而，巴黎和会不断传来的消息却令中国人深感失望：日本将取代德国在中国的地位。

由于当时的中国处在南北分裂状态，巴黎和会中国代表团由南北双方组成，总代表为曾在1915年和1919年任外交总长时签订了中日之间一系列协约的陆征祥，而这一系列协约均以"二十一条"为基础；全权代表还有南方领导人之一、广州参议院副议长王正廷；驻美公使顾维钧；驻英公使施肇基；驻比利时公使魏宸组（后由伍廷芳之子、南方政府代表伍朝枢接替）。成员共六十三人。从代表团构成看，其内部发生冲突发生分歧在所难免。北京政府大体上倾向于亲日，而南方政府则主张实行更强硬的对日政策，并一直试图推动中国民众对北京政府亲日政策的怀疑。职业外交官顾维钧由于受美国人的影响，在某种程度上也持同情南方的态度。这样，中国在巴黎和会的处境从一开始便显得有点不太妙。

而且，从多年来中日交涉的过程看，中国政府在许多问题上处理不慎，也为日本的骄横提供了口实，增加了中国在巴黎和会上的难度。

不过，中国毕竟也在战争进行过程中宣布参战，虽然贡献不大，但毕竟也是战胜国，也是巴黎和会的当然参加者。所以中国政府内部研判尽管有许多障碍需要克服，但也真诚期待利用这次机会尽可能多收回过去丧失的权益，介入国际社会大家庭的正常生活。中国政府代表团在会议之初提出的议案是"七点希望"：

一、废弃势力范围；

二、撤退外国军队、警察；

三、裁撤外国邮局及有线无线电报机关；

四、撤销领事裁判权；

五、归还租借地；

六、归还租界；

七、关税自主权。

七点希望显然没有满足国人对巴黎和会的期待，在欧洲的中国学生对此很不满意，他们结成团体，派出代表，要求中国代表团必须向和会提出废除"二十一条"及山东权益问题。在这种情况下，中国代表团又向和会提交陈述书，请求取消1915年5月25日的中日协定即"二十一条"要求及换文，收回在大战期间被日本乘机夺取的德国在中国山东的全部权益。

然而，当这两个提案提交和会时，都遭到无情拒绝，认为不在和会讨论之列。在这种情况下，中国的唯一希望就是山东问题能够得到解决。

在列强中，美国政府比较同情中国，但无能为力。1月27日，美、英、法、意、日代表举行五强会议，当会议开始讨论德属殖民地问题时，日本代表声称胶州湾租借地及铁路并德国在山东的所有权利，都应无条件让与日本。为此，日本还公开了英、法、意1917年2月与日本签订的秘密协定，这些协定保证三国在战后"支持日本有关德国在山东权利的处理主张"。有了这些秘密保证，日本在会议上的力量得到了加强，而原本有意支持中国的美国，则陷入孤立无援的境地。

第二天，五强最高会议所透露的消息更对中国不利。因为早在1918年9月24日，中日两国政府曾就修建济南—顺德（今邢台市）、高密—徐州铁路进行秘密借款谈判，并达成秘密协定。其结果是这两条铁路的全部产权和收入为偿付借款而抵押给了日本。在借款同时，日本向中国提出七点建议，根据建议，胶济铁路沿线之日本军队除济南留一部队外，全部调集青岛。济南铁路之警备，可由中国政府任之，巡警队本部及枢要驿并巡警养成所内，应聘用日本人。胶济铁路所属确定后，归中日两国合办经营。对于日本的这个建议，中国驻日公使章宗祥在换文中答复说："中国政府对于日本政府右列之提议，欣然同意，特此奉复。"所有这些内容在此前均被严格保密，甚至连中国代表团的某些全权代表都不知道。这样一来，日本在和会上所提出的对山东和有关铁路的要求，便具有某种法律上的依据。中国代表团为此感到尴尬，最想帮助中国的美国代表也觉得没有办法再支持中国。

对于日本代表提出的这些法律依据，中国代表尽其所能进行辩解，大要归为所有这些协定和合同都是中国政府在日本的胁迫下而被迫同意的，而且中国既然在大战中向德国宣战，则情形已大不同，故这些协定与合同亦为今日所不能执行。而日本代表则辩驳说，1918年关于铁路的合同和有关山东问题的换文是在中国参战以后签订的，因此不能说中国是受了日本的胁迫。

正是由于上述诸多原因，中国在巴黎和会上当然难以达到自己的目的。1919年4月30日，美、英、法等国秘密决定，把德国在山东的所有利益转让给日本，而根本没有提及日本1914年做出的将山东权益"交还给中国"的诺言。

巴黎和会一直引起国人的高度关注，和会上的一举一动时刻牵动着国人高度敏感的神经。遍布世界各地的中国人团体不断发表通电之类的声明向中国代表团施加压力，唯恐他们在日本的恐吓下放弃中国权益，要求与会各大国充分保证尊重人权，维护中国权益，表示中国决不会承认列强秘密协定，中国应有的权利一定能够收回。

运动学生

然而当和会决定将德国在山东的权益转让给日本的消息传到北京时，中国公众顿时显得非常沮丧和高度愤怒。面对这一事实，中国人开始觉醒，他们逐步意识到，列强"仍然是自私和军国主义的，并且都是大骗子"。这种沮丧与愤慨的情绪在青年学生中更加强烈，到了4月底，包括新潮社、国民杂志社、工学会、同言社和共学会在内的学生团体联合召开会议，酝酿于5月7日举行游行示威，因为这个日子是"国耻纪念日"四周年，四年前的那一天，日本人向中国政府发出"二十一条"的最后通牒。

学生组织的这个决定很快得到北京所有大专院校学生团体的赞同，为首的有北京大学、高等师范学校、工业专门学校及法政专门学校，他们开始着手动员全体学生参加5月7日的抗议活动，并向全国报界和公共团体发出一份通电：

青岛归还，势将失败。5月7日在即，凡我国民当有觉悟，望于此日一致举行国耻纪念会，协力对外，以保危局。

进入5月，从巴黎传回的消息越来越使人震惊。这些报道说，和会即将拒绝中国关于公正解决山东问题的要求，中国提案受挫的主要原因是因为中国的"卖国贼"策划的"欣然同意"的换文。时逢中国驻日公使章宗祥自东京匆忙回国,并在天津与另一位著名亲日派陆宗舆聚谈。4月30日,章宗祥回到北京,却住到曹汝霖的家中。第二天,外国报纸报道,章宗祥将不再返回东京任职。还有传言说他将接替陆征祥出任外交总长和巴黎和会总代表的职位。这个消息引起公众极大怀疑,人们普遍认为中国政府上层人物正在阴谋出卖国家利益。

中国人当时不仅怀疑中国政治领袖可能出卖国家权益,而且开始怀疑国际公正、正义和公理。陈独秀指出:"巴黎的和会,各国都重在本国的权利,什么公理,什么永久和平,什么威尔逊总统十四条宣言,都成了一文不值的空话。"[①]这个"分赃会议,与世界永久和平人类真正幸福,隔得不止十万八千里,非全世界的人民都站起来直接解决不可。若是靠着分赃会议里那几个政治家、外交家在那里关门弄鬼,定然没有好结果"[②]。他号召人民公开站出来表达意见,寻求"直接解决"。

据五四运动亲历者和组织者许德珩回忆:4月底,巴黎和会决定了要把德国强占我们的山东权利判给日本帝国主义强盗继承。同时还拒绝了取消袁世凯与日本所订的"二十一条"卖国秘密条款。5月1日,我们得到这个晴天霹雳的消息,参加在国民杂志社的各校学生代表,当天下午在北大西斋饭厅

---

① 陈独秀:《两个和会都无用》,《独秀文存》,合肥:安徽人民出版社1987年,第520页。

② 陈独秀:《两个和会都无用》,《独秀文存》,合肥:安徽人民出版社1987年,第520页。

召开了一个紧急会议，讨论办法。高工的一个学生代表夏秀峰当场咬破手指，写血书，大家激昂得眼里要冒出火来。

5月3日，北京民众的激愤情绪达到白热化程度。各政治团体和社会团体纷纷召集紧急会议，讨论时局。北京商会致电其他城市的同类组织，敦请他们支持中国在巴黎和会的要求。上海商会决定于5月6日举行会议，讨论对付时局的办法。国民外交协会派代表谒见大总统徐世昌，要求他命令中国代表团，如果山东问题不能合理解决，就拒绝在和约上签字。国民外交协会还决定邀请其他社会团体参加定于5月7日在中央公园举行的国民大会。留学生救国团还致电大总统徐世昌：宁愿公开决绝，亦不愿屈辱求生。

面对公众压力，北京政府不愿积极回应民众的期待和呼吁，反而采取严厉措施镇压骚动，这种火上浇油的举动事与愿违，学生团体决定将原定5月7日举行的抗议活动提前进行。

5月3日下午一时许，在北京各大学校园出现一张布告，号召北京所有大专学校学生代表召开临时紧急会议，研究对策。当晚七时许，临时会议在北京大学法科大礼堂举行，来自国立高等师范学校、法政专门学校和工业专门学校等校学生代表一千多人参加了会议，礼堂里里外外都挤满了人，这算是北京全体学生大团结的一个会议。新潮社和国民杂志社成员主持会议，国民杂志社领导人之一易克嶷（一说为北大法科四年级学生廖书仓）做主席。北大新闻研究会邵飘萍发表演讲，分析巴黎和会的可能结果，紧接着，张国焘、许德珩等许多同学发表了慷慨激昂的演说。他们一致认为造成巴黎和会如此结果的原因是腐败和不公正，因此有必要做出某种举动予以回应，让中国人和全世界人民都看到强权绝对不是公理。

会场情绪激愤高昂，不可控制。北大法律系一学生当众咬破中指，撕破衣襟，以血书写"还我青岛"四个大字。面对此情此景，所有与会者肃然感动，会场气氛凄凉悲壮。还有一位学生大声哭诉，并拿出一把菜刀，表示如果今天的会议不对明天的示威游行做出肯定决议，他就当场自杀。于是会议决定在第二天即5月4日而不是原定的7日举行集会，抗议政府的外交政策。

与会学生还意识到，在第二天的示威活动中决不能使用暴力，只能进行和平有序的抗议，以免秩序混乱而被其他政党所利用。他们希望明天的抗议活动只是学生团体的独立行动，只是像留日学生对付章宗祥那样，将白旗送到曹汝霖、章宗祥、陆宗舆等人家中就行。

5月4日，星期天，上午十时许，包括北大、陆军学校在内的北京十三所大专院校的学生按照计划在法政学校集会，通过五项决议：

一、通电国内外有关团体，呼吁他们抗议巴黎和会的山东决议案；

二、努力唤醒全国各地的民众；

三、组织北京市民的群众集会；

四、建立一个北京全体学生的统一机构，负责协调学生的活动以及与其他组织的联系；

五、决定当天下午游行示威的路线为：由天安门出发，经东交民巷，转向哈德门大街商业区。

然而毕竟因为筹备的时间过于仓促，北京各高等学校学生参加示威游行队伍的，也只有城里几个学校，郊外的像清华学校等都赶不及参加。下午一点半左右，天安门广场上聚集了三千多名学生，他们代表着北京十三所大专学校。北京大学的学生担任了这次集会和示威活动的领导角色。学生们还散发了《北京学界全体宣言》传单，呼吁全国工商各界团结起来，召开国民大会，外争主权，内除国贼。

　　天安门的大会只是说会后先到总统府要求拒绝在巴黎和约上签字，并惩办曹汝霖、章宗祥、陆宗舆三个卖国贼，再到东交民巷英、美、法、意等公使馆，表示国民外交的声势，并没有决议到曹、陆、章等住宅去的。①

　　半个小时的集会结束后，学生们按照既定计划于下午二时许便列队从天安门广场向南通过位于现在正阳门北侧、毛主席纪念堂一带的中华门。在队伍前头有两个学校各举一面巨大的五色国旗。随后是一副讽刺性的挽联：

　　卖国贼曹汝霖、陆宗舆、章宗祥遗臭千古

　　卖国求荣，早知曹瞒遗种碑无字；

　　倾心媚外，不期章惇余孽死有头。

　　北京学界泪挽。

　　示威学生给北京市民留下了深刻印象。许多市民感动得沿街而立，热泪盈眶，静听学生呼喊口号。许多旁观的外国人也向示威学生欢呼致意。学生队伍秩序井然地在大街上行走着。如果不发生意外，示威的活动将很快结束。

① 周予同：《五四运动片断》，《五四运动回忆录》（中国近代社会科学院近代史所编）上，北京：中国社会科学出版社1979年，第266页。

但是到了后来，示威学生的情绪发生了变化，游行秩序开始混乱。他们经过中华门到棋盘街，转向东到了东交民巷西口。东交民巷的巡捕和中国警察联合阻止示威学生进入这块享有治外法权的外交使馆区。学生在与使馆方面电话联系后，推举罗家伦、张国焘等代表进入美国使馆拜访美国公使芮恩施。可惜芮恩施因事外出，学生代表只好留下一份说帖，希望中国学生今天的行动能够得到美国政府和人民的理解、同情和援助。学生代表还去过英、法、意三国公使馆，然而因为是星期天，各国公使都不在，只派官员接见，表示同情。

大约两个小时后，游行队伍仍未获得巡捕让他们通过使馆区的许可。同时，东交民巷入口处的中国警察和军队也对游行队伍强行干涉，企图迫使学生返回。在这双重失望境遇中，学生们包括一些加入游行队伍的市民显然已被激怒。忽然有人大声喊道："到外交部去！""到曹汝霖家里去！"

在这紧要关头，示威游行总指挥傅斯年劝学生不要去，但是如同所有群众运动一样，组织者已无法有效控制局势。于是游行队伍退出东交民巷向北行进，沿户部街、东长安街，到东单牌楼和石大人胡同，向曹汝霖的住宅赵家楼二号进发，因为有消息说那里正在举行秘密会议。

示威学生显然被警察激怒了，他们沿途高呼口号，打倒卖国贼曹汝霖、陆宗舆、章宗祥乃至段祺瑞、徐树铮等人的口号此伏彼起，响彻云霄。

大约下午四时半，游行队伍到达赵家楼曹宅，他们先是和平地要求曹汝霖亲自出面解释与日本签订秘密协定的原因。守护曹汝霖住宅的警察和宪兵对学生的要求充耳不闻，反而一再试图强迫学生退走。这使示威学生怒火中烧，他们不断呼喊口号，并开始有人向窗口和墙内扔石子和白旗。学生们试图冲进去，但没有成功。

就在学生准备撤退返回学校时，有五名不肯屈服的学生爬上墙头，打破窗户，跳进宅内。然后打开大门，于是大批学生冲了进去，满屋子搜索曹汝霖等人，然而什么都没有发现，学生显得很失望，于是有人将室内一些物品捣毁，并放火烧了房子。

大约五时左右，有人在地下室发现了章宗祥和交通部航政司司长丁士源及日本记者中江丑吉。学生们立即一起动手将章宗祥打倒在地。章宗祥顺势躺在地上装死。

大火着起，许多学生感到害怕，于是自动散去，有的回家，有的赶回学校。中江丑吉和一些警察乘机将躺在地上的章宗祥拖到邻近一家杂货店躲避，不料在那里被一些学生认了出来，结果遭到一顿狠揍，还有人将杂货店里的皮蛋摔到他的身上。

这时大批武装警察和宪兵已经赶到，把赵家楼一带围得水泄不通。他们逮捕了近六十名学生带往司令部，其余的一千多名学生跟在后面不肯散，各自承应对这次事件负责，要求入狱。结果全体被关到北京大学第三院（法学院），外面由宪兵和警察严密驻守。

政府反应过度

北京政府曾竭力阻止过5月4日的游行示威活动。教育部的一位代表曾在警官陪同下，5月4日上午十一时许来到北京大学，劝说学生们各自返回学校，不要参加游行，可以改为推选代表向政府或驻华公使团交涉。步兵统领李长泰和警察总监吴炳湘也劝学生放弃游行。学生当然没有听从他们的劝告。

在火烧赵家楼的过程中，警察和学生在院子里确实发生过一些冲突，但是警察在那种情况下的态度是很温和的，他们中的一些人实际上是持"宽容中立"的态度。这种冲突一直持续到六点差一刻。此时大多数示威者已经散去，只有几十个人留下来围观，大概想看看会有什么结果。

随后，警察总监吴炳湘和步兵统领李长泰匆忙赶到，警察才突然改变态度，向空中放了几枪，并遵照警察总监吴炳湘的命令，在现场逮捕了几名学生，又在沿途逮捕一些。总计整个事件有三十二名学生被逮捕，其中包括北大二十人，有易克嶷、曹永、许德珩、江绍源、李良骥、杨振声、熊天祉等；高等师范八人，有向大光等，其余的有工业专门学校二人，中国大学和汇文大学各一人。

事件发生当天晚上，曹汝霖在六国饭店召集党羽秘密研讨如何对付学生的策略。经过密商，他们一致认同在目前形势下不宜与学生直接冲突。第二天，曹汝霖致信大总统徐世昌，表示自己无意严惩火烧赵家楼的学生，并要求辞去交通总长职务，但对学生的指责，曹汝霖也在这封辞职信中作了辩护。随后，陆宗舆仿照曹汝霖的做法，也向总统递交了辞职信。显然，政府中也有人希望对学生进行安抚以寻求妥协。

寻求妥协只是政府内部一部分人的看法，而政府内部更多的人似乎主张采取强硬手段。国务总理钱能训于事发当天晚上在家里召集会议，许多阁员纷纷攻击北大和蔡元培，要求关闭北京大学，解除蔡元培的校长职务，迅即处理被捕学生。教育总长傅增湘提出反对意见，为蔡元培略作解释，迅即遭到钱能训的斥责：你说蔡元培的校长位置不能动摇，那么我问你：如果蔡元培不幸而死，你又如何？钱能训不惜屈格以如此恶毒语言攻击北大和蔡元培，可见政府对当天事件的恼怒。

随后，政府下令司法部进行调查，以便对事件的负责人加以惩罚。5月5日，教育部下令限制学生的活动。同时北京加强了警察和军队的戒备，以控制学生的活动。政府准备将被捕学生交法庭审判。

当北大的学生游行返回学校后，在晚上七点左右点了一次名，发现一些学生失踪。消息很快在学生中传开：失踪的学生已被警察和军队逮捕，并将依戒严令受审，甚至可能会被迅即处决。

这种消息虽然不一定可靠，但是正处在激动中的学生知道之后，自然怒不可遏，他们立即召集在校的学生于当晚在法科大礼堂举行会议，控诉警察对他们的粗暴对待，担心已被捕的学生可能被杀害，他们觉得他们全体对事件都负有责任，而不仅仅是那些被捕的学生。于是他们决定全体到警察厅去自首，从而减轻被捕学生的责任；有的建议一起到国务院交涉，或者直接找警察总监吴炳湘交涉。群情激昂，意见不一。

当此时，蔡元培邀同法律专家王宠惠步入会场，他那安静、祥和、从容的态度，使骚动不安、不知所措的学生立刻稳定下来。蔡元培走上讲台对学生说："你们今天所做的事情我全知道了，我寄以相当的同情。"话未毕，全堂呼声雷动。蔡元培继续说："现在不是你们学生的问题，是学校的问题；也不只是学校的问题，是国家的问题"；"我是全校之主，我自当尽营救学生之责。关于善后处理也由我办理。我只希望各位听我一句话：从明天起照常上课。"大家一致表示听从，于是学生们就散会了。

那时，北京政权表面上是徐世昌当总统，其实政府的实际权力还在"参战督办"段祺瑞手里，所以要想使被捕学生尽快获释就必须由段祺瑞点头。蔡元培在当晚离开学校后径赴段祺瑞平日最敬重的老前辈孙宝琦的家中，请求孙宝琦对段祺瑞说明当日学生的举动并无恶意，全出自爱国热忱，因此希望政府能够尽快释放。孙宝琦当时因这件事闹得太大，稍感为难，犹豫彷徨，不肯表态，蔡元培就待坐在孙家会客室里不肯走。至夜里十二时许，孙宝琦无可奈何，答应明天找段祺瑞试试看，这样，蔡元培方才回家休息。

当天晚上，北京其他大专学校的学生也举行过类似的会议。

第二天（5月5日）上午九时，北京所有有关大专学校的学生代表三千多人在北大法科大礼堂召开会议，决定委派以后来担任金英中学校长的方豪为首的代表，向各校校长和教育部发出呼吁，请求他们向北京政府大总统请愿，释放被捕的学生。会议还决定，在这些被捕学生获得释放之前，这些学校的学生将拒绝上课。

　　在此次会上，国会议员符定一在讲话中表明支持学生。罗家伦也向大会报告，他已成功地完成了争取商人和新闻界支持的任务。学生此时的注意力并不仅仅限于营救被捕学生，他们同时还坚持达到他们示威的目的。会上通过的决议还有：

　　一、上书大总统，要求惩办卖国贼，归还青岛；

　　二、上书教育部，说明5月4日事件的理由；

　　三、通电国内外关注此事的各组织团体，请求他们一致行动。

　　此外，会议还讨论了抵制日货的可能性。

　　此次会议的最大成果，是学生们迈出了具有深远意义的一步。他们为了营救被捕学生和推动爱国运动的发展，决定成立永久性的"北京中等以上学校学生联合会"。

　　翌日，由北大和高师学生代表负责起草的"北京中等以上学校学生联合会章程"获得通过，他们立即成立了这个重要的学生组织。它是中国第一个全市范围内中等以上学校的永久性学生组织，并成为随后几年在几乎所有中国重要城市中成立的众多类似组织的典范，它还导致了一个月以后全国学生运动司令部"中华民国学生联合会"的成立。

　　北京学联的成立是朝着统一全市学生运动迈出的成功一

步。他们要求释放被捕同学的意图，立即受到绝大多数其他知识分子领导人特别是教师以及全国大多数社会和政治团体的支持。

5月5日下午二时许，蔡元培在北大与北京十三所大专学校的校长开会，讨论营救被捕学生的方案，参加会议的有教育部管辖的六所大专院校的校长，他们是：北大校长蔡元培、高师校长陈宝泉、工专校长洪镕、农专校长金邦正、法政专科校长王家驹、医专校长汤尔和等。他们一致认为昨天的事件是多数市民的运动，不可让被拘捕的少数学生负责；若指此次运动为学校运动，亦当由各校校长负责。各校校长表示一旦被捕学生获释，他们就将向政府提出辞呈，而蔡元培则坚定表示由他一人"抵罪"。这就为后来的变故留下了契机。校长们除继续劝说学生保持冷静外，还决定通电各省教育会，要求各省教育会采取反对军阀政府逮捕和惩罚学生的联合行动。

当天的会议决定成立以蔡元培为首，包括高等师范校长陈宝泉、农专金邦正、工专洪镕、医专汤尔和、中国大学姚憾为代表的校长团，先赴警察厅找警察总监吴炳湘。吴炳湘推说逮捕学生的命令是国务院下的，因此释放学生也非有国务院的命令不可。接着，校长团前往教育部，教育总长傅增湘不在，他们只得再去国务院及总统府，但国务总理钱能训和大总统徐世昌均避而不见①。第二天的营救活动就这样结束了。

5月6日上午，蔡元培等十四所高校校长继续在北大开会，

① 《民国日报》1919年5月8日。

讨论营救学生的办法。午后，这十四位校长又一同前往教育部，教育总长傅增湘答应向钱能训商洽。晚间，蔡元培又率校长团前往警察厅，与警察总监吴炳湘争辩甚久。

尽管北京政府在五四事件发生后立即采取了一些防范措施和严格的新闻审查，但是聪明的学生依然通过一家外国通讯社向天津的外国租界发了一封电报，5月5日又从那里转发给上海，随后又传到了其他城市。于是来自全国各地各社会、政治团体的抗议电像潮水一般涌向政府，新闻界的大多数都率直地表示对学生的同情和支持。许多商业组织还向学生提供了援助。

5月6日，北京总商会为了支持学生，决议所有会员一律不买日货、断绝中日之间一切工商业联系，要求政府严厉惩办卖国贼和欺压百姓的官僚。同一日，上海商业工团联合会致电北京政府和蔡元培，表达他们对学生的同情。第二天，又致电政府，敦促释放被捕学生。这些来自工商界的电报具有重要的意义，它表明中国商人对于事件的关心。5月6日，南方政府出席上海和会的首席代表唐绍仪致电北京政府大总统徐世昌，支持北京学生的爱国行动。同日，北京政府出席和会的首席代表朱启钤也致电北京政府，报告上海公众的情绪，敦促北京政府宽大处理参加游行和被捕的学生。朱启钤还与唐绍仪联名致电在巴黎的中国代表团，要求他们坚持青岛归还中国的立场。

在上海的孙中山得知学生的行动后，立即与广州军政府的其他六位总裁联名致电北京政府，支持学生的行动。广州的非常国会在专门讨论五四事件而召开的两院联席会议之后，通电各省政府和其他团体，要求北京政府释放被捕学生，维持各校现状，严惩卖国贼。

甚至一些军阀和君主立宪制的拥护者也对学生的爱国行为表示支持。康有为在电文中公开赞扬学生的行动"诚自宋大学生陈东、欧阳澈以来，稀有之盛举也。试问四万万人对于学生此举，有不称快者乎?"后来成为北方最有势力的军阀吴佩孚以及湖南督军张敬尧、江西督军陈光远等，也公开表示支持学生，要求北京政府解除曹、章、陆的职务，并坚持归还青岛的主张。

各地的声援与支持无疑对北京政府构成极大的压力，一些社会名流，如国民外交协会的汪大燮、林长民、王宠惠等也于5日致函警察总监吴炳湘，自愿保释，要求政府鉴于"群情激动，事变更不可知"的现实，从速释放被捕学生。

即便是被学生攻击为"卖国贼"，并在事件中遭殴打的章宗祥，也命夫人具名呈请政府释放学生，化解危机。

所以，当蔡元培等大学校长5月6日晚间与警察总监吴炳湘进行交涉时，政府方面鉴于各方压力，特别是明天又是"五七国耻纪念日"，北京学生及社会各界都正在酝酿筹备召开更大规模的国民大会，为避免酿成激变，吴炳湘乘机向蔡元培等大学校长提出保释学生的两个条件:

一、明日不准学生参加国民大会;

二、各校学生明日一律上课。

对于警方的这两个条件，蔡元培和各校校长当即答应，目的是希望被捕学生尽快获得自由[①]。然而那些没有被捕的学

----

① 《民国日报》1919 年 5 月 11 日。

生为了营救自己的同学，在 5 月 5 日就通过了一个罢课决议，所以当蔡元培等校长从警察厅出来，就直奔北大校长室，将那些学生领袖罗家伦、方豪等四五个人找来，介绍校长们与警方达成的谅解，表示只要明天全体复课，警察厅就可以放人。这些学生领袖闻言也表示为难，理由也很简单，就是昨天刚刚决议罢课，明天便复课，恐怕很难做到。罗家伦说：现在如果尽让同学们关在里面，也不是个事情。况且这一次游行活动，我们学生中也有放火及殴伤等重大情节。表示明天复课的事情可以再商量。不过，罗家伦担心的是，假如学生们明天复课，警察厅不放人，怎么办？对此疑问，蔡元培等校长严肃地表示："我们可以用生命人格为担保，而且吴炳湘也曾发誓过：'如果复课而不放学生，我吴炳湘便是你们终身的儿子'。"有了这些情节，罗家伦等学生领袖当夜就分成五个小组，分别去通知全体学生，所以第二天北京各大学均先后复课，为五四善后和解提供了比较好的环境。[①]

谁是"道旁儿"

学生复课的承诺给了警方足够的面子，5 月 7 日上午，北京各高校各备汽车前往警察厅，迎接被捕获释的同学。十时许，这些学生一起到达北大，然后各自回归各自学校。蔡元培和北大全体师生齐集红楼文科门外，列队欢迎。大家见面，

---

① 罗家伦口述：《蔡元培时代的北京大学与五四运动》，《传记文学》1989 年第 5 期。

格外激动，许多人哭泣不已。过了些时候，待各校同学离开，师生情绪平缓后，蔡元培方召集北大同学到操场训话。蔡元培说，诸君今天于身体上、精神上必然有些困乏，自然当略为休息，况且今天又是国耻纪念日，何必就匆匆上课呢？诸君或者疑我不谅人情，实则此次举动，我居间有无数的苦衷，所以不得不望诸君稍为原谅，坚持上课，自己略微受些委屈，并且希望诸君以后遇事能够坚持冷静的态度。[①] 蔡元培的训话显得非常伤感，似乎有告别之意，只是学生当时没有感觉到而已。

被捕的学生被释放了，学生们也重新走进教室了，蔡元培觉得自己的责任也尽到了，于是他在5月8日向大总统徐世昌、教育总长傅增湘递送了辞呈，表示：

元培自任国立北京大学校长以来，奉职无状，久思引退。适近日本校全体学生又以爱国热诚，激而为骚扰之举动，约束无方，本当即行辞职；徒以少数学生被拘警署，其他学生不忍以全体之咎归诸少数，终日皇皇，不能上课，本校秩序极难维持，不欲轻卸责任，重滋罪戾。今被拘各生业已保释，全体学生均照常上课。兹事业已告一段落。元培若再尸位本校，不特内疚无穷，亦大有累于大总统暨教育总长知人之明。谨竭诚呈请辞职，并已即日离校。一切校务，暂请温宗禹学长代行。敬请大总统简任贤者，刻期接任，实

---

① 《民国日报》1919年5月10日。

为公便。①

　　蔡元培辞职有着复杂的背景和原因，并不像他在辞职信中所说的那样简单。

　　从学生一方面说，各地学生既然得到全国人民的同情与支持，不免因这次胜利而骄矜自喜。各学校与政府从此不会再有安宁之日，似乎不难预见。北京学生获得这次胜利以后，继续鼓动群众，攻击政府的腐败以及他们认为束缚青年思想的旧传统。学生们因为得到全国舆论的支持，已经战胜了政府。参加游行示威，反对签订《凡尔赛和约》，是每一个中国人都愿意做的事。学生们因为有较好的组织，比较敢言，比较冲动，顾虑比较少，所以打了头阵，并且因此拨动了全国人民的心弦。曹汝霖、陆宗舆、章宗祥三位亲日官员辞职，被捕学生释放，上海和其他各地的全面罢课罢市风潮歇止以后，大家都以为五四事件就此结束，至少暂时如此。但是北京大学本身却成了问题。处于北大校长位置上的蔡元培恐怕比谁都清楚地意识到这一点，他不辞职可能会被免职，与其受辱不如先炒大总统和教育总长的鱿鱼，化被动为主动。

　　事实上，五四事件发生后，政府内部确实将责任推给了蔡元培，不仅认为蔡元培几年来对北大管理不力，而且认为蔡元培的思想观念特别是他对所谓新思想新文化新人物的支持纵容，才是导致这次事件的根本原因，因此为杜绝类似事件再次发生，必须拿掉蔡元培的北大校长。

　　在政府倾向如此明显情景下，官方舆论对北大和蔡元培

────────────

① 《北京大学日刊》1919 年 5 月 17 日。

明显不利。有的建议解散北京大学，有的建议撤免蔡元培的校长，还有人不断扬言要焚烧北大校舍，杀死北大学生，甚至有人扬言准备以三百万元买凶刺杀蔡元培。鉴于蔡元培在当时学界、政界的地位，这种种传言、动议自然不难传到他的耳朵里。

蔡元培在游行示威、火烧赵家楼的当天就已知道，根据政府方面的观察，此次事件虽然有十三所高校参加，而主动者为北京大学学生；而北京大学学生之举动，悉由校长暗中指挥，故5月4日一系列事件的责任全在蔡元培[①]。这是一个合乎逻辑的推理过程。蔡元培是政府任命的大学校长，代表政府管理大学，却容忍甚至推动学生闹事，向政府施压。假如这些推理都能成立，那么蔡元培不去，难犹未已。政府诸公意识到这一点，蔡元培本人也看得非常清楚。蔡元培的处境和结局也不难预测。

蔡元培是一个敢做敢当的人，责任感、道义心，不能畏缩不前，不能那样不负责任的一走了之。他明知自己和他所领导的北京大学处于敌对势力的严重包围和威胁之中，并且清楚地知道自己也不可能继续留任，但是为了营救被捕学生，为了给全体师生一个交代，他仍然以镇定的态度对关爱着他的朋友们表示，北京大学校长职务他肯定会辞去，但是必须等那些被捕学生安全归来。至于人身安全，蔡元培更是镇静以待，表示如果真的危及身体而保全了大学，那么亦无所不

---

① 蔡元培：《由天津车站南下时的谈话》，《蔡元培全集》卷三，北京：中华书局1984年，第296页。

可。①

被捕学生获释当天，也就是学生全体复课的 5 月 8 日，谁都感觉游行示威、火烧赵家楼的事情应该告一段落了，然而政府却难以咽下这口气，准备在这一天连发三道命令：

一、查办北大校长；

二、整顿学风；

三、由警察厅将已释放的学生送交法庭惩办。

查办北京大学校长蔡元培的命令据说因傅增湘拒绝副署而未能发出，另外两道命令则由各报发表，并已内定由安徽孔教会会长马其昶接替蔡元培出任北大校长，而马其昶的政治观点文化观点都与新文化运动相反对。

政府内定的情况甚至讨论过程，蔡元培 8 日午后即由一平日甚有交谊而与政府接近之人告知。蔡元培知道这些情况后，并没有慌张失措，他以为，现在学生既然已经获释，此时自己如果再不辞职，倘若政府真的迫不及待，先下一道命令免去他的北京大学校长，那么一人之不体面而犹为小事，而学生恐不免因此引起另一场骚动，尤其是他担心学生会因他的离职而发动拒绝马其昶的运动。基于这种判断，蔡元培不愿为难政府，更不愿连累学生，当即决定自行辞职②。他认为，如此一面保全学生，一面又不令政府为难。始可以保全大学，在他亦可谓心安理得③。

蔡元培在 5 月 8 日晚间决定辞职，还有另外一个解释，

---

① 《民国日报》1919 年 5 月 12 日。

② 张国焘：《我的回忆》，北京：现代史料编刊社 1989 年，第 55 页。

③ 《蔡元培辞去校长之真因》，《晨报》1919 年 5 月 13 日。

即有告诉他政府决策内幕，特别是有关将不利于他的传闻后，蔡元培并没有害怕，以为这种说辞不过是反对派的恐吓之辞而已，完全可以置之不理。但是有人告诉他：不然。君不去将大不利于学生。因为在政府方面以为君一去，则学生无能为力，故此时以去君为第一义。君不闻此案已送检察厅，明日即将传讯乎？彼等决定，如君不去，则将严办此等学生，以陷君于极痛心之境，终不能不去。如君早去，则彼等料学生当无能为，将表示宽大之意以敷衍，或者不复追究。这也是导致蔡元培匆忙辞职的背景和原因之一。①

5 月 8 日晚，蔡元培托人将早已准备好的辞职呈文分头送出，请求自动解除北京大学校长的职务，然后不辞而别，携北大总务处职员段子均于 9 日晨五时三十分悄然离京，至天津，寓新旅社楼房四十一号。

临行前，蔡元培还留下一则令人困惑不解一直无法获知谜底的启事：

> 我倦矣！"杀君马者道旁儿。""民亦劳止，汔可小休。"我欲小休矣！北京大学校长之职已正式辞去，其他向有关系之各学校、各集会，自 5 月 9 日起一切脱离关系。特此声明，惟知我者谅之。②

蔡元培这个启事在北大师生中引起了极大震动。特别是

① 蔡元培：《由天津车站南下时的谈话》，《蔡元培全集》卷三，北京：中华书局 1984 年，第 297 页。
② 《蔡元培启事》，《北京大学日刊》1919 年 5 月 10 日。

由于这个声明所使用的典故极易引起人们的误会，尤其是"杀君马者道旁儿"一语，许多人不理解，有人甚至曲解为"君"者指政府，"马"者为曹汝霖、章宗祥，"道旁儿"指北京各校学生。当由程演生引《风俗通》中"长吏马肥，观者快之，乘者喜其言，驰驱不已，至于死"等语，说明蔡元培用此语，"谓己所处之地位，设不即此审备所在，徒循他人之观快，恐将溺身于害"。还有的人曲解蔡元培以隐晦曲折的"道旁儿"典故指责北京各校学生误事。

为平息这一典故所引起的纠纷，蔡元培于途中专门致函北大学生进行解释，他表示自己深信北大同学及北京各高校学生5月4日的举动，纯粹出于爱国热忱，并无他意。我蔡元培个人也是国民一分子，岂有不满意于诸君之理？惟在官言官，在商言商，在校言校，我个人作为国立大学校长，理所当然必须在事件平息后引咎辞职。这是从职责所在，道义担当方面着眼，我的唯一选择。我之所以在事件发生的第二天即5日未提出辞呈者，主要是因为还有少数学生被拘警署，不得不立于校长之地位，以为之尽力。待政府诸公如教育总长傅增湘、警察总监吴炳湘等主持及他校校长援助，被拘诸生均经保释，我蔡元培个人所能尽之责止于此。如不辞，更待何时？至一面提出辞呈，一面出京，且不以行踪告人者，所以避挽留之虚套，而促继任者之早于发表，别无他意①。至于"道旁儿"的真实含义和他的心迹，他在多少年之后依然纠结在心，表示自己之所以坚定辞职，实为平日苦于应接不暇

---

① 蔡元培：《告北大同学诸君》，《蔡元培全集》卷三，北京：中华书局1984年，第296页。

之繁忙，而亟思休息。这个解释虽然没有说清"道旁儿"的真实含义，但至少说明他对这件事情还是很在意。

其实，不论是蔡元培，还是知识界，对5月4日政治运动所可能产生的后遗症，都有比较清醒的认识。只是有的人说出来，有的人没有说出来而已。按照蒋梦麟的说法，5月4日的政治运动其实是一场很不幸的运动，知识界尤其是学生被这个轻而易举的胜利弄得迷失了方向，以为此后的政治主动权一定都会在学生手里，动辄就要运用手中的权利，游行、示威、抗议，简直成了当时的家常便饭。北京大学的纪律、秩序，可以预见此后将不易维持，因为学生们很可能因为胜利而陶醉。他们既然尝到权利的滋味，以后他们的欲望恐怕难以满足了。在这种情况下，如果说蔡元培对学生没有一点怨言，恐怕也不合乎实际。

当然，问题还有另外一层。在5月4日政治运动发生的背后，也确实有蔡元培的力量和影响，他确实在此事件发生前曾希望而且暗示过学生这样做。现在结果出来了，蔡元培当然应该承担自己的那份责任。

蔡元培悄然抵达天津后，第二天迁至法租界大来泰二十一号。在那里寓居数日，静观北京政局变化，然后转道赴杭州，寓居从弟国亲家，后又借寓西湖杨庄。临湖依山，环境非常优美。他此时似乎真的期待像传统社会文人雅士那样，就此退隐江湖，息影山林，在读书之暇，徜徉湖山，了此一生。无奈北大纠纷未已，代表叠来，函电纷至，非迫使蔡元培回京复职不可。

蔡元培是当时国内极负盛名的大教育家，他的不辞而别立即引起广泛反响。当天，北京大学即召集各校代表进行紧急磋商，决定以北京大学全体学生的名义呈请北京政府挽留蔡元培：

窃此次学生行动纯出至诚，乃本校校长过自引咎，呈请辞职，并已离校赴津。生等闻知，不胜惶恐，谨于本日决议全体停课待罪，无论何种谴责甘受无辞。若令校长得留，则生等虽去校之日犹怀补过之思，否则非惟贻教育前途以莫大之危险，且恐激起全国舆论之非难。伏乞万勿允准辞职以维学务而平舆情。[①]

对于北大学生的要求，教育部在第二天（5月10日）给予不太积极的回应，表示此次蔡元培辞职出京，教育部获悉消息后已去电并派员挽留，但话题一转，严厉要求北大学生"务当照常上课"。这自然使北大学生略感不快。

北大全体学生除向教育部请愿外，也于10日派出代表赶往天津挽留蔡元培，复致电上海唐绍仪，谓蔡元培校长因受外界胁迫，辞职他去，请唐绍仪一致挽留。又致电上海《时报》转各报、各省教育会、各团体，揭露政府当局迫使蔡元培出走的真实原因，表示蔡元培辞职离京后，群情惶惑，恐酿大变。

对于北大学生的举动，北大教授和北京各大学师生乃至北京社会各界都给予充分同情和支持。10日，北京中等以上学校学生联合会决定各校推派代表一人至天津挽留蔡元培，并联合上书教育部，呼吁教育部接受北大学生的要求，表示此次学生行动，纯属全体公意，与各校校长绝不相关，尤非

---

① 《近代史资料》1955年第2期，第54页。

北京大学校长一人所能够代任其咎。且蔡元培校长德高望重，海内宗风，自其入长大学，招致贤哲，成绩斐然，不特亲立门墙者咸受熏陶，即其他学校学子亦得常亲教泽，全国舆论尤极推崇。万望教育部俯顺众情，对于蔡元培校长的辞职请求，不要批准，并迅速明令切实慰留，保此教育一线之曙光，即培国家后日之元气。我们完全可以承认这里所说的都是北京各校学生真情实感的流露，但是这样推崇蔡元培，这样强调蔡元培个人在教育界的作用，实际上是置教育部诸公非常难堪非常尴尬的境地。教育部诸公在郁闷心情支配下，怎能真诚出面挽留蔡元培呢？

社会各界的同情与支持无疑激励北大师生的抗争勇气，10日下午一时许，由北大全体教职员推举出来的代表马叙伦、马寅初、李大钊、康宝忠、徐宝璜、王星拱、沈士远等一起前往教育部，谒见教育总长傅增湘，请其设法挽留蔡元培。傅增湘明确表示，他个人是诚恳挽留蔡元培。代表们复问大总统徐世昌和总理钱能训的意见，傅增湘默然有间，表示总统、总理的意见，他个人并不深知，因此不便代为回答。言下之意是告诉各代表，问题的关键不在教育部，而在总统府和国务院。

与北大教职员代表往访傅增湘同时，北京各高等学校中有十二所学校的教职员也在北大召开联合会议，讨论挽留蔡元培的问题。他们一致认为能否挽留蔡元培已经不是蔡个人问题，也不是北大一校的问题，而是关系到教育及外交前途的大问题，所以他们决定上书政府，务请挽留。第二天继续开会，然后由各校校长、教职员在所起草的呈文上签字，并亲赴政府呈递①。他们甚至通过各种方式向外界散布消息，表示如果蔡元培不留任，北大教职员甚至整个北京各高等学校都有可能联合起来进行抗争，最激烈的手段甚至有可能一致总辞职。蔡元培原本担心他的辞职会引发北大拒绝马其昶的风波，不料拒马风波还没有出现，就先发生了挽留蔡元培的大风波。这自然使政府诸公非常恼怒。

对于北大师生、北京各大学教职员挽留蔡元培的请求，北京政府起先毫无表示。这自然引起社会各界严重不满，更引起有意利用此次事件而达到倒阁或其他政治目的的派别、政党或个人的兴趣。5月9日，护法国会参议院议长林森自广州致电蔡元培，表示学生为收回国土，愤激击贼，北京政府逮捕多人，实在是太过分。"公愿以身代，仁者用心，令人感泣。讨贼得罪，是非倒置，何以立国？"这就将原本只属于法律和行政的问题上升到政治层面的问题。

对于北京及全国各地的反应，"躲"在天津的蔡元培也不是一点不知道，但他可能根本想不到这件事情会越闹越大，所以他在以谈话方式表达自己辞职的原因后，并没有提出缓解时局紧张的方案。而在北京，教育总长傅增湘因对蔡元培深表同情和挽留，不同意那么严厉镇压学生娃，反而遭到安福系的责难，无奈中，傅增湘仿蔡元培的先例，于11日离部出走，由次长袁希涛暂时代行部务。

袁希涛，字观澜，江苏宝山人，是地方成长起来的教育家，晚清时担任江苏学务处议绅，辛亥革命后与黄炎培一起参与江苏省教育设施事宜。后应蔡元培之邀，任职教育部。与蔡

---

① 《晨报》1919年5月11日。

元培、黄炎培、蒋梦麟都是多年老朋友，有交情有感情。所以在他代理部务之后第二天（12日），情况就发生了变化，他致电上海江苏省教育会副会长沈恩孚（信卿），表示蔡元培校长9日辞职离京出走，各校员生，纷纷请留，情势急切，教育部已派佥事沈彭年前往上海当面挽留。我袁希涛个人昨天也亲谒总理钱能训，又谒大总统徐世昌，他们均嘱教育部迅速设法挽留蔡校长。他请沈恩孚一旦在上海见到蔡元培，务请先转达总统、总理及教育部挽留之意，并请沈恩孚将这个意思转达给与蔡元培关系甚好的张元济、蒋梦麟两先生[1]。至此，蒋梦麟正式介入由5月4日学生游行示威、火烧赵家楼所引起的风波。

13日，北京各校教职员联合会派出九名代表到总统府请愿。其他各高等学校校长也相率辞职，以示声援。同日晚九时，北京大学评议会和教授会也举行联合会议，一致决议请蔡元培回校，并称以维持大学为挽回校长之唯一方法。蔡校长未返校就职之前，本校教职员及学生全体当竭力维持蔡校长多年来所苦心经营之大学。奔走进行一方面，已由干事会担任。校中行政及教务、庶务各方面，应由评议会及教授会各举出委员三人襄同蔡校长所委托之温学长代行主持。[2]

北京教育界的局势令人焦虑，而蔡元培的消息几乎完全中断，上海方面的沈恩孚也没有及时回复，或许是沈恩孚还没有见到蔡元培，或许是见到了而没有结果。总之，当袁希

---

① 中国社会科学院近代史研究所、中国第二历史档案馆史料编辑部编：《五四爱国运动档案资料》，北京：中国社会科学出版社1980年，第235页。

② 《评议会教授会联合会布告》，《北京大学日刊》1919年5月15日。

涛尚未收到沈恩孚回复的时候，他于13日又致电沈恩孚，倾诉现在的难处。他表示，北京直辖各校校长继续辞职，因为挽留蔡元培的事情尚没有结果，他们就不愿答应回校任事。现在各校学生代表每天开会，似乎也在酝酿更多的事情，现状如此，深以多延时日，无法维持为虑①。由此可以感觉到政府对学生运动特别是教职员的动向感到有点担心，担心失控，所以政府在挽留蔡元培的问题上开始转向。第二天（14日），大总统徐世昌公开发布挽留蔡元培的指令：

> 该校长殚心教育，任职有年。值兹整饬学风，妥筹善后，该校长职责所在，亟待认真擘理，挽济艰难。所请解职之处，着无庸议。

大总统既然出面挽留蔡元培，那么当然也应该保证大总统不能太没有面子，何况此次挽留蔡元培并不是政府高层一致，徐世昌挽留蔡元培或许是真诚的，但毕竟段祺瑞并不赞成这种做法。所以袁希涛在徐世昌发布挽留指令的第二天（15日），又密电上海黄炎培，请黄炎培无论如何也要劝说蔡元培接受政府的挽留，不要再节外生枝，以为反对者提供借口：

> 政府留蔡指令已发表。直辖各校长亦多允仍任职。蔡公已否过沪？倘对于挽留一节，遽仍表示决绝，则风潮难息，牵连教育大局，深可危虑。②

袁希涛的担心并不过分，不仅北京直辖各校骚动不安，

---

① 中国社会科学院近代史研究所、中国第二历史档案馆史料编辑部编：《五四爱国运动档案资料》，北京：中国社会科学出版社1980年，第235页。

② 中国社会科学院近代史研究所、中国第二历史档案馆史料编辑部编：《五四爱国运动档案资料》，北京：中国社会科学出版社1980年，第236页。

人心惶惶，而且天津、上海学界、商界似乎也将卷入这场冲突。5 月 15 日，上海学生联合会发表宣言，强烈要求政府维持蔡校长和大学尊严，以为蔡校长文章道德，中外推崇，自长北大以来，全国学界，始有发皇振厉之气。乃一二顽冥奸佞之徒，竟不容思想界有一线生机，竟不容世界潮流有一分输入。"夫蔡先生去，则大学虽存犹死，大学死，则从此中国之学术思想，尽入一二有权威者掌握之中，而学界前途遂堕于万劫不复之境。岂惟蔡先生一人，北京大学一校之关系，中华将来之文明，实将于此决其运命"①。宣言甚至表示："政府不维持蔡校长地位与大学尊严，一星期后将以最后法对付。"②蔡元培一人之去留关系中华民族生死存亡，或许太过，但此事如果不能获得很好解决，必然导致一系列的混乱则是事实。

教育部或者说袁希涛挽留蔡元培、化解僵局的用意肯定是真诚的，这份真诚也感动了北京教育界的领袖。5 月 16 日，北京国立各高校校长陈宝泉、洪镕、金邦正、汤尔和等人联名致电蔡元培：

> 公去留关系极大，万勿坚辞，为吾道留一生机。泉等现以时局艰难，暂出维持现状，仍视公为去留。③

这份电报表达了这样几层意思：一是他们现在之所以出来

---

① 《民国日报》1919 年 5 月 15 日。

② 黄炎培：《黄炎培日记》卷二，北京：华文出版社 2008 年，第 62 页。

③ 中国社会科学院近代史研究所中国第二历史档案馆史料编辑部编：《五四爱国运动档案资料》，北京：中国社会科学出版社 1980 年，第 236 页。

协助政府维持各校，这是责任所系，并不是与蔡元培的选择有了不一样；二是希望蔡元培不要把门关得太死，面子固然重要，但是也要适度，不要因一人之选择影响教育界的整体利益。

大总统徐世昌已经发布了挽留指令，教育部已经派员当面挽留，代理部务的袁希涛更是三番五次通过私人关系表达善意，但是蔡元培依然不为所动。从他个人尊严、大学尊严的立场看，他现在当然还不好径自回去复职，因为在他感到政府的挽留带有某种程度的勉强或不情愿，而他现在真的回校复职很可能使北大师生乃至全国师生大失所望，因为教育界与政治界的纠纷由来已久，政治界对教育界的干预日甚一日，所以蔡元培这次大概有点得理不让人了，他似乎真的希望以自己的牺牲为教育独立教育自主能够赢得更大的空间，所以他在各方挽留声中毅然决然于5月16日午前十一时三十分自天津登上津浦车南下，翌日夜抵上海，寓法租界天主堂街密采里旅馆。①

蔡元培的坚持使事情没有转好的迹象。16日，北京各高校教职员联合会推举代表前往教育部拜见次长袁希涛，商酌与教育部所派南下挽留蔡元培的代表一起出发。在北京大学内一贯反对新文化运动，自称与蔡元培"志不同道不合"的黄侃教授，竟然也因蔡元培的辞职而表示要离开，他的理由是："环顾中国，除蔡元培，亦无能用余之人"，既然蔡元培不愿回来，我黄侃也就不必待在这里了。②

蔡元培能否复职成为时局好转的关键，在这种情况下，

---

① 高平叔：《蔡元培年谱长编》中，北京：人民教育出版社1996年，第208页。
② 《时报》1919年5月16日。

北京各校特派出学生代表十七人前往天津查找蔡元培的踪迹，各处探询，不得要领。于是又推出总代表八人，会同天津各校代表二人联合南下，于16日抵达上海，准备当面劝说、哀求蔡元培返回北大。可是他们到了上海根本摸不着门道，于是在上海各报刊登广告，公开查访蔡元培的踪迹。①

政府代表、学生代表寻找蔡元培的消息都是公开的，蔡元培当然都知道，他似乎也觉得这样僵持不是办法，至少不能将事情的焦点只集中在他一人身上。5月18日上午，他找来蒋梦麟、黄炎培、沈恩孚、赵厚生等人商量，最后决定给大总统徐世昌、总理钱能训、教育总长傅增湘发一电：

> 奉大总统指令慰留，不胜愧悚。学生举动，逾越常轨，元培当任其咎。政府果曲谅学生爱国愚诚，宽其既往，以慰舆情；元培亦何敢不勉任维持，共图补救？谨陈下悃，伫候明示。

这封电报应该就是蔡元培与他的友人18日拟定的，因为从口气上看，似乎是蔡元培自从北京蒸发后第一次与外界联系，这在国务院、教育部的两份复电中也可感觉到：

国务院电报说：

> 来电诵悉。我公概任维持，热诚至佩。群望所属，同跂德音。此次学生举动，逾越常轨，深堪惋惜。政府办理此事，本属持平，外间谣传，并非事实。前车

① 《时报》1919年5月17日。

来轸，群论纷庞。伫盼行旌，迅资整理。院号印。

教育部电报说：

> 来电敬悉。顷谒首揆，述及学生前事，政府并无
> 苛责之意，深望我公早日回京，主持校务，以慰众望，
> 曷胜盼祷。希涛号印。[①]

如果从双方此次通电大致情况看，在双方承认学生举动
"逾越常轨"的前提下，似乎有了转机，问题应该很快解决，
蔡元培也应该很快返回北京，返回北大。那几天与蔡元培有
着密切接触的蒋梦麟曾于 5 月 22 日与黄炎培联名致函胡适，
表示蔡元培已就回校任职事做出决定，此事若不另生枝节，
北京大学可望恢复原状。这是从积极方面着眼。不过，蒋梦
麟在这封信中也讲到一些情况值得注意：一、南方人士，大
概也就是黄炎培、蒋梦麟这些教育界人士也考虑北京大学被
解散的可能性，如果北京大学不幸被政府解散，首先要面对
的第一个难题就是杜威一年讲学如何继续进行，因为在此之
前经蔡元培以北大校长的身份联系，哥伦比亚大学已经同意
给假，假如北大真的散了，杜威在北大讲学的可能性就不存
在了。为了解决这个问题，上海同仁已有心理准备，表示一
旦北大解散成事实，当由上海集资礼聘。二、黄炎培、蒋梦
麟表示，同仁所最希望者，为北京大学不解散，蔡元培复职，
南方同仁当竭全力办南京大学，有蔡元培在北京帮忙，事较

---

① 《北京大学日刊》1919 年 5 月 23 日。

易。办成后渐将北京新派学者转移到南方，将北京大学留给旧派，任他们去讲老话，十年二十年后大家比比优劣。这大概是蒋梦麟的想法，而黄炎培则不愿意将北京大学拱手相让，表示"北方亦要占据，且逆料旧派无组织之能力"。看过此信稿的沈恩孚也认为，"此时未打败仗，万无退回老巢之理"。由此可见南方教育界比较一致地将北大因5月4日事件引发的学潮看作是一场新旧两派的冲突。三、蒋梦麟信中表示，如果北京大学万一不幸散了，那么教育界同仁当在南方组织机关，办编译局及大学一、二年级，卷土重来。总之，蒋梦麟、黄炎培在此次事件中所领悟的经验和教训竟然是：南方大学必须组织，以为后来之大本营，因将来北京还有风潮，人人知之。所以他们竭力劝说胡适等北方教育界人士："万勿抱消极主义，全国人心正在此时复活，后来希望正大也。"[1] 不管蒋梦麟、黄炎培等南方人士如何设计，但从这封信中可以感觉到蔡元培在南方教育界人士的劝说下，似乎已下定决心准备返回北大复职。

然而到了5月26日，在上海、杭州往返观察时局的蔡元培竟突然决定不回北大了：

> 北京国务总理、教育总长钧鉴：
> 　　号电敬悉。卧病故乡，未能北上。元培。宥。[2]

---

[1] 黄炎培、蒋梦麟：《黄炎培、蒋梦麟致胡适》，《胡适来往书信选》（中国社会科学院近代史研究所中华民国史组编）上，北京：中华书局1979年，第47页。
[2] 《晨报》1919年5月28日。

蔡元培为什么在先前已答应复职后，这样突然反悔拒绝呢？一个重要的理由是他通过这些天的观察和思考，觉得北京政府对他慰留并无诚意。而这些观察与思考，其实也是他周围那帮朋友的观察与思考。这在蒋梦麟5月24日致胡适的信中就有些微痕迹，蒋梦麟一方面劝胡适等北方教育界同仁委曲求全，尽量保全北京大学；另一方面却又怀疑北京大学很可能最终保不住，他一再告诫胡适注意这一点，"如你看来大学有不能保存之势，也要早些写信给我。我们可以早些儿预备你们来上海。"① 这后一点怀疑肯定深深影响了蔡元培，使蔡元培觉得既然政府可能在他回北大复职后依然会撤销北大，那么他何必再回去第二次受辱呢？

或许蔡元培的敏感是对的，北京政府在外界压力下是表示过挽留蔡元培的意思，教育部代理部务的次长袁希涛也应该是出于真诚，但是政府政治高层鉴于学潮不断、罢课不断、游行不断的事实，也想来个根本解决，与其迁就外界压力召回蔡元培，北京教育界乃至全国教育界继续不得安宁，与其长痛不如短痛，快刀斩乱麻，准蔡元培辞职，另找听话的大学校长，示范天下，稳定政治秩序。蔡元培的开明民主、兼容并包、思想自由等主张，在政府高层看来，就是一切不安宁的根源。政府执意去蔡是基于这一点，而学术界、教育界执意要求政府挽留蔡元培，实际上也是基于这一点。这一微妙的心理较劲，在当时许多人都看到了。6月3日，蔡元培收到汤尔和的来信，汤尔和就不主张蔡元培北上复职，他的理

---

① 蒋梦麟：《蒋梦麟致胡适函》，《胡适遗稿及秘藏书信》(耿云志主编) 卷三十九，合肥：黄山书社，第419页。

由是："来而不了，有损于公；来而即了，更增世忌。"① 与其两面不讨好，不如暂时退隐。

为了向政府施加压力，北京、上海学界在教育界大佬的把握下，有节制地进行罢课、游行示威，甚至有节制地动员市民参加。5月19日，北京各校学生罢课；26日，上海各校学生跟着罢课，人数达二万多人。他们发表宣言，要求政府维持北大校长蔡元培的职位及大学的尊严。这些活动的背后，都有人主持或操刀，有人把握着火候。在上海，幕后重要人物其实就是蒋梦麟、黄炎培等南方教育界大佬。蒋梦麟在5月26日当天写给胡适的信中，就非常得意地透露出这一点，表示当天的罢课，"弟等已将舵把住，不至闹到无意识。"这样一来，五四前后的所谓"学生运动"，其实幕后都有"黑手"在"运动学生"。

蔡元培不愿复职的消息传到北京后，又引起一轮新的抗议。6月2日，北大学生张国焘等人在市区讲演时被警察逮捕。第二天，北京各校学生游行示威，北京政府出动警察进行镇压，又有四百余人被逮捕。6月4日，军警又拘捕学生七百余人。北京大学成了一个庞大的"临时监狱"。6月5日，北京学生五千余人向警察厅自请入狱，北京教育界处于一片混乱之中。学潮还引发了社会混乱，这一天，上海市民开始罢市，标志着学潮有向社会蔓延的趋势。

北京政府在蔡元培请辞后曾任命马其昶为北京大学校长，但这一计划在北大师生的反对下并没有实现。现在蔡元培依然不愿返校复职，其实政府也确实不想让他复职了，于是蔡

---

① 　高平叔：《蔡元培年谱长编》中，北京：人民教育出版社1996年，第212页。

元培不愿复职的声明实际上也给政府打开僵局提供了一个重要的口实。6月5日，北京政府内阁会议决定准蔡元培辞去北京大学校长职务，以胡仁源继任。翌日，徐世昌照此发布大总统令①。胡仁源如果能够顺利接下北京大学这个摊子，北京乃至全国的学潮可望很快结束。

胡仁源曾为南洋公学特班生，与蔡元培有师生之谊，按照蔡元培的印象和评估，胡仁源拥有哲学思想，文笔工雅，蔡元培爱才心切，当然也比较器重。胡仁源后来留学英国，习工科，这在蔡元培看来也是一大优点，以为以性近文哲的学生肯习工艺，尤为难得。回国后入北大，1916年任北大工科学长，并代理校长。蔡元培主持北大后，仍请胡仁源任工科学长，而胡仁源不愿，遂改聘他人。以曾经代理校长的人来接替蔡元培，资格恰好。但政府内外推戴胡仁源的人，似乎手段太不高明。他们一方面运动少数北大学生欢迎胡仁源，一方又发表所谓燃犀录，捏造故事，丑诋蔡元培及沈尹默、理科学长夏元瑮等人，于是激起大多数北大学生的公愤，公言拒胡，并查明少数迎胡之同学而制裁之。②

6月6日晚，北大学生举行全体大会，就政府任命胡仁源为校长事通过两项决议：

一、举代表谒见胡仁源，警劝其万勿来校；

二、上书总统，请收回成命。

北大全体学生在上总统府呈文中以为大总统任命胡仁源为校长不合乎情理，因为蔡校长第二次来电，只说卧病故乡，

① 《顺天时报》1919年6月6日。

② 蔡元培：《自写年谱》，《蔡元培全集》卷三，北京：中华书局1984年，第299页。

未能北上，并没有说坚决不北上。蔡校长既然没有再次辞职，政府亦没有罢免明文，那么突然任命胡仁源，不仅不合乎情理，而且也没有依据。现在这样突然任命，显然是想拒绝蔡校长北上复职。这是从期待蔡元培回校复职的立场上说的。

从胡仁源情况看，学生们在呈文中表示其学问信望，均不称为大学校长。学生为自身学问计，为教育前途、国家前途计，绝不敢妄从明令，听其蟊贼大学，戕害国本。

北大学生的要求依然是：拒胡迎蔡。

第二天（6月7日）下午一时许，北大教职员也召开全体紧急大会，到者二百余人，一致决议不承认胡仁源为北大校长，继续坚持要求政府催蔡元培返校复职[1]。同一天，全国学生联合会筹备处也公开致电总统府、国务院、教育部，坚决拒绝胡仁源出任北大校长，继续坚持挽留蔡元培[2]。

11日，北大教职员集会声明，北大校长除了蔡元培之外，"绝不承认第二人"。北京中等以上学校教职员联合会也向大总统徐世昌、总理钱能训递交呈文，反对任命胡仁源为北大校长，请求政府继续挽留蔡元培。该会还致信胡仁源，警告胡仁源不要贸然就职，因为时局的关键主要是恢复教育原状，而恢复教育原状的关键就是各校校长一律复职，而各校校长一律复职的关键又是蔡校长能否复职[3]。12日，全国和平联合会也致电总统府、国务院、教育部，表达类似看法，请求政府平息此次风潮，出以诚意，似当坚持到底，挽留蔡

---

① 《晨报》1919年6月8日。

② 《民国日报》1919年6月7日。

③ 《民国日报》1919年6月16日。

元培，不应另委他员，致发生种种误会，而使教育前途陷于危险①。

很显然，教育界挽留蔡元培大致是真诚的，政府中的一些人挽留他也是真诚的，但政府中还有一些人比如当时可以公开认定的那些安福系的人就不一样了，他们不仅不愿意挽留蔡元培，而且坚决主张罢免他甚至追究他的责任。现在政府内一再出台后来被认为是"馊主意"的换人方案，在很大程度上说明了安福系的心迹。鉴于此种状况，蔡元培太清楚不过地知道自己应该如何做，为了自己的羽毛，更为了北大的未来，为了北大不至在僵局被撤销，蔡元培于6月15日再发宣言，重申不肯再任北大校长的决心：

一、我绝对不能再作那政府任命的校长：为了北京大学校长是简任职，是半官僚性质，便生出许多官僚的关系，那里用呈，那里用咨，天天有一大堆无聊的照例的公牍。要是稍微破点例，就要呈请教育部，候他批准。什么大学文、理科叫作本科的问题，文、理合办的问题，选科制的问题，甚而小到法科暂省学长的问题，附设中学的问题，都要经那拘文牵义的部员来斟酌。甚而部里还常常派了什么一知半解的部员来视察，他报告了，还要发几个训令来训饬几句。我是个痛恶官僚的人，能甘心仰这些官僚的鼻息么？我将进北京大学的时候，没有想到这一层，所以两年有半，天天受这个苦痛。现在苦痛受足了，好容易脱离

① 《晨报》1919年6月17日。

了，难道还肯投入去么？

二、我绝对不能再作不自由的大学校长：思想自由，是世界大学的通例。德意志帝政时代，是世界著名开明专制的国，他的大学何等自由？那美、法等国，更不必说了。北京大学，向来受旧思想的拘束，是很不自由的。我进去了，想稍稍开点风气，请了几个比较的有点新思想的人，提倡点新的学理，发布点新的印刷品，用世界的新思想来比较，用我的理想来批评，还算是半新的。在新的一方面偶有点儿沾沾自喜的，我还觉得好笑。那知道旧的一方面看，看了这点半新的，就算"洪水猛兽"一样了。又不能用正当的辩论法来辩论，鬼鬼祟祟，想借着强权来干涉。于是教育部来干涉了，国务院来干涉了，甚而什么参议院也来干涉了，世界有这种不自由的大学么？还要我去充这种大学的校长么？

三、我绝对不能再到北京的学校任校长：北京是个臭虫窠（这是民国元年袁项城所送的徽号，所以他那时候虽不肯到南京去，却有移政府到南苑去的计画）。无论何等高尚的人物，无论何等高尚的事业，一到北京，便都染了点臭虫的气味。我已经染了两年有半了，好容易逃到故乡的西湖、鉴湖，把那个臭气味淘洗净了。难道还要我再作逐臭之夫，再去尝尝这气味么？

我想有人见了我这一段话，一定要把"我不入地狱，谁入地狱"的话来劝勉我。但是我现在实在没有到佛说这句话的时候的程度，所以只好谨谢不敏了。[1]

这大概就是蔡元培此时的心声。

不过，这篇措辞激烈的宣言在亲友劝说下在当时并没有公开发表，而是由其堂弟蔡元康拟了一个广告稿交给上海各报发表，以回应北京政府的一系列举动：

> 孑民家兄回里后，胃病增剧，神经非常衰弱，医生切嘱屏绝外缘，现正紧要关头，不许见客，不许传阅函电。辱承亲友存问，深以不能接见为歉。特用代为声明，凡我至亲好友，务请勿劳驾，勿惠函电，俾得静养。种种不情，诸希亮察。[2]

按照蔡元培手拟的声明，北上复职的大门似乎完全关闭了，毫无弹性；而按照蔡元康的这个广告，事情还有回旋余地，并没有把大门完全关上。关键还是看各方势力的较劲。

一个聪明的替代方案

北京政府方面是希望不惜代价尽快平息学潮，恢复秩序，于是出台一个又一个"馊主意"，先是马其昶，继则胡仁源，

---

① 蔡元培：《不肯再任北大校长的宣言》，《蔡元培全集》卷三，北京：中华书局1984年，第299页。

② 《申报》1919年6月17日。

现在看胡仁源在各方面的反对下也没有希望了，教育部遂于 6 月 17 日发布训令："署北京大学校长胡仁源现经调部办事，所有校务，仍由工科学长温宗禹代理。"[①] 事态又回到任命胡仁源之前的胶着状态。

其实，政府要想打破这个胶着的僵局并不难，学术界、教育界不是一再呼吁蔡元培复职吗？蔡元培不是因为身体不好需要静养吗？那么为了减少冲突，北京政府此时如果打开思路，从蔡元培方面选择替补者，事情或许就那么简单，比如蔡元培离校时委托的工科学长温宗禹，再比如从北大评议会、教授会中选择一个与蔡元培有比较密切关系的新派人物比如胡适，应该能够很快平息风潮。然而政府不愿再任他人，乃循北大教职员及学生之请，继续以挽留蔡元培为第一选择。6 月 17 日，国务院、教育部分别致电蔡元培，催促北上，并派教育部徐鸿宝秘书专程前往杭州面商迎接。[②]

国务院、教育部此时希望蔡元培北上复职的心情是真诚的，但是在法律上似乎还存在一层障碍。教育部在 6 月 17 日的训令中调胡仁源到教育部任职，但是大总统徐世昌先前发布的任命胡仁源为北大校长的命令并没有撤销，而在政府内部，还有安福系贼心不死，至少在蔡元培的观察中，总觉得安福系的那帮人时刻与他过不去，时刻准备"倒蔡"。基于这样的心理状态，蔡元培于 6 月 20 日复电国务院、教育部，仍拒绝复职。[③]

① 《北京大学日刊》1919 年 6 月 17 日。

② 《北京大学日刊》1919 年 6 月 23 日。

③ 《民国日报》1919 年 6 月 23 日。

蔡元培的坚持或许有自己的考虑，有法律上的依据和担心，但是这种坚持并没有坚持多久。6 月 24 日，北京中等以上学校教职员联合会康宝忠、马叙伦致电蔡元培：

> 号电闻部已代复，仍坚挽留，勿再辞。君默、幼渔祸日南谒，当能接洽。①

康宝忠，即康心孚，陕西城固人，生在四川，为章太炎的亲近弟子，也是章门学派此时在北大的掌门人，此时为北大教职员干事会干事、北京教职员联合会总务干事、主席，最先在北大讲授社会学，因而被誉为中国第一位社会学家。五四运动发生后，康宝忠被推举为教职员会负责人，他办事认真，不辞辛劳，终致心力交瘁，于当年 11 月在授课时发病身亡。

马叙伦，字夷初，浙江余杭人，北大哲学系教授，是政治上最热心的人物之一。五四运动起，他被推为北大教职员会书记，后又出任北京中等以上学校教职员会联合会书记。他们两人介入许多次与政府代表的谈判，对于内情当然知道得比较多。

君默，即沈尹默，原名君默，浙江湖州人，与蔡元培有比较好的乡谊和友谊。

幼渔，即马裕藻，字幼渔，浙江鄞县（鄞州区）人，章太炎的大弟子，精通文字学、音韵学，其弟马衡、马鉴、马准、马廉均为北大教授，被誉之为"一门五马"，与周树人、周作

---

① 高平叔：《蔡元培年谱长编》中，北京：人民教育出版社 1996 年，第 218 页。

人的"二周"，沈士远、沈尹默、沈兼士的"三沈"及钱玄同合称为"一钱、二周、三沈、五马"，他们在北大的时候，真的是北大的黄金岁月，也是经典组合。马裕藻为人忠厚，有长者风范，任北大国文系主任达十四年，被称为"好好先生"。他与蔡元培也有着非同寻常的关系。

基于这种分析，我们不难看到，北京方面委派沈尹默、马裕藻于"祃日南谒"，必将能够带来事情的重大转机。"祃日"为22日的电报韵目代码，也就是说，当康宝忠、马叙伦6月24日致电蔡元培的时候，沈尹默、马裕藻已经到了杭州或者正在路上了。据蔡元培的记载，他于6月26日进城，晤学生代表狄福鼎、李吴桢，又晤沈尹默。28日，又进城，晤马幼渔即马裕藻、徐森玉即徐鸿宝，又晤李吴桢、狄福鼎。

徐森玉即徐鸿宝为教育部秘书，是教育部派来专门迎接蔡元培的。沈尹默、马裕藻为北大、北京各校教职员联合会的代表。狄福鼎是江苏昆山人，李吴桢也是江苏人，他们两人此时都是北大学生，在五四运动中比较活跃，所以被推为南下请求蔡元培北上复职的代表。他们在与蔡元培见面时，反复劝说蔡元培打消辞职念头，尽快回京复职。

在各方面劝说下，蔡元培的心情大为好转，似乎也准备接受劝说回京复职，所以蒋梦麟在6月28日复胡适的信中，就明确告诉胡适及北方朋友，他24日刚从杭州见过蔡元培回上海，那时蔡元培似乎对是否回京复职还有犹豫，但在各方朋友的不断劝说下，蔡元培终于来了信，表示有回校的意思。照蒋梦麟看来，蔡元培终究是要回北大的，所以他对胡适等一班朋友在他离开北大那些天里辛苦维持心存感激，同时也劝胡适等人不要着急。言下之意，回北大复职的大原则可以定下来了，但怎样复职似乎还没有想好。

蔡元培是一个勇于负责的人，他之所以在各方劝说下放弃辞职想法，可能也与胡适来信进行指责有关。胡适在信中似乎批评蔡元培这样一走了之的做法对大学太不负责任，一是一大批朋友先前看在蔡元培的分上制订有五年十年计划，现在忽然一抛，似乎太不负责任了。二是胡适等人在协助蔡元培主持北大时不遗余力，曾经手定了五年七年契约，还有与杜威教授之间的合同，现在蔡元培忽然一抛，使留在北大的朋友感到很尴尬[①]。

胡适指责蔡元培的话并不涉及私德，所以蔡元培看了之后并不太生气，他除了为自己辩解外，也不能不考虑到胡适等一班朋友的感受，不能不考虑他们的意见。这大概也是蔡元培决定返回北大复职的原因之一。

现在有足够的证据表明蔡元培决定回京复职是在 6 月 28 日那一天，但对于怎样复职、何时复职，似乎蔡元培还没有考虑清楚，至少到目前为止，蔡元培回京复职还没有蒋梦麟什么事。

6 月 29 日，小诸葛汤尔和抵达杭州，汤尔和与蔡元培关系密切，而且他的主意也往往被蔡元培所接受。晨八时许，汤尔和乘船至杨庄，晤蔡元培，历述蔡元培 5 月 9 日离开北大后的情形，为蔡元培支着儿，言此后出处之策。蔡元培对汤尔和有言必听。这使汤尔和格外高兴和自负，以为"在云山

---

① 蒋梦麟：《蒋梦麟致胡适函》，《胡适遗稿及秘藏书信》（耿云志主编）卷三十九，合肥：黄山书社，第 429 页。

隐约之中，推襟送抱，亦一乐也"，其自喜可想。[①]

30 日，心情好转的蔡元培从杨庄进城，在那里与汤尔和、沈尹默晤谈；又与马裕藻、徐森玉、童亦韩等人晤谈；并见了学生狄福鼎等两人。童亦韩是蔡元培的绍兴小同乡，1898 年蔡元培出任绍兴中西学堂监督后，童亦韩曾与蔡元培一起去临安、余杭等地为绍兴的侨农办了一所小学。后来，童亦韩也进入北大，担任国史馆征集编纂。与蔡元培关系似乎也不错。

连续多日的讨论特别是汤尔和的到来，大致趋势已经不会有多少改变，然而当此时也有一些干扰或者说是善意的劝阻。7 月 3 日，与蔡元培关系密切的张元济致信蔡元康，劝蔡元培不要回京复职。其理由有三：

一、政权必归安福派，其专横无理，可以想见；

二、所谓旧学家必依附攀援，大张旗鼓，恐难免文字之祸；

三、学生气焰过盛，内容纷纠，甚难裁制，纳之轨范。

在张元济看来，蔡元培出而有补于世，固所甚盼，唯恐现在非其时。为大局计，友朋计，张元济反对蔡元培回京复职，他请蔡元康将这个意见务必转达给蔡元培。[②]

张元济的提醒当然有根据，特别是他对安福系的判断，也正切中时局变化的要害。7 月 4 日，安福系众议院议员克希克图发表《恢复民国元年大学学制意见书》[③]，准备提交安福国

①　汤尔和：《汤尔和日记摘抄》，《胡适来往书信选》（中国社会科学院近代史研究所中华民国史组编）中，北京：中华书局 1979 年，第 283 页。

②　张元济：《致蔡元康》（1919 年 7 月 3 日），《张元济全集》书信卷三，北京：商务印书馆 2007 年，第 479 页。

③　《民国日报》1919 年 7 月 5 日、7 日。

会通过，以此破坏蔡元培在北大的改革。

针对克希克图的意见书，胡适立即撰文批驳，以为这个提议很不通，是公然破坏蔡元培过去两年多在北大进行的内部改革，"使蔡校长难堪，使他无北来的余地"[①]。傅斯年说得更清楚，他指出，克希克图的意思原不是什么学制不学制，因为安福系不是个有心教育的东西，克希克图不是个懂得学制的人，况且他的这个意见书又不成理由，造了许多谣言，动人听闻，其目的只有一个，那就是阻止蔡元培北上复职。因为对人的关系，克希克图牵连到制度上，为了达到阻止蔡元培复职的目的，竟然不惜把几年来惨淡经营的大学制根本推翻，不惜使这硕果仅存的国立大学成个落花流水的现象，这居心真不可问了。[②]

张元济的劝说引起了蔡元培的思考，克希克图做法更激起蔡元培非回北大不可的信心，因为这不是过去两年的心血问题，而且实在关涉中国教育的前途与未来。所以，到了这个时候，蔡元培回京复职已经没有什么悬念了。用汤尔和的话说，至少在 7 月 10 日，蔡元培回京复职"大约不致中变"。他的证据是，在 7 月 9 日这一天，蔡元培对代理教育部部务的傅岳棻 6 月 26 日来电予以回复，对于能够复职给予比较明确的答复：

> 宥电敬悉。元培才力短浅，重以宿疾，迭经辞职。乃辱叠电慰留，并由徐秘书面达盛意，感歉之余，宁

---

① 胡适：《论大学学制》，《民国日报》1919 年 7 月 9 日。

② 傅斯年：《安福部要破坏大学了》，《晨报》1919 年 7 月 20 日。

敢固执初见？谨当暂任维持，共图补救。惟月来旧恙屡发，迭经医家劝告，谓系胃病前兆，尚须严重摄生。倘允俯鉴区区，宽以时日，一经就愈，即当束装北上。①

这个态度已经非常明白，只是出于面子的原因，还是得拿身体说事，否则与先前的理由不好对接。同一天，蔡元培还致电全国学生联合会、北京中等以上学校学生联合会、北京大学学生干事部，讲了大概一致的理由，就是身体突然有点问题，但是各方雅意、重责，也使自己不容坚持先前辞职的初意，所以他准备答应大家的要求，回京复职，不过他在这里要求学生"亦能推爱仆之心，有所觉悟；否则，教育前途必生障碍。非特仆难辞咎，诸君亦与有责焉"。② 很显然，希望学生们不要因为五四运动的胜利而飘飘然，不再愿意接受纪律约束。

蔡元培的意思学生们很快领悟，第二天，全国学生联合会、北京中等以上学校学生联合会、北京大学全体学生分别复电，表示"此后自当严循轨道，力学报国，藉答我公至意"③；"蒙以诚恳之辞促其觉悟，敢不拜嘉"④；"此后当益自策励，求学救国，万不至逾越轨范，以贻先生忧"⑤。

凡此，均为汤尔和所说蔡元培北上复职不致中途再生变

① 《申报》1919 年 7 月 13 日。

② 《民国日报》1919 年 7 月 10 日。

③ 《民国日报》1919 年 7 月 11 日。

④ 《北京中等以上学校学生联合会复蔡元培电》，《晨报》1919 年 7 月 11 日。

⑤ 《北京大学全体学生复蔡元培电》，《晨报》1919 年 7 月 11 日。

化的理由。但是从当时实际情况看，蔡元培虽然答应可考虑放弃辞去北京大学校长一职，但一来他的身体实际情况似乎确实不允许他立即赶回北京；二来他先前信誓旦旦地表示决不回北大，因此也必须给他留下一个回旋时机和面子。所以，汤尔和在说服了蔡元培放弃辞职，同意回京复职后，便提出一个折中方案，即蔡元培答应回北大，但并不需要他立即去，而是派遣蒋梦麟暂时赶去代理。蒋梦麟是蔡元培最信任的弟子之一，由蒋梦麟去代理，应该可以代表蔡元培的意思；而蔡元培暂时不北上，在面子上更显得庄重。

于是，汤尔和在同一天（7月10日）又与蒋梦麟谈及"遣代"问题。由于是第一次提及由蒋梦麟代表蔡元培去管理北大，蒋梦麟似乎并无足够的思想准备，或者说根本没有想到这件事会与自己有关，且这样密切，所以他在开始可能觉得汤尔和是在开玩笑，稍后即以在上海的工作太过于繁忙而加以拒绝。

在上海的工作对于蒋梦麟来说确实太忙，但是最重要的可能还是蒋梦麟并不想现在就去北大，试想不久前蒋梦麟还向胡适说如果北大不幸解散之后怎么办的考虑。在北方教育界的眼里，蒋梦麟、黄炎培等南方教育界对北方教育界似乎始终不怀好意，现在因蔡元培辞职而引起的风波，结果由蒋梦麟去掌管北京大学，这不是使那些谣言成了真的事实了吗？所以，蒋梦麟唯一的选择是婉拒。

整个6月，蒋梦麟往返于杭州上海之间，但他从来没有想到过蔡元培的辞职会和自己有关。那时，蒋梦麟也算是上海滩上的大人物，在运动中起到相当重要的作用。6月6日，上海商学工报界借总商会开会，时有南京路某商店代表到会报告工部局干涉罢市事，会议遂推蒋梦麟与虞洽卿等五人前往英美领事公馆疏通，继有蒋梦麟宣读推定上海商学工报联合会临时干事名单，蒋梦麟出任临时干事。13日，蒋梦麟致信胡适，述说这一段时间的忙乱和不堪："学潮已告一段落。以后不知道什么样。上海因工人相继罢工，危险极了，几乎闹大乱子。我吃了不少苦，倦极了。昨晚警报来，谓学生被巡捕打死了几个。使我悲痛了一晚。次早方才知流弹打死的系旁人，非学生，我才放心。否则又要放出大花筒来。我实在担不起第二遭的乱子。罢了罢了。快快关门读书罢。你给东荪的信中，谓我打电与你，劝学生上课。我实在记不清楚有这些话。恐怕有人托名打电。这会闹学的事，我虽吃了一番苦，倒得了不少经验。看见中国人不少的好性质，也看见了不少的中国人的臭脾气。中国，中国，你若要翻身，还要做大大儿的一番苦工呀！你还要来上海么？有许多的话，只好从口头上说的。"[1]

由五四学生运动引发的社会运动使蒋梦麟受到极大震动，他当时就决心抱定宗旨，"信仰惟学可以为人，惟学足以救国，毁誉成败等浮云耳"[2]。所以，蒋梦麟不可能想到离开上海，离开他的《新教育》，离开江苏省教育会，他似乎期待以思想家、教育家名世。他在6月发表的一篇文章中对五四新文化运动大加赞扬，以为这个运动必将像欧洲文艺复兴运动那样推动

①　蒋梦麟：《蒋梦麟致胡适函》，《胡适遗稿及秘藏书信》（耿云志主编）卷三十九，合肥：黄山书社，第463页。

②　蒋梦麟：《蒋梦麟致罗家伦函》，《胡适遗稿及秘藏书信》（耿云志主编）卷三十九，合肥：黄山书社，第464页。

中国历史进步，欧洲文艺复兴运动的起始是要求人类本性的权利，后来引到发展自然界的新观念和研究的新方法。而中国的五四学生运动，就是这解放的起点。改变你做人的态度，造成中国的文艺复兴。解放感情，解放思想，要求人类本性的权利。这样做去，我心目中见那活泼泼的青年，具丰富的红血轮、优美和快乐的感情、敏捷锋利的思想，勇往直前，把中国萎靡不振的社会、糊糊涂涂的思想、畏畏缩缩的感情，都一一扫除[①]。

基于这种要做思想家、教育家的心理期待，蒋梦麟怎么会轻易答应汤尔和的要求呢，他的理由就是在上海的工作已经很忙，他确实无力再分散精力去顾及北大的事务。

蒋梦麟婉拒的理由实在是不太过硬，所以当汤尔和劝他半年留京，半年在沪，可兼顾而不至偏废时，蒋梦麟的理由也就不成立，反而对汤尔和的建议颇以为然。于是，在蔡元培暂时不能北上的时候，由蒋梦麟作为蔡元培的个人代表前往北大处理日常事务。至此，由 1919 年 5 月 4 日学生游行示威引发的蔡元培辞职，又由蔡元培辞职而引发的教育界风潮总算结束了。

---

① 蒋梦麟：《改变人生的态度》，《过渡时代之思想与教育》，上海：商务印书馆1933 年，第 29 页。

所谓新旧冲突：重建中国启蒙史叙事

新文化运动被视为中国的文艺复兴，是整个民族精神的重新整理。在这个运动中，即或有不同意见，但在重新振兴民族精神，重建文化体系方面，实际上并没有真正意义上的反对派。在新文化运动中有左中右的区别，但大体上说他们都是新文化运动中一个分子，只是在某些问题上偏于激进或偏于保守，偏于守成，或坚守中立，置身于局外而已。从这个意义上说，所谓的新旧冲突是存在的，但其性质可能并不像过去所评估的那样严重，新旧人物在某些观点上的对立、冲突、交锋，实际上很可能如胡适在美国留学时与梅光迪、任鸿隽的冲突一样，是朋友之间的交锋与交集，其程度可能也不像我们后人所感觉所想象的那样严重。他们的交锋与交集，其实就是你中有我、我中有你，新中有旧，旧中有新的状态，没有严格意义上的绝对的新，也没有严格意义上的绝对的旧。

建设的文学革命

胡适 1917 年年初发表的《文学改良刍议》确实抓住了近代以来中国文化的关键，是陈独秀在《甲寅》时代一直在思考的怎样在文化层面为中国寻找出路的真正落实，因而在陈独秀那里有正中下怀的感觉，只是他的老革命党人的脾气，使他觉得胡适的什么"改良"，什么"刍议"等，实在是过于不温不火，过于与旧势力周旋，过于担心旧势力的攻击，所以陈独秀甘冒全国学究之敌，高张"文学革命军"的大旗，去声援胡适，推动文学革命的进展。这样，胡适不温不火的"文学改良"就变成了陈独秀风风火火的"文学革命"。

胡适、陈独秀的主张首先获得钱玄同的支持，这一点非常具有象征意味。大家都知道钱玄同是国学大师章太炎的得意门生，都知道章太炎的文章从来都是典雅的古文，一部刻意用古汉语且尽量使用冷僻字写成的《訄书》既难倒了许多读书人，更使许多读书人甘拜下风，自叹弗如。中国读书人从来都是不懂的就是最佩服的，而懂的总是给予轻视乃至蔑视。这是章太炎成功的秘诀与法宝，也是读书界对章太炎及章门弟子仰视的重要原因。

然而人们不知道的是，章太炎其实还是近代中国白话文运动的鼻祖。大约在东京办《民报》的时候，章太炎就尝试着用白话进行演说和著述，当然这些演说和著述大致都不是纯粹的学术文字，而具有教育普及、学术普及的意味。他在那时所做的一系列演讲，后来被结集为《章太炎的白话文》出版，集子的出版时间虽然较晚，但其最初发表则在1910年创刊出版的《教育今语杂志》上。而这其中一个重要人物就是钱玄同，因为这本由张静庐策划的小书中就误收了钱玄同的一篇《中国文字略说》。这又在一定程度上说明章太炎、钱玄同师徒两人可能都比较注意白话文在述学中的可能与尝试。这个尝试似乎比胡适的尝试要早好几年。所以当胡适欲以白话作为中国文学正宗的文学改良论发表后，自然能够与钱玄同的意识接上头，获得积极反响与回应。

紧接着，刘半农也在《新青年》第三卷第三号（1917年5月1日）发表《我之文学改良观》，对胡适、陈独秀、钱玄同等人的主张予以积极回应，对胡适的"文学八事"、陈独秀的"三大主义"及钱玄同的"选学妖孽、桐城谬种"等文学主张"绝对表示同意"，复举平时意中所欲言者，提出自己的文学改良观。刘半农认为，白话文言暂时可处于相等的地位，同时主张打破对旧文体的迷信，从音韵学的角度提出破旧韵造新韵，以及使用标点符号、分段等以丰富现代汉语的表达方式和表达方法。[①]

过去的讨论，总认为刘半农的加入说明新文学的阵营在逐步扩大，但刘半农的几点新建议又表明新文学阵营中也不是意见一致。这种说法只看到了问题的表面，其实，从刘半农的学术志向和学术重心看，他的建议只是在很大程度上丰富了胡适文学改良主张的内容，并不存在新文学阵营内部分

① 刘半农：《我之文学改良观》，《新青年》第三卷第三号，1917年5月1日。

歧这样似是而非的问题。

刘半农是一个非常了不起的学者、文人。我们在前面已大致讲过他的经历，他有良好的家庭背景，成名较早，只是成名范围限于上海滩的鸳鸯蝴蝶派，所以当他后来加入北大知识分子群时，有时也被那些出身名门正宗的知识分子稍稍轻视乃至蔑视。不过正是刘半农早期鸳鸯蝴蝶派的文学经验，使他对民间文学，对白话文在文学中地位的发展可能有着不一般的个人体验，从而使他对胡适的文学改良主张非常发自内心的认同，所以他的发言和加盟不仅使新文学主张有了实践经验作为验证，而且使新文学阵营更加多样化、多元化。

新文学阵营的多样化、多元化是客观事实，其实当陈独秀的《文学革命论》发表之后，胡适就意识到这一点，就觉得陈独秀的主张与自己的主张有着很大不同，至少自己是准备以学理讨论的方式进行，而陈独秀似乎并不这样认为。

胡适致信陈独秀说，文学改良这种事情，其是非得失，非一朝一夕所能定，亦非一二人所能定。甚愿国中人士能平心静气与我们这些倡导者同力研究这个问题，讨论既熟，是非自明。我们既然已经打出文学改革的大旗，当然不会再退缩，但是我们也绝不敢以我们的主张为必是而不容他人之匡正。①

很显然，胡适的这些温和的主张如他自己所说的那样，是一种实验主义哲学的基本态度，而其之所以在这个当口再次重申，也不是没有来由。因为当他的《文学改良刍议》于

① 胡适：《胡适致陈独秀》，《新青年》第三卷第三号，1917 年 5 月 1 日。

这年年初发表后，当代古文大家也是不懂西文却是西方文学名著翻译大家的林纾就于2月8日在上海《民国日报》著文商榷，题目就叫作"论古文之不宜废"，观点鲜明，理由不足。最引人发笑也反映出林纾最诚实的一面，是他说的这样一段话：

> 知腊丁之不可废，则马班韩柳亦自有其不宜废者。吾识其理，乃不能道其所以然，此则嗜古者之痼也。[①]

林纾的这个说法原本并没有什么不妥当，但被胡适、陈独秀等人大肆渲染之后，则成为一种比较荒唐的文化主张。胡适说，"吾识其理，乃不能道其所以然"，此正是古文家之大病。古文家作文，全由熟读他人之文，得其声调口吻，读之烂熟，久之亦能仿效，却实不明其所以然。此如留声机器，何尝不能全像留声之人之口吻声调？然终是一辐机器，终不能"道其所以然"。接着，胡适以调侃的口吻挑剔林纾文中的表述毛病，用现代文法去分析林纾古文表达中的缺陷。

胡适的温和主张并不被陈独秀所接受，陈独秀或许也是基于林纾等人的刺激，以不容讨论的姿态表达自己的主张，这实际上开启了一场原本不一定会出现的文化论争。陈独秀说："鄙意容纳异议，自由讨论，固为学术发达之原则，独至改良中国文学当以白话为正宗之说，其是非甚明，必不容反对者有讨论之余地；必以吾辈所主张者为绝对之是，而不容他人之匡正之也。盖以吾国文化倘已至文言一致地步，则以

---

① 《论古文之不宜废》，《民国日报》1917年2月8日。

国语为文，达意状物，岂非天经地义？尚有何种疑义必待讨论乎？其必欲摈弃国语文学，而悍然以古文为正宗者，犹之清初历家排斥西法，乾嘉畴人非难地球绕日之说，吾辈实无余闲与之无谓之讨论也。"①

古文家的理由或许如林纾所说，"吾识其理，乃不能道其所以然"，但陈独秀的态度无疑是一种新的文化专断主义，这种文化专断主义如果所持立场是正确的如白话文学论，可能不会有什么问题，但从这个立场出发，人人都认为自己的主张是正确的，是正确到不容别人讨论只能执行、采纳的程度，恐怕问题也不少。五四新文化运动后期出现的所谓新传统主义，其实所采纳的思路、理路，都与陈独秀的主张和致思倾向几乎完全一致。

当然，正如胡适所说，陈独秀这种武断的态度，真是一个老革命党的口气。胡适等人一年多文学讨论的结果，得着了这样一个坚强的革命家做宣传者，做推行者，不久就成为一个有力的大运动了。②到1917年年底，文学改革思想已经赢得许多北大学生的热情支持。其中包括傅斯年、罗家伦。

傅斯年和罗家伦都是五四爱国运动中的风云人物，他们同时也是新文化运动中的重要代表。傅斯年（1896—1950），字孟真，祖籍江西永丰，生于山东聊城，1913年考入北大预科，三年后转入文科。傅斯年具有深厚的国学基础，所以他在北大读书时就显得与其他学生很不一样，深受当时北大教

---

① 陈独秀按语，《新青年》第三卷第三号，1917年5月1日。

② 胡适：《逼上梁山——文学革命的开始》，《胡适自传》，合肥：黄山书社1986年，第132页。

授刘师培、黄侃、陈汉章等人的器重与赞许，他们希望傅斯年能够传承刘师培的仪征学统，或者成为章太炎学派的传人，所以这些大师级的教授对傅斯年另眼相看，期待甚殷。

然而由于受到《新青年》所宣扬的民主与科学新思潮的影响，特别是当蔡元培、陈独秀、胡适等新派人物相继来到北大后，新文化的春风深刻影响和激励了傅斯年，使他从先前寻找旧学的迷梦中惊醒，转而支持新文化运动，进而成为新文化运动的主力。

1918年年初，傅斯年以"北京大学文科学生"的身份在《新青年》第四卷第一号（1918年1月15日）发表《文学革新申义》，从道义上和学理上为胡适、陈独秀等人倡导的文学革命提供声援和支持。傅斯年指出，根据他的了解，文学革命的口号虽然响彻知识界，但国人对此抱有怀疑态度的大有人在，恶之深者，斥文学革命为邪说；稍能容者，亦以为文学革命不过是异说高论，而不知其为时势所造成的必然事实。为回击反对者、守旧者对文学革命的责难，为一般怀疑文学革命价值者释疑解惑，傅斯年在这篇文章中以历史进化论的观点对文学革命必要性、必然性进行了充分阐释。[1]

紧接着，傅斯年又发表《文言合一草议》一文，对废文辞而用白话的主张深信不疑，以为文言合一合乎中国语言文化发展的必然趋势，白话优于文言，不是新文学倡导者的凭空杜撰，而是中国文化发展的必然结果：白话近真，而文言易于失旨；白话切合人情，以之形容，恰得其宜，以之达意，毕肖心情。所以在中国文学传统中，真正优秀的第一流作品

---

[1]　傅斯年：《文学革新申义》，《新青年》第四卷第一号，1918年1月15日。

如《史记》，如《汉书》，如唐诗、宋词、元曲等，其实都大量容纳、吸收了市井俚语、民间白话，历代所谓典雅文字其实都像《诗经》一样是由民间文学提升上来的，并不是文人雅士闭门造车。

在胡适、陈独秀、刘半农等人讨论的基础上，傅斯年提出"文言合一"的方案，以为文言白话都应该分别优劣，取其优而弃其劣，然后再归于合一，建构一种新的语言文字体系。他的具体办法是：对白话，取其质，取其简，取其切合近世人情，取其活泼饶有生趣；对文言，取其文，取其繁，取其名词剖析毫厘，取其静状充盈物量。简言之，就是以白话为本，而取文词所特有者，补苴罅漏，以成统一之器，重新建构一种新的语言形态。

进而，傅斯年还提出重新建构新的语言形态的十项规条，逐条分析白话、文言在代名词、介词、位词、感叹词、助词等词性中的具体运用，这就将胡适等人引起的讨论向实际创造和实际运用方面深入推进。[①]

与傅斯年情形相像的是罗家伦。罗家伦（1897—1969），字志希，浙江绍兴人。1914年入复旦公学，1917年肄业后进入北京大学文科。罗家伦具有良好的家学渊源，又与蔡元培是绍兴小老乡，因而他在北大读书期间如鱼得水，很受蔡元培的器重和栽培，所以他后来成为北大乃至全国的学生领袖，是五四爱国运动中的北大"三剑客"之一。

根据罗家伦的回忆，他的文学革命思想产生得比较早，大约在幼年时代读私塾时，他就对读死书、读天书、死读书

---

① 傅斯年：《文言合一草议》，《新青年》第四卷第二号，1918年2月15日。

的情形深恶痛绝，以为中国旧有的文化形态严重束缚了中国人的创造性灵，幼年时代的生命体验使他很早就期待文学形式能够发生一次革命性的变化，所以当胡适在《新青年》发出文学改良的呼吁后，罗家伦发自内心表示拥护，主张文学革命，强调要创造国语文学，打破古典文字的枷锁，以现代人的话，来传达现代人的思想、表现现代人的感情。

傅斯年、罗家伦的加入，为文学革命在青年学生特别是北大学生中赢得了支持者，他们在1918年和1919年所写的文章促进了文学改革在青年中的流行，渐渐减轻了文学革命来自青年学界的压力。

不过，更值得指出的是，文学改良、文学革命在1917年虽然闹得轰轰烈烈，其实那时真正站出来公开反对的也不多，静观其变、等待新文学实际成就的还是大多数，然而在那时真正用新文学、白话文完成的作品也没有出现，即便是那些在《新青年》上发表的政治散文，虽然鼓吹新思想，鼓吹文学改良、文学革命，但其表达方式差不多也都是文言，像傅斯年的几篇文章就是如此。这就构成一种反差非常强烈的讽刺，当然也引起了文学改良者的自我警醒。傅斯年自我反省道："始为文学革命论者，苟不能制作模范，发为新文，仅至于持论而止，则其本身亦无何等重大价值，而吾辈之闻风斯起者，更无论焉。"[1] 所以，到了1918年，新文学的倡导者几乎不约而同地将精力用于新文学的创造与尝试。

1918年1月起，《新青年》在北大六教授的主持下全新改版，改为完全刊登白话文作品，以崭新的面貌与读者见面，

---

[1]　傅斯年:《文学革新申义》,《新青年》第四卷第一号，1918年1月15日。

于是风气大开，知识界真正开始尝试用白话文写作各种文体。这就是胡适所期待的"建设的文学革命"。

在"建设的文学革命论"框架中，胡适宣布古典文学已经死亡，今后的中国只能是白话文的天下。他用十个大字概括"建设的文学革命论"，那就是："国语的文学，文学的国语"。所谓的文学革命，其实就是要为中国创造一种国语的文学。有了国语的文学，方才可能有文学的国语；有了文学的国语，我们的国语才可算得上真正的国语。国语没有文学，便没有生命，便没有价值，便不能成立，便不能发达。这就是胡适"建设的文学革命论"的基本宗旨。

在胡适看来，过去两千年中国文人所做的文学都是死的，都是用已经死了的语言文字做的。死文字绝不能产生出来活文学。所以，中国过去两千年只有些死文学，只有些没有价值的死文学。

简单地说，自《诗经》以下至于今，但凡有价值的文学，都是用白话作的，或者是近于白话文的。其余的都是没有生气的古董，都是博物院中的陈列品。我们为什么喜欢《木兰诗》和《孔雀东南飞》？因为这两首诗是用白话作的。我们为什么喜欢陶渊明的诗和李后主的词呢？因为他们的诗词都不是用文言写作的，而是使用了大白话。

到了近代，活文学获得了更大发展，《水浒传》《西游记》《儒林外史》《红楼梦》都是活文学的范本，都是由活文字创造的。假若施耐庵、吴承恩、吴敬梓、曹雪芹这几个人不是用白话写作的话，而是改用文言，那么这几部作品就不可能有这样强的生命力，也一定不会有这样的价值。所以胡适的结论是：中国若想有活文学，必须用白话，必须用国语，必须做国语的文学。因为死文学绝不可能产生出活文学。[①]

1918 年，被后人看作是新文学元年。这一年，新知识分子纷纷尝试白话诗的写作，并获得了初步成果。胡适后来出版的《尝试集》，被誉为新文学运动中第一部白话诗集，这部集子中的大部分作品其实都是 1918 年创作的。这部作品在思想内容上诅咒政治统治的黑暗和儒家伦理、旧礼教的虚伪，展示出个性解放、劳工神圣等进取思想，但在形式上则带有旧体诗的痕迹和白话诗的不成熟，显示出从传统诗词中脱胎蜕变、逐渐寻找试验的转型痛苦。但它确实代表了 1918 年中国新文学元年的重要成就。

在胡适的影响下，刘半农、鲁迅、沈尹默、俞平伯、周作人、朱自清、康白情、陈独秀、李大钊、傅斯年、罗家伦等人都纷纷参加白话诗的写作尝试，他们中的许多人后来成为新文学运动成长起来的新诗人。

作为文学家的刘半农，他给予中国新文学的最大贡献其实就是他的诗歌。刘半农是一个对民间歌谣、民间文艺有着独特敏感和独特认知的学者，所以他的新诗作品总是充满着浓郁的民间气息和生活感悟。1918 年 1 月，刘半农和胡适、沈尹默三人在《新青年》第四卷第一号发表了九首新诗，这是中国新诗史上破天荒的大事。刘半农的两首诗为《相隔一层纸》《题女儿小惠周岁日造像》，充分展示了作者的艺术才能、艺术想象，显示出新诗破土而出的活力和新诗的早春气息。

① 胡适：《建设的文学革命论》，《胡适全集》卷一，合肥：安徽教育出版社 2003 年，第 56 页。

相隔一层纸

一

屋子里拢着炉火，
老爷分付开窗买水果，
说"天气不冷火太热，
别任他烤坏了我。"

二

屋子外躺着一个叫化子，
咬紧了牙齿，对着北风呼"要死"！
可怜屋外与屋里，
相隔只有一层薄纸！

题女儿小蕙周岁日造像

你饿了便啼，饱了便嬉，
倦了思眠，冷了索衣；
不饿不冷不思眠，我见你整日笑嘻嘻。
你也有心，只是无牵记；
你也有眼耳鼻舌，只未着色声香味；
你有你的小灵魂，不登天，也不堕地。
呵呵，我羡你！我羡你！
你是天地间的活神仙！
是自然界不加冕的皇帝！

从这两首诗看出刘半农对生活的观察如何细致如何入微，文学表达如此动情如此细腻。所以，周作人后来在给《扬鞭集》作序时说，在当年所有的写诗人中，只有两个人最有诗人的天分，一个就是沈尹默，另一个就是刘半农。废名也在《谈新诗》中称刘半农是《新青年》时代新诗作家三巨头之一。确实，在尝试新诗写作的阵营中，刘半农的特殊经历特别是其先前鸳鸯蝴蝶派的写作经历，都为他的新诗试验提供了很好的资源，他在那段新诗试验的时间段，横枪立马，驰骋新诗试验场，功绩赫赫，出版有《扬鞭集》《瓦釜集》两部新诗集。

至于《新青年》时代新诗作家三巨头的另一大家沈尹默，他在 1918 年 1 月至 1920 年 1 月两年间，仅在《新青年》上就发表了十八首白话诗，不仅数量多，而且意蕴深、质量高。他的新诗既继承了中国古典诗歌的优秀传统，又充分借鉴了西洋诗歌的象征取意、散文诗的优点，锐意探索创新，是现代中国文学史上散文诗和象征主义新诗的源头。他在《新青年》第四卷第一号发表的《鸽子》写道：

空中飞着一群鸽子，笼里关着一群鸽子，街上走的人，小手巾里还兜着两个鸽子。

飞着的是受人家指使，带着鞘儿嗡嗡央央，七转八转绕空飞人家听了欢喜。

关着的是替人家做生意，清清白白的毛羽，温温和和的样子，人家看了欢喜；有人出钱便买去，买去喂点黄小米。

只有手巾里兜着的那两个，有点难计算。不知他今日是生还是死；恐怕不到晚饭时，已在人家菜碗里。

《新青年》同号发表的另一篇《月夜》短小精干，寓意
深远：

> 霜风呼呼的吹着，
> 月光明明的照着。
> 我和一株顶高的树并排立着，
> 却没有靠着。

这首简短的小诗具有强烈的震撼力，正像有的研究者所
解读的那样，凛冽的"霜风"与清冷的"月光"构成了一幅非
常刺眼凄凉的图画，寓意环境险恶，我自淡然、坦然，我虽
然和一株株高人并排站着，但我只是并排站着，并没有靠着，
表现了作者在霜风月光中傲然独立的心态和孤傲的情操，隐
含着一种遗世独立的心境。

至于一直被人们所称颂的著名新诗《三弦》，最初发表在
《新青年》第五卷第二号（1918 年 8 月 15 日）：

> 中午时候，火一样的太阳，没法去遮拦，让他直
> 晒著长街上。静悄悄少人行路；只有悠悠风来，吹动
> 路旁杨树。
>
> 谁家破大门里，半院子绿茸茸细草，都浮著闪闪
> 的金光。旁边有一段低低土墙，挡住了个弹三弦的人，
> 却不能隔断那三弦鼓荡的声浪。

门外坐着一个穿破衣裳的老年人，双手抱着头，他不声不响。

全诗静中有动，动静相间，层次分明，情境交融，言有限而意无穷，在静谧单调中蕴含着纯粹的美丽、美感。不说其所蕴含的深意，只说其艺术价值，就确实是新诗史上值得珍视的重要作品，标志着白话诗尝试的初步成功。

既然是尝试，当然既可能成功，也可能失败；即可能有人成功，有人失败。作为《新青年》时代最重要的新诗作家，胡适的尝试却往往受到责难，被认为是最不成功的尝试。他在《新青年》第四卷第一号发表的《鸽子》，与沈尹默的作品通题，但其意蕴似乎就有点距离：

云淡天高，好一片晚秋天气！
有一只鸽子，在空中游戏。
看他们三三两两，
回环来往
夷犹如意——，
忽地里。翻身映日，白羽衬青天，鲜明无比。

在同期《人力车夫》中，胡适写道：

"车子！车子！"车来如飞。
客看车夫，忽然中心酸悲。
客问车夫："你今年几岁？拉车拉了多少时？"

车夫答客:"今年十六,拉过三年车了,你老别多疑。"

客告车夫:"你年纪太小,我不坐你车,我坐你车,我心惨凄。"

车夫告客:"我半日没有生意,又寒又饥,你老的好心肠,饱不了我的饿肚皮,我年纪小拉车,警察还不管,你老又是谁?"

客人点头上车,说:"拉到内务部西。"

而比较沈尹默的同题《人力车夫》,立马可以看出两人的高下。沈尹默的《人力车夫》写道:

日光淡淡,白云悠悠。

风吹薄冰,河水不流。

出门去,雇人力车。街上行人,往来很多;车马纷纷,不知干些什么?

人力车上人,个个穿棉衣,个个袖手坐,还觉风吹来,身上冷不过。

车夫单衣已破,他却汗珠儿颗颗往下堕。

高下在于,胡适确实做到了怎么说就怎么写,于是就显得没有意境,没有提升,显然作者提倡有力,而试验的力度不够,天分不够。即便在思想倾向上,胡适强调面对人力车夫的两难选择:坐则于心不忍,不坐则车夫又无计为生,暴露了知识阶层、上层社会的虚伪。而沈尹默则突出天寒地冻环境下穿着破旧单衣的车夫"汗珠儿颗颗往下堕"的惨状，无言中将笔触指向劳苦大众，寄托了诗人对平民百姓的无限同情和感同身受。

在新诗写作中最有成就的当然还是俞平伯、朱自清和康白情这一批人。俞平伯（1900—1990），浙江德清人，清末学术大师俞樾的曾孙。由于良好的家庭文化背景，俞平伯1915年考入北京大学预科。受新思想新文化的熏陶，俞平伯思想活跃，思维敏锐，善于接受新事物，积极进取。1918年5月在《新青年》第四卷第五号上发表他的第一首新诗《春水》，成为中国早期白话诗最成功的创作者之一。《春水》写道：

一

五九与六九，抬头见杨柳。

风吹冰消散，河水绿如酒。

双鹅拍拍水中游，众人缓缓桥上走。

都说"春来了，真是好气候"。

二

过桥听儿啼，牙牙复牙牙。

妇坐桥边儿在抱，向人讨钱叫"阿爷"！

三

说道"住京西，家中有田地。

去年决了潆沱口，丈夫两男相继死；

弄得家破人又离，剩下半岁小孩儿"。

四

催车快些走，不愿再多听。

日光照河水，清且明！ ①

这首诗的第一节以近乎李白、杜甫白描手法反映劳动者的生活，写景抒情，清新婉曲，把雪融冰释，河水碧绿，杨柳返青，白鹅双双拍水游戏，众人缓缓桥上行的气象和景致，描写得如诗如画，历历在目，给人一种春回大地，万物复苏，生机盎然的感受，令人耳目一新。这首诗淳朴质实，自由洒脱，通俗易晓，句子长短不一，皆朗朗上口，参差错落有致，突破古典诗歌的韵律，具有非常平实的生活气息。像第一节中不仅朗朗上口，音节和谐，声调顿挫，而且用字做句精当雅洁，形象鲜明，使读者有亲临其境之感。

在五四一代新诗人中，鲁迅毫无疑问是一位重要人物，他以唐俟笔名在《新青年》第四卷第五号集中发表三首新诗作，展现了白话文入诗的成功：

梦

很多的梦，乘黄昏起哄。
前梦才挤却大前梦时，后梦又赶走了前梦。
去的前梦黑如墨；在的后梦墨一般黑；
去的在的仿佛都说，"看我真好颜色。"
颜色许好，暗里不知；
而且不知道，说话的是谁？
暗里不知，身热头痛。

---

① 俞平伯：《春水》，《新青年》第四卷第五号，1918 年 5 月 15 日。

你来你来，明白的梦。

爱之神

一个小娃子，展开翅子在空中，
一手搭箭，一手搭弓，
不知怎么一下，一箭射着前胸。
"小娃子先生，谢你胡乱栽培！
但你得告诉我：我应该爱谁？"
娃子着慌，摇头说："唉！你是还有心胸的人，竟
也说这宗话。
你应该爱谁，我怎么知道。
总之我的箭是放过了！
你要是爱谁，便没命的去爱他；
你要是谁也不爱，也可以没命的去自己死掉。"

桃花

春雨过了，太阳又很好，随便走到园中。
桃花开在园西，李花开在园东。
我说，"好极了！桃花红，李花白。"
（没说，桃花不及李花白。）
桃花可是生了气，满面涨作"杨妃红"。
好小子！真了得！竟能气红了面孔。
我的话可并没得罪你，你怎的便涨红了面孔！

唉！花有花道理。我不懂。

在《新青年》第五卷第一号，鲁迅又以唐俟的笔名发表两首诗作：

他们的花园

小娃子，卷螺发，

银黄面庞上还有微红，——看他意思是正要活。

走出破大门，望见邻家：

他们大花园里，有许多好花。

用尽小心机，得了一朵百合；

又白又光明，像才下的雪。

好生拿了回家，映着面庞，分外添出血色。

苍蝇绕花飞鸣，乱在一屋子里——

"偏爱这不干净花，是胡涂孩子!"

忙看百合花，却已有几点蝇矢。

看不得；舍不得。

瞪眼望天空，他更无话可说。

说不出话，想起邻家：

他们大花园里，有许多好花。

人与时

一人说，将来胜过现在。

一人说，现在远不及从前。

一人说，什么？

时道，你们都侮辱我的现在。

从前好的，自己回去。

将来好的，跟我前去。

这说什么的，

我不和你说什么。

很显然，鲁迅的诗，除了表达自由外，似乎还想表达某种哲理或意识，于是就难免有时显得僵硬，显得有点不像诗。不过，鲁迅的诗也证明了白话文可以用作说理文、议论文的可能性，这在他的小说及政论、杂文中得到更充分的证明，且达到了一个非常高的水平。

与鲁迅稍有不同，他的弟弟周作人的新诗创作在审美情趣上，更多强调艺术的美，不似鲁迅更多强调艺术的真，所以在新诗实践的层面上，鲁迅的诗作达到某种程度的崇高的"深"，而不似周作人的诗作在某种程度上达到和谐的"善"。

在《新青年》第六卷第二号，周作人发表了当时被称为长诗的《小河》，并破天荒地被列为杂志头条。周作人在题记中说："有人问，我这诗是什么体，连自己也回答不出。法国波特来尔（Baudelaire）提倡起来的散文诗，略略相像，不过他是用散文格式，现在却一行一行的分写了。内容大致仿那欧洲的俗歌；俗歌本来最要叶韵，现在却无韵。或者算不得诗，也未可知；但这是没有什么关系。"

小河

一条小河，稳稳的向前流动。
经过的地方，两面全是乌黑的土，
生满了红的花，碧绿的叶，黄的实。

一个农夫背了锄来，在小河中间筑起一道堰。
下流干了，上流的水被堰拦着，下来不得：
不得前进，又不能退回，水只在堰前乱转。
水要保他的生命，总须流动，便只在堰前乱转。
堰下的土，逐渐淘去，成了深潭。
水也不怨这堰，——便只是想流动，
想同从前一般，稳稳的向前流动，

一日农夫又来，土堰外筑起一道石堰。
土堰坍了，水冲着坚固的石堰，还只是乱转。

堰外田里的稻，听着水声，皱眉说道，——
"我是一株稻，是一株可怜的小草，
我喜欢水来润泽我，
却怕他在我身上流过。
小河的水是我的好朋友，
他曾经稳稳的流过我面前，
我对他点头，他向我微笑。
我愿他能够放出了石堰，

仍然稳稳的流着，

向我们微笑；

曲曲折折的尽量向前流着，

经过的两面地方，都变成一片锦绣。

他本是我的好朋友，——

只怕他如今不认识我了；

他在地底里呻吟，

听去虽然微细，却又如何可怕！

这不像我朋友平日的声音，

——被轻风挽着走上河滩来时，

快活的声音。

我只怕他这回出来的时候，

不认识从前的朋友了，

便在我身上大踏步过去：

我所以正在这里忧虑。"

田边的桑树，也摇头说，——

"我生的高，能望见那小河，——

他是我的好朋友，

他送清水给我喝，

使我能生肥绿的叶，紫红的桑葚。——

他从前清澈的颜色，

现在变了青黑，

又是终年挣扎，脸上添出许多痉挛的皱纹。

他只向下钻，早没工夫对了我的点头微笑。

堰下的潭，深过了我的根了。
我生在小河旁边，
夏天晒不枯我的枝条，
冬天冻不坏我的根。
如今只怕我的好朋友，
将我带倒在沙滩上，
拌着他卷来的水草。
我可怜我的好朋友，
但实在也为我自己着急。"

田里的草和虾蟆，听了两个的话，
也都叹气，各有他们自己的心事。

水只在堰前乱转，
坚固的石堰，还是一毫不摇动。
筑堰的人，不知到那里去了？

  周作人的这首《小河》以散文化的形式和口语化的表达技巧，描摹和表达了生命的原始动力，"小河"俨然成为万事万物生长的共同能源，诗中渗透着作者对个性自由的追求，对个性本能欲望的尊崇。《小河》实现了白话新诗对传统诗歌在形式上的突破和超越，不再追求旧诗词对格律韵脚的讲究，而是以散文化的形式，以具象去表达复杂的意象、情感，以拟人化的手法化情入景，表达更为深刻的思想内容。所以这首长诗获得文学史的高度赞美，胡适称它是新诗中的第一首杰作，以为那样细密的观察，那样曲折的理想，绝不是旧体诗所能够表达出来的，由此证明白话诗的价值与意义。朱自清认为这首长诗全然摆脱了旧体诗词的镣铐，开创并奠定了白话新诗的历史地位和美学风格。

在《新青年》第六卷第三号，周作人又一鼓作气发表了《两个扫雪的人》《微明》《路上所见》《北风》四首新诗，这样便确立了周作人在五四新文化运动中的地位，表明他是现代中国白话诗的重要开拓者之一。

与周作人同时的新诗人还有朱自清、康白情等人。朱自清（1898—1948），原名自华，字佩弦，号秋实，后因家境不好，为惕厉自己不随流合污，改名自清。原籍浙江绍兴，生于江苏扬州。1916年秋中学毕业后考入北京大学预科，翌年夏跳级投考北大本科，遂被录取至文科哲学门，与陈公博、康白情、谭平山等同班上课。课余喜读《新青年》等出版物，受新思想新文化影响颇深。1918年秋，长子出生，翌年初受室友"西妇抚儿图"触动，作新诗《睡吧，小小的人》：

> 明明的月照着，
> 微微的风吹着——
> 一阵阵花香，
> 睡魔和我们靠着。
> "睡吧，小小的人。"
> 你满头的金发蓬蓬地覆着，
> 你碧绿的双瞳微微地露着，
> 你呼吸着生命的呼吸。

呀，你浸在月光里了，

光明的孩子，——爱之神！

"睡吧，小小的人。"

夜底光，

花底香，

母底爱，

稳稳地笼罩着你。

你静静地躺在自然底摇篮里，

什么恶魔敢来扰你！

"睡吧，小小的人。"

我们睡吧，

睡在上帝的怀里：

他张开慈爱的两臂，

搂着我们；

他光明的唇，

吻着我们；

我们安心睡吧，

睡在他的怀里。

"睡吧，小小的人。"

明明的月照着，

微微的风吹着——

一阵阵花香，

睡魔和我们靠着。①

---

① 余捷（朱自清）:《睡吧，小小的人》,《时事新报》1919 年 12 月 11 日 "学灯"。

这首诗充分表达了作者对新生命的关爱和祝福，表达对未来的向往，对新生活的期待，对光明的渴望。作者的真情实感通过平易的叙述，简约的文字，口语化的表达，有一种朴素、亲切、娓娓道来的感觉。

至于康白情（1896—1945），更是五四时代的天才诗人，在陈独秀和《新青年》的影响下，康白情与他的同学傅斯年、罗家伦、毛子水等一起反对旧文化，提倡新文化，组织"新潮社"，创作白话诗，显赫一时，极负盛名，他已经不再像他的老师辈那样尝试着用现代白话去写诗，而是将白话作为一种当然的工具，所以他的诗不似先前一些尝试者那样带有旧体诗或民间歌谣的浓厚痕迹，而是典型的"诗人诗"，洋溢着诗人的气质，飘洒着诗人的气息，是真正意义上的白话诗，深刻影响了他的四川老乡郭沫若。

康白情五四时期的诗作主要发表在《新潮》杂志上，在某种程度上可以说是"新潮诗人""北大诗人"。他的《雪后》写道：

雪后北河沿的晚上，没有轧轧的车声，呖呖的歌声，哑哑的鸟声……
也没有第二个人在那里走路。
雪压的石桥，雪铺的河面，雪花零乱的河沿，……
一片莹光，——衬出那黑影迷离的两行稀树。
远天接地，弥望模糊。
隔岸长垣如带，露出了垣外遮不尽的林梢；
更缀上断断续续的残灯，——看到灯穷，知是长垣尽处。

兀的不是一幅画图！

人在画中行，
还把格呀格的脚声，偷闲暗数，——
一步！……两步！……三步！……
怎么？好像不是走在这里样呢？
溜来欲滑，踩去还酥，——
记取绒绒春早江南路。
忽见有淡淡的影儿，
才知道中天月色如许。①

　　康白情在诗中对白话的运用已经轻松自如，已经完全摆脱了旧体诗词和民间俗语歌谣的束缚，而且文字也变得比较典雅，比较诗意，不再像他的老师辈诸如胡适的白话诗那样显得直白无趣，而是有一种回味。

　　总而言之，"建设的文学革命论"经过短短几年的试验，已经取得了丰硕成果，白话既然已经可以成功地写诗，那么梅光迪、任鸿隽当年的忧虑即可消除，林纾保卫古文保卫文言的理由就根本不能成立。

适度的文学保守

　　"文学革命"以及由此引发的白话文运动，是 20 世纪中国

---

① 《新潮》第一卷第三号，1919 年 3 月 1 日。

最伟大的事件之一。它的意义之所在，不仅是中国文学载体的革命，文学形式的解放，而且是中国文化基本范式、中国人的思维习惯乃至日常生活习惯的根本革命。正是从这个意义上说，胡适的主张便不能不引起一些争论乃至反对。其中反对最力者，先有胡适的留美同学梅光迪、任鸿隽，后有著名文学翻译家林纾以及以怪杰而著称的辜鸿铭，再有北大教授刘师培、黄侃、林损及马叙伦，还有著名学者章士钊以及在现代中国颇负盛名的杂志《学衡》派的一班人，如吴宓、胡先骕等。只是由于文学革命和白话文运动毕竟代表着历史前进的方向，因此这些反对并不能达到阻挡历史前进的车轮。不过，也必须指出的是，当时间过了快一个世纪之后，反对者的言论也有值得重新检视的必要。

林纾的反对，我们在前面曾经提及，他在胡适的《文学改良刍议》发表后最先敏感地意识到这个问题的严重性，但他似乎还没有想好反对的理由，所以他说他知道古文不应当被废除，但是说不出详细的理由。他的这个还算诚实的态度遭到胡适、陈独秀等人的奚落，于是他的看法就没有受到白话文倡导者应有的重视。

林纾（1852—1924），字琴南，号畏庐，福建闽县（今福州）人。光绪八年举人，以文言翻译外国名家小说见称于世。林纾是中国传统学术文化的忠实信徒，崇尚程朱理学，但也不是盲目信从，对于理学迂腐虚伪等处，也能有清醒的意识，嘲笑"理学之人宗程朱，堂堂气节诛教徒。兵船一至理学慑，文移词语多模糊"；揭露"宋儒嗜两庑之冷肉，凝拘挛曲局其身，尽日作礼容，虽心中私念美女颜色，亦不敢少动。"这些揭露当然是理学的负面，所以他身体力行，维护礼教，试图恢复儒学正宗，指责近代以来受西方思想的影响，世风日下，人心不古，人们欲废黜三纲，夷君臣，平父子，广其自由之途辙。

在文学观念上，林纾信奉桐城派，以义法为核心，以左丘明、司马迁、班固、韩愈等人的文章为天下楷模，最值得效法，强调取义于经，取材于史，多读儒书，留心天下之事，如此，文字所出，自有不可磨灭之光气。当然，对于桐城派的问题，林纾也有认识，因此并不主张墨守成规，一味保守，而是主张守法度，但是要有高出法度的眼光；循法度，但是要有超出法度之外的道力。

在戊戌变法的前一年，林纾用白居易讽喻诗手法写了《闽中新乐府》三十二首，率多抨击时弊之作，这不仅表明他在政治上属于维新势力，而且更重要的是他在文学表现手法上的创新及对民间文学因素的汲取。所以当白话一兴，人人争撤古文之席，而代之以白话之际，林纾也在他朋友林白水等人创办的《杭州白话报》上开辟专栏，作"白话道情"，风行一时。很显然，林纾早在19世纪末年就是文学改革者，他承认旧的白话小说具有一定的文学价值，他只是温和地反对，如果人们不能大量阅读古典文学作品，汲取古典文学营养，就不能写好白话文。

所以，当胡适文学改良的主张发表后，林纾似乎本着自己的良知比较友好地提出了一些建设性的意见，表示在提倡白话文的同时，不要刻意将文言文彻底消灭掉，在某种程度上说，林纾的主张与梅光迪、任鸿隽等人都相似，就是在向更大多数民众提倡白话文，倡导读书人尽量用白话写作的同时，也应该为文言文留下一定的生存空间，至少使中国文化的这一重要载体不致在他们那一代人失传。

林纾的这个意见如果仔细想来似乎也很有道理，即便到了今天白话文已经成为文学的主体时，我们依然会觉得古文魅力无穷，是现代语言的智慧资源。然而当时的一边倒特别是陈独秀不容商量的态度，极大挫伤了林纾的情绪。1917年年初，钱玄同出面支持胡适的文学改良建议，原本是一件大好事，但钱玄同的好斗性格使他不忘顺带攻击桐城派等旧文学，并提出什么"选学妖孽，桐城谬种"等蛊惑人心的概念，这就不是简单的学术论争，而是带有一定的人身攻击的意味。

尽管如此，林纾在此后很长一段时间并没有刻意反对白话文运动和文学革命，他甚至到了1919年3月，依然为《公言报》开辟《劝世白话新乐府》专栏，相继发表《母送儿》《日本江司令》《白话道情》等，俨然为白话文运动中的一员开路先锋。

林纾其实为新文化运动中的右翼，他有心变革中国的旧文学，但又不主张将旧文学彻底放弃，他在1917年的《论古文之不宜废》反复强调古文对现代语言的资源价值，至1919年作《论古文白话之相消长》一文，亦依然论证古文白话并行不悖的道理，强调废古文用白话亦正不知所谓古文，古文白话似乎自古以来相辅相成，所谓古文者，其实就是白话的根底，没有古文根底，就不可能写出好的白话，能读书阅世，方能为文，如以虚枵之身，不特不能为古文，亦不能为白话。林纾的这些意见如果能够听进一点点，中国文学改良或许将是另外一种情形。

从林纾政治、文学观念看，很难说他就是一位极端保守的守旧主义者，他似乎只是主张在追求进步的同时，保持适度的保守，不要过于激进。林纾的本意原本只是间接和谦和的，他不过是说古文文学作品也自有其价值，不应被革弃，而应当像西方对待拉丁文那样加以保存。"古文者白话之根柢，无古文安有白话?"①这个判断在很大程度上说确实是对的，但在那时的气氛中根本没有人给予重视。

　　林纾只是友善地表达了自己的一点不同看法，然而在当时的文化氛围中，这一点点不同看法也不能被容忍。1918年3月，钱玄同和刘半农在《新青年》第四卷第三号合演了一出轰动一时的双簧戏：由钱玄同模仿所谓守旧者的口吻和笔调，化名王敬轩写了一篇攻击新文化运动的信，其中故意推崇林纾的翻译和古文；而由刘半农以《新青年》记者的身份作《复王敬轩书》，以调侃的口气点名批评林纾，以为林译西方文学名著，如果以看"闲书"的眼光去看，亦尚在不必攻击之列；然而如果要用文学的眼光去评论，那就要说句老实话，即林译名著由"无虑百种"进而为"无虑千种"，也还是半点儿文学味也没有。这种完全否定式的批评，显然已经超越一般的文学批评范畴，而带有蓄意攻击的意味了。这就不能不使林纾感到愤怒，感到痛苦，他自认为是新文学的同盟，却被新文学中的人物视为守旧，视为反动，于是他只能起来被动地消极地进行辩护辩论和说明，兼带着，也就有睚眦必报的意味了。

---

① 林纾：《论古文白话之相消长》，《中国新文学大系》"文学论争集"，上海：上海良友图书公司1935年，第80页。

1919 年 2 月 17 日，林纾在《新申报》为他特设的"蠡叟丛谈"专栏发表小说《荆生》，写"皖人田其美"、"浙人金心异"和"新归自美洲"的"狄莫"三人同游京师陶然亭。他们力主去孔子灭伦常和废文字以白话行之，激怒了住在陶然亭西厢的"伟丈夫"荆生。荆生破壁而入，怒斥三人：中国四千余年以纲纪立国，汝何为而坏之？于是伟丈夫出手痛打一顿，皖人田其美等三人抱头鼠窜，狼狈而逃。

　　这里的皖人田其美，显然是指陈独秀，田与陈本一家，这是中国史的常识；美与秀对举；浙人金心异显然是指钱玄同，钱为金，同对异；新归自美洲的狄莫当然指新近留学归来的胡适，胡为周边族群的汉人称呼，而狄则带有某种程度的歧视。至于伟丈夫荆生，或以为为段祺瑞的重要助手徐树铮，或以为是练过武功的作者本人，或以为是林纾心目中卫道英雄的化身，是理想化的英雄。

　　《荆生》的发表应该使林纾出了一口鸟气，但他似乎也有点得寸进尺，得理不饶人。紧接着，林纾又在《新申报》上发表第二篇影射小说《妖梦》。说一个叫郑思康的人梦游阴曹地府，见到一所白话学堂，门外大书楹联一副：

　　白话通神，红楼梦、水浒真不可思议；

　　古文讨厌，欧阳修、韩愈是什么东西。

　　学堂里还有一间"毙孔堂"，堂前也有一副楹联：

　　禽兽真自由，要这伦常何用？

　　仁义太坏事，须从根本打消。

　　学堂内有三个"鬼中之杰出者"：校长叫"元绪"，显然影射蔡元培；教务长叫"田恒"，显然影射陈独秀；副教务长叫

"秦二世"，显然影射胡适之。

对于这"鬼中三杰"，作者痛恨无比，骂得粗俗刻薄无聊。小说结尾处，作者让阴曹地府中的"阿修罗王"出场，将白话学堂中的这些"无五伦之禽兽"通通吃掉，化之为粪，宜矣。这显然是一种非常拙劣的影射和比附，有失一个读书人写书人的基本风骨与人格。

为林纾这两篇小说居间协助发表的是北大学生张厚载。张厚载即张豂子，笔名聊止、聊公等。生于1895年，江苏青浦人。时在北京大学法科政治系读书，1918年在《新青年》上与胡适、钱玄同、傅斯年、刘半农等北大教授就旧戏评价问题展开争论后，为胡、钱等师长所不喜。所以他后来似乎有意动员、介绍他在五城中学堂读书时的老师林纾创作影射小说丑诋胡适、钱玄同、陈独秀、蔡元培。

或许是张厚载的唆使，使年近古稀的林纾接连写了这两部只能是发发牢骚的影射小说。只是不巧的是，当林纾将第二篇小说《妖梦》交给张厚载寄往上海之后，他就收到了蔡元培的一封信，说是有一个叫赵体孟的人想出版明遗老刘应秋的遗著，拜托蔡元培介绍梁启超、章太炎、严复及林纾等学术名家题辞。

蔡元培无意中的好意感动了林纾，他们原本就是熟人，只是多年来不曾联系而已。现在自己写作影射蔡元培的小说，似乎有点不好，所以他一方面嘱张厚载无论如何也要将《妖梦》一稿追回[1]，另一方面致信蔡元培，坦言自己对新文

---

① 张厚载迅即致信蔡元培，表示稿已寄至上海，殊难中止。见《蔡元培书信集》上，杭州：浙江教育出版社2000年，第398页。

化运动的若干看法。他认为，大学为全国师表，五常之所系属，最近外间谣言纷集，这大概都与所谓新思想的传播有关。晚清以来，人们恒信去科举，停资格，废八股，复天足，逐满人，扑专制，整军备，则中国必强。现在民国将十年，上述期待都成为现实，然而国未强民未富，反而越来越乱问题越来越多。现在所谓的新思想更进一解，必覆孔孟，铲伦常为快。其实，西方国家虽然没有像中国过去那样崇奉伦常，但西方国家的伦理观念也不是现在所谓新思想所说的那样简单。他指出，天下唯有真学术、真道德，始足以独树一帜，使人景从。若尽废古书，行用土语为文字，则都引车卖浆之徒所操之语，按之皆有文法，凡京津之稗贩，均可用为教授。若《水浒传》《红楼梦》，皆白话之圣，并足为教科书，不知《水浒传》中辞吻多采岳珂之《金陀萃编》，《红楼梦》亦不止为一人手笔，作者均博极群书之人。总之，非读破万卷，不能为古文，亦并不能为白话。这是林纾关于文言白话的系统意见。

至于道德，林纾对当时所谓新道德斥父母为自感情欲，于己无恩的说法予以批评，以为当时学术界一些新秀故为惊人之论，诸如表彰武则天为圣王，卓文君为名媛，尊严嵩为忠臣等，其实都是在拾古人余唾，标新立异，扰乱思想。他认为，大凡为士林表率，须圆通广大，据中而立，方能率由无弊。若凭借自己在知识界的地位势力而施趋怪走奇之教育，则是非常危险的。很显然，林纾尽管没有直接批评蔡元培对新思想新道德的支持与纵容，但至少奉劝蔡元培善待全国父老之重托，以守常为是 ①。

《妖梦》小说没有被追回，而林纾致蔡元培的这封信却又被《公言报》于 1919 年 3 月 18 日公开发表。《公言报》为安福系的机关报，专以反对新思想、新文化，反对北京大学为能事，因此林纾原本可以与蔡元培等人达成某种妥协，却因这种机缘巧合而丧失了机会。

蔡元培收到张厚载具有挑衅性的来信后似乎非常愤怒，指责张厚载为何不知爱护本校声誉，爱护林纾。② 至于他看到林纾的公开信后，更一反温文尔雅忠厚长者的形象，勃然大怒，公开示复，就林纾对北京大学的攻击以及对陈独秀、胡适等人废弃旧道德，毁斥伦常，诋排孔孟等言论有所辨明。

就事实而言，蔡元培分三点解释辩白北大并没有林纾所说的覆孔孟，铲伦常，尽废古书这三项情事，外间传言并无根据。借此机会，蔡元培公开重申他办教育的两大主张：

一、对于学说，仿世界各大学通例，循"思想自由"原则，取兼容并包主义……无论何种学派，苟其言之成理，持之有故，尚不达自然淘汰之运命者，虽彼此相反，而悉听其自由发展。

二、对于教员，以学诣为主。其在校讲授，以无背于思想自由、兼容并包主张为界限。其在校外的言论行动，悉听自由，学校从不过问，当然也就不能代其负责。比如帝制复

---

① 林纾：《林琴南致蔡元培函》，《蔡元培书信集》上，杭州：浙江教育出版社 2000 年，第 391 页。

② 蔡元培：《复张厚载函》，《蔡元培书信集》上，杭州：浙江教育出版社 2000 年，第 398 页。

274 | 百年五四：共同的文化精神家园

辟的主张，为民国所排斥，但本校教员中照样有拖着长辫子而持复辟论者如辜鸿铭，以其所授为英国文学，与政治无涉，所以也就没有人管他；再如筹安会的发起人，被清议所指为罪人，然而在北大教员中就有刘师培，只是他所讲授的课程为中国古代文学，亦与政治无涉，所以也就没有必要由学校过问；至于嫖、赌、娶妾等事，为北大进德会所戒，教员中有喜作侧艳之诗词，以纳妾、狎妓为韵事，以赌为消遣者，苟其功课不荒，并不引诱学生与之一起堕落，则亦听之。夫人才至为难得，若求全责备，则学校就没有办法办下去。且公私之间，自有天然界限。即便如您老琴南公，亦曾译有《茶花女》《迦茵小传》《红礁画桨录》等小说，而亦曾在各学校讲授古文及伦理学，假使有人批评您老以此等小说体裁讲文学，以狎妓、奸通、争有妇之夫讲伦理学，难道不觉得好笑吗？然则革新一派，即或偶有过激之论，但只要与学校课程没有多大关系，何必强以其责任尽归之于学校呢？ [①]

　　蔡元培的解释或许有道理，但在林纾看来，他之所以公开致信蔡元培，实际上并不是指责蔡元培管理不力，而是期望他能够利用自己的背景特别与那些年轻激进分子的特殊关系，方便的时候稍作提醒，不要让他们毫无顾忌地鼓吹过激之论，对于传统，对于文学，还是持适度的保守态度比较好。他在写完致蔡元培公开信的第二天，就在一篇小文章中表露过自己的这点心迹，他表示自己多年来翻译西方小说百余种，从没有鼓吹过弃置父母且斥父母为无恩之言。而现在那

<hr>

① 蔡元培：《致〈公言报〉函并附答林琴南函》，《蔡元培书信集》上，杭州：浙江教育出版社 2000 年，第 388 页。

些年轻一辈何以一定要与我为敌呢？我林纾和他们这些年轻人无冤无仇，寸心天日可表。如果说要争名的话，我林纾的名气亦略为海内所知；如果说争利，则我林纾卖文鬻画，本可自活，与他们并没有什么关联，更没有利害冲突。我林纾年近古稀，而此辈不过三十。年岁如此悬殊，我即老悖癫狂，亦不至偏衷狭量至此。而况并无仇怨，何必苦苦追随？盖所争者天理，非闲气也。林纾似乎清醒地知道，他与胡适、陈独秀这些年轻人发生冲突，对自己并没有多少好处，肯定会招致一些人的攻击谩骂，但因为事关大是大非，他也不好放弃自己的原则听之任之。林纾决心与新文化的倡导者们周旋到底。

　　然而林纾为道义献身的想法并不被新知识分子圈所认同，当他的《荆生》《妖梦》及致蔡元培公开信发表之后，立即引起新知识分子圈的集体反对。李大钊说："我今正告那些顽旧鬼祟，抱着腐败思想的人！你们应该本着你们所信的道理，光明磊落的出来同这新派思想家辩驳、讨论。公众比一个人的聪明质量广、方面多，总可以判断出来谁是谁非。你们若是对于公众失败，那就当真要有个自觉才是。若是公众袒右你们，哪个能够推倒你们？你们若是不知道这个道理，总是隐在人家的背后，想抱着那位伟丈夫的大腿，拿强暴的势力压倒你们所反对的人，替你们出出气，或是作篇鬼话妄想的小说快快口，造段谣言宽宽心，那真是极无聊的举动。须知中国今日如果有真正觉醒的青年，断不怕你们那伟丈夫的摧残；你们的伟丈夫，也断不能摧残这些青年的精神。当年俄罗斯的暴虐政府，也不知用尽多少残忍的心性，杀戮多少青年的志士，哪知道这些青年牺牲的血，都是培植革命自由花的肥料；那些暗沉沉的监狱，都是这些青年运动奔劳的休息所；那暴横政府的压制却为他们增加一层革命的新趣味。直到今日这样滔滔滚滚的新潮，一决不可复遏，不知道那些当年摧残青年、压制思想的伟丈夫哪里去了。我很盼望我们中国真正新旧思想家，对于这种事实，都有一种觉悟。"①鲁迅也在一篇杂文中抓住林纾自称"清室举人"却又在"中华民国"维护纲常名教的矛盾性格大加嘲讽，敬告林纾您老既然不是敝国的人，以后就不要再干涉敝国的事情了罢。②《每周评论》第十二号转载《荆生》全文，第十三号又组织文章对《荆生》逐段点评批判，并同时刊发"特别附录"《对于新旧思潮的舆论》，摘发北京、上海、四川等地十余家报纸谴责林纾的文章。

巨大的压力，来势凶猛的批评，终于使林纾顶不住了，这位自称有"顽皮憨力"的"老廉颇"终于感到力不从心，寡不敌众，终于公开在报纸上认错道歉，承认自己在这一系列问题处理上失当，有过错。他在回复蔡元培的信中说："弟辞大学九年矣，然甚盼大学之得人。公来主持甚善，顾比年以来，恶声盈耳，至使人难忍，因于答书中孟浪进言。至于传闻失实，弟施以为言，不无过听，幸公恕之。然尚有关白者：弟近著《蠡叟丛谈》，近亦编白话新乐府，专以抨击人之有禽兽行者，与大学讲师无涉，公不必怀疑。"在承认自己孟浪进言的同时，也表示自己对于那些"叛圣逆伦"的言论，依然会拼我残年，

① 《新旧思潮之激战》，《每周评论》第十二号，1919年3月9日。
② 庚言：《敬告遗老》，《每周评论》第十五号，1919年3月30日。

竭力卫道，必使反舌无声，瘈狗不吠然后已。①

不过，没过多久，林纾的态度差不多根本改变。他在致包世杰书中显得痛心疾首，表示承君自《神州日报》中指摘我的短处，且责老朽之不慎于论说，中有过激骂詈之言，吾知过矣。当敬听尊谕，以平和出之，不复谩骂。②只是在文言白话之争问题上，林纾的态度似乎变化不大，依然坚信文言白话并行不悖，各有优点，不必一味使用白话而舍弃文言：故冬烘先生言字须有根柢，及谓古文者白话之根柢，无古文安有白话？近人创白话一门自炫其特见，不知林白水、汪叔明固已较各位捷足先登。即如《红楼梦》一书，口吻之犀利，文字之讲究，恐怕都不是只懂白话不懂文言者所能成就。须知贾母之言趣而得要，凤姐之言辣而有权，宝钗之言驯而含伪，黛玉之言酸而带刻，探春之言言简而理当，袭人之言贴而藏奸，晴雯之言憨而无理，赵姨娘之言贱而多怨，唯宝玉之言纯出天真。可见《红楼梦》作者守住定盘针，四面八方眼力都到，才能随地熨帖，今使尽以白话道之，恐怕就很难有这样的效果。③所以，真正优秀的文学作品固然应该以白话为主体，但根据人物性格、文化氛围，适度使用一些文言，可能比纯粹使用大白话还要好一些。

林纾"适度保守的文学改良"主张在当时并没有获得应有的尊重，尤其是没有得到新文学倡导者的重视，自然非常遗

---

① 《林琴南再答蔡孑民书》，《新申报》1919 年 3 月 30 日。

② 《林琴南先生致包世杰君书》，《新申报》1919 年 4 月 5 日。

③ 林纾：《论古文白话之相消长》，《中国新文学大系》"文学论争集"，上海：上海良友图书公司 1935 年，第 81 页。

憾。好在这个讨论并没有结束，只是由于政治环境的变化，暂时转变了方向。

传统主义与反传统主义

正如我们已经知道的那样，1919 年的五四运动并不是一个单纯的学生运动，而是先前若干年中国问题累积的必然结果，是先前若干年新思想新文化传播的必然结果，所以五四爱国运动就构成了五四新文化运动的一个必然组成部分，它在一定程度上改变了先前新文化运动前进的方向，但又在很大程度上推动了新文化运动向纵深发展。说救亡压倒了启蒙有一定道理，但并不全对。比较合理的一个说法，应该是救亡促进了启蒙，只是这个启蒙已经不再是原来意义上的启蒙，已经赋予某些新的内容。

反传统主义的兴起

正如蔡元培等人所预料的那样，五四爱国运动爆发后，学生确实不易那么容易管束了，他们尝到了学生运动的甜头，所以在此后若干年中，北京的学潮接连不断，学生们只要对政治对政府稍有不满，就发动罢课，发动游行。政府对此很头疼，于是政府的矛头对准北大，对准蔡元培，总觉得是蔡元培主持北大，放任纵容的结果。

政府对北大对蔡元培的不满，在五四大游行之前即已出现，只是没有找到适当的理由，政府不便发作，不便直接拿蔡元培是问而已。但仔细体会林纾在五四大游行之前发表的那两篇影射小说和致蔡元培的公开信，就知道当时政府对北大的不满其实已经传到社会上。林纾在公开信中说："大学为全国师表，五常之所系属。近者外间谣诼纷集，我公必有所闻，即弟亦不无疑信。"

蔡元培何止"必有所闻"，而且正为此事而烦恼。1919年年初开始，关于北大的谣传就不断，这些谣传有的是捕风捉影，有的是道听途说，有的是刻意造谣，要之，北大确实进入一个动荡岁月、多事之春。3月4日，在上海出版的《神州日报》"学海要闻"栏刊载《半谷通讯》，说北京大学文科学长陈独秀近有辞职之说。记者为此往访北大校长蔡元培，询以此事，蔡校长对于陈学长辞职之说并无否认之表示。且谓该校评议会议决，文科自下学期或暑假后与理科合并，设一教授会主任，统辖文理两科教务。学长一席，即当裁去。

《半谷通讯》的"斑竹"为北京大学法科政治系四年级学生，兼任《神州日报》记者。他的大致简历我们在前面已经说过，他或许确实与北大那些新派师长有不同意见，或许与老派师长来往密切，但是不管怎么说，他在1919年年初通过《神州日报》的《半谷通讯》栏目一再散布的消息，诸如陈独秀、胡适、陶孟和、刘半农等以思想激进受政府干涉，陈独秀态度消极，准备辞职等，虽然被蔡元培、胡适一再否认，并受到开除学籍的处分，然而我们现在需要反省的一个问题是，张厚载的这些所谓"谣言",为什么都在后来不幸而言中?

对于张厚载3月4日《半谷通讯》中的说法,显然引起了社会各界的广泛专注,流传甚广,议论纷纷,上海报纸甚至有专电以言此事者,或以为北大将发生大变故。不得已,蔡元培在半个月之后致函《神州日报》提出三点更正:

一、陈独秀并没有辞职的事情,如有以此事见询者,鄙人绝对否定之。《半谷通讯》中所谓并无否认之表示者,误也。

蔡元培信誓旦旦说这番话是在3月19日,不幸的是,此后不到一个星期的时间,3月26日,蔡元培就与汤尔和、胡适等关系诸君商量陈独秀事至深夜。

二、关于文理两科合并不设学长,而设一教务长以统辖教务。蔡元培也在声明中否认,以为此事曾由学长及教授会、主任会议议定,当时陈独秀也在场,经评议会通过,定于暑假后实行。《半谷通讯》说自学期实行,显然是不对的。至于设立教务长一人,纯粹为教务进行起见,于陈独秀是否辞职并没有必然关联。

蔡元培的这个解释其实等于否认陈独秀辞职或许是事实,因为文科不再设学长,而归诸教务处,就是《半谷通讯》中说的。而且北大《文理科教务处组织法》确实在3月1日的北大评议会上通过。更为吊诡的是,4月8日,蔡元培召集文理两科各教授会主任及政治经济门主任会议,当场议决将已发表的《文理科教务处组织法》提前实行。并由各主任投票公推教务长一人,马寅初当选。这里面虽然有许多新知识分子圈内部不易说不便说不忍说的矛盾和阴谋,但也不能一味指责张厚载是造谣生事。

三、至于张厚载在通讯中说陈独秀、胡适、陶孟和、刘半农等四人以思想激烈，受政府干涉，并谓陈独秀已在天津，态度消极，而陶孟和、胡适等三人，则由校长以去就力争，始得不去职云，蔡元培在声明中认为"全是谣言"。[①]

然而，细绎陈独秀等人在此时前后的心迹和活动，也不能说张厚载的说法全无根据，全是谣言。

陈独秀是一个敢做敢当的男子汉，性格率直，不拘小节，他在北大主持文科的时候，确实得罪过不少人。这些被得罪的人在大节上斗不过陈独秀，就只好在小节在私德上做文章，而陈独秀恰恰在这方面上是弱项。

蔡元培有心保护陈独秀，所以在1919年年初，他出面发起北大进德会，规定不嫖、不赌、不娶妾，不做官吏，不做议员，不吸烟，不饮酒，不食肉。这简直有点禁欲主义的味道。尽管如此，陈独秀也在这个戒约上签了字，成为会员。

然而入会不久，却有一个流言在北大传播，说是陈独秀逛八大胡同嫖妓。这可是一个惊天动地的大新闻，终于使那些反对派抓住了把柄。3月18日，林纾在《公言报》发表致蔡元培书，指责北大"覆孔孟，铲伦常"，大概说的就是陈独秀嫖妓这个传闻，"深以外间谣诼纷集为北京大学惜"。

林纾的信件加剧了这些传言的传播，同一天的《公言报》在"请看北京大学思潮变迁之近状"的标题下，以林纾信中所说为据，指责北大教授陈独秀、胡适等人绝对的废弃旧道德，毁斥伦常，诋排孔孟。批评陈独秀以新派首领自居，教员中

---

① 蔡元培：《致〈神州日报〉函》，《蔡元培书信集》上，杭州：浙江教育出版社2000年，第401页。

与陈独秀沆瀣一气的，主要有胡适、钱玄同、刘半农、沈尹默等，学生闻风而起，服膺师说，张大其辞者，亦不乏人。即前后抒发其议论于《新青年》杂志，近又由其同派之学生组织一种杂志曰《新潮》者，以张皇其学说，更有《每周评论》之印刷发行。顾同时与之对峙者，有旧文学一派，旧派中以刘师培为首，其他如黄侃、马叙伦等，则与刘师培结合，亦组织一种杂志曰《国故》，名义出于学生，而主笔政之健将，教员实居其多数。盖学生中固亦分新旧两派，而各主其师说。两派的杂志《新青年》《新潮》《每周评论》与《国故》等旗鼓相当，互相争辩，当亦有裨于文化。然而遗憾的是他们两派总是忘其辩论之范围，纯任意气，各以恶声相报复。

这篇文章还说，日前哄传教育部有训令给北京大学，令北大将陈独秀、钱玄同、胡适三人辞退。但记者详细调查，则知尚无其事。这虽然否认了北大将辞退陈独秀、钱玄同、胡适等人的传言，但无风不起浪，谣言依然在知识界继续流传，人们总是相信这个谣言变成事实也只是个时间问题。

由于《公言报》的这条消息直接牵涉《国故》杂志和刘师培，《国故》和刘师培即便不能认同于陈独秀等人的学术主张，但他们也不愿介入这种人事纠纷，于是《国故》杂志和刘师培很快发表声明予以驳斥。只是这个声明只涉及《国故》和刘师培自身，至于其他事项，他们当然也不愿表态。

《国故》与刘师培的声明是否受到某种压力，我们不好推测，但蔡元培有恩于刘师培，而刘师培和《国故》都是北大的人和北大的杂志，则是事实。这个事实当然使他们不希望北大内讧，即便内讧，他们也不希望这些家丑外扬①。

刘师培和国故杂志社的声明在一定程度上化解了新派教授对老派教授的怀疑，但是这个化解刚刚开始，不料又被张厚载给粉碎。张厚载大约当此时致信蔡元培，表示林纾的小说《荆生》是他转给上海《新申报》的，《半谷通讯》的栏目是他张厚载的，有关北大的那些传闻都是他张厚载所发。

张厚载的"投案自首"并没有使蔡元培感到高兴，一向对学生无限宽厚的蔡元培这次终于忍不住发火了。他告诉张厚载："在兄与林君有师生之谊，宜爱护林君；兄为本校学生，宜爱护母校。林君作此等小说，意在毁坏本校名誉，兄徇林君之意而发布之，于兄爱护母校之心，安乎，否乎？仆生平不喜作谩骂语、轻薄语，以为受者无伤，而施者实为失德。林君詈仆，仆将哀矜之不暇，而又何憾焉。惟兄反诸爱护本师之心，安乎，否乎？"②温文尔雅的蔡元培终于一反常态发怒了。

蔡元培的愤怒等于坐实张厚载、林纾所言并非全虚，尽管有的地方可能有夸大，有失实，但其毕竟是无风不起浪，总有蛛丝马迹可寻。于是北大和蔡元培的压力越来越大，于是有3月26日在汤尔和家专门讨论怎样处置陈独秀问题的会议，与会者有蔡元培、沈尹默、马叙伦和汤尔和等。而后面这三个人都是蔡元培最为倚重的浙江帮，也就是傅斯年所说的蔡元培的三个"谋客"。他们在蔡元培背后出的主意，原本都是怎样对付北洋政府的，不料今天晚上他们将精力、智慧

---

① 《北京大学日刊》1919年3月21、24日。

② 蔡元培：《复张厚载函》，《蔡元培书信集》上，杭州：浙江教育出版社2000年，第398页。

都用在怎样对付陈独秀和胡适等人身上。

按照胡适后来的说法，蔡元培颇不愿意此时"去"独秀，因为这样一来等于承认外面的谣言是对的。而汤尔和不知什么原因力言陈独秀私德太坏，并根据外间传言添油加醋地渲染陈独秀狎妓事，说陈独秀与北大诸生同嫖一妓，因而吃醋，陈独秀将该妓女下体挖伤以泄愤[①]。汤尔和认为此种行为如何可作大学师表。这个说法其实与林纾的攻击一致。

汤尔和滔滔不绝讲了几个小时，劝蔡元培解除陈独秀的聘约，并要制约胡适一下，其理由无非是要保存机关、保存北方读书人一类似是而非之谈。

蔡元培一直不说一句话，直到汤尔和等人说了几个钟头后，方才点到问题的根本。汤尔和说，如果我们一味保护陈独秀，那么北洋政府就不会放过北大，那么我们多年来的辛苦就将付诸东流。这句话真的打动了蔡元培。蔡元培站起来说："这些事我都不怕，我忍辱至此，皆为学校，但忍辱是有止境的。北京大学一切的事，都在我蔡元培一人身上，与这些人毫不相干。"[②]

而且，那时，蔡元培还是进德会的提倡者，所以当听了汤尔和等人所讲的陈独秀那些"私德"后，也不好再为陈独秀辩护。于是陈独秀从此之后似乎就与北大没有太多关系，尽管蔡元培后来出于私意并没有让陈独秀立马离开北大。

---

① 汤尔和：《汤尔和致胡适》，《胡适来往书信选》（中国社会科学院近代史研究所中华民国史组编）中，北京：中华书局1979年，第289页。

② 傅斯年：《我所敬仰的蔡先生之风格》，《蔡元培先生纪念集》，北京：中华书局1984年，第81页。

对于这件事情的真相，胡适在十几年后看到汤尔和当年的日记曾有过探究，他认为，嫖妓是北大文科学长陈独秀和理科学长夏元瑮两个人都干的事，这也是老北大的"传统"和京师大学堂的"遗风"。但是这个事情非常私密，究竟有谁看见过？及今思之，岂值一噱？胡适说他个人当年就对这件事情的真实性表示过怀疑，当时小报所记，道路传闻，都是无稽之谈，而学界领袖乃视为事实，视为铁证，岂不可怪？后来仔细想来，当时外人借私行为攻击陈独秀，明明是攻击北大新思潮的几个领袖的一种手段，而汤尔和等几个人亦不能将私行为与公行为分开，终于堕入奸人术中了。

胡适还告诉汤尔和，他当时就怀疑沈尹默等几个"反复小人"造成了一个攻击陈独秀的局面，而汤尔和不察，就做了他们这几个小人的代言人了。胡适还说，沈尹默后来用种种方法排挤他胡适，只是他胡适毕竟不是陈独秀有小辫子在他们手上，所以胡适就采取"不僦不睬"处之，因为他胡适向来不屑同沈尹默这种人作敌对的。[①]

至于沈尹默等人为什么要与陈独秀等人作对，一个最重要的说法是陈独秀曾经很刻薄地贬损沈尹默的书法，而沈尹默的书法自认为不得了，他后来也确实以书法名家传世。所以现在许多不知道当年细节的，反而说是陈独秀当年一句刻薄的话成就了沈尹默这个大书法家，不知道陈独秀为这句话所付出的代价。

当然，历史上许多事都是很难说得清利弊得失的。陈独

---

① 胡适：《胡适致汤尔和（稿）》，《胡适来往书信选》（中国社会科学院近代史研究所中华民国史组编）中，北京：中华书局1979年，第290页。

秀离开北大不多久，就参与创建中国共产党，成为中共早期重要领导人之一，所以汤尔和多年后依然坦然对胡适说，即便没有1919年3月26日夜的谈话，陈独秀也不会在北大继续待下去。陈独秀当然为不羁之才，岂能安于教授生活，即便没有那天晚上的事，他也必脱辔而去。而且，汤尔和继续认为，大学师表，人格感化胜于一切，至少亦当与技术文章同其分量。以陈独秀当年之浪漫行为置之大学，终嫌不类。即便从后来发生的事实看，汤尔和还告诉胡适：如果当年不与陈独秀分道扬镳，则以后接二连三的极大刺激，你老兄的自由主义立场能否不生动摇，其实都是值得怀疑的。[①] 这就将历史已经发生的事情，都视为当然。果如此，即便陈独秀看到汤尔和这样的议论，也真的无话可说。

汤尔和、沈尹默、马叙伦，都是蔡元培的左膀右臂，又与陈独秀、胡适、钱玄同一样，同属于新文化的阵营，所以陈独秀在北大的遭遇，就很难像旧教科书所说，是受到了旧势力的攻击和排挤，其实是新派势力内部倾轧，内部斗争，只是借助于旧派人物作掩护，做招牌而已。

正如汤尔和所认为的那样，陈独秀绝对是一个有性格的男子汉，他当年推荐陈独秀到北大来或许正是看上这一点，现在要让陈独秀出局，或许也是因为这一点。然而从陈独秀的立场看，不管怎样说，这一次离开北大毕竟是夜走麦城，所以他在4月11日途中遇到汤尔和时，"面色灰败，自北而南，以怒目视"，内心的愤怒溢于言表。而汤尔和也只好自嘲为"亦

---

① 汤尔和：《汤尔和致胡适》，《胡适来往书信选》（中国社会科学院近代史研究所中华民国史组编）中，北京：中华书局1979年，第291页。

可哂已"。①

　　紧接着，陈独秀理所当然走上更为激烈的反叛之路，他在整个五四爱国运动期间似乎都没有闲着。蔡元培5月9日离京出走后，陈独秀在上海的朋友估计他在北京也肯定会有许多危险和困难，函电他早日南下。陈独秀回答道："我脑筋惨痛已极，极盼政府早日捉我下监处死，不欲生存于此恶浊之社会。"②6月8日，陈独秀在《每周评论》上发表文章，表示人类文明的发源地就是研究室和监狱这两个地方，只有这两个地方发生的文明才是真文明，才是有生命有价值的文明，表示他愿意出了研究室进监狱。6月11日，北洋政府的军警终于成全了陈独秀的愿望，以散发传单为理由将陈独秀拘捕，并终于将陈独秀逼上一条充满荆棘的革命之路。

　　北大内部的纠纷有着复杂背景，像陈独秀案只是新派知识分子内部纠纷的一种表现，更多的当然还是新旧两种思想观念的冲突。从前面的论述中，我们没有忘记另外一条线索，那就是北大之所以惹来外部麻烦，其实就是从1919年1月1日出版发行的《新潮》杂志开始。林纾、张厚载以及报章杂志如《公言报》的批评说到《新潮》，而最直接的警示，则是对北大爱护有加的教育部长傅增湘。傅增湘3月26日致函蔡元培说："自《新潮》出版，辇下耆宿对于在事员生，不无微词"；"国学靡敝，士之秀且杰者，谋所以改弦而更张之。笃旧之伦，疾首疚心，为匡捄废坠之计，趋涂虽殊，用心则一。

①　胡适：《胡适手抄汤尔和日记和跋》，《胡适来往书信选》（中国社会科学院近代史研究所中华民国史组编）中，北京：中华书局1979年，第283页。
②　《陈独秀案之大疑团》，《民国日报》1919年6月23日。

异同切劘，互资进行，尊闻行知，无妨殊轨。近顷所虑，乃在因批评而起辩难，因辩难而涉意气。倘稍逾学术范围之外，将益启党派新旧之争，此则不能不引为隐忧耳。吾国伦理道义，人群纪纲，镌于人心，濡于学说，阅数百千年。其间节目条教，习惯蜕衍，或不适于现代，亦属在所不免。然而改革救正，自有其道。以积渐整理之功，行平实通利之策，斯乃为适。凡事过于锐进，或大反乎恒情之所习，未有不立蹶者。时论纠纷，喜为抨击，设有悠悠之辞，波及全体，尤为演进新机之累。甚冀执事与在校诸君一扬榷之，则学子之幸也。鄙意多识蓄德，事属一贯。校内员生，类多闳达，周知海内外名物之故与群治之原。诚能朝益暮习，与时偕行，修养既充，信仰渐著，遵循轨道，发为言论，自足以禽服群伦。若其以仓卒之议，翘于群众，义有未安，辄以滋病，殆有未可。至于学说流裔，如长江大河，支派洄洑，无可壅阏，利而导之，疏而瀹之，毋使溃溢横决，是在经世之大君子如我公者矣。"[1]由此可见，傅增湘对《新潮》所代表的激进思想的高度关注，当然他也肯定受到来自政治高层和守旧势力的压力。

傅增湘确实受到政治高层和守旧势力的压力，正如同研究者和许多文献都记载的那样，段祺瑞和安福系对蔡元培的教育理念很不感兴趣，他们其实一直在关注着蔡元培和北大的动静，担心教育上出问题，担心学生闹事。所以在蔡元培、陈独秀，乃至汤尔和、马叙伦、沈尹默等人的理念和防范看，其实也是一直在提防着段祺瑞和安福系的黑手。

① 傅增湘:《傅增湘致蔡元培函》,《蔡元培书信集》上, 杭州:浙江教育出版社 2000 年, 第 404 页。

说来其实也很奇怪。段祺瑞和安福系的主要人物都来自安徽，而陈独秀、胡适这些人也是安徽人，但是这两股安徽势力各自争锋，他们就是不愿意交叉不愿意沟通，宁愿与外省人一起收拾安徽人。所以陈独秀在6月被捕时所散发的传单，其主要斗争矛头就是段祺瑞和安福系的徐树铮、段芝贵等人。

　　大约在3月末，安福系参议员张元奇以北大教员、学生鼓吹新思潮的"出版物实为纲常名教之罪人"，特地前往教育部，请教育总长傅增湘加以取缔，当时携去《新青年》和《新潮》等杂志为证。张元奇还表示，如教育总长对此无相当之制裁，则将由新国会提出弹劾教育总长案，并弹劾大学校长蔡元培。但据新国会中的人说，弹劾案的提出须得到多数议员的赞成，此次张元奇表示要弹劾傅增湘，只不过是参议院中少数耆老派的意见，并不能形成参议院的共识。张元奇向傅增湘提出警告，不过是恫吓而已。[①]

　　尽管张元奇和安福系一时还没有足够的理由搬倒傅增湘和蔡元培，但他的恫吓也不能不引起傅增湘的重视。4月1日，蔡元培应傅增湘的要求到教育部面谈一切。由于年初以来外间议论纷纷，《新青年》早在2月15日出版的第六卷第二号开篇就刊登大字声明，否认《新青年》与北大有直接的隶属关系。声明指出，"近来外面的人往往把《新青年》和北京大学混为一谈，因此发生种种无谓的谣言。现在我们特别声明：《新青年》编辑和做文章的人虽然有几个在大学做教员，但是这个杂志完全是私人的组织，我们的议论完全归我们自己负责，和

---

① 《申报》1919年4月1日。

北京大学毫不相干。"①这个声明一方面告诉我们外间的谣传还真的不少，而且时间也比较早，另一方面为保护北大和蔡元培，陈独秀等人理直气壮地声明这个杂志与北京大学无关。

《新青年》编辑部的声明减轻了蔡元培的一个压力，蔡元培需要向傅增湘并通过傅增湘向安福系说明的只是《新潮》杂志的问题。

《新潮》确实是经蔡元培、陈独秀同意出版的一个刊物，其经费补助也来自北大官方。根据傅斯年的回忆，他与罗家伦、顾颉刚、潘家洵（介泉）、徐彦之（子俊）等同学在蔡元培思想自由、兼容并包教育理念影响下，觉得应该成立一个社团，创办一个杂志，表达一些主张，为自己将来走向社会提供一次锻炼的机会，所以他们想到了创办新潮社，创办《新潮》杂志，并由徐彦之找文科学长陈独秀汇报，得到陈独秀的大力支持。陈独秀表示："只要你们有办的决心和长久支持的志愿，经济方面可以由学校担负。"所以说，《新潮》当然是北大的刊物，尽管是以学生为主体。

有了陈独秀的表达和支持，傅斯年等人加快了筹备步伐。1918 年 10 月 13 日，他们召开第一次预备会，确定了杂志的基本宗旨：

一、批评的精神；

二、科学的主义；

三、革新的名词。

基于这三点宗旨，徐彦之将杂志的英文名字定为：The Renaissance，直译应该是"文艺复兴"，而中文名词在罗家伦

---

① 《新青年编辑部启事》，《新青年》第六卷第二号，1919 年 2 月 15 日。

的坚持下定为"新潮"，其实也蕴含着英文的意思，两个名词恰好可以互译。11月19日，开第二次会，把职员举妥，着手预备稿件。北大图书馆馆长李大钊把图书馆的一个房间拨给新潮社使用，北大出版部主任李辛白帮助他们把印刷发行等事情搞定。于是到了1919年1月1日，《新潮》如期面世。

《新潮》出版之后很快发生很大的影响，有几家报纸几乎天天骂《新潮》，几乎将骂《新潮》作为他们职业。甚至在北大的某某几个教员休息室里，也从此多事。傅斯年等人不免有受气负苦的地方，甚而至于树若干敌，结许多怨，尤其是傅斯年和罗家伦两个人，更是因此成为许多人攻击的对象。特别是有位"文通先生"，一贯和北大过不去，所以当《新潮》出版两期之后，他又开始看不惯，有一天拿着两本《新潮》和几本《新青年》送给地位更高的一个人看，加了许多非圣乱经、洪水猛兽、邪说横行的评语，纵容这位地位最高的来处治北大和傅斯年等人。

这位地位最高的交给教育总长傅增湘斟酌办理，并示意蔡元培辞退大约是陈独秀、胡适这两位教员，开除大约是傅斯年和罗家伦这两位学生。这就是当时传言的所谓"四凶"。他们两个是《新青年》的编辑，两个是《新潮》的编辑。所以仔细阅读蔡元培复林纾的信，可以感觉到蔡元培在那封信里，并不只是对林纾说话，而且是向徐世昌喊话。

接着就是所谓新参议院的张元奇找到傅增湘，要求查办《新青年》《新潮》和蔡元培，弹劾傅增湘。再接着，就是林纾即傅斯年所说的那位"林四娘"找到"他的伟丈夫"徐树铮。接着就是老头子们啰唣当局，当局啰唣蔡元培。接着就是谣言大起。校内校外，各地报纸上，甚至辽远若广州，如成都，也成了报界批评的问题。谁晓得他们只会暗地里投入几个石子，骂上几声，啰唆几回，再不来了。按照罗家伦在《北京大学与五四运动》中的说法，这位"文通先生"就是江瀚，而那位"地位最高"的，就是大总统徐世昌。①

按照傅斯年当时的说法，《新潮》之所以在创刊仅仅两期时就遭到如此磨难，主要的还不是《新潮》本身，而是"由于《新青年》记者"，《新潮》不过占了一小小部分。②那么《新青年》究竟在哪些问题上被这些人盯上了呢？

根据陈独秀 1919 年 1 月 15 日所写的《〈新青年〉罪案之答辩书》，《新青年》确实被许多人甚至一些青年学生视为"离经叛道的异端，非圣无法的叛逆"，看作"邪说、怪物"。至于具体内容，根据陈独秀的归纳，大致有这样几项：无非是破坏孔教，破坏礼法，破坏国粹，破坏贞节，破坏旧伦理（忠孝节），破坏旧艺术（中国戏），破坏旧宗教（鬼神），破坏旧文学，破坏旧政治（特权人治），共九条。而追本溯源，《新青年》之所以被那些人视为洪水猛兽，视为异端邪说，只是因为拥护那德莫克拉西（Democracy）和赛因斯（Science）两先生。理由是：要拥护那德先生，便不得不反对孔教、礼法、贞节、旧伦理、旧政治；要拥护那赛先生，便不得不反对旧艺术、旧宗教；要拥护德先生又要拥护赛先生，便不得不反

---

① 《传记文学》1978 年第 5 期。

② 傅斯年：《〈新潮〉之回顾与前瞻》，《傅斯年全集》卷一，长沙：湖南教育出版社 2003 年，第 292 页。

对国粹和旧文学。① 所以，我们要谈五四新文化运动中的所谓"全盘反传统"，所谓"全盘西化"，都应该按照这个线索去探究。

打孔家店或打倒孔家店

按照陈独秀等人的解释和自我答辩，五四新文化运动倡导者的主要目的就是改造强盗世界，创造少年中国。其主要方法之一就是"输入学理"，用新思想代替旧思想，用新观念代替旧传统。中国传统思想的核心是以孔子学说为主干的儒家思想。儒家思想在中国历史上曾经起过积极的作用，但到了近代以后，由于中国社会经济情况的变化，儒家思想已越来越不能适应现代社会的需要，正在成为社会进步、经济发展的障碍。尤其是在袁世凯当政之后，出于稳定社会秩序和帝制复辟的双重需要，袁世凯默许乃至纵容尊孔活动，更使儒家思想在新知识分子阶层中失去信仰。

1912年，梁启超的弟子陈焕章和一批旧文人沈曾植、梁鼎芬以及严复等人在上海成立孔教会。1913年，在袁世凯一手操纵下制定的《天坛宪草》竟然明定"孔子之道必须是国家教育中人格培养之基础"的条款，遂引起思想界激烈的争论。特别是在袁世凯企图复辟帝制的时候，更是卖力地借助于孔教正统思想的支持，不仅发布祭孔的命令，而且下令封孔子

---

① 陈独秀:《〈新青年〉罪案之答辩书》,《独秀文存》,合肥:安徽人民出版社1987年,第243页。

的后裔。所有这些都引起新知识分子的激烈反对。

围绕着孔教问题的争论并没有随着袁世凯的死亡而结束。1916 年 8 月，一些国会议员继续重提在宪法草案中确立孔教的地位问题。康有为甚至还致信大总统，以为孔子的学说已统治中国两千年之久，一旦废弃，中国必将分崩离析，"无孔教，即无中国"。

辛亥革命后传统主义和新传统主义的泛滥，引起了新知识界的极端反感和不满，因为即便新传统主义者所说的社会乱象都是事实，那么也不能将这种社会乱象的根源推给新思想的传播，为文化保守主义提供口实。

针对文化保守主义的观点，新知识分子借助于"德先生"和"赛先生"开始了对传统理论观念的攻击。他们的目标首先是要破除孔子学说的至上权威，打破儒家思想两千年来对中国政治、伦理思想不容置疑的统治地位。当《青年杂志》刚创刊的时候，就发表过几篇攻击孔子学说的文章。1916 年，易白沙的《孔子平议》在《新青年》上发表，力图"一扫两千年来孔教信仰的秘密"，最早对儒家学说、孔子伦理发动攻击，以为孔子思想中包含有许多为独夫民贼所利用的东西，实为中国专制主义政治文化的思想土壤。易白沙的观点在思想界引起极大反响。

如前所说，易白沙虽然原籍湖南，但其自幼追随父辈长期生活在安徽，1903 年应邀赴安徽执教，主持怀宁中学，继为师范学堂、旅皖湖南中学堂校长，较长时间在安徽怀宁一带从事教育事业。而怀宁就是陈独秀的老家，所以易白沙在某种程度上说与陈独秀算是半个小老乡，他们的相识应该比较早。他们后来一同在二次革命后流亡日本，一同为《甲寅》杂志撰稿，一起于1915年6月自日本回国创办《青年杂志》。陈独秀、易白沙应该是最亲密的朋友。

在与陈独秀、章太炎等革命志士的交往及感召下，易白沙的思想渐趋激进，他越来越觉得中国几千年专制主义传统的形成很可能与儒家思想独尊而非儒学派被严重遏制有着密切的关联，所以他个人越来越倾向于设法恢复或者说重建非儒学派的思想传统，以消逝已久的墨家学说特别是墨家中"尚同""非攻""兼爱"等去与西方近代的自由、平等、博爱思想相嫁接，以自由平等博爱的现代普世价值替代不合乎现代需要的儒家伦理。

易白沙的《孔子平议》是儒学史上的一篇重要文章，是历史上第一次揭示儒家思想与现实生活不合的一面，特别是从西方思想层面发问，就显得这篇文章更有理论深度，率先揭开儒家思想与专制主义的内在关联，指出现代中国未来发展的基本走向。

在《孔子平议》中，易白沙认为，中国两千年持续尊孔的大秘密，就在于历代统治者都能够利用孔子为傀儡，垄断天下之思想，使思想失去应有的自由，使思想总是摆脱不了儒家的束缚。所以，易白沙给儒家思想的定义就是"帝政主义"，儒家思想的精义在于谄谀帝王，以维护一己之私利，与共和精神是根本不相容的。他的几个最基本判断是：

孔子尊君权漫无限制，易演成独夫专制之弊；

孔子讲学不许问难，易演成思想专制之弊；

孔子少绝对主张，易为人所借口；

孔子但重作官，不重谋食，易入民贼牢笼，为独夫民贼作百世之傀儡；

基于这几个基本判断，易白沙认为孔子的希望不在素王，是在真王，所以各国诸侯都疑孔子是一个有政治野心的危险人物，所以孔子凄凄惶惶周游列国，依然没有哪个诸侯敢用他。①

易白沙对孔子和儒家学说的批判和非议并不是简单的感情用事或谩骂，而是有比较深厚的学理基础，他确实比较系统研究过儒家思想，研究过中国政治史。他在1916年写的《帝王春秋》中，对历史典籍所记载的历代帝王种种丑行集中展示，以详尽的史料揭露两千年的中国史就是一部"吃人"的历史，这对鲁迅后来的创作应该说有直接的启发。

《帝王春秋》分人祭、杀殉、弱民、媚外、虚伪、奢靡、愚暗、严刑、奖奸、多妻、多夫、悖逆等十二个方面，将中国历史上残贼百姓的元恶大凶一一表露出来，以此追究中国两千年停滞不前的根源主要在于君主专制主义的绝对统治，而始终没有建立起可以遏制皇权的法制体系。

按照儒家理论，人治的最高境界是圣人之治，然而在现实生活中，历代君主帝王耳目失聪的庸主多，具有雄才大略、文治武功的圣主少或根本不见。一国之权系于庸主一人，专制王权下的奇特现象便层出不穷，有身居宫中二十年不见大臣的帝王，有动辄与外间交通断绝自我封闭的君主，即便历史上有个别刚明之主，也往往被身边佞幸阿谀奉承，飘飘然不知今昔是何年。按照易白沙的分析，在人民不能当家做主，

---

① 易白沙：《孔子平议》，《青年杂志》第一卷第六号，1916年2月15日。

政治权力不在人民手里的时候，君主专制主义政治制度所能诞生的只能是庸才、奴才，最好也不过是为君主一人负责的家奴。这种制度必然给国家给民族带来无穷祸害。

专制主义者从来只关心手中的权力，从来都是把自己的利益说成是全民的整个社会的利益，其实他们根本不会顾及人民的利益和整个社会的利益，他们的心中从来都分得清"你们"与"我们"。为了"我们"可以牺牲"你们"，所以君主专制体制下必然实行愚民政策，使百姓都成为只关心油米盐柴日常生活的小人，成为政治上的驯服羔羊。于是两千年的中国政治和百姓无关，只是一家一姓之兴亡。而这种专制主义的思想基础，在易白沙看来，就是儒家伦理和孔子思想。

易白沙虽然对孔子表现出不恭，但尚未从根本上排斥孔子，批评孔子。他也从历史主义的立场，承认孔子学说在中国历史上具有非常大的正面作用，以为孔子当春秋之季世，虽称显学，不过九家之一。主张君权，但于七十二诸侯，复非世卿，倡均富，扫清阶级制度之弊，为平民所喜悦。故天下丈夫女子，莫不延颈举踵而愿安利之。所以说，孔子学说也有其适应和代表所处时代之要求的一面，有其历史价值。孔子的问题是他死后被历代君主帝王所利用，片面发展孔子思想中尊君独裁的内容，为专制君王服务。这当然并不都是孔子的责任，但是孔子之所以被利用，其有自可利用之处，所以两千年中国历史中的问题，孔子也就不能辞其咎。易白沙大体上对孔子和儒家思想采取一种历史主义的观点，并没有从根本上彻底排斥孔子和儒家思想，而真正从根本上排斥孔子和儒家思想的则是吴虞与陈独秀等人。

吴虞被胡适誉为"只手打孔家店"的老英雄，誉为"中国思想界的清道夫"，他在五四新文化运动中的最大贡献，就是比较系统地对孔子思想和儒家学说进行了清算。这当然也与其个人独特的生命体验相关联。

吴虞早年隐居乡下，即怀"非儒"之论，"戊戌以后，兼求新学"①，倾心于西方近代社会政治学说，"不顾鄙笑，搜访弃藏，博稽深览，十年如一日"，为"成都言新学之最先者"②。1905 年，吴虞留学日本，就读于东京政法大学，"习其政治，廿年来所讲学术，划然悬绝"③。吴虞 1906 年在日本所作《中夜不寐偶成八首》，声言"孔尼空好礼，摩罕独能兵。遭祸庸奴少，违时处士轻。最怜平等义，耶佛墨同情"，表现出浓厚的"非儒"倾向。

1907 年，吴虞毕业归国，从事教育，继续以所学西方近代社会政治学说反孔"非儒"，"大与时俗乖忤"，"愈觉悟儒家之非，其间每有所感，就托意于诗文"④。吴虞认为，"中国自秦以来，以愚黔首为上策"，这一基于儒家所谓"民可使由之，不可使知之"的统治路线，给中国带来了极大的灾难。中国千百年来最大的失误，恐怕只在于没有造成"完全之国民"，政府政策虽有时"适乎时势之需要，而一国人民之智识能力，

---

① 吴虞：《邓守瑕〈荃察余斋诗文存〉序》，《吴虞集》，成都：四川人民出版社 1985 年，第 141 页。

② 廖平：《骈文读本序》，《蜀报》第 2 期，1910 年 9 月。

③ 吴虞：《邓守瑕〈荃察余斋诗文存〉序》，《吴虞集》，成都：四川人民出版社 1985 年，第 141 页。

④ 〔日〕青木正儿：《吴虞的儒教破坏论》，《吴虞集》，成都：四川人民出版社 1985 年，第 479 页。

不足以应之"。就拿共和制度来说吧，如中国"单简之社会，则无以造完全之学人，蕞尔之国民，则难以建共和之大国也"。任何社会制度的选择，均应与该社会民众的一般智识水平相一致。"其民愈智者，其国愈尊；其教愈博者，其化愈优"。中国当前最大的问题似乎不在君主立宪或共和民主之间的选择，其要在于提高民众觉悟，"祛壅塞扞格之弊，若手臂之相为用，而后可以收富强之效"①。这样，吴虞基于对中国历史文化的分析，得出了和严复、梁启超等人同样的结论，即开民智。

严复、梁启超的所谓开民智，是立足于提高民众文化素质，而吴虞则是以开民智为前提，对千百年来的统治思想儒家文化进行了严厉的批判和指责。他指出，天下大患有两个最致命的问题，一是君主专制，一是教主专制。"君主之专制，钤束人之言论；教主之专制，禁锢人之思想。君主之专制，极于秦始皇之焚书坑儒、汉武帝之罢黜百家；教主之专制，极于孔子之诛少正卯、孟子之距杨、墨"。一个国家的学术思想状况如何，犹如一个人的精神状态，没有新思想和新言论，国家便无从兴盛，"盖辩论愈多，学派愈杂，则竞争不已，而折衷之说出，于是真理益明，智识益进，遂成为灿烂庄严之世界焉。故知专制者，乃败坏个人品性之一大毒药也。夫与己不同道，则诋为异端，詈为邪说，不以为非圣无法，即以为畔道离经，斯诚社会之污点，学术家之深耻也。而儒家则不惮而恒蹈之"。如孟子之攻击杨、墨，也只是门户意气之私见，而实未窥见杨、墨学说的真实用意，"有入室操戈，扤吭

---

① 吴虞：《读管子感言以祝蜀报》，《吴虞集》，成都：四川人民出版社 1985 年，第 11 页。

拊背之胜算也"①。因此，吴虞向往"思想自由之风潮"。

基于这样的认识和吴虞特殊的家庭环境，1910 年 11 月，吴虞发表《家庭苦趣》一文，不仅揭露了乃父的丑恶行为，而且认识到其父的行为"亦孔教之力使然"，进一步坚定了他对儒家伦理的批判态度。他指出，在儒家精神的影响下，"中国偏于伦理一方，而法律亦根据一方之伦理以为规定，于是为人子者，无权力之可言，惟负无穷之义务。而家庭之沉郁黑暗，十室而九；人民之精神志趣，半皆消磨沦落极热严酷深刻习惯之中，无复有激昂发越之概。其社会安能发达，其国家安能强盛乎？"正是这种强烈而又直接的刺激，使吴虞对中国传统社会条件下的家族制度进行了全面的批判和清算。

吴虞认为，中国之所以两千年来"颠顿于宗法社会之中而不能前进，推原其故，实家族制度为之梗也"。家族制度强调贵贱等级，推崇忠孝节义，把孝的观念推而广之，用之于整个社会，它看重的不是人人生而平等的原则，而是先天性的不平等。因此，在中国历史上，"家族制度之专制政治，遂胶固而不可以分析"，儒家以"孝弟"二字为基本精神的伦理观念也"为二千年来专制政治与家族制度联结之根干，而不可动摇"②。

对儒家伦理观点及其所支持的家族制度，吴虞从孝与礼两个方面进行了批判。他认为，儒家的全部伦理道德和社会意识，都是建立在"孝"的基础上的。在一家之中，由家长

① 吴虞：《辨孟子之辟杨墨之非》，《吴虞集》，成都：四川人民出版社 1985 年，第 14 页。

② 吴虞：《家族制度为专制主义之根据论》，《吴虞集》，成都：四川人民出版社 1985 年，第 63 页。

专制，强调孝的道德，造成明显的不平等和大多数家庭的不幸。在中国，由于宗法、血缘关系的牢不可破性，近代意义上的民族国家一直没有真正建立，近代中国的所谓国不过是家的放大而已。一国之君主，便是一家之家长。不论这个君主是如何昏庸残暴，都由于其家长地位的至上性而不受到限制，一国的人民也只能像一家之子女那样来"孝顺"君主，而这个"孝"的政治性术语，便是"忠"。这种以孝忠观念支撑的社会秩序，对除君主之外的每一个人来说，尽管奖之以名誉，诱之以禄位，实际上毫无平等之感，而是一种典型的愚民政治，其结果是把中国变成一个制造"顺民的大工厂"。吴虞强调，如不打破、抛弃儒家的忠孝观念，就不可能造成新的国民，中国欲实现共和，只能是一种美妙的幻想。他说："是故为共和之国民，而不学无术，不求知识于世界，而甘为孔氏一家之孝子顺孙，挟其游獥怒特蠢悍之气，不辨是非；囿于风俗习惯酿成之道德，奋螳臂以与世界共和国不可背畔之原则相抗拒，斯亦徒为蚍蜉蚁子之不自量而已矣！"[①]

在吴虞看来，中国传统社会中与忠孝观念相得益彰，有功于历代统治者的莫过于儒家所倡导的"礼"。他认为，忠孝观念要求人们进行自觉的道德反省，而礼或儒家倡导的礼教则带有某种强制性的道德规范。吴虞吸收了鲁迅对中国传统文化的批判，以为正如鲁迅所指出的那样，如果将儒家的礼教精神推到极点，非杀人食人不算成功。因此，研究传统社会的礼制，"不在辨其仪节而在知其所以制礼之心"。从儒家

---

① 吴虞：《家族制度为专制主义之根据论》，《吴虞集》，成都：四川人民出版社1985年，第65页。

和历代统治者"制礼之心"来推测，盖不外以礼来规范人们的言行，起到与刑交互为用的目的，"以尊卑贵贱上下之阶级为其根本"，"偏重尊贵长上，藉礼以为驯扰制御卑贱幼下之深意"，从而使被统治者"柔顺屈从"，安于现实，不作非分之想。[①]

基于这种分析，吴虞通过对活生生历史事实的罗列，对礼教进行了猛烈的抨击。他指出，"我们中国人，最妙是一面会吃人，一面又能够讲礼教。吃人与礼教，本来是极相矛盾的事，然而他们在当时历史上，却认为并行不悖的，这真正是奇怪了"。"孔二先生的礼教讲到极点，就非杀人吃人不成功，真是惨酷极了！一部历史里面，讲道德说仁义的人，时机一到，他就直接间接地都会吃起人肉来了。就是现在的人，或者也没有做过吃人的事，但他们想吃人，想咬你几口出气的心，总未必打扫得干干净净！"因此，"到了如今，我们应该觉悟：我们不是为君主而生的！不是为圣贤而生的！也不是为纲常礼教而生的！什么'文节公'呀、'忠烈公'呀，都是那些吃人的人设的圈套来诓骗我们的！我们如今应该明白了！吃人的就是讲礼教的，讲礼教的就是吃人呀！"[②]

吴虞认为，孔子学说的基本功能是维护传统的家庭制度和伦理观念，是中国专制主义的理论基础。忠孝是扼杀人性的，礼教是吃人的，都是和现代精神不相容的；忠孝与礼教又都是儒家所倡导的，逻辑的结论，儒家是必须排斥的。为此，吴虞引用道家与法家的学说以与儒家学说进行分析和比较。

① 吴虞：《礼论》，《吴虞集》，成都：四川人民出版社1985年，第137页。

② 吴虞：《吃人与礼教》，《吴虞集》，成都：四川人民出版社1985年，第171页。

他认为，中国人两千年来都上了儒家的圈套，"还自夸是声明文物礼乐之邦，把那专制时代陈腐的道德死守着，却偏要盲从死动的阻遏那新学说、新道德输入，并且以耳代目，那眼光就在牛市口以上盘旋，全不知道世界潮流、国家现象，近来是什么情况。莫说孔孟的灵魂在山东眼睁睁看着日本来占据他桑梓的地方，他的道德和十三经通通没用，止有忍气吞声；就是活起来的孔教会、儒教会的人，又能把旧道德去抵抗日本吗?"[①] 一句话，儒家的道德即使不是骗人的把戏，也早已远远过时，无法指导现实生活，而应让位于"新学说、新道德"。这是吴虞思想认识的最终目标。

很显然，吴虞对儒家文化的排斥与批判达到了中国历史上前所未有的状态，然而，对中国文化的未来发展，吴虞并没有来得及认真思考。他虽然相当钟情于西方近代的文明与共和制度，但民元以来中国政治的实际发展似乎又使他对西方文化产生了相当的怀疑与隔膜，因而，在吴虞的心目中，排斥儒家文化后的中国文化真空地带应当用墨家学说和老庄之道来填补。结果，原本激进的非儒主张并没有得出什么更为先进的结论，中国还需按照旧有的轨道发展，中国文化的未来只是以墨家学说、老庄之道代替儒家精神。

吴虞对儒家文化的批判没有得出积极的结论，但他那大胆的精神与勇气确实在当时中国学术界引起强烈反响。胡适称他为"只手打孔家店的老英雄"[②]，陈独秀更对吴虞的大胆言

---

① 吴虞：《道家法家均反对旧道德说》，《吴虞集》，成都：四川人民出版社 1985 年，第 164 页。

② 胡适：《吴虞文录序》，《吴虞文录》卷首，上海：亚东图书馆 1921 年。

论"钦仰久矣",欣喜若狂,引为同道,并在吴虞思考的基础上前进一步,指出中国文化发展的新方向。陈独秀对吴虞说:"窃以无论何种学派,均不能定为一尊,以阻碍思想文化之自由发展。况儒术孔道,非无优点,而缺点则正多。尤与近世文明社会绝不相容者,其一贯伦理政治之纲常阶级说也。此不攻破,吾国之政治、法律、社会道德,惧无由出黑暗而入光明。"[①] 对吴虞的观点给予无保留的支持。

陈独秀认为,作为个人信奉某种学说是符合现代社会的信仰自由原则,可置之于不议不论之列,但作为一个民族或国家,是否尊崇某一种学说,就不是一个信仰自由问题,而是关系到民族与国家的命运,不可置之不理,必应"律以现代生活状态",看其学说"是否尚有尊从之价值"。"自古圣哲之立说,宗教属出世法,其根本教义,不易随世间差别相而变迁,故其支配人心也较久。其它世法诸宗,则不得不以社会组织生活状态之变迁为兴废。一种学说,可产生一种社会;一种社会,亦产生一种学说。影响复杂,随时变迁。其变迁愈复杂而期间愈速者,其进化之程度乃愈高。其欲独尊一说,以为空间上人人必由之道,时间上万代不易之宗,此于理论上决为必不可能之妄想,而事实上惟于较长期间不进化之社会见之耳。若夫文明进化之社会,其学说之兴废,恒时时视其社会之生活状态为变迁。"[②] 若欧美现代社会不但不为其古代圣

---

① 陈独秀:《答吴又陵(孔教)》,《独秀文存》,合肥:安徽人民出版社1987年,第646页。

② 陈独秀:《孔子之道与现代生活》,《独秀文存》,合肥:安徽人民出版社1987年,第81页。

人亚里士多德的学说所拘囿，也不为其近代社会的思想家康德等人所支配，而是以其生活状态的实际需要创造出一种新的时代思想。

反观中国社会，自辛亥革命以来，实行共和政体好几年，却忽然间闹了一出帝制复辟闹剧。民初几年的政治发展充分表明，中国多数国民虽然嘴里不反对共和，心里也向往共和，但由于传统思想观念的长期熏陶，在他们的"脑子里实在装满了帝制时代的旧思想，欧美社会国家的文明制度连影儿也没有，所以口一张，手一伸，不知不觉都带君主专制臭味"。这样的社会心态，显然不足以承担民族改造与民族进步、复兴之大任。因此，陈独秀明确提出，"如今要巩固共和，非先将国民脑子里所有反对共和的旧思想，一一洗刷干净不可。因为民主共和的国家组织、社会制度、伦理观念，和君主专制的国家组织、社会制度、伦理观念全然相反，一个是重在平等精神，一个是重在尊卑阶级，万万不能调和的。若是一面要行共和政治，一面又要保存君主时代的旧思想，那是万万不成。而且此种'脚踏两只船'的办法，必至非驴非马，既不共和，又不专制，国家无组织，社会无制度，一塌糊涂而后已！"① 在陈独秀看来，社会观念必须与社会现实保持一致，既不能脱离现实需要去追求更新的东西，更不能使思想观念远远落后于社会现实。在当时条件下，政治上既已由君主专制转到民主共和，那么在观念上决不能再归复到孔子之道和儒家文化。否则，不仅在理论上实在是不通，而且在事实上也

---

① 陈独秀：《旧思想与国体问题——在北京神州学会讲演》，《独秀文存》，合肥：安徽人民出版社 1987 年，第 102 页。

实在做不到。陈独秀在这里表现出非常焦灼的情绪，他希望从文化哲学的层面上清理孔子和儒家思想。在他看来，孔子思想和儒家伦理充塞中国人的日常生活，是中国人迈入现代社会，实行民主共和的巨大障碍。

那么，孔子之道或儒家精神在哪些方面与民主共和不兼容呢？陈独秀认为，从大的方面看，孔子思想儒家伦理与代表欧美现代文明的法律上的平等人权、伦理上的独立人格和学术上的破除迷信、思想自由这三大原则相冲突相对立，所以中国人要想进入现代文明社会，就必须与传统，与孔子思想，与儒家伦理彻底决裂，必须在伦理层面获得彻底觉悟，必须与儒家伦理为核心成分的旧文化、旧伦理、旧道德、旧思想，甚至旧风俗、旧习惯等彻底决裂，重现中国人的价值体系。陈独秀说："自西洋文明输入吾国，最初促吾人之觉悟者为学术，相形见绌，举国所知矣；其次为政治，年来政象所证明已有不克守缺抱残之势。继今以往，国人所怀疑莫决者，当为伦理问题。此而不能觉悟，则前之所谓觉悟者，非彻底之觉悟，盖犹在惝恍迷离之境。吾敢断言，曰伦理的觉悟为吾人最后觉悟之最后觉悟。"①

中国传统伦理观念，向以儒家三纲五常之说为之大原，共贯同条，不可偏废。三纲之根本精神，为维护等级制度。所谓名教，所谓礼教，皆不外乎拥护此别尊卑、明贵贱的等级制度。而共和立宪制，则以自由平等独立之说为大原，与等级制度根本相反，与纲常名教绝不相容。因此，欲确立共

---

① 　陈独秀：《吾人最后之觉悟》，《独秀文存》，合肥：安徽人民出版社1987年，第41页。

和制度和共和观念，在陈独秀看来，首要的任务就是要坚决排斥儒家伦理中的三纲五常，决不可能以侥幸的心理希冀政治上采用共和立宪制，复欲于伦理上保守纲常等级制。"盖伦理问题不解决，则政治学术，皆枝叶问题。纵一时舍旧谋新，而根本思想，未尝变更，不旋踵而仍复旧观者，此自然必然之事也。"①

陈独秀从伦理层面排斥儒家文化，实质上是从根本上否定孔子之道，因为"孔子之道，以伦理政治忠孝一贯，为其大本，其它则枝叶也"②。陈独秀无意否认孔子之道与传统社会相合的一面，也无意否认孔子之道在中国历史发展上的功绩。他只是强调，中国社会发展到今天，基本国情业已改变，那么，"一种学说，一种生活状态，用之既久，其精力低行至于水平，非举其机械改善而更新之，未有不失其效力也。此'道与世更'之原理，非稽之古今中外而莫能破者乎？"③中国的"现代生活以经济为之命脉，而个人独立主义乃为经济学生产之大则，其影响遂及于伦理学。故现代伦理学上之个人人格独立与经济上之个人财产独立，互相证明，其说遂至不可摇动；而社会风纪、物质文明，因此大进"。④在这种现实条件下，如仍坚持以丧失个人独立人格为前提的儒家伦理原则，显然远远

---

① 陈独秀：《宪法与孔子》，《独秀文存》，合肥：安徽人民出版社1987年，第73页。

② 陈独秀：《复辟与尊孔》，《独秀文存》，合肥：安徽人民出版社1987年，第112页。

③ 陈独秀：《孔子之道与现代生活》，《独秀文存》，合肥：安徽人民出版社1987年，第82页。

④ 陈独秀：《孔子之道与现代生活》，《独秀文存》，合肥：安徽人民出版社1987年，第83页。

背离现代生活。陈独秀说:"儒者三纲之说,为一切道德政治之大原,君为臣纲,则民于君为附属品,而无独立自主之人格矣;父为子纲,则子于父为附属品,而无独立自主之人格矣;夫为妻纲,则妻于夫为附属品,而无独立自主之人格矣。率天下之男女,为臣,为子,为妻,而不见有一独立自主之人者,三纲之说为之也。缘此而生金科玉律之道德名词,——曰忠,曰孝,曰节,——皆非推己及人之主人道德,而为以己属人之奴隶道德也。人间百行,皆以自我为中心,此而丧失,他何足言?奴隶道德者,即丧失此中心,一切操行,悉非义由己起,附属他人以为功过者也。"① 简言之,"孔子生长封建时代,所提倡之道德,封建时代之道德也;所垂示之礼教,即生活状态,封建时代之礼教,封建时代之生活状态也;所主张之政治,封建时代之政治也。封建时代之道德、礼教、生活、政治,所心营目注,其范围不越少数君主贵族之权利与名誉,于多数国民之幸福无与焉。"② 陈独秀一方面注意到孔子学说中有某些有价值的东西,但他坚决反对不加区别地接受孔教。他的基本观点是,孔子的学说是中国传统社会的产物,不适应现代社会生活的需要,因而应在废弃之列。

继吴虞、陈独秀、易白沙对孔子思想进行清算之后出现的另一位反孔斗士为新文化运动旗手鲁迅。鲁迅对儒家伦理的批判遍及整个传统社会和生活领域,而且还涉及中国人的

---

① 陈独秀:《一九一六年》,《独秀文存》,合肥:安徽人民出版社1987年,第35页。

② 陈独秀:《孔子之道与现代生活》,《独秀文存》,合肥:安徽人民出版社1987年,第85页。

国民性问题。他的方法不是做理论上的探讨，而是用辛辣的笔调、幽默的语言、精湛的文格，做成各种文学性的文字，因而赢得了更多的读者。

鲁迅对孔子的反对，大致只在这样两个层面，一是他与当时的社会思潮相一致，反对以孔子的是非为是非，所以如果有人越是将孔子当作圣人，他就越把孔子当作凡人，当作丧家犬；越是有人将孔子的言论说成句句是真理，鲁迅就越是要在孔子言论中行动中找出破绽，找出漏洞。鲁迅不是在出孔子的洋相，他实际上是在揭露那些利用孔子以达到自己目的的人。第二个层面是，鲁迅始终反对将孔子当作"敲门砖"。他认为，不论是过去上千年，还是到近代，所有尊孔的人都不是在深入研究了孔子学说之后的信仰，而是把孔子当作一种工具，当作达到某种目的的敲门砖，敲开了门，孔子这块敲门砖也就可以放到一边了，并不必把孔子的话当真，因为如果当真的话，孔子的话中也很有一些不利于统治者的言论。从这个意义上说，鲁迅反对孔子除了孔子思想本身有些不合乎现代社会要求的专制主义思想、愚民主义的思想外，更多地出于权势者对孔子的利用，所以对于孔子本人这个历史人物，鲁迅还是给予很高的敬意，承认孔子本人确实是时之圣者，确实有伟大的一面，至少孔子生在一个巫神势力如此严重的时代，他能够如此不随流俗，不谈论鬼神。这都是孔子作为一个历史人物非常伟大的一面。

对于孔子生前处境，鲁迅始终给予非常同情，以为不仅孔子的理想不曾实现，而且其一生都在被别人猜疑中度过，蒙受极大耻辱和屈辱，活着的时候颇吃了不少苦头，跑来跑去，虽然曾经贵为鲁国"警察总监"，但立刻下野，失业了，且为权臣所不容，所轻蔑，所嘲弄，甚至为暴民所包围，饿扁了肚子。孔子只是到了死后很多年，种种权势者才开始使用种种白粉给他化妆，一直抬到很高的地步，成为万世之表，大成至圣，但其实就是一块砖。所以，对孔子的生前死后，鲁迅都从历史主义的立场给予个人同情，并不抹杀孔子个人的历史贡献。他所讨厌的只是权势者的利用。

在对儒家思想和孔子的批评中，比较温和的看法无疑属于胡适。胡适当然承认中国文明必须经过现代化改造，必须与西方文明接上头，否则就无法建构现代社会。不过他并不认为儒家文明都是糟粕，只是儒家文明在长期的历史进程中被遮蔽。所以，要想恢复儒家文明的精华，就要重建中国文化的土壤，就要引进非儒学派的思想因素，将儒家重新送回到先前诸子百家中的一家这个地位上，让它在百家争鸣中自由发展，自由竞争，这样不仅儒家思想可以恢复活力和生机，其他学术流派、思想流派，也都可以找到自己的合适位置。这确实是不同寻常的现代学术理念。所以后来学者在评价五四新文化运动中的批孔反儒思潮时，一方面承认这种全盘反传统的过激之处，另一方面也承认正是胡适等人的理性主义原则，使儒家从先前被遮蔽、被妖魔化的状态下解放出来。新文化运动的最大贡献在于破坏和扫除儒家僵化部分的躯壳和形式末节，以及那些束缚个性的传统腐化部分。但新文化运动主观上并没有客观上也做不到打倒孔孟的真精神、真意识、真学术，反而因其洗刷扫除的工夫，使得孔孟程朱的真面目更加显露出来。据胡适《先秦名学史》中的提示，新文化运动对儒家思想的要点主要是两个：第一，解除传统道德的束缚；第二，提倡一切非儒家的思想，亦即提倡诸子之学。但推翻传统的旧道德，实为建设新儒家的新道德做预备工夫。提倡诸子哲学，正是改造儒家哲学的先驱。用诸子来发挥孔孟，发挥孔孟以吸收诸子的长处，因而形成新的儒家思想。正如后来的新儒家所说的那样，假如儒家思想经不起诸子百家的攻击、竞争、比赛，那也就不成其为儒家思想了。愈反对儒家思想，儒家思想愈是大放光明[1]。从学术史立场看，最为吊诡最为不可思议的是，后来的所谓新儒家，其思想渊源差不多都能追溯到胡适那里，普遍认为胡适对儒家思想的批评和揭示，开启了他们对儒家文明和孔子思想的重新思考。

破坏礼法与国粹

根据陈独秀的揭示，新文化运动全盘反传统的第二大"罪状"是"破坏礼法"。林纾在影射小说和致蔡元培的公开信中都提出这样的指控。那么，新文化运动的主流人物，究竟是怎样"破坏礼法"的呢？

中国传统礼法——体制的破坏，其实并不始自五四新文化运动，实际上伴随着中国近代化的开启，传统礼法制度就逐步走向解体，至辛亥革命已经到了无法维持社会秩序的程

---

[1] 贺麟：《儒家思想的新开展》，《文化与人生》，北京：商务印书馆1988年，第6页。

度，所以辛亥革命后一大批传统主义者提出要重建礼法制度，要求由政府出面组织尊孔等维系人心的运动。或许正是这一代传统主义者过分强调礼法重建在现实生活中的作用，激发了五四一代知识分子反对重建礼法的努力，以为这个重建是本末倒置。陈独秀在1915年国内尊孔思潮甚嚣尘上时就严肃指出，西洋民族以个人为本位，东洋民族以家族为本位，而无个人权利，一家之人，听命于家长，所以东方社会国不过是家的放大，社会政治、郊庙典礼、国之大经、国家组织，一如家族，尊元首，重阶级，故孝忠；忠孝者，宗法社会封建时代之道德，半开化东洋民族一贯之精神。自古忠孝美谈，未尝无可泣可歌之事，然而从现代文明社会的视角进行观察，宗法制度的恶果，盖有四端：

一曰损坏个人独立自尊之人格；

二曰窒碍个人意思之自由；

三曰剥夺个人法律上平等之权利，如尊长卑幼同罪异罚；

四曰养成依赖性，戕贼个人之生产力。

另一方面，西洋民族以法治为本位，以实利为本位；而东洋民族以感情为本位，以虚文为本位。比如东洋民族夫妇问题，纯由生育子女而生，不孝有三，无后为大，旧律无子，得以出妻。重家族，轻个人，蓄妾养子之风，大概也由此而生。亲之养子，子之养亲，为毕生义务。不孝不慈，皆以为刻薄非人情。[1] 凡此至旧礼俗，在陈独秀当然都在反对和改造之列。

---

① 陈独秀：《东西民族根本思想之差异》，《独秀文存》，合肥：安徽人民出版社1987年，第31页。

从个人解放，人格独立的立场，陈独秀坚决反对儒家三纲之说，以为三纲五常虽为中国一切道德政治之大原，但其所造成的问题也是严重的：君为臣纲，则民于君为附属品，而无独立自主之人格；父为子纲，则子于父为附属品，而无独立自主之人格；夫为妻纲，则妻于夫为附属品，而无独立自主之人格。率天下男女，为臣，为子，为妻，而不见有一独立自主之人，这就是中国问题的根源之一。由此又衍生出来的道德名词若忠孝节，都不是推己及人的主人道德，而为以己属人的"奴隶道德"①。举国皆为奴隶道德，这样当然不足以建设现代国家。

　　在陈独秀思想影响下，五四思想家对以忠孝节为核心的儒家伦理进行了批判，摧毁社会风俗赖以存在的思想基础。他们指出，中国礼教都是从忠孝节这三个观念引发出来的，也最充分表现了中国人的虚伪、利己，缺乏公共心、平等观，三纲所导致的中国人分裂的生活、偏枯的现象，诸如君对臣的绝对权，夫对于妻的绝对权，男对于女的绝对权，主人对于奴婢的绝对权等，这一方面造成一个盲目服从的社会，另一方面也造成无数的社会悲剧。所以正像鲁迅、吴虞等人所分析的那样，所谓的礼法，其实就是吃人的礼教，应该坚决废除。

　　基于这种原则，五四思想家对传统伦理观念下的各种陋习进行了严肃的批判，诸如片面重孝的观念必然导致早婚、七出休妻、纳妾、重男轻女、婚姻不能自主，不能优生优育

①　陈独秀：《一九一六年》，《独秀文存》，合肥：安徽人民出版社1987年，第35页。

等陋习；揭露片面的贞节观念必然要求女子单方面守贞、守寡、殉夫等，这实际上都是非人道的东西，是对女性的不公正。所以五四思想家建议中国人应该建立现代文明生活方式和现代伦理观念，组建平等、民主的新家庭，坚决废止男尊女卑的旧观念，号召妇女解放，婚姻自主，恋爱自由，重建社会生活、社会伦理的方方面面。

在五四思想家的呼吁鼓吹下，在短短的几年时间，中国社会面貌大为改观，大学开始向女生开放，中学男女同校，传统中国伦理观念中的男女授受不亲、男女之大防终于冲破，自由恋爱、文明婚礼开始取代父母之命、媒妁之言。在社会公共空间中，男女合室办公、同堂上学，相互尊重，尤其对女性礼让的文明风气逐渐成为社会主流。至于先前包办婚姻，除个别在婚后确实建立了深厚感情或不易、不宜离婚，如李大钊、胡适等人外，更多的则选择了不同方式解除婚约，各奔东西，娜拉出走成为那个特殊时代争取婚姻自由的流行方式。当然也有个别的如鲁迅则选择了另外一种处理方式，娜拉不出走，但允许另一方重组家庭。

对于传统礼法中对女性的束缚，五四思想家继承前代思想家的思维路线继续前行，力主妇女有权处置自己的身体，不再对身体进行无端的束缚和摧残，诸如天足运动、天乳运动、剪发运动、废娼运动等，都在很大程度上解放了中国女性，使中国女性从男尊女卑、重男轻女的社会风俗中解放出来，中国的婚姻家庭观念、婚姻家庭模式，在五四前后终于发生鲜明的变革，构成后世中国婚姻家庭的基本模式和框架。

在礼法制度改革中，丧礼的改革是另一重要项目。在五四一代思想家看来，过去中国的丧礼制度太过虚伪，且具有不合人性的等级观念、迷信色彩、宗法体制，所以他们力主对丧礼进行改革，主要是借助于西方丧礼中隆重而简朴的风格、特征，重建中国丧礼新制度。在这方面，胡适等人身体力行，而政府在稍后也逐步接受新的改革方案，逐步废止旧的形式，采用、制定新制度。

在陈独秀的《新青年》"罪案"答辩状中，还有一个最受旧人物诟病的就是对所谓"国粹"的破坏。实事求是地说，五四思想家当时也确实说过一些极端的过火的话，诸如废除汉字，将中国古籍都扔到茅坑等，即便从辩护的立场说，也属于过激之辞。

在人们开列的国粹名单中，汉字无疑是第一位的。然而这个位列第一的国粹，却在新文化运动开始时期，就受到专门研究语言文字学的专家钱玄同的激烈批判，公开提出废除汉字，走拉丁文道路，希望用一种新造的世界语作为人类沟通的语言工具。钱玄同的这个主张，一时间成为学术的主流，瞿秋白、鲁迅、傅斯年，以及一大批无政府主义者，似乎都接受了这一看法，进行世界语的尝试。

其实，最早提出汉字问题并采取废除思维路向的并不是钱玄同。它实际上是晚清以来中西文化交流中，中国文化的一种反省和自我批判，我们在前面介绍卢戆章的《一目了然初阶》的时候，已经有过一些分析。沿着卢戆章的思路，或者是另外开辟新的思路，此后中国文字改革的潜流一直没有停止，吴稚晖、王照、劳乃宣等都有不同程度的尝试与创制。所以尝试者、创造者的目的都是唯一的，那就是怎样方便提升中国人的文化水准，怎样使中国人能够多识字、快识字。特别是流亡在巴黎、东京的无政府主义者，更直接主张采用世界语，逐步废止汉字的使用。所以，钱玄同的主张并不是突兀而起，而是渊源有自。

钱玄同的论证是从赞同陈独秀废除孔学、改革伦理这一角度切入的，他的论证逻辑是，欲废孔学，不可不先废汉文；欲驱除一般人之幼稚的野蛮的顽固的思想，尤不可不先废汉文。钱玄同指出，中国文字，衍形不衍声，以致辨认书写极不容易，音读极难正确。这一层，近二十年来很有人觉悟，所以创造了一些新字，有用罗马字拼音等主张，层出不穷，甚至那在政治上很顽固的劳乃宣，也主张别造"简"字，以图减省识字的困难。除了"选学妖孽""桐城谬种"，要利用中国旧文字，显其能做骈文、古文的大本领外，恐怕没有人不感到汉字之拙劣，欲图改革，以期便用。这主要是从汉字的形体上考虑的。

还有一种意见，是利用西文中的新名词弥补汉字对新时代新事物新学理的表达缺陷，诸如直接将一些音译写入汉文。

钱玄同是一个对汉字有着深入研究的学者，他对上述种种办法当然都做过深入研究和考察，他认为近代以来文字改革的种种办法都是治标而不治本，而最根本的办法就是以取消问题作为解决问题的唯一方式，即"废灭汉文"。

从汉字形成发展史的观点看，钱玄同认为，汉字虽然说是发生在黄帝之世，其实在春秋战国之前，本无所谓学问，文字之用也很少。自诸子之学兴，而后汉字始为发挥学术之用。但儒家以外之学，自汉即罢黜；两千年来所谓学问，所谓道德，所谓政治，无非推衍孔二先生一家之学说。所谓《四库全书》者，除晚周几部非儒家的子书外，其余则十分之八都是教忠教孝的书。经不待论；所谓史，也不过是大民贼的家谱，或小民贼杀人放火的账簿，诸如平定什么方略等；至于子、集之书，在钱玄同看来又没有什么价值，大都是什么王道圣功、文以载道之类的妄谈。还有那十分之二，更荒谬绝伦，说什么关帝显圣、纯阳降坛、九天玄女、黎山老母的鬼话；其尤甚者，则有婴儿姹女、丹田泥丸宫等说，发挥那猿人时代生殖器崇拜的思想。所以，钱玄同认为，两千年来用汉字书写的书籍，基本上没有什么价值。欲祛除三纲五常之奴隶道德，当然以废孔学为唯一办法；欲祛除妖精鬼怪、炼丹画符的野蛮思想，当然以剿灭道教为唯一办法。欲废孔学，欲剿灭道教，惟有将中国书籍一概束之高阁。何以故？就是因为中国书籍千分之九百九十九都是这两类之书故；中国文字自来即专用发挥孔门学说及道教妖言故[1]。这就是以取消问题作为解决问题的唯一办法，省事倒是省事，但显然就是恩格斯说的将婴儿与洗澡水一起倒掉的故事。

今天看来，钱玄同这样以取消问题作为解决问题的手段，或许过于可笑，但在当时确实是一代思想家的集体思考，五四时期除了钱玄同在汉字问题上这样认识外，其他如蔡元培、陈独秀、鲁迅、周作人、胡适等，都出于各种原因有过类似的考虑或主张，所以我们不能嘲笑我们的先人怎么能这

---

① 钱玄同：《中国今后之文字问题》，《钱玄同文集》卷一，北京：中国人民大学出版社 1999 年，第 164 页。

样幼稚与可笑，而应该尊重他们的考虑与判断，尊重他们的思考逻辑和思维方式。他们认为汉字书写难、认识难，不利于文化普及，不利于大众文明程度的提升的，这都是事实，即便到了今天，这个事实并没有改变。所以，正如鲁迅说的那样，不错，汉字是古代传下来的宝贝，但我们的祖先比汉字还要古，所以我们更是古代传下来的宝贝。为汉字而牺牲我们，还是为我们而牺牲汉字呢？这是只要还没有丧心病狂的人，都能够马上回答的。①

鲁迅的心情和好意是可以理解的，但今天看来，他的二选一、非此即彼的论证逻辑，当然还值得重新推敲。

在"破坏国粹"的罪名下，新文化运动的另一个最惹争议的内容就是在废除汉字的基础上提出不要读中国古书，至少是少读中国古书。林纾在致蔡元培的公开信中说："若尽废古书，行用土语为文字，则都引车卖浆之徒所操之语，按之皆有文法。"这句话就是批评有人主张尽废古书，不用文言，使用民间口语作为书面语言交流方式，林纾认为这样一来，势必导致中国语言文法的混乱或者说低俗化，大概有点类似于现在香港特区、台湾地区有些报纸偶尔将粤语、闽南语书写出来一样，文法混乱，语义不清。

林纾的担心当然也有道理，只是他的批评并没有弄明白主张者的真意思。提出废除古书的主要是鲁迅。鲁迅确实是"五四一代"思想家中最为激进的人，他对守旧势力竭力宣扬的什么国粹似乎很看不上，他曾说，如果一定要说是他国没

---

① 鲁迅：《汉字和拉丁化》，《鲁迅全集》卷五，北京：人民文学出版社2005年，第586页。

有而中国独有的学问就是国粹的话，那么头上的疮疤也是别人没有的，那也算是国粹吗？鲁迅和他那一代思想家最不能接受的，就是那班守旧势力总是以中国陈旧的东西去抵制、抵抗西方的新思想新文化。所以鲁迅、巴金以及其他一些激进主义者极而言之，就要废除汉字，提倡拼音化，抛弃古书，烧毁所有线装书。

鲁迅认为，方块汉字是愚民政策的利器，不但劳苦大众没有学习的可能与条件，就是特权阶级，也有许多人不是那么容易学会。汉字一直停留在社会上层，一直扮演着上层文学、贵族文学的角色，属于文人的文学和私人的文学。而属于下层社会即老百姓的文学一直没有正式的记载，一直停留在口头的表达上，即便历代有文人将民间口头文学进行提升，使之上升为唐诗宋词元曲中的一部分，增强文学的表现力，但这种提升本身就是一种伤害，就使民间文学丧失了原汁原味。所以，"五四一代"思想家提出废除汉字、抛弃古书，其最根本的用意，就是要先将文化普及化，实现人人能读书，人人能写字，使文学、文字不再成为贵族的专利和专用品。

破坏贞节与旧伦理

五四新文化运动另两个"罪状"，据陈独秀的归纳就是破坏贞节与破坏旧伦理。

在中国传统社会，中国的老百姓基本上没有独立的人格和自由，而中国的妇女则更惨，她们不仅经常受到粗暴的对待，而且实际上与整个社会相隔绝，传统社会的习惯法中根本没有把妇女作为"人"来看待，她们既无法享有财产的继承权，更无法像男子那样接受一定的教育，"女子无才便是德"，她们的责任在未婚之前是听父母的摆布，结婚之后，便是"相夫教子"，听命于丈夫，丈夫死了之后还要听命于儿子，这就是所谓的三纲五常伦理观念对中国妇女的最基本要求。而且，她们为了取悦于自己的丈夫，在最近的几百年中一直受到"三寸金莲"这种非人道的摧残，更使她们变得像跛足人一样，既丧失了一定劳动的能力，更失去社交的能力和自由。她们单方面地为男人信守贞操，而中国传统社会中的男人则可因"不孝有三，无后为大"的观念，自由地纳妾，自由地寻花问柳。

到了近代，由于西方新思潮的传入，进步的中国人已越来越感到，中国传统社会旧的家庭制度和对妇女的不公正可能是中国社会难以进步的障碍之一，因此自清末以来，不断有人呼吁解放妇女，实行社交自由、男女平等的社会准则。到了新文化运动开始之后，这种主张更日趋高涨，陈独秀、胡适、吴虞、陶孟和、周作人以及鲁迅等都有大量的文章提倡这种主张。经过与旧势力的反复较量，五四之后中国妇女终于从传统的观念和制度中解放出来，她们不仅能够享有独立人格的生活权利，而且在社会生活的各个方面已可以与男人平等竞争。回想中国妇女的解放道路，不能不感谢五四启蒙先驱的恩赐。

对中国妇女束缚最重的就是贞节观念。贞节观念在中国由来已久，儒家伦理中的三纲五常在很大程度上就是规范了那个时代人们的日常伦理，其中一个最重要的内容就是夫妻间的贞节关系。这个贞节观的基本要求是，女子的丈夫不论何种原因不在了，都不应该再嫁，从一而终，嫁鸡随鸡，嫁狗随狗，更不能红杏出墙，甚至不能随便出门，以尽量避免外界干扰，更不能和外面的"臭男人"随便接触。

旧的贞节观念对女性当然是不合理的和非人道的，记得在皖南山区也就是程朱理学大师朱熹的故乡，贞节牌坊林立，都是为了表彰那些坚贞的女性。其实，从历史的观点看，皖南徽州朱熹理学故乡的贞节牌坊是事实，二程和朱熹确实不断宣扬饿死事小、失节事大，强调女性保持、保守贞节的重要性。然而现在的问题是，既然二程和朱熹竭力宣扬兜售这样的贞节观念，那是否说明不遵守这些规定已经是非常普遍的问题呢？因为如果人人都遵守，已经成为习以为常的事情，道德家还会这样不遗余力地兜售吗？真实的情况可能是，中国这个民族自先前逐渐成形之后，就是一个比较开放的民族，即便在两性问题上也并不像理学家道学家所宣扬的那样保守，《诗经》中所保留的大量情歌，唐诗宋词元曲中所保留的那些带有色情或准色情的因素，可能都是中国人在两性问题上过于自由的表征。或许正是因为过于自由，才需要适度约束。这就是需要表彰的理由。

当然这只是从历史上的情形来说。而道德家、理学家、道学家确实一再宣扬贞节观念，确实期待那些寡妇不论什么原因都要坚守住，从一而终，因此在这样一种舆论氛围中，历史上也确实出现过一些惊天地、泣鬼神的节妇烈女的故事和事实，确实有许多妇女在"存天理，灭人欲"的口号中浑浑噩噩度过了一生。更为恶劣的是，无数妇女为了那可笑的贞节名声，不惜自杀殉夫，成为烈女。

传统贞节观念还有一个重要缺陷是这个观念单方面地要求女性，从现代男女平权的立场上看，当然是不公平。不论这种不公平的贞节观念是怎样形成的，它势必都会随着近代女权主义的传入而发酵，而崩溃。

基于儒家伦理的贞节观念确实过于腐朽，所以五四思想家基于西方自由、平等、博爱的理念理所当然不赞成传统的贞节观念，鼓励支持妇女解放、男女平等。现代社会的一个最大特征，就是不分种族、不分阶级、不分地域、不分性别，人都能够在政治上、社会上、经济上、教育上得到一个均等的机会，去发展他们的个性，享有他们的权利。西方近代妇女参政运动就是本着这种精神而起的，因为女子虽然与男子性别不同，但她们在社会上也与男子一样，有她们的地位，在生活上有她们的要求，在法律上有她们的权利，她们当然不愿受到男权的欺压和奴役。五四思想家呼吁中国女同胞要向西方学习，要争取自己的权利，要有志气去改造中国这个"半身不遂"的社会形态[①]。只有中国的女性获得了解放，才是中国社会的健全，才是中国民主的真正实现。

对于束缚女性身心的贞节观念，五四思想家给予严厉谴责和批判，陈独秀指出，传统礼教要求男子不事二主，女子不事二夫，做不到这一点，就被视为失节，视为奇耻大辱，中国人遂以家庭名誉之故，通过各种各样的手段强制其子媳孀居。不自由之名节，至凄惨之生涯，年年岁岁，使无数年

① 李大钊：《战后之妇人问题》，《新青年》第六卷第二号，1919 年 2 月 15 日。

富有为之青年女子，身体精神俱呈异态^①。所以，要建设一个现代文明国家，就必须解放妇女，而要解放妇女，就必须废除旧的贞节观念。于是贞节观念、贞操论，成为五四话语中一个重要话题。

在 1918 年 5 月 15 日出版的《新青年》第四卷第五号，周作人将日本学者与谢野晶子的《贞操论》翻译发表。这篇文章的基本观点是：贞操是对等的，对男女双方都具有约束力的义务，贞操是人人应该遵守，人人应该实践的行为准则，一味要求女性为男人守贞节显然是不对等的，也是不合理的^②。

按照周作人的预想，贞操问题确实是中国一个重要的问题，但在当时背景下，并不一定会引起人们的注意，可能还不是一个迫切的问题。然而出乎周作人的预料，他这篇译文发表后，立即引起一番热烈讨论，并由此打开妇女解放的突破口。

胡适在《新青年》第五卷第一号撰文指出，中国传统的贞节观念确实问题多多。在文明国家，男女用自由意志，由高尚的恋爱，订了婚约，有时男的或女的不幸死了，剩下的那一个因为生时爱情太深，故情愿不再婚嫁，这是合理的事。若在婚姻不自由的中国，男女订婚以后，女的还不知男的长得如何，根本谈不上爱情。如果这时男方发生不幸，贞节观念、伦理观念这时却要求女子为那没见过面的男人殉情，实在是一件忍心害理的事情。所以，妇女的解放，就要从点滴做起，第一步就是要反对这种不人道的烈女论，要渐渐养成一种舆

---

① 陈独秀：《孔子之道不合乎现代生活》，《新青年》二卷四号，1916 年 12 月 1 日。

② 周作人：《贞操论》，《新青年》第四卷第五号，1918 年 5 月 15 日。

论，不但永远不把这类事情看作可表彰的事，还要公认这是不合人情、不合天理的罪恶；还要公认劝人做烈女，罪等于故意杀人。

贞节确实不是一个人的事情，并不仅仅是女子应该单方面遵守的道德。中国的男人要他们的妻子为他们守贞守节，而男人自己却公然嫖妓，公然纳妾，公然"吊膀子"。再婚的妇女在社会上几乎没有社交的资格，在许多地方不许再婚的妇女参与新人的婚礼，视为不祥。而再婚的男人，多妻的男人，丝毫无损他们的身份和地位，甚至在很多时候，可能还会增加其身份和地位。这显然是一种不平等。所以，胡适建议中国人应该重建具有现代意识的贞节观，男女双方要互相尊重，心思专一，不肯再爱别人，这就是贞操，就是贞节。贞操是一个人对另一个人的一种态度，因为如此，所以男子对于女子，也该有同等态度，若男子不能照样还敬，他就不配受这种贞操的待遇。这就是孔子所说的"己所不欲，勿施于人"。你要想让你的妻子做到这一点，那你就应该为你妻子做到这一点。

关于"寡妇再嫁"。胡适认为这完全是一个个人问题，女子如果对他已死去的丈夫真有割不断的情义，他自己不忍再嫁；或是已有孩子，不肯再嫁；或是年纪已大，不能再嫁；或是家道殷实，不愁衣食，不必再嫁。女子处于此种境地，自然守节不嫁。还有一种女子，对她丈夫，或有怨心，或无恩意，年纪又轻，不肯抛弃人生正当的家庭快乐；或是没有儿女，家又贫苦，不能度日。处此境地的女子没有守节的理由，为个人计，为社会计，为人道计，都该劝她改嫁。贞操乃是夫妇相待的一种态度。夫妇之间爱情深了，恩谊厚了，无论谁生谁死，无论生时死后，都不忍把这爱情转移给别人，这便是贞操。夫妻之间如果没有爱情恩意，就没有贞操可说。如果不问夫妇之间有无可永久不变的爱情，如果不问做丈夫的配不配受他妻子的贞操，只晓得主张做妻子的总该替丈夫守节，这就是一偏的贞操论，是不合乎人情公理的旧伦理。

关于烈妇殉夫。胡适指出，寡妇守节最正当的理由是夫妇之间的爱情，妇人殉夫最正当的理由也是夫妇间的爱情。爱情深了，生离尚且不能堪，何况死别？再加上宗教的迷信，以为死后可以夫妻团圆。因此有许多妇女，夫死之后，情愿杀身从夫于地下。这个不属于贞操问题。但是胡适认为，无论如何，这也是一个个人恩爱问题，应该由个人按照自己的意志自由决定，不应该由外力加以引导，政府更不能制定法律表彰妇人自杀殉夫的举动。

关于贞女烈女问题。未嫁而夫死的女子，守贞不嫁的，是贞女；杀身殉夫的是烈女。夫妇之间如果没有爱情，就没有什么贞操可说。依此看来，那未嫁的女子，对于他的未婚丈夫有什么爱情可言呢？既无恩爱，就没有什么贞操可守[①]。

对于胡适的看法，鲁迅给予积极回应。他在《新青年》第五卷第二号发表的《我之节烈观》中，仔细研究了节烈观念在中国发生发展的过程，以为在古代社会，女子多当作男子的物品，或杀或吃，都无不可。男人死后，和他喜欢的宝贝，日用的兵器，一同殉葬，更无不可。后来殉葬的风气渐渐改了，

---

① 胡适:《贞操问题》,《胡适全集》卷一, 合肥: 安徽教育出版社 2003 年, 第 640 页。

守节便也渐渐发生。但大抵因为寡妇是鬼妻，亡魂跟着，所以无人敢娶，并非要她不事二夫。这样的风俗，现在的蛮人社会里还有。中国太古的情形，现在已无从详考。但看周末虽有殉葬，并非专用女人，嫁否也任便，并无什么裁制，便可知道脱离了这宗习俗，为日已久。由汉至唐也并没有鼓吹节烈的。直到宋朝，那一班业儒的才说出"饿死事小，失节事大"的混账话，看见历史上"重适"两个字，便大惊小怪起来。出于真心，还是故意，现在却无从推测。其时也正是"人心日下，国将不国"的时候，全国士民，多不像样。或者"业儒"的人，想借女子守节的话来鞭策男子，也不一定。但旁敲侧击，方法本嫌鬼祟，其意也太难分明，后来因此多了几个节妇，虽未可知，然而吏民将卒，却仍然无所感动。此后皇帝换了几家，守节的思想反倒更加发达。皇帝要臣子尽忠，男人便愈要女子守节。到了清朝，儒者真是愈加厉害，看见唐朝文章中有公主改嫁的话，便勃然大怒。国民到了将被征服的地位，守节盛了；烈女也从此着重。因为女子既是男子所有，自己死了，不该嫁人；自己活着，自然更不许被夺。然而自己是被征服的国民，没有力量保护，没有勇气反抗，只好别出心裁鼓吹女人自杀。鲁迅指出，只有自己不顾别人的民情，又是女应守节男子却可多妻的社会，造出如此畸形的道德，而且日见精密苛酷，本也毫不足怪。但主张的是男子，上当的是女子。所以鲁迅认为，既然平等，男女便都有一律应守的契约。男子决不能将自己不愿守或不能守的事，向女子特别要求。鲁迅的主张是，节烈既然极难、极苦，无益于国家，无益于社会，无益于人生，所以也就失去存在的价值。[①]

胡适、鲁迅的看法代表了"五四一代"思想家的普遍认识，也深刻影响了此后中国人在贞节、贞操、节烈问题上的看法，随着社会生活的不断变化和女权意识的增强，单方面的节烈要求越来越受到人们的谴责和不满，社会上这种现象也就越来越少，旧的伦理道德观念也都随着这些变化而变化。"社会上种种解放运动，是打破大家族制度的运动，是打破父权（家长）专制的运动，是打破夫权（家长）专制的运动，是打破男子专制社会的运动，也就是推翻孔子的孝父主义、顺夫主义、贱女主义的运动"[②]，旧的道德伦理观念终于在强烈的社会思潮冲击下土崩瓦解，新的道德伦理观念也随着新生活的开启逐步建立。

破坏旧艺术旧文学

关于旧文学与新文学的争论，我们在前面已有很多介绍，这里着重谈谈所谓破坏旧艺术的问题。

旧派学者指责新派学者破坏旧艺术，主要是指五四新文化运动对京剧等国粹艺术的讨论以及稍后所进行的改革。

新文化运动发动之初，《新青年》杂志曾开辟专栏对京剧改革进行讨论，发表了胡适、刘半农、钱玄同、周作人、傅

---

① 鲁迅:《我之节烈观》,《鲁迅全集》卷一，北京：人民文学出版社 2005 年，第 125 页。

② 李大钊:《由经济上解释中国近代思想变动的原因》,《新青年》第七卷第二号，1920 年 1 月 1 日。

斯年等人的文章，对传统京剧提出批评，同时也发表了宋春舫、张厚载、齐如山等人为京剧辩护的文章。

《新青年》是最早关注中国现代戏剧改良和改革的杂志，而最早发表此类文章的是胡适。胡适虽然不是戏剧家，但他率先于《新青年》第四卷第六号（1918 年 6 月 15 日）开辟"易卜生专号"，发表他的第一篇关于戏剧改良的文章《易卜生主义》。这一期《新青年》还发表有胡适与罗家伦合译的三幕话剧《娜拉》和陶孟和翻译的《国民公敌》、吴若男翻译的《小爱友夫》的三个易卜生剧本，还有戏剧专家袁振英编译的《易卜生传》，比较集中向国内读者介绍了现代戏剧之父、挪威戏剧家易卜生的事迹和他在戏剧方面的巨大成就。

对于中国读者来说，易卜生并不是胡适第一次向中国人介绍，早在 1908 年，鲁迅就在《文化偏至论》和《摩罗诗力说》中介绍和评论过易卜生，称赞易卜生倡导个性解放和坚持真理的斗争精神，只是对易卜生在戏剧方面的巨大成就，鲁迅似乎还没有来得及介绍。

胡适在他的《易卜生主义》中系统全面地向中国读者介绍了易卜生的思想特别是他在戏剧改革方面的巨大成就，强调易卜生的文学，易卜生的人生观，其实只是一个"写实主义"[①]。然而，胡适毕竟不是戏剧方面的专家，因而他对易卜生的关注和介绍，主要的是从思想上特别是从易卜生对社会的批判意识上着笔，对于易卜生的艺术成就着墨不多。

这一期的《新青年》本来只是介绍易卜生主义和他的戏剧

---

① 胡适：《易卜生主义》，《胡适全集》卷一，合肥：安徽教育出版社 2003 年，第 612 页。

成就，但是在这个专号后面，还附有张厚载一篇讨论中国旧戏剧的文章，由此引发了五四新文化运动时期中国戏剧改良改革的争论。

张厚载来信的起因是他看了胡适、钱玄同、刘半农等人的相关文章所引发的不满。胡适的文章是《历史的文学观念论》，这篇文章发表在1917年5月1日出版的《新青年》第三卷第三号。在这篇文章中，胡适不经意地写道："昆曲卒至废绝，而今之俗剧乃起而代之。今后之戏剧，或将全废唱本而归于说白，亦未可知。"胡适在"俗剧"下自注："吾徽之'徽调'与今日'京调'、'高腔'皆是也。"①

胡适的这个说法，特别是自注当然有点外行，因此引起了对戏剧很有研究且"评戏见称于时"的张厚载极端不满。大体上说，张厚载能够赞成胡适、陈独秀等人发起的文学改良、文学革命的主张，但在具体细节上，却又不能同意胡适等人的判断和批评。他指出，胡适的这个表述和判断显然是错误的，"高腔"即所谓"弋阳腔"，其在北京舞台上的命运与昆曲相等，至现在则昆曲且渐兴，而高腔将一蹶不复起，从来没有听说过有高腔起而代昆曲的事。至于胡适所谓"废唱"而归于"说白"的判断，张厚载更不能接受，以为"绝对的不可能"。②

张厚载对刘半农的不满，主要是刘半农在《我之文学改良观》中论戏剧改良的一段，刘半农说：凡"一人独唱，二人

---

① 胡适：《历史的文学观念论》，《胡适全集》卷一，合肥：安徽教育出版社2003年，第31页。

② 张厚载来信，《新青年》第四卷第六号，1918年6月15日。

对唱，二人对打，多人乱打"，中国文戏武戏之编制，不外此十六字。①对于刘半农的判断，张厚载坚决反对，不敢赞同。他指出，只有一人独唱、二人对唱，则《二进宫》中的三人对唱，难道不是中国戏？至于多人乱打，"乱"之一字，实在不太恰当。中国武戏之打把子，其套数有数十种之多，皆有一定打法。优伶自幼入科，日日演习，始能精熟；上台演打，多人过合，尤有一定法则，决非乱来；我们在台下看上去，似乎显得是乱打，其实演员在台上，固从极整齐极规则的功夫中训练出来的。台下一分钟，台上十年功。我们不要以外行的眼光胡乱批评中国传统艺术。这就是张厚载对刘半农的不满。②

至于张厚载对钱玄同的不满，主要是钱玄同在致陈独秀信中的一些说法。钱玄同在那封信中指出，在中国传统戏剧艺术中，南北曲及昆腔，虽鲜高尚的思想，但在词句方面尚斐然可观。若今日之京调戏，理想既无，文章又极恶劣不通，固不可因其为戏剧之故，遂谓有文学上之价值。至于中国戏剧，专重唱功，所唱之文句，听者本不求其解，而戏子打脸之离奇，舞台设备之幼稚，无一足以动人情感。③这就从根本上否定了传统戏剧艺术在文学史上的价值。不言而喻，钱玄同的判断是有点过于激进了，所以引起张厚载的严重不满。

张厚载指出，戏子之打脸，皆有一定之脸谱，在昆曲中分别尤精，且隐喻褒贬之意，此事亦未可以"离奇"二字一笔

① 刘半农：《我之文学改良观》，《新青年》第三卷第三号，1917 年 5 月 1 日。

② 张厚载来信，《新青年》第四卷第六号，1918 年 6 月 15 日。

③ 钱玄同致陈独秀，《新青年》第三卷第一号，1917 年 3 月 1 日。

抹杀。

　　总之，在张厚载看来，胡适、刘半农、钱玄同三位老师对中国戏剧可能并不太懂，所以发言就显得武断和不通。其实，中国戏剧，其恶劣之处固然不少，然其本来面目，亦确自有其真精神。所以，中国戏剧的改良，亦必以近事实而远理想为是，否则理论甚高，但并不能解决中国戏剧中的问题，并不能对中国戏剧、戏曲的改良有多大的助益。[①] 很公平地说，一百年过去了，当一切均成为往事的时候，我们应该承认张厚载本着"吾爱吾师，吾更爱真理"的原则，对三位北大教授又是他的授业老师的批评，还是有不少合理价值的。

　　其实，北大三位教授对来自学生的批评还是比较宽容的，一是三位教授在当期的《新青年》就有商榷文字，二是将张厚载的来信和他们的商榷文字一并刊登，肯定了张厚载批评的价值，并对自己的立论进行了解释。

　　胡适在肯定张厚载的专业能力和欣赏趣味的同时，也表达自己对张厚载的批评并不愿完全接受，表示有时间会专门就分歧展开详细的讨论。胡适大致上是以与人为善的态度处理张厚载的不同意见，他甚至专门致信张厚载，邀请他写一篇文字，把中国旧戏的好处非废唱用白不可能的理由，详细再说一说。张厚载就写了一篇文章在《晨钟报》上发表，跟胡适颇有一番辩论。后来，胡适仍嘱张厚载再做一篇文章为旧戏辩护，以为大家进行讨论的基础。有了胡适的一再鼓励，于是张厚载又发表《我的中国旧戏观》，系统地为中国旧戏进

---

① 　张厚载来信，《新青年》第四卷第六号，1918 年 6 月 15 日。

行辩护。①

与胡适的态度不同，钱玄同对张厚载的批评商榷是嬉笑怒骂恶言恶语，表示自己所说的"离奇"，即指此"一定之脸谱"而言；"脸而有谱，且又一定，实在觉得离奇得很"。若云"隐寓褒贬"，则尤为可笑。朱熹做《通鉴纲目》，学"孔老爹"的笔削《春秋》，已为通人所讥讪；旧戏索性把这种"阳秋笔法"画到脸上来了，这真和张家猪肆记卍形于猪鬣，李家马坊烙圆印于马蹄一样的办法。哈哈！此即所谓中国旧戏之"真精神"乎？②

钱玄同的调侃掩饰不住他的不专业，也很失一个大学教授的风度，因为你面对的毕竟是你的学生，你的学生要和你进行严肃地讨论。

然而，钱玄同的现象并不是唯一的，刘半农的答复也是这样嬉笑怒骂，没有一句正经的回答，对张厚载所挑出来的问题不正面回应，而是以嘲讽的口吻予以回敬：平时进了戏场，每见一大伙穿脏衣服的，盘着辫子的，打花脸的，裸上体的跳虫们，挤在台上打个不止，衬着极喧闹的锣鼓，总觉眼花缭乱，头昏欲晕。虽然各人的见地不同，我看了以为讨厌，决不能武断一切，以为凡看戏者均以此项打功为讨厌，然戏剧为美术之一，苟诉诸美术原理而不背，即无"一定的打法"，亦决不能谓之"乱"；否则，即使"极规则极整齐"，似亦终不能谓之不"乱"。③终究不愿意承认张厚载的批评蕴含有一定

---

① 张厚载：《我的中国旧戏观》，《新青年》第五卷第四号，1918 年 10 月 15 日。

② 钱玄同跋语，《新青年》第四卷第六号，1918 年 6 月 15 日。

③ 刘半农跋语，《新青年》第四卷第六号，1918 年 6 月 15 日。

的道理。

　　陈独秀也不能同意张厚载的看法，但他的态度是严肃的，讨论是真诚的，他认为张厚载之所以如此偏爱中国旧戏，主要的还是没有进行中西戏曲戏剧的比较研究，没有看到中国旧戏在国民劣根性的形成上负有莫大责任，"打脸""打把子"二法，尤为完全暴露我国人野蛮暴戾之真相，而与美感的技术立于绝对相反之地位。至于"打有定法""脸有脸谱"的说法，在陈独秀看来不过与八股文也有固定程式一个道理，但并不表明其具有文学上美术上的价值。①

　　或许是因为陈独秀的启发，钱玄同在接下来的讨论中，比较注意从文学价值上批评中国旧戏。他在稍后发表的随感录中指出，中国旧戏最近在北京忽然流行起来了，于是有一班人都说中国戏剧进步了，中国的文艺复兴终于来到了，其实这真是梦话，中国的旧戏，在文学上确实没有什么价值，要中国有真戏，这真戏自然是西方近代以来形成的话剧，绝不是中国旧戏中的"脸谱"派的戏，要不把那扮不像人的人，说不像话的话全数扫除，尽情推翻，真戏就不可能在中国真正发生。②

　　钱玄同、刘半农等人对中国旧戏的彻底否定引起各方面的反对，就在他们对张厚载来信大加驳斥不久，上海《时事新报》就刊载署名"马二先生"的文章，对钱玄同、刘半农、陈独秀、胡适四人的看法进行回敬。

　　对于"马二先生"的意见，刘半农还有想了解的意思，而

---

① 　陈独秀跋语，《新青年》第四卷第六号，1918年6月15日。

② 　钱玄同：《随感录》，《新青年》第五卷第一号，1918年7月15日。

钱玄同则径直认为不值得一驳，懒得理会，因为他和陈独秀一样的自信，自己的认识一定是正确的，一定不需要什么人参与讨论，只需参照执行即可。这显然也是一种文化专断主义。

钱玄同指出，中国的戏，本来算不上什么东西。不过是《周礼》里"方相氏"的变相罢了，与文艺、美术，不但是相去正远，简直是南辕北辙。若以中国戏剧为中国的通俗文学，则无异于指鹿为马。

对于胡适前此在答张厚载信中所说的几句话，钱玄同很不满意。胡适说："君以评戏见称于时，为研究通俗文学之一人；其赞成本社改良文学之主张，固意中事。"而钱玄同则认为，他们之所以给《新青年》做文章，主要是给"纯洁的青年"看的，决不求张厚载这样的年轻人"赞成"。张厚载这样的人既然欲保存"脸谱"，保存"对唱""乱打"等"百兽率舞"的怪相，一天到晚，什么"老谭""梅郎"的说个不了。听见人家讲了一句戏剧要改良，于是断断致辩，说"废唱而归于说白乃绝对的不可能"，什么"脸谱分别甚精，隐喻褒贬"，此实与一班非做奴才不可的遗老要保存辫发，不拿女人当人的贱丈夫要保存小脚同是一种心理。简单说明之，即必须保存野蛮人的物品，断不肯进化为文明人而已。他们既然要保存野蛮，让他们去保存去吧。我们如其一定要撕下他们的"脸谱"，也未免太傻了。[1] 钱玄同甚至当面警告胡适：如果你胡适继续这样看得起张厚载，我钱玄同就离开《新青年》。

---

① 刘半农、钱玄同：《今之所谓"评剧家"》，《新青年》第五卷第二号，1918 年 8 月 15 日。

钱玄同不仅瞧不上张厚载，还瞧不上"作为戏剧家"的宋春舫。宋春舫于上海圣约翰大学毕业后游学瑞士、法国，掌握数种欧洲文字，对中西戏剧都有很深的研究，归国后任北京大学法国文学教授，给中国带来了西方现代戏剧理念，是名副其实的戏剧专家。他对《新青年》文学改良和戏剧改革的呼吁有过积极的回应，曾在《公言报》发表专论，讨论中国戏剧应该如何改良，以为歌剧之影响远不如白话剧，无论如何都算得上"一个新派人物"，只是其人少年得志，且多作日报文字的缘故，在文中不免随手写来，太过粗心，往往有词不达意，或发生笔误影响理解之处。

对于宋春舫这样的"同道人"，钱玄同同样大加打伐，丑诋宋春舫之戏剧谈。对此，胡适当然很有意见，以为这是将同路人推向敌对方面，是故意树敌。至于谈到张厚载，胡适更不能认同钱玄同的做法，胡适认为，张厚载文章的毛病与宋春舫有点相似，都是受了多作日报文字和少年得意的流毒，所以他想挽救他，使他为新文化运动所用，成为新文化的一员。若张厚载真的不可救药，那也只好听之任之，但也决不会痛骂他的。胡适告诉钱玄同，他之所以请张厚载做文章，也不过是替自己找做文章的材料而已。他以为这种材料，无论如何总比凭空闭门造出一个王敬轩的材料要值得辩论些。你钱玄同凭空造了一个王敬轩，为什么不能容忍我胡适找一个真实存在的张厚载做文章呢？这未免太不公平了。①

胡适的态度显然是与人为善，如果新文化运动都能够按

① 胡适：《胡适致钱玄同》，《胡适来往书信选》（中国社会科学院近代史研究所中华民国史组编）上，北京：中华书局1979年，第25页。

照他的这种温和态度进行，中国文化在经过一番现代文明的熏染和淘洗之后，必将步入复兴。然而，钱玄同们的文化专断主义的"不争论"，使许多原本为新文化的同道反而成为新文化的敌人。钱玄同批评胡适道：对于千年积腐的旧社会，你不必过于同他周旋，平日里对外议论，就应该旗帜鲜明，更不必与那些腐臭的人去周旋。因为那些旧人物，你胡适无论怎样敷衍他们，无论怎样低首下心，他们还是要骂你胡适的。①

对于钱玄同的指责，胡适的解释是：我用不着替自己辩护。我所有的主张，目的并不止于"主张"，乃在"实行这主张"。故我不屑"立异以为高"。我"立异"并不"以为高"。我要人知道我为什么要"立异"。换言之，我"立异"的目的在于使人"同"于我的"异"。很显然，胡适目的明确，策略讲究，不似陈独秀的专断、钱玄同的蛮干、刘半农的嘻哈。所以后来历史能够记住的是胡适的温和而坚定，是陈独秀等人的全盘反传统。至于新文化运动，则由此被扣上"破坏旧艺术旧文学"的罪名。

或许正是胡适的温和与宽容，由他负责编辑的《新青年》第五卷第四号成了"戏剧改良专号"，刊发了他自己的《文学进化观念与戏剧改良》、傅斯年的《戏剧改良各面观》和《再论戏剧改良》、宋春舫的《近世名戏百种目》，并以附录的形式刊发欧阳予倩的《予之戏剧改良观》和张厚载的《我的中国旧剧观》，在"通信"栏目中还刊载有张厚载的《"脸谱"——"打

---

① 钱玄同：《钱玄同致胡适》，《胡适来往书信选》（中国社会科学院近代史研究所中华民国史组编）上，北京：中华书局1979年，第26页。

把子"》。

在《文学进化观念与戏剧改良》一文中，胡适刻意强调，那班崇拜现行的西皮二黄戏，认为是中国文学美术的结晶的人，固是不值一驳；就是有些人明知现有的皮黄戏实在不好，终不肯主张根本改革，偏要主张恢复昆曲。现在北京一班不识字的昆曲大家天天鹦鹉也似的唱京腔戏，一班无聊的名士帮着吹打，以为这就是改良戏剧了。这些人都只是不明文学废兴的道理，不知道昆曲的衰亡自有衰亡的原因；不知道昆曲不能自保于道咸之时，决不能中兴于既亡之后。所以胡适说，现在主张恢复昆曲的人与崇拜皮黄的人，同是缺乏文学进化的观念。

根据文化的进化观念，胡适参照王国维等人的关于中国戏剧史研究的最新成果，认为西洋戏剧是自由发展的进化，中国戏剧只是局部自由的结果。

胡适认为中国戏剧中乐曲以及脸谱、嗓子、台步、武把子、唱工、锣鼓、马鞭子、龙套等，都是前一时代留下的"遗形物"，而西洋戏剧则已经达到"自由发展的进化"，所以中国戏剧必须扫除旧日的种种"遗形物"，采用西洋最近百年来继续发达的新观念、新方法、新形式，方才可使中国戏剧有改良进步的希望。胡适指出，中国戏剧进化史的教训是：中国戏剧一千年力求脱离乐曲一方面的束缚，但因守旧性太大，未能完全达到自由与自然的地位，中国戏剧的将来，全靠有人能知道文化进化的趋势，能用人力鼓吹，帮助中国戏剧早日脱离一切阻碍进化的恶习惯，使戏剧渐渐自然，渐渐达到完全发达的地位。

基于中西戏剧文化的比较研究，胡适认为中国戏剧最应该向西方戏剧学习的至少有这样两个方面：

　　一是悲剧的观念。胡适指出，中国文学最缺乏的是悲剧的观念。无论小说，还是戏剧，总是期待一个美满的结局，总是有一种团圆的迷信。这实际上是中国人思想薄弱的铁证。做书的人明知世上的真事都是不如意的居大部分，明知世上的事不是颠倒是非，便是生离死别，他却偏要使天下有情人都成了眷属，偏要说善恶分明，报应昭彰。作者闭着眼睛不肯看天下的悲剧惨剧，不肯老老实实写天下的颠倒惨酷，只图说一个纸上的大快人心。这便是说谎的文学。

　　反观西洋文学，自古希腊以来，就有深刻的极深密的悲剧观念：第一，承认人类最浓挚最深沉的感情不在眉开眼笑之时，乃在悲哀不得意无可奈何的时节。第二，承认人类亲见别人遭遇悲惨可怜境地时，都能发生一种至诚的同情，都能暂时把个人小我的悲欢哀乐一齐消纳在这种至诚高尚的同情之中。第三，承认世上的人事无时无地没有极悲惨的伤心境地，不是天地不仁，造化弄人，便是社会不良使个人消磨志气，堕落人格，陷入罪恶不能自脱。有了这种悲剧观念，故能发生各种思力深沉，意味深长，感人最烈，发人猛省的文学。这种观念乃是医治中国那种说谎作伪思想浅薄文学作品的绝妙圣药。

　　二是文学的经济方法。胡适指出，中国传统的戏曲是最不讲究经济方法的。明清传奇中的《长生殿》和《桃花扇》，要连演几天才能够结束，几十本的连台本戏需要更长的演出时间。而西方戏剧一直在讲究经济方法，近代的西方戏剧虽然不像古希腊戏剧那样严格遵守各种程式，但一部戏主要讲述一件事情的限制还是存在的。易卜生的《娜拉》和《国民公敌》都是这方面的典范。而中国戏剧不知剪裁，不知戏剧的经济。补救这种笨伯的戏剧方法，别无他道，只有研究世界的戏剧文学，或者可以渐渐养成一种文学经济的观念。

依照胡适的观点，中国的文学特别是戏剧文学，现在已到了暮气攻心、奄奄断气的时候。如果赶紧向西方学习，赶紧灌下西方的"少年血性汤"，或许还有救。然而这位病人的不肖子孙讳疾忌医，还要禁止医生，不许下药，还说什么"中国人何必吃外国药"，所以，中国戏剧是否可救亦未可知[①]。

傅斯年的《戏剧改良各面观》是他一年来向朋友不断表达的一种看法，只是最近看到张厚载与胡适之间关于"废唱"问题的讨论，才使他情不自禁地将自己的意见写成文章。但傅斯年开宗明义做了两点声明：

第一，我对于社会上所谓旧戏、新戏，都是门外汉；

第二，我对于中国固有的音乐和歌曲，都是门外汉。

既然都是门外汉，那么为什么还要参与讨论呢？傅斯年认为，正因为他是门外汉，所以他不曾陷入中国戏剧的感情深渊，不曾对中国戏剧有什么既成概念，所以他能够以耳目所及以为材料，以直觉为判断。

在中国戏剧必须改良等大的方面，傅斯年与胡适的看法基本一致，认为中国旧戏是各种把戏的集合品，缺少思想，缺少文学，毫无美学价值。所以中国旧戏必须参照西方戏剧

---

① 胡适：《文学进化观念与戏剧改良》，《胡适全集》卷一，合肥：安徽人民出版社 2003 年，第 150 页。

重新改造，重新来过。在剧本问题上，傅斯年的观点具有一定建设性，对于照搬直译的西洋剧本持有异议，认为中国戏剧的当务之急是自己创造，自己编制新剧目，不妨用西洋剧本作材料，采取西洋剧本的精神，弄来和中国人情合拍了，加工成为变化形式，存留精神的改造本。批判旧戏，创造新戏是历史的必然。中国戏剧的发展应该有一种开放性的视野和世界性的眼光，要有"为人生"的文学精神[①]。

欧阳予倩是现代戏剧的开创者之一，他不仅很早就参与实践了戏剧改良，而且很早就形成了自己的戏剧改良观。他认为，中国旧剧，非不可存。唯恶习惯太多，非汰洗净尽不可。为此，欧阳予倩提出两条建设性意见：一、必须组织关于戏剧之文字，包括剧本、剧评、剧论；二、必须养成演剧之人才，创办演艺人才培训机构。

至于剧本一项，欧阳予倩主张应该尽量多地翻译外国剧本以为模范，然后试行仿制。不必故为艰深，贵能以浅显之文字，发挥优美之理想。无论其为歌曲，为科白，均以用白话，省去骈俪之句为宜，主要还是为了使人们能够容易理解。[②] 欧阳予倩是戏剧改良的实践者，是戏剧界中的人物，他的说法是亲身体验得来的。他说中国旧戏需要改良，需要引进西方的表达方式，显然要比戏剧界之外的陈独秀、胡适、钱玄同的言论更有说服力。

《新青年》戏剧改良专号这一期附有张厚载《我之中国旧

---

① 傅斯年：《戏剧改良各面观》，《傅斯年全集》卷一，长沙：湖南教育出版社 2003 年，第 55 页。

② 欧阳予倩：《予之戏剧改良观》，《新青年》第五卷第四号，1918 年 10 月 15 日。

剧观》，也是胡适有意邀请张厚载提供的，在胡适的意识中，即便张厚载的言论不可取，也可作为说话的材料，作为批驳的对象，引发更热烈的讨论。

张厚载对于中国传统戏曲的认识主要集中于美学价值。第一，他认为中国旧戏是"假像的"即写意的。第二，中国旧戏有一定的规律，如台步、身段、板眼、语调之类的程式化，都可以说是中国旧戏的习惯法。第三，中国旧戏的一大特征，是音乐上的感触和唱工上的感情。

有人说中国旧戏就是因为有这许多规律，许多情形，所以不好，所以应该改造。对此，张厚载表示不敢赞同，他认为，要说中国旧戏的不好，只能说中国旧戏在这几种用力太过，不能说它有这几种规律、形式、情形，而不好；所以我们只能说中国旧戏用假象即写意的地方太多，却不能说用假象用写意就是不好；只能说中国旧戏用规律的地方太多，不能说用规律就是不好；只能说中国旧戏用音乐的地方太多太滥，不能说用音乐用唱工就是不好。因噎废食，那是极端的主张，不是公平的论调。

张厚载由此得出的结论是：中国旧戏是中国历史的产物，也是中国文学美术的结晶，可以完全保存。社会急进派必定要如何如何的改良，都是不可能的。除非竭力提倡纯粹新戏和旧戏来抵抗。但是纯粹的新戏如今很不发达，拿现在的社会情形来看，恐怕旧戏的精神，终究是不能破坏或消灭的了①。

张厚载用"假象会意，自由时空"概括中国旧剧的特征，

① 张厚载：《我之中国旧剧观》，《新青年》第五卷第四号，1918 年 10 月 15 日。

应该说也自有其道理。"假象会意"是借用中国文字学中的概念表达对中国戏剧艺术的本质看法，其实就是说中国戏剧具有写意主义的特征；"自由时空"是指中国戏剧舞台调度的灵活性，它不仅突破了西方古典戏剧的"三一律"，也突破了话剧艺术三堵墙的时空规定和限制，从而使中国旧戏在舞台上的时空表现有了无限的可能。正像胡适等许多批评者所说的那样：跳过桌子便是跳墙；站在桌子上便是登山；四个跑龙套便是一千人马；转两个弯便是行了几十里路；翻几个跟头、做几个手势，便是一场大战。如果没有中国戏剧艺术写意的意境，确实很难欣赏。但这种表达方法确实又是中国戏剧艺术的最高意境，充分表现了舞台调度的自由和灵活。西方艺术家在看过梅兰芳的演出后，也确实惊叹中国舞台艺术的表达方式自有其价值和意义，舞台上简单的一张桌子两个凳子，就是全部道具和布景，至于它所表达的意境完全要靠观众本身的艺术资质去想象，不似西方写实艺术一切都要弄成真的一样。使用布景和道具绝不是戏剧的进步，却意味着观众头脑的迟钝。

而且，张厚载的这个表述是参照西洋戏剧特征对中国戏剧特征的最早概括。稍后，戏剧家余上沅将中西戏剧进行比较，确认中西戏剧的不同特点，一个重写实，一个重写意。中国戏剧特别是京剧实为一种写意的艺术，与西方戏剧特别是胡适、傅斯年、陈独秀、钱玄同所期待的写实主义是根本不同的，所以不懂得中国旧戏的写意艺术特征的，总觉得中国旧戏应该废除，没有前途。而懂得写意意境的，则认为中国戏剧经过适度的改造，一定还会有很好的未来和很多的受众。所以从这个意义上说，五四新文化运动主流对中国旧戏的批判，被视为对中国旧戏某种程度上的"破坏"，也不能说毫无道理。写实主义如果不加适当控制和艺术化处理，确实容易使艺术成为政治解释的工具，后来风行一时的所谓"问题剧"，其实都是在减少文艺作品的艺术含量，增加它的政治性、工具性。

破坏旧宗教与旧政治

　　陈独秀所归纳的新文化运动最后两项罪名是破坏旧宗教与旧政治。破坏旧宗教，就是批判旧宗教的有神论和唯心论，宣扬唯物论和无神论；破坏旧政治，就是批判旧的军阀政治、帝王政治，重建平民政治、民主政治。

　　五四新文化运动的基本精神就是民主与科学，民主与专制对立，科学与迷信相反，与宗教相对。所以要宣传科学，就必须反对迷信，反对宗教。陈独秀在创办《青年杂志》之初就有非常明确的意识，他说：科学是什么呢？科学就是我们对于事物之概念，综合客观之现象，诉之主观之理性而不矛盾的一种表达方式。那么想象是什么呢？想象就是既超脱客观之现象，复抛弃主观之理性，凭空构造，有假定而无实证，不可以人间已有之智灵，明其理由，道其法则。过去在蒙昧时代，当今浅化之民，有想象而无科学。宗教美文，皆想象时代之产物。近代欧洲之所以走上富强之路，领先世界，其主要原因就是科学之兴。所以科学对人类特别是现代社会的功绩，决不在人权说下。科学、民主，若舟车之有两轮①。坚持科学信念，就必须反对宗教，反对愚昧，废弃偶像，反对一切不科学的东西。

就历史主义的观点看，陈独秀并不否认宗教在人类历史上曾经起过巨大作用，因为在人类文明早期，各个族群之间的争夺，最后除了武力解决外，总是要凭借宗教以止残杀，凭借法禁以制黔首，凭借文学以扬神武②。这是人类早期文明所走过的共同道路。

只是到了近代总不然。近代文明，东西方走上了不同的道路，最足以代表西方文明精神的，在陈独秀看来，其实就是人权说、进化论和社会主义这三件大事，科学精神日彰，宗教的影响日缩。宗教劝善的功能虽然继续存在，但其迷信神权，闭塞人智的愚昧宣传越来越受到人们抨击和反对。宗教生活和世俗生活逐渐分离，即便在近代西方人的精神世界中，实际上就存在两个世界，一个是有神的宗教世界，一个是无神的世俗世界。

在中国，由于中国人自古以来始终没有建立一个健全的宗教观念，中国人素来缺乏一种健康的健全的宗教生活，所以中国的宗教不论是本土的，还是外来的，在向一般民众传布时总是带有很强的有神论、有鬼论色彩。民国建立后，民主共和的思想逐步深入人心，但随着政治上、文化上的复古主义兴起，有神论有鬼论的思想不是消停了，而是发达起来

---

① 陈独秀：《敬告青年》，《独秀文存》，合肥：安徽人民出版社1987年，第9页。

② 陈独秀：《法兰西人与近世文明》，《独秀文存》，合肥：安徽人民出版社1987年，第10页。

了。民国初年的上海知识界，突然间竟有人于 1917 年发起成立"灵学会"，出版《灵学丛书》，大肆宣扬妖言鬼话，蛊惑人心，装神弄鬼，占卜打卦，扶乩招灵，大有国之将亡的感觉。

上海灵学会的发起人主要有杨璇、俞复、陆费逵、丁福保、严复等人，由于他们的知识构成，已经不是中国原来意义上的民间迷信，而是借助于西方近代科学诸如心灵学、妖怪学、催眠术、灵魂照相等技术研究灵学，探讨灵魂、鬼神、生死等问题以及预测未来，回答生死病老、死后世界等问题，并试图以终极关怀回答当时中国人所面临的道德沦丧、秩序重建等此类世界问题。

灵学会以"科学"的面貌宣扬非科学的迷信，因此具有更大的欺骗性。他们通过新兴的传播媒体，如报纸广告与期刊发行，使之成为一项可以花钱来学习的"知识"或"技能"。这就将本土迷信与现代科学比较"有机"地密切结合起来，因而具有更大的欺骗性。

对于弥漫国中的妖气，陈独秀和他的同志陈大齐、钱玄同、易白沙、鲁迅等以《新青年》为阵地，发起猛烈攻击。

陈大齐在《辟"灵学"》一文中，以心理学、生物学证明扶乩者所得之问，确是扶乩者所作。他们若不是有意作伪的"奸民"，就是无意作伪的"愚民"。他们喜欢当古人的奴隶，以做奴隶为荣，而以脱离古人羁绊为耻。因而假冒鬼神之名或借古人的招牌以自欺欺人，这就是中国人的奴隶的劣根性[1]。

我们知道，陈大齐是现代中国有名的心理学家，他的解释和批判完全来自西方的科学。其实，灵学发展到现代阶段，

---

[1]　陈大齐:《辟"灵学"》,《新青年》第四卷第五号，1918 年 5 月 15 日。

也早已摆脱古代那种比较荒唐的形式和内容，而带有许多"科学"的因素和科学的色彩，实际上也是以心理学的研究实现宗教式的预期，比较严肃的表达其实就是利用心理暗示，比较低劣的表现就是术士捣鬼。这在前人的研究中已有很多揭示。

如果从纯科学的立场看，扶乩当然是没有办法解释的，它很可能是人类至今无法用科学知识进行透视、剖析和阐释的古代方术之一，是一种不太容易解释的现象。有意识的做鬼是一回事，而比较严肃的扶乩可能是另外一回事。所以对扶乩，如果仅仅从科学的立场进行批判和驳斥，可能并不足以服众，并不能有效说服民众不要信服这些东西。所以，要有效回击灵学宣传，可能最有效的办法不是科学，而是从常识入手，从日常情理揭示其不合理性。陈独秀指出，中国人鬼神信仰特别的盛行，完全支配了中国人的人心。方今之士大夫于科学方兴时代，犹复援用欧美人之灵魂说，曲征杂引，以为鬼之存在，确无疑义，于是著书立说，鬼话联篇，不独已能见鬼，而且摄鬼影以示人。即好学尊疑之士，亦以西方直觉主义哲学方盛，物质感觉以外，难道就没有真理可寻？遂于不能以科学解释的鬼神问题，未敢轻断其有无。于是陈独秀乃采尊疑主义，于主张无鬼之先，对于有鬼之说多所怀疑，向有鬼论者提出八点质疑：

一、吾人感觉所及之物，今日科学，略可解释。倘云鬼之为物，玄妙非为物质所包，非感觉所及，非科学所能解，何以鬼之形使人见，鬼之声使人闻？

二、鬼果形质俱备，惟非普通人眼所能见；则今人之于鬼，犹古人之于微生物，虽非人人所能见，而其物质的存在与活动，可以科学解释之，当然无疑。审是则物灵二元说，尚有立足之余地乎？

三、鬼若有质，何以不占空间之位置，而自生障碍，且为他质之障碍？

四、或云鬼之为物有形而无质耶？夫宇宙间有形无质者，只有二物：一为幻象，一为影象。幻为非有，影则其自身亦为非有。鬼既无质，何以知其非实有耶？

五、鬼既非质，何以言鬼者，每称其有衣食男女之事，一如物质的人间耶？

六、鬼果是灵，与物为二，何以各仍保其物质生存时之声音笑貌乎？

七、若谓鬼属灵界，与物界殊途，不可以物界之观念推测鬼之有无，而何以今之言鬼者，见其国籍语言习俗衣冠之各别，悉若人间耶？

八、人若有鬼，一切生物皆应有鬼；而何以今之言鬼者，只见人鬼，不见犬马之鬼耶？[①]

陈独秀从唯物论的一元论和经验主义立场，反对物灵二元论，从常识揭示鬼神存在只是一种骗人的把戏，不足以信。

经验主义当然是有局限的，你有你的经验主义，我也有我的经验主义。你的经验主义看不到鬼神的存在，而我的经验主义却可以看到鬼神的存在，那么怎么办呢？这只能说明两个人的天赋、气质、信仰，或其他方面的差别。所以陈独

---

① 陈独秀：《有鬼论质疑》，《独秀文存》，合肥：安徽人民出版社1987年，第158页。

秀从经验主义立场批判有鬼论，可以说服一部分信仰者，但不可能说服全部信仰者，甚至必然引起信仰者的反弹。

"平日主有鬼论甚力"的易乙玄就对陈独秀的质疑"不觉大怪"，以为陈独秀如此聪明的人，对于鬼之有无，尚不能十分明解，所以他反话正听，表示愿意给陈独秀释疑解惑，针对陈独秀的八项困惑逐条解释。

对于陈独秀的第一条质疑，易乙玄解释道：人之能见鬼形，或闻鬼声者，因富有一种之灵力。感觉不过灵力之利用品而已。所谓灵力，为先天的，常住的，自存的，或谓之本体，或谓物灵乃本体之属性。灵力弱者与鬼交通难，故人与鬼交通之难否，一视其灵力之强度如何以为定。夫灵力之有强弱，一如感觉之依人而异。至感觉所及之物，不尽能为科学所解释，如幻象，光学者莫辨其由，而感觉所不及之物，亦有时能为科学所解释，如微生物，非显微镜则终不能见之。近世心理学者，多谓感觉应属于精神上的物质，故能与科学接近，而又能与心灵哲学接近。西洋近虽有以精密器械证明有鬼，然究不过示人以信，止人之谤，而此超自然之理，则终非科学所能解释，亦如科学之不能诠释哲学的情形一样。

对于陈独秀的第二点质疑，易乙玄解答说，鬼非普通人眼所能见，诚然。若谓今人之于鬼，犹古人之于微生物，则差矣。微生物非借显微镜不能见之，若鬼，富有灵力之人则易见，否则不易见，此盖有难见易见之别。而微生物则直能见不能见耳。夫惟微生物可用显微镜见之，故能施以科学的解释。盖有显微镜即可见微生物，今不能谓人有灵力即可见鬼。此界说极为明了，而犹斤斤以物灵二元为说，是不明本体与现象之别。

针对陈独秀的第三点质疑，易乙玄先引王充《论衡》中的言论及他自己出版的《心灵学》予以解答，并归纳为两点予以解说：

一是理论上的证明。既然鬼之存在，已无疑义。假使有显界而无幽界，则鬼必无所栖迟，将如王充所谓"满堂盈庭"，"填塞巷路"。唯有幽界，故鬼安居乐业，一如吾人，不相妨害。二是实质上的证明。即收集种种事实，助以精密之器械，继以正确之试验，可以知除显界外，尚有一幽界。鬼本为有形无质，故不占空间之位置，所以就不存在自碍碍人的嫌疑。

易乙玄的基本观点就是：人之所以能见鬼神，或能听到鬼神的声音，是因为富有一种灵力，若鬼，富有灵力之人易见，否则不易见，此盖有难见易见之别。[①]

很显然，易乙玄的辩解从有鬼论的立场看当然无误，但是无论如何也很难使一个无神论者接受这种辩解。所以，陈独秀在读过这篇辩解后表示，自己先前发表的《有鬼论质疑》言之过简，读者每多误会。因此，陈独秀又对易乙玄的解说逐条驳斥，予以更正。[②]

陈独秀的更正主要是建立在刘文典反驳易乙玄的基础上。刘文典在《新青年》第五卷第二号发表的《难易乙玄君》中指出，易乙玄的谬论不足辩，其最要害的问题就是易乙玄们以鬼神论阻碍科学的发生与进步，引诱民族精神走向堕落。他

---

① 易乙玄：《答陈独秀先生〈有鬼论质疑〉》，《独秀文存》，合肥：安徽人民出版社1987年，第161页。

② 陈独秀按语，《独秀文存》，合肥：安徽人民出版社1987年，第166页。

用韩非的话反驳易乙玄说："用时日事鬼神，信卜筮，而好祭祀者，可亡也。"

刘文典是研究中国古典文学的专家，具有很好的哲学素养，所以他对易乙玄的批驳，具有一定哲学深度和历史感。他从哲学与历史的层面上逐条批驳易乙玄的论点，比如陈独秀在批驳易乙玄时指出："鬼既非有质，何以言鬼者每称其衣食男女之事，一如物质的人间耶？"这显然是从经验主义立场反对易乙玄的有鬼论。

对于陈独秀这样的反驳，易乙玄很不以为然。他说，陈独秀的这个说法较之王充《论衡》所说，不过范围稍广，其实不值一驳。然我们对于幽界衣食男女之事，不主张尽加人间，有相同处，有不相同处。据《鬼语》所载，鬼之衣服可随意而得。总而言之，吾人今日最急于研究者，在于证明有鬼。至幽界衣服男女之事，须待能与鬼以一定之交通后，始得明其真相。

易乙玄说得像真的一样，对此，刘文典难之曰：陈独秀之说与王充《订鬼篇》之文，何以不值一驳？易乙玄又何妨试一驳之？《鬼语》也是书，《论衡》也是书，王充为东汉鸿儒，其思想学识，不特为中夏古代所稀见，即欧洲近世亦鲜其俦匹。易乙玄因《鬼语》是如此说，以为《论衡》即可不攻自破。试问《鬼语》是否圣书，其一句一字皆绝对真理耶？"昔秦之焚书也，非秦籍皆烧之。撒拉逊人之焚亚力山大埠图书馆也，非回籍皆烧之。充易子之意，凡非鬼书，皆在可焚之例。呜呼！

易子思想如是，吾又何必辩哉？"①

在刘文典从哲学历史层面批驳易乙玄的同时，钱玄同、易白沙等人也从各个角度对有神论有鬼论给予批驳。钱玄同依据自己的专业，着重从音韵文字学的立场批评扶乩的荒谬，以为扶乩的要是有心作伪，则当科以"左道惑众"之罪，自不消说；如无心作伪，则为扶者之变态心理，决非那些怪物果真降坛。钱玄同希望青年认清扶乩的迷信本质，相信科学，呼吁青年如果还想在 20 世纪做一个人，还想中国在 20 世纪算是一个国家，就应该承认自己有脑筋，自己还想研究学问，那就应该赶紧鼓起勇气，奋发毅力，剿灭这种最野蛮的邪教，和这班兴妖作怪胡说八道的妖魔。②

刘半农归纳《灵学丛志》提供的事例，证明所谓扶乩均为妖人作伪之铁证，于是深恨世间之无鬼，因为如果真有鬼的话，那么这些妖人辈既出其种种杜撰之伎俩以污蔑之，鬼必醢其脑而食其魂。至妖人辈自造之谬论，如丁福保说禽兽等能够见到鬼，那么丁福保似非禽兽，何以知禽兽之事？这本身就是一个悖论。③

在所有批判者中，易白沙的《诸子无鬼论》似乎影响最大，他通过对先前诸子思想的系统清理，证明在中国在思想传统中，既有有鬼论的传统，也存在无鬼论的传统。"古之帝王，神道设教，运天下于掌，遂以不祀鬼神之国为野蛮，必灭其

① 刘叔雅：《难易乙玄君》，《独秀文存》，合肥：安徽人民出版社 1987 年，第 171 页。

② 玄同：《随想录》，《新青年》第四卷第五号，1918 年 5 月 15 日。

③ 半农：《随想录》，《新青年》第四卷第五号，1918 年 5 月 15 日。

地而虏其君。"由于在中国上古，鬼神盛于帝王，所以鬼神论就与帝王政治有着密切关联，神权充当了世俗政权的护身符。其实，在诸子清醒的意识和论证中，鬼神之说类似于上天的存在，它其实只是要以上天的存在去制约世俗社会的"天之子"。类此，管仲、老聃、庄周、韩非、刘安、王充诸子在某种程度上承认鬼神存在，但这种存在不是存在于空间或实体，而是存在于人们的心中，主要还是看心中是否有鬼。①

宗教离不开鬼神，鬼神必然依附于宗教，凡言宗教者必言鬼神。所以，陈独秀和他的同志自那之后对有鬼论有神论进行了长时期不妥协的斗争，并终于改变了中国人在这一问题上的看法。

陈独秀指出，宇宙间物质的生存与活动以外，世人多信有神灵的主宰，他们认为宇宙人生的秘密，并不是科学所能解释的，决疑释忧，舍宗教而无他求。因此，所有处于愚昧阶段的人群，总是把神的意志奉为不可抗拒的最高意志，总是心甘情愿地做神的奴隶。其实，但凡信仰宗教的人，必先自欺，始克自解，而自欺与自解都是愚昧的表现，迷信的结果。所以，宇宙人生真正能决疑释惑的只有科学。因此陈独秀鲜明提出"以科学代宗教"的主张，以为只有破除迷信，推倒一切偶像，才能真正开拓人们真实的健康的信仰，才能带给人们真实健康的生活。"破坏！破坏偶像！破坏虚伪的偶像！吾人信仰，当以真实的合理的为标准，宗教上，政治上，道德上，自古相传的虚荣，欺人不合理的信仰，都算是偶像，都应该

---

① 易白沙：《诸子无鬼论》，《独秀文存》，合肥：安徽人民出版社1987年，第172页。

破坏！此等虚伪的偶像倘不破坏，宇宙间实在的真理和吾人心坎儿里彻底的信仰永远不能合一"[①]！这就是新文化运动对宗教的大致破坏。至于新文化运动对旧政治的破坏，我们在许多地方都已谈到，这里就不专门讲述了。

反传统主义理论漏洞

五四新思潮对孔子、儒家思想及中国传统的批判，引起另外一个后果，那就是为了弄清历史真相，此时一部分学者用科学的方法对中国古典遗产进行清理和重新研究，从而引发五四新思潮发动之初根本没有预想到的结果，就像贺麟曾经说过的那样，五四新文化运动通过对传统的批判，却愈发揭示了传统的真相，增加了对传统的认知，从而引发辛亥革命后新传统主义再度崛起。

所谓反传统主义者虽然看到了中国现代化问题的症结，但由于他们过分张扬中西文化之异，并将这种差异看作是"传统"与"现代"之间的矛盾，这实际上反映了他们的"欧洲中心主义式"的困惑。

很显然，作为"后发"的中国在迈向现代化道路时，可供借鉴的榜样当然是那些西方"先发"国家。但由于民族性格、文化背景的不同，后发国家并不一定要走上西方先发国家的经典模式，更不可能全然抛弃自己的文化传统而全盘西化。不过，这些现在看来并不复杂的问题，在思想前驱者那里确

[①] 陈独秀：《偶像破坏论》，《独秀文存》，安徽人民出版社1987年，第156页。

曾深深地困扰着他们许久。

而且，由于反传统主义者过于张扬传统的惰性，过于相信精神力量的反作用，因而使他们在理论体系建构上不能不留下另外一个重要漏洞。因为即使我们可以像他们一样承认中国传统文化罪孽深重，儒家伦理道德信条已成为社会发展与进步的严重束缚，那么，我们也不必相信只有尽快抛弃这些信条和中国文化的全部才能前进。也就是说，"五四一代"思想家对中国文化、儒家伦理不合乎现代生活的批判固然有其合理意义，但中国社会的进步与发展似乎并不必然与传统彻底决裂，彻底抛弃传统。

一方面，中国的文化传统确已成为中国社会现代化的巨大障碍，中国的进步与发展确实需要一次思想启蒙运动。正像"只手打孔家店"的老英雄吴虞所说的那样，泰西有马丁·路德开创新教，为后来数百年西方宗教界开辟了一块新国土；有培根、笛卡儿创新学说，为此后数百年学界开辟一新天地。反观中国，吴虞认为，儒教不革命、儒学不转轮，中国就不可能产生新思想、新学说，没有新思想新学说，就不可能造就新国民。悠悠万事，唯此为大。[1]

与吴虞的看法相类似，陈独秀的好朋友易白沙也认为，孔子尊君权漫无限制，易演成独夫专制之弊，与现代民主政治的原则不相合；孔子讲学不许问难，易演成思想专制之弊，与现代思想自由、言论自由的原则相冲突。[2] 所以，中国的进

---

① 吴虞：《儒家主张阶级制度之害》，《吴虞集》，成都：四川人民出版社 1985 年，第 98 页。

② 易白沙：《孔子平议》，《新青年》第一卷第六号，1916 年 2 月 15 日。

步与发展，在这批五四思想家看来，要必彻底摆脱孔子思想和儒家伦理的束缚。

孔子思想与儒家伦理对于中国人来说并不是一种外化的东西，中国人是否能够说摆脱这些束缚，就一定能够做得到呢？

其实，正像许多研究者已经指出的那样，现代化是一个漫长的过程，是一个复杂的系统工程和综合的概念。它的进步与成功固然需要价值观念的转换、思想背景的调整和更新，思想文化观念的滞后固然不行。但是另一方面，我们不应该忘记思想文化只是社会存在的产物，它对社会存在可以产生意想不到的推动与阻碍作用。然而当社会存在并没有发生根本性改变时，人为地、过早地要求实现"人的现代化"，除了激起一些无谓的反感、反对、反扑与反抗外，又有多少实际功效呢？

五四新文化运动中的激进派确实有一种全盘反传统反儒学的思想倾向，他们把儒家学说与传统文化说得一无是处，以为中国的未来前途只能有待于中国能否放下老大帝国的架子，能否虚心地学习和接受西方近代文明。然而这种观点虽为五四新文化运动所特有，但据此并不能代表新文化运动的全部。事实上，同样都是五四新文化运动中的人，他们的主张并不完全相同。比如新文化运动中稳健派如胡适，他虽然同样对孔子思想和儒家学说持一种严厉的批评态度，但出于学者的理性态度和科学精神，他似乎从来不主张将儒学彻底打倒，而主张持一种分析和批评的态度。

胡适比较早地认识到，中国几百年来的落后确实应该归罪于儒学，因为儒学在宋明之后仅仅作为一种意识形态，而无法再提供新的工具和方法。宋明理学的根本要义，或者说理学家们着意寻找的新方法，与西方近代以实证、实验为根本特征的科学方法相比相距千里。儒家传统经典《大学》中的"格物致知"仍带有一种直觉主义的神秘色彩，所强调的知识"以积蓄学问开始引导至豁然贯通的最后阶段的方法"。到了16世纪的王阳明，更将这一方法推到极端，宣布"天下之物本无可格者，其格物之功只在身心上做"。离开了心，即无所谓理，也无所谓物。很显然，王学的"格物"并不是以科学的方法去研究事物，而是去心之不正，以全其本体之正。

对于王学的缺点，以及宋明理学中的全部争论，胡适有着较为明白和正确的认识，既看到了它们的不足，又着意发掘他们认识中的合理内核，以寻求与西方近代科学方法沟通的突破点。胡适认为，宋明理学的全部争论主要是关于"格物"两字究竟应作何种解释，以朱熹为代表的一派以为应解为"穷究事物之理"；以王阳明为代表的一派则解为"正心致良知"。在胡适看来，前者的解释虽然十分接近于西方近代以来的归纳法，即强调从寻求事物之理开始，旨在借助于综合而获得智慧的最后启迪。但是，由于朱熹的学说缺乏实验的程序，忽略了心在格物中的积极的、指导的作用，朱学的逻辑方法对于中国新的哲学范式的建立并不能起到太大的作用。至于王学，由于把心看作与天理同样广大，又以演绎的方法部分地克服了朱学只见局部不见整体的缺陷，具有一定的价值。然而在根本点上，王学的逻辑理论与科学的程序和精神也是不两立的。

而且更为重要的是，在胡适看来，整个宋明理学不论其内部对格物致知有多少相异的解释，但他们无不把"物"训为"事"。这一人文主义解释虽然合乎中国传统精神，但必然会造成忽视客观事物之理的倾向。因此，包括宋明理学在内的中国哲学虽然有不少新的创造，但在根本点上都不可能突破经典儒家哲学的束缚，创立新的范式。故而胡适强调，宋明理学的出现虽为中国哲学的发展提供了新的机会，但结果却是中国哲学最不幸的事。宋明理学对"物"的人文主义解释，势必强化经典儒家哲学中原有的纯理性的和伦理性的部分，从而使以后中国哲学与科学的发展极大地受害于没有适当的逻辑方法。

　　既然知道了西方科学的逻辑方法较中国传统思维方式先进，那么是否意味着可以用西方的方法来直接填补中国方法的缺陷，或者说是否可以以"中体西用"的原则引进西方科学的方法呢？胡适认为，问题决不如此简单。如果一个民族因生存的需要被迫从其他民族输入新文化，那么这个民族必定感到不自在，必定会激起各种各样的强烈反对。同时，如果对新的文化的吸收不是有组织的吸收，而是用替换的形式，用外来文化取代固有文化，造成民族固有文化的消亡，这不仅不太可能，而且即使可能，也实在是全人类的重大损失。

　　在胡适看来，文化的交流与发展是一个极为复杂的过程，虽然现代的欧美文化较中国文化远为先进，但也不是可以盲目引进的，而必须使现代文化的精华与中国固有的文化精神真正联结起来，而不发生"排异"反应。为此，首要的问题是寻求彼此双方可以融通、联结的基础或契机。也就是说，必须在中国大地上寻找出一块可以嫁接欧美文化的土壤，并在这两种不同文化内在调和的基础上建立中国自己的文化新体系。

那么这块土壤在哪里呢？按照胡适的分析，儒家文化经过宋明理学的阶段，已充分证明儒学的生命力已经枯萎，因此在现代社会条件下，任何复兴儒学的努力都是无益的和徒劳的。中国文化的未来发展有待于从儒学的道德伦理枷锁中解放出来。

怎样才能从儒学的枷锁中解放出来？胡适认为，必须满足下列两个条件，一是西方现代文化的大量输入，一是提倡非儒家的诸子学研究，以减轻儒家一尊的束缚，开思想自由之风，并以非儒学派的恢复为基础嫁接西方现代文化。尤其是后者，胡适认为是绝对必要的。其理由是：

第一，只有非儒学派的恢复，才能真正打碎中国思想的儒家枷锁，才能使儒学真正回到它本来的历史地位上去。事实上，用历史的眼光来观察，在秦汉以前，儒家学说只是盛行于中国古代的许多敌对学派中的一派，因此只要不把它看作精神的、道德的、哲学的权威和唯一源泉，而只是灿烂的哲学群星中的一颗明星，那么儒学的被废黜便不成问题。换言之，胡适的真实意思不是要将儒学彻底打倒，而是恢复儒学在历史上的真实地位，放弃儒家学说一家独尊的至上权威，把儒学作为思想史的研究对象，而不是意识形态的法典。

第二，胡适认为，非儒学派的恢复之所以是必要的，是因为在这些非儒学派中可望找到移植西方哲学和科学的最佳土壤。从历史的和发展的观点看，现代西方文化最重要的贡献，差不多都能从中国古代那些非儒学派的思想里找到遥远而高度发展了的先驱。

基于这样的认识，胡适在他自己的学术实践中，一方面竭力张扬非儒学派的精神与方法，另一方面则从历史学的角度揭示儒家思想文化在历史上的发生、发展与变化。他到北京大学讲授中国哲学史，头一章就是"中国哲学的结胎时代"，用《诗经》作时代的说明，丢开传说中的"黄金三代"，截断众流径直从有可信记载的周宣王以后讲起。胡适的这个魄力在当时确实引起不小的震动。也是在那些年中，胡适用历史的方法研究《水浒传》，研究《红楼梦》等古典小说，研究历代争论不休的井田制等问题，在杂乱陈芜的历史陈述中清理出历史的本来线索。所有这些都给当时的学术界以极大的冲击和震动。使读者自然觉得已有的历史并不可信，要想建立真实的历史就必须剔除儒家的正统观念，不能再把儒家经书当作万世的常道，而要对一切旧事物持一种现代理性的怀疑态度，彻底废除儒学的迷信偶像。

新传统主义崛起

反传统主义无限夸大了思想和文化的力量，以为思想与文化的变动必定能够带动社会的变动与进步，所以他们对适度的文化保守始终不能理解不能原谅。二者相激相荡，激进的越来越激进，保守的越来越保守。

五四新文化运动思想主流当然对辛亥革命后第一代传统

主义者形成前所未有的冲击，传统主义第一代代表人物在他们的冲击下基本上成为历史的陈迹，中国现代化的发展有可能沿着这条新开辟的道路前进一个时期。也就是说，假如不发生重大意外，中国似乎迟早有可能走上西方先发国家现代化的经典道路。

然而，历史的发展总是伴随着那些出人意料的事件。正当中国人满腔热情地学习西方，追逐西方的时候，西方社会内部却爆发了具有毁灭性效果的问题。第一次世界大战不仅在一定程度上打碎了中国人学习西方的迷梦，而且使西方人对自身文化的真正价值也产生了深深的怀疑，中西文化之间的关系由此发生了变化。

在战前一个相当长的时期里，欧美人士对于东方民族多以为劣等民族，偶或见其长处，则直惊呼为黄祸，惊呼为世界末日。那时，西方人根本瞧不起东方人，他们忘记两百年前其祖先对中国人的崇拜与仰慕，他们中即便有人说上一句两句一个中国人或中国文化的好话，其实也不过是出于外交辞令或者好奇心而已。欧美人士对自己的文化有着莫名的自信，以为西方文明可能就是文明的终结。然而谁也料不到的是，第一次世界大战的突然爆发，使欧美人士对自己的文化产生了深深怀疑，他们弄不明白的是究竟是西方文化暂时出了问题，还是西方文化本身就有问题。于是他们中一些有识之士开始对其文明的真价值进行反省，开始虚心听取他人对于自己的文明的批评，连带所及，自然对东方文明，对中国文明青睐又加，另眼相看了。①

---

① 平佚：《中西文明之评判》，《东方杂志》第十五卷第六号，1918 年 6 月。

第一次世界大战暴露了西方近代文明的内在矛盾和缺陷，西方人开始注意东方文明也是一种客观事实。问题在于，西方人此时对于东方文明的赞美，其立足点是以东方文明的优长之处去弥补西方近代文明的内在矛盾和缺陷，丝毫不意味着东方文明在整体上比西方近代文明高明，更不是要实行"全盘东化"，以东方文明取代西方文明。曾对中国文明怀有相当好感的英国思想家罗素在游历中国后写道：

> 在我看来，一个普通的中国人，即使他贫穷悲惨，也要比一个普通的英国人更为幸福；他之所以幸福，是因为该民族建立在比我们更人道、更文明的观念基础上。不安定和好斗不仅造成了明显的罪恶，而且使我们的生活充满不惬意，无法享受到美的愉悦，使我们几乎没有沉思的美德。在这方面，我们在过去的百年里迅速地变得更为堕落。我并不否认，中国在另一方向上也走得太远了。但是正由于这个原因，我认为东西方的接触可能对双方都是富有成果的。他们可以向我们学习必要的、最低限度的实际效率，而我们则可以向他们学习某些沉思的智慧，这些智慧使他们持续地生存下来，而其他古老民族则已消亡了。①

罗素不是从学理的角度去评判中西文化的利弊得失，他的关怀只在于西方文化如何汲取其他民族文化的优长之处，

---

① 罗素：《中国问题》，转引自《世界名人论中国文化》，武汉：湖北人民出版社1991年，第458页。

从而使西方民族在经历了第一次世界大战的惨痛后变得更加聪明起来。

很显然，罗素的这些想法在第一次世界大战后的西方并不是孤立的文化现象，当时的西方哲人差不多都在思考同一问题。他们基于自身难题对东方文明给予适度赞美和关注，在一定程度上承认孔子思想儒家伦理的优越和合理之处，反视西方伦理为全然的物质主义，比较愿意赞美东方的理想主义，而悲西方人过于物质主义，成了物质主义的奴隶，结论是西方人应该适度放弃自己的物质主义，向东方的精神文明学习。[1]

谁得病谁知道，西方人的这个判断与认知原本就是其智慧不得了的一个体现，这个判断足以说明西方文化尽管经历了第一次世界大战的毁灭性打击，但其并不会因这样的打击而就此毁灭，就此消沉，并不意味着西方文明的没落与毁灭，更不意味着东方文明有可能拯救世界，即通常所说的"三十年河东，三十年河西"。西方哲人的这种态度与寻求表明西方文化还很年轻，还充满着生机、大气、大度与深刻的反省精神，表明西方文明的自我调控功能并没有因第一次世界大战的摧残而失灵。

然而可悲的是，西方哲人如此寻常的话头却深深刺激了中国人，不仅使相当一部分中国人深感对西方文化的失望，表示此后将不再单纯地吸收西方文明，而是要挖掘自己古老的传统，寄希望于自家那些圣圣相传历久不灭的精神文明。[2]

---

[1] 平佚：《中西文明之评判》，《东方杂志》第十五卷第六号，1918年6月。

[2] 伧父（杜亚泉）：《迷乱之现代人心》，《东方杂志》第十五卷第四号，1918年4月。

更为可悲的是，西方哲人如此平常的话头和带有远方来客的客气话语，竟然激起一批中国人的自我陶醉和盲目乐观，似乎"中国人的世纪"真的要到来了那样。这批第一次世界大战后出现的新传统主义者与辛亥革命后第一代传统主义者稍有不同的是，他们不仅认为中国文化是解决中国问题的良药，中国的现代化只能基于传统的立场上起步，而且乐观地认为中国文化是拯救人类免于毁灭性灾难的唯一出路。辜鸿铭在《战争和出路》中不无自信地写道："如果能够研究中国文化，就可以帮助解决现代世界最困难的问题，这个问题就是要拯救西洋文明的破产。"就连近代中国"西学圣人"严复也在第一次世界大战和西方哲人那些寻常话语的刺激下莫名其妙地亢奋，以为孔子之道儒家伦理终于迎来了一个历史性的转机，终于可以成为世界文明的中心[1]。一个原本深沉的启蒙思想家竟然表达如此浅显怪异的思路，以为第一次世界大战充分证明西方文明的问题，西方文明的核心只有"利己杀人，寡廉鲜耻"八个字，回观孔孟之道，真量同天地，泽被寰区，是拯救世界的灵丹妙药和不二法门[2]。基于此种比较怪异的认知，严复转而欣赏辜鸿铭那些惊世骇俗的东方文明优胜论，以为辜鸿铭的看法虽然可能稍嫌太过，但亦不无理想，不可抹杀。辜鸿铭至少看到了西方文明专言功利而致人类生灵涂炭的内在缺陷。对于这一点，竭力向中国人传播西方文明的"西学圣人"严复却深以为然[3]。这不能不令人感到吃惊和难堪。

①　严复:《与熊纯如书之七十三》,《严复集》,北京:中华书局 1986 年,第 690 页。

②　严复:《与熊纯如书之七十五》,《严复集》,北京:中华书局 1986 年,第 692 页。

③　严复:《与熊纯如书之二十三》,《严复集》,北京:中华书局 1986 年,第 623 页。

严复、辜鸿铭等人的言论，在一战后的中国思想界并不是一种孤立的文化现象。在某种意义上说，这个文化现象既是对先前全盘反传统主义理论漏洞的修补，是对全盘反传统主义的一个反动，也是基于对西方近代文明在一战的干扰下而出现暂时困境所产生的困惑，是对辛亥革命后第一代传统主义者思想遗产的认同和继承，甚至他们中的许多人诸如严复，本身就是辛亥革命后的第一代传统主义者。

　　与辛亥革命后第一代传统主义者稍有不同的地方在于，第一代传统主义者基本认定西方近代文明不仅不合乎中国国情，而且在某种程度上可能正是引起中国动荡不安的根源，中国当时最迫切的问题不是要不要走上现代化的道路，而是如何抵挡住西方文化的冲击，从而使圣圣相传的文化传统不在他们那一代人手中丢失。他们的人文关怀侧重点不是中国社会怎样向前走，而是如何对待文化传统这个沉重的历史包袱。

　　辛亥革命后第一代传统主义者经过全盘反传统主义者的冲击，就其理论形态来说已不再引起人们的兴趣。然而由于全盘反传统主义理论体系的内在缺陷，以及其理论体系在现实中国缺乏足够的可操作性，再加上此时西方社会内部所爆发的那些令人生畏的问题，于是人们的关怀点便不能不从外部移入内部，不能不思考既要使中国获得进步与发展，又要使中国避免西方业已出现的那些问题。因此在一定意义上说，因第一次世界大战而崛起的新一代传统主义者，他们已不再像他们的前辈——辛亥革命后的传统主义者——那样，竭力排斥西方近代文明，而是能够站在相对比较坦然的立场上面对西方近代文明对中国文明的冲击，能够在一种比较适度的范围内主张中西调和，重建中国文化的新体系。曾经竭力反对过张之洞"中体西用"说的梁启超在目睹了欧洲所遭受的第一次世界大战破坏的惨状之后表示，包括他个人在内的中国人先前的看法可能真的有问题，中国确实不应该像张之洞所反对的那样全盘西化，转身向西走，即便不像张之洞那样用"中体西用"的教条去规范中国文明的未来，但中国文明实际上还真在这个世界肩负着比较重大的历史责任，这个责任，就是拿西方文明来扩充我的东方文明，又拿我的东方文明去补助那西方文明，从而产生一种新文明。[①] 由此可见，一战后的新传统主义者的人文关怀已不是排斥西方文化，而是中西文化如何在这新的历史环境下优势互补，重构一种新的文明形态。

旧传统新创造

梁启超、罗素还有美国哲学家杜威等中外学术名流的鼓吹貌似公允，在社会上引起强烈反响，整个世界在第一次世界大战的打击下人心惶惶，以为末日到来，唯独中国人却在此时找回了信心，找回了尊严，找回了文化上的自大，单方面或者说一厢情愿地期望未来的世界文化是东西文明调和的产物，至少在未来的世界文明中应该更多地注意到或者说注

---

① 梁启超:《欧游心影录》,《饮冰室合集》专集之二十三，北京：中华书局1990年，第35页。

入更多的中国元素。

正是在这种学术文化背景下，原来无心著书立说的梁漱溟实在忍不住了，不得不站出来将自己与众不同的思考贡献给国人，于是不自觉地参加了五四新文化运动中这场东西文化大论战。

梁漱溟的个人经历非常奇怪、非常惊人，说他是中国历史上"最后一个儒家"，当然不错；但要说他是中国历史上"最后一个叛逆"，可能更准确。因为他的一生，总是在与时代潮流或者说与时代主流较劲，当科举还是中国士大夫唯一进身之阶的时候，他去学什么ABC；当别人都要革清政府命的时候，他却说要保皇；当民国建立，共和实现时，他却要出家，却要学佛；当别人都说往西走，向西方学习时，他却说往东走，往西走的路不通。此后至其生命终结，梁漱溟几乎始终以一种叛逆的心态面对这个世界，始终期待保持着一种独立、冷静、自由的思考，当然是否做到是另外一回事。

传统的说法总以为梁漱溟参加五四时期东西文化论战是站在陈独秀、胡适一派的对立面，是东方文化派即顽固守旧派的主将或代表人物。梁漱溟个人从来不承认这一点，考诸梁漱溟思想的全部发展线索，也很容易看出这个传统判断把复杂的学术问题看得过于简单，似乎真如两军对垒，阵线分明。

正如我们前面反复说过的那样，在当时的文化论争中，最激进的莫如陈独秀等《新青年》一班人，他们有感于辛亥革命的失败而激烈抨击传统文化，集中批评孔子思想和传统道德，鼓吹全盘西化或全盘法兰西化或全盘俄化。但是，陈独秀一班人往往困惑于西方学者欧洲中心主义的迷雾，以为西方文化具有自己的民族性，尤其是西方文化的不可推广性，因而主张把西方的一套全盘照抄。同时，他们也惯于中国知识分子以复古为旗帜而求革新的传统手法，以一种无以名状的逆反心理，不辨中国文化的民族性，把现代化等同于西方化，提出一些无法实行，至少是当时不可能立即实行的绝对化的理论。如陈独秀基于中国政治变革长时期不能彻底实现的分析，而以为政治制度的改革是枝叶，中国的改革应该重新开辟新的途径，抛弃或者暂时放弃戊戌以来在制度方面的努力，而单刀直入地探寻、移植西方文化，接受民主与科学，以唤醒国人"最后之觉悟"。①

应该说，陈独秀等人确实看到了中国问题的症结，只是在解决的途径上过于激进，一方面必然引起反对派的竭力抵制，另一方面又不可避免地使后来者更为激进，以致走上偏激的道路，使其主张更缺乏可操作性。

循陈独秀思路而发展出来的偏激主张，主要来自于陈序经。陈序经在后来发表的《中国文化的出路》中就嫌陈独秀所要的西化只是民主与科学，除此之外，没有别的，因此陈独秀所要的西化并不是全部的西化，陈独秀的贡献仅仅在于他根本否认中国孔教化的一切，并非主张全盘西化，因而只是一种消极的文化主张。②

在陈序经看来，积极的文化主张应是全盘西化的功夫，

---

① 陈独秀：《吾人最后之觉悟》，《独秀文存》，合肥：安徽人民出版社1987年，第37页。

② 陈序经：《中国文化的出路》，《走出东方——陈序经文化论著辑要》，北京：中国广播电视出版社1995年，第138页。

也就是说，要将西方文化视为一个整体，对于西方的一切，不论好的还是坏的，包括军国主义和金钱主义都应该毫不犹豫地引进。他强调，假使我们以为西方社会的军国主义和金钱主义产生不少罪恶来，所以要反对，那给西方社会带来无限好处的民主与科学也并不都是好东西，也曾同样制造出不少罪恶来。我们不会因为民主、科学还有这样那样的问题而拒绝它们，那么我们为什么要因为军国主义、金钱主义存在某些问题而拒绝它们进入中国呢？我们要享受民主、科学的利益，就应该接受民主、科学发脾气时给我们吃的亏；同理，我们可能会在接受军国主义、金钱主义时吃点亏，然而谁又知道我们不会因此而获得意外的收获呢？ ①

文化作为一个整体，自然不是此方一厢情愿地在吸收彼方文化时，吸收其精华而拒斥其糟粕，任何一种文化都是一个密不可分的整体，都是其物质文化、精神文化以及各要素间的高度统一，每一个精神文化都有其相应的物质文化作依托，而每一个物质文化也总不外乎有一种精神文化作为表现形式。全盘西化论者有见于此而强调全盘引进西方文明，以改造乃至抛弃、替换中国旧文化，虽过于偏激且缺乏可操作性，但并不是毫无可取之处，至少他们看到了文化的不可分割性。

然而，全盘西化论者过于偏激的文化、政治主张严重挫伤了中国知识分子的自尊心、自信心，不论在学术界还是在一般社会都只能引起反感，而无法获得国人的共鸣。从反感

---

① 陈序经：《东西文化观》，《走出东方——陈序经文化论著辑要》，北京：中国广播电视出版社 1995 年，第 153 页。

出发又势必引起激烈的反对而走向另一极，使一些人仿佛是基于民族主义的情绪，坚持中国文化不论其性质如何都可以放之四海而皆准，从而提出另外一种绝对化的主张。

1916年，杜亚泉在《静的文明和动的文明》中，以为西方社会多民族纷争，自然环境适宜于商业，于是西方人的观念，以为社会存在是互相竞争的结果，依对抗而维持。中国的情形则不然。中国社会自古以来只是一家一姓兴亡之战，自然环境只适宜于农业，于是中国人的观念便以为社会的存在只是各方面相互调适相互让步的结果。基于这种观念上的歧异，遂使西方社会注重人为，反对自然，生活向外，竞争重于安逸，胜利重于道德，无时不在战争之中，无处不是竞争之地；而中国人基于自己的生存条件，一切皆注重自然，顺从自然，听命于自然的安排，不做无畏的抗争，生活向内，安分守己，不能无限开源，只能勤俭克己而节流。中国人除自然的个人外，别无假定的人格，道德高于胜利，与世无争、与物无竞，时时处处以避免战争避免竞争避免一切人为的冲突为第一要务。

按照杜亚泉的分析，中西文化的差异是性质之异而非程度之差，两者之间根本无法进行先进与落后的比对，从这个意义上说，中国固有文明面对西方文明的冲击、挑战，不仅不应该退缩，不应该被抛弃，恐怕正应该重建信心，重建自尊，重新拿起自己老祖宗留下的这些文明遗产，去拯救去调整世界文明在西方近代文明的诱导下一味偏重物质的缺失，重建世界文明的新体系。[①]

① 伧父（杜亚泉）：《静的文明与动的文明》，《东方杂志》第十三卷第十号，1916年10月。

在五四新文化运动东西文明论争中，除全盘西化和固守东方文化两个极端思维外，还有一种折中调和说。这种种学说都表明中国人对文化问题的焦虑、关注与自觉，表明不仅中国文化到了一个可能会发生转变的关键时期，而且世界文明也可能因西方和东方的各自问题进行新的调整和重建。正是在这样一种历史文化背景下，梁漱溟开始了他的东西文化比较研究，开始思考并提出一种新见解。

梁漱溟既没有留学欧美或日本的经历，也没有前清的功名，甚至没有什么显赫的地位与名声，他只是因为一篇有关印度佛教的文章，被同样具有哲学爱好的蔡元培所看上，而这个蔡元培却又有机会去当北大校长，于是身份独特的梁漱溟在蔡元培兼容并包、不拘一格降人才的政策影响下，成了北大的一名教师。他对东西文化这些问题的思考，也就是从1917年年底追随蔡元培到北大时开始的。

蔡元培聘请梁漱溟到北大，是要他为北大文科学生讲解佛教哲学或者印度哲学。只是他在讲解佛教哲学一段时间后，萌发了对东西文化及其哲学进行综合研究的兴趣。1918年，梁漱溟发布广告征求研究东方文化的同志，并开办一个孔子哲学研究会。

经过大约两年时间的研究和思考，梁漱溟于1921年暑假应约到济南演讲"东西文化及其哲学"，系统讲述自己对东西文化，对人类文明未来的看法。

在这个系列演讲中，梁漱溟既不满意于陈独秀、胡适等五四新文化运动主流派的激进文化主张，也反对梁启超、杜威、罗素等人的文化调和说，而是从文化路径上重新区分世界文明的各个分支，从精神生活、物质生活和社会生活三个方面重新检讨世界文化各个主要分支的基本状况和基本态度。

按照梁漱溟的分析，如果仅仅从精神生活、物质生活和社会生活三个方面看，东方文化远不及西方文化优越。尤其是西方近代以来的科学与民主精神，是世界上无论哪一个现代民族都不能自外的东西。从这个意义上说，东方文化是一种未进的文化，西方文化是一种既进的文化。那种认为东方人在政治制度、社会风俗习惯以及物质享用方面虽不及西方人，而在精神方面比西方人有长处的新旧派人物，梁漱溟认为这种观点全然不对，且非常有害，实在是很含混不清，极糊涂，无辨别的观念，没有存在的余地。①

梁漱溟指出，我们比魏源、曾国藩、李鸿章以及康有为等人的进步，就在于从"以物质观西方化"的眼光转移到从文化的根本即思想、精神方面的异点上观察西方化，所谓文化改造、哲学更新都是对着中国固有文明而说的，何以还说固有的精神文明优于西方，可以保留？很清楚，在梁漱溟的观察中，新旧两派都陷入一个自相矛盾的境地。正如严复早就指出的那样，文化是一个整体，其本末、体用不可能分开观察，更不可能只用其末、只用其用，而不顾及其本、其体。与严复的致思理路大致相同，梁漱溟强调文化无论东西，物质方面与精神方面总是一贯的，而且精神方面尤为根本，绝没有物质方面必亡而精神方面可存的道理，所以要改革就从根本改革上做起。很显然，梁漱溟这是将文化视为一个整体的系

---

① 梁漱溟：《东西文化及其哲学》，《梁漱溟全集》卷一，济南：山东人民出版社1989年，第341页。

统工程，不是可以零售或搭配出卖的。这个看法当然较之先前的全盘西化和守旧的东方文化主张都要更细致更精细。

通过对东西方及印度三方面文化进行充分比较研究后，梁漱溟对世界未来文化做了大胆预测。他认为，世界未来文化就是中国文化的复兴，有如古希腊文化在近代西方的命运一样。按照他的演绎，人类生活只有三大根本态度，由这三大根本态度演变为各别不同的三大系文化，即西方、中国与印度。这三大系文化自其成绩论，无所谓谁家的好，谁家的坏，三家文化都曾对人类文明做出过伟大贡献。然自其态度论，则有个合宜不合宜的问题。

相比较而言，梁漱溟认为，希腊人态度要对些，因为人类原处在第一项问题之下；中国人的态度和印度人的态度就嫌拿出得太早了些，因为问题还不到。不过希腊人也并不因为他们看清了历史发展的走向而有意为之，而是历史背景、地理环境等各种复杂因素综合导致，所以欧洲在经历了希腊罗马时代之后，却莫名其妙地转入一个长达千年之久的"中世纪"，直到欧洲文艺复兴乃有机会重新回到原先的道路，重走希腊人走过的路，重新捡起希腊人的态度。由于西方人这次坚定地走希腊人的路，并且一直走下去而不放弃不抛弃，于是人类文化上所应有的成功如征服自然、科学、民主都由此成就出来，这就是所谓近世西洋文化。[①]

西方文化的历史发展是否如梁漱溟所描述的那样简单，我们不必深究。我们的兴趣只是，处在现代化过程中的梁漱

---

① 梁漱溟：《东西文化及其哲学》，《梁漱溟全集》卷一，济南：山东人民出版社1989年，第526页。

溟确实看到了传统与现代之间存在着密切且并不总是处于对抗性状态的矛盾。西方近现代的历史表明，传统的东西并不是都有碍于现代化，只要进行拣择性批评，传统便可以为现代化服务。如果一味把传统与现代对立起来，实质上是把传统一概归为过去的东西，一概视为一成不变的僵死教条。梁漱溟对西方文化发展历程的分析，其价值首要在于正确揭示了传统与现实的真实关系，澄清了把传统等同于过去，而牺牲其现代内涵的误会，从而有助于理解中国传统文化在现代化过程中的实际作用。

梁漱溟认为，西方文化在近代的胜利，只在其适应了人类目前的问题；而中国文化、印度文化在近代的失败，也非其本身有什么好坏可言，不过就在其不合时宜罢了。在人类文化形成之初，都不能不走第一条路，不能不解决人类的生存与繁衍问题。中国人自不例外，但中国人不待把这条路走完，却中途拐弯到第二条路上来，把以后方要走到的路提前走了，成为人类文化的早熟。但是人类明明还处在第一问题未了之下，第一路不能不走，哪里容你顺顺当当去走第二路？所以中国文化就只能委委屈屈表现出一种暧昧不明的文化状态和文化情怀，不能够像西方文化那样鲜明，那样直接，那样有力地推动社会在第一条路向上走下去。

从 19 世纪末 20 世纪初中国社会实际出发，梁漱溟对中国文化的这种埋怨和责难情有可原。即中国没有真正解决人类生存与繁衍的基本问题，便无从谈精神的充实与发展。中国的首要问题尚不是谈论生命的活泼流畅，而是尽快解决生老病死的物质匮乏。但是，揆诸历史事实，我们又看到梁漱溟这种表面责难而实则赞美的中国文化论，从根本上仍未弄清中国文化得以产生、发展、繁荣的社会历史原因，仍是一种理念演绎，以先验的结论去评判中国文化，因此其价值便值得怀疑。

应该说，这种中国文化早熟论在当时或稍后的中国学术界并非梁漱溟一人所持有，秉承各种思想流派的学者似乎都看到此点。只是同样基于"早熟论"，但问题视角、论证方法和评估原则却差异很大。大多数人以为中国文化早熟，跳过了其发展的必要阶段，那么，目前的中国应该充分抓住时机，迎头赶上，顺利解决人生第一问题。然而梁漱溟认为，中国文化虽在以前不合时宜，而此刻则机运到来。因为第一条路走到今日，病痛百出，现在西方人都想抛弃它而走第二条路。尤其是第一条路走完，第二条路移进，不合时宜的中国人的态度、东方文化却时来运转，静以待变，终于等来了"三十年河西，三十年河东"的历史机遇，不知不觉中成了最合乎现在需要的人生态度和文化形态，于是西方人开始将目光转向东方，期待在东方，在中国固有文化中能够寻找到解救西方社会问题的良方。

平心而论，梁漱溟的这些看法用在当时中国固然不妥，至少在浅意识层面反映了中国传统知识分子的崇古心理，他忘记了传统的中国社会是以农业生产为主要方式，而现代社会的重要标志则为大机器的工业生产。由于生产方式的绝对不同，就不可能批评地把中国人的态度重新拿出来。在传统社会条件下，中国人的基本态度是进取心不足，守成心有余，缺乏创业冲动，安于知足常乐，缺乏创造性和主动性。这样一种人生态度无论怎样进行批判性的扬弃，也不可能具有现代性，不可能和现代化同日而语。当然我们不会忘记，梁漱溟不是在狭隘的眼界中讨论中国民族之前途，不是在说中国人应该如何做，而是站在人类文明发展的高度对全人类的忧思，是讨论全人类文化之命运，寻求拯救人类文明之良方，寻求具有普世价值的终极关怀。明于此，我们就不应该对梁漱溟的这些论点进行过多指责，而应看到其哲人的睿思、忧患、畅想。

站在全人类文化发展的高度，梁漱溟宣称世界文化的最近的未来必将是中国文化的复兴，中国的儒家文化一定能够在新的历史条件下获得新的生机和新的开展。梁漱溟的这个判断在一定意义上确实是不拘泥于只从现在出发的实用功利来考察问题，而是从深远的未来前景规划重整中国文化。但是，在当时的中国，正如胡适所感叹的那样万事不如人，梁漱溟这种孤独的意见似乎只是梦一般的幻想，其本质仍是从过去看未来，而不是从未来看过去，因为他所说的世界未来，他所憧憬的未来情形只是中国过去的摹本加上现代化的生产工具和生活方式。

传统是流动于过去、现在与未来整个时间流程中的过程，而不是在过去就已凝结成型的一种实体。它除了已成型的过去存在外，还应包括尚未被规定的东西，传统永远处在创造之中，永远向未来敞开。但是，世界的未来绝不可能是物质的丰富、技术的进步加上传统的社会情景，而是以往历史所未有过的情景。那么，未来的文化不仅不可能是中国文化的复兴，甚至也不是人类文明总和的复兴，而只能是在人类既往文明基础上的新创造，是对全部传统进行改造、整合与重建。

当然，我们看到梁漱溟站在人类文明的高度重新审视既往文化，展望未来文化，不仅对西洋文化有所批评，而且对中国文化并无偏袒之情，那些所谓梁漱溟为东方文化派的论点显然未见于此。因为我们知道，梁漱溟虽对中国文化拯救现时弊端百出的西方文化寄予厚望，但也承认中国文化在全人类实行之后，也必然会生出新的弊病来，当初借以解救痛苦的是西方文化，后来贻人以痛苦的可能还是西方文化。因此梁漱溟虽然相信世界未来文化就是中国文化的复兴，但从长远看绝不会是中国文化万世一系的独霸天下，而必被更高级、更精致的印度文化所取而代之。①

印度文化在未来世界文化中或许具有自己的价值，但是梁漱溟觉得应该在最近期坚决排斥印度佛教文化。他的理想文化形态是：

第一，要排斥印度的态度，丝毫不能容留；

第二，对于西方文化是全盘承受，而根本改过，就是对其态度要改一改；

第三，批评地把中国原来的态度重新拿出来。

梁漱溟说，这三条是他多年来研究东西文化和人类共同体的前途等问题后得出的最后结论，几经审慎而后决定，并非偶然的感想。他强调，中国文化所有的不好不对，所有的不及人家之一点，就在步骤乱，成熟早，不合时宜。并非中

---

① 梁漱溟：《东西文化及其哲学》，《梁漱溟全集》卷一，济南：山东人民出版社1989年，第526页。

国文化的态度不对，只是这态度拿出太早不对，这是中国唯一致误之所由。中国不待抵抗得"天行"就不去走征服自然的路，所以至今仍被自然所困扰；中国人不待"有我"就去讲"无我"，不待个性伸展，就去讲屈己让人，所以至今中国人也没有真正从种种威权底下解放出来；中国人不待理智条达，就去崇尚那非逻辑、非理性的精神，就专好用直觉，所以至今中国思想也不得清明，学术也都无眉目。

中国文化既然已经如此发展，现在既不可能回头重走西方文化的第一路，也不可能往回去走印度人的第三路。假使没有外力的入侵，没有国际环境及中国文化生存条件的变化，中国文化必将长此终古。然而，西方文化踏着传教士、探险者的足迹潮水般的涌向中国，中国文化与正有成就的西方文化相比确实相形见绌，自然经不起西方文化的威凌，只有节节失败，忍辱茹痛，听其践踏，仅得不死。这一切的错误都应归结到中国文化的贻误，只缘一步走错，弄到这般田地，那么怎么办呢？梁漱溟指出，鉴于近代以来的残酷事实，不能不承认中国文化的不好，也不能叹惜致恨于古圣人的道理未得畅行其道。中国之所以落到目前这种情况，全由于我们自己的文化而莫从抵赖，也正为古圣人的道理行得几分，所以才致这样，倒不必恨惜。但中国人绝不能后悔，绝不能怨尤，以往的事不用回顾，中国人只需爽爽快快打定主意，决定现在的路应该怎样往下走。简单一句话，梁漱溟认为中国人唯一可走的路的就是抛弃过去的成见，抬起头来往前看。

传统不是凝固的过去，而涵蕴有丰富的现在。一厢情愿地抛弃传统，在一张白纸上作最好最美的图画，只能是诗人般的幻想语言。传统的最大特点恐怕就在于不论现代人是否理睬它，它都会无私忘情地关怀着现代人。正确的选择大概是，现代人既不能对传统束手无策，裹足不前，但又不能不在向前迈进的同时拿出一定的精力关照一下自己的传统。

那么，往前看，在当时的中国，什么是最重要的问题呢？梁漱溟认为，当时中国最需要的是怎样能让个人权利稳固，社会秩序安宁，不如此，中国就不能巩固国基，就不能在国际上成为一个现代民主民族国家，也不能让社会上一切事业得以顺利进行。原则上说，梁漱溟并不反对中国学习西方，只是更加强调在这一学习过程中鉴于西方国家已经走过的道路，已经发生过的弊害而知道什么应该戒备，什么应该防范，并为世界第二路文化的实现积蓄力量，准备条件。因此从这个意义上说，确实不好将梁漱溟的文化理念归为保守或者激进的任何一方，在激进者看来，他保守；在保守者看来，他激进。这就是梁漱溟文化理念的独特之处。

东西文化混战

《东西文化及其哲学》的出版，在学术界乃至整个社会都引起强烈的反响，使梁漱溟"暴得大名"，以北京大学区区讲师的身份成为国内学术界的新闻人物，誉之者称这部书为"新文化里面第一部有价值的著作"[1]，不满者则设法捕捉书中的漏洞或论证不严密的地方大加发挥，攻其一点，不及其余。然

---

① 恶石：《评〈东西文化及其哲学〉》，《民国日报》1922 年 3 月 28 日 "觉悟" 副刊。

而从舆论的总体看，各方面对这部著作反响不一，有褒有贬，更多的则是"语言不通"，出现理解误差，本义和释义分离，有的评论则干脆与这部著作成为两码事，只是借着评论这部著作为由头表达自己的一些看法而已，东西文化经过数十年的接触，终于有了一次规模不小的混战机会。

对《东西文化及其哲学》最先发表评论的似乎是曾经参与创办《学衡》杂志的刘伯明。刘伯明具有西方哲学的系统训练，因而在他看来，梁漱溟的这部书在基本倾向上无疑是文化保守主义的。而适度的文化保守，也正是刘伯明的主张，所以他自认为梁漱溟的同道，对这部著作给予比较高的评价。刘伯明认为，就总体上看，梁漱溟的《东西文化及其哲学》一书于今日确有贡献，其影响之及于学术界者必甚健全，其原因就在于当今中国学者大率喜欢侈谈西化乃至全盘西化。其所谓西化，又往往限于最新而一时流行东西，往往视中国固有文化如敝屣如糟粕。

在刘伯明看来，《东西文化及其哲学》之所以有价值，是因为梁漱溟的主张和研究方法与众迥殊，书中所体现的既不是狂热的全盘西化论和民族虚无主义立场，也不是固守东方文化的保守主义，而是采取一种客观分析的立场，视中西印三大文化为各自独立的体系，不可绳以共同准则，更不可固执成见，品第其高下。三者种类不同，故各有特长，不能说其中有先进后进之分。

但对梁漱溟关于三大文化前景的分析，刘伯明也提出严厉批评。他认为梁漱溟把三大文化看成独立发展的系统，各有所长和所短，无疑是正确的，但在论及世界文化未来时，却把三大文化看作一条直线，以为西方文化反映了人类最初的理想，随着人类的发展，必然由西方化走向中国化，再由中国化走向印度化。刘伯明指出，梁漱溟的这一演绎不仅和前面的立论相矛盾，而且明显地表现出是以"佛学成见"评论西方化及中国化。

不唯如此，梁漱溟彻底否定东西文化调和的可能性，虽言之凿凿，也实在难以被当时大多数学者所接受。仅就感情层面而言，中西文化既有所长和所短，那么，理想的未来无疑是集二者之长，摒弃所短，创造出尽善尽美的新文化。若就理论而言，当然中西文化属于两种完全不同的文化体系，文化作为一个整体也不可能被零星批发和搭配出售，但是两种不同的文化一旦接触，不可能不发生一些影响和变异，各自文化的发展不能不受某种影响。梁漱溟过于强调中西文化的不可调和性，显然过于看重文化的整体不可分割性。刘伯明指出，中西文化的调和或互补，在某种意义上不是一点不可能。如西方人略于人情世故，仅是相对于中国人过于精通过于讲究人情世故而言，并非西方人一点都不懂得人情世故。况且西方文化的特色，如计算精确，注意小节等，正是中国文化崇尚浑融之所短，中国文化的未来发展应正视所短，吸收其他文化所长而弥补之。

在谈到西方文化时，精通英文，兼通法文、德文、希腊文及梵文等各种语言文字，并专治西洋哲学的刘伯明自然比梁漱溟有更深的理解。他以为梁漱溟对西方文化的判断基本上不正确，其谬误之处较为易见。因为西方文化是一个内容十分复杂的体系，而不仅仅是科学与民主，或仅仅是希腊、罗马和近世文化。通观西方思想文化的沿革，至少有三种极为明显的倾向，一是科学，二是神秘，三是人本。此三种倾向，自希腊以来即有之。而梁漱溟以为希腊人只有科学精神，重视现世，优游以乐生，故走上人生的第一路向，此固通常之说，但在刘伯明看来，具有缺乏学术的严谨和必要的限定。①

梁漱溟《东西文化及其哲学》的失误不仅表现在著者以主观态度规范西方文化，而且表现在他以哲学论文化，以哲学代表文化，而不是用科学来分析文化的整体和全貌，因此，著者的结论难免令人生疑，即或正确，充其量也不过说了文化的一部分。最先发现这一点的是张东荪，张东荪对哲学与文化有深入独到的研究，他的批评应该是专家之言。

张东荪指出，根据梁漱溟对中、西、印人类三种生活样法的分析，便知道梁氏所谓"东西文化及其哲学"只是"哲学观的东西文化论"，而不是民族心理学的东西文化论。依照民族心理学的研究，民族的特性或人性并不是不能改变的，因此我们不必因民族有特别本能而就以为不能采用他族的文明了。梁漱溟把东西文化之根本都还原到哲学上，只能算一种观察而不能算研究，更不能算研究文化全体的方法。张东荪强调，研究中国哲学全体不能只举一个孔子，孔子之外别有老、庄、申、韩等多家；研究印度哲学不能只举佛教尤其是唯识家，佛教以外尚有别家哲学。至于西方哲学，近代的不必说了，即以希腊哲学为例，已是百花齐放、异说纷呈了。虽说各种哲学学说影响于该民族的生活有势力大小的不同，然却不能说该民族绝对不受某一学说的影响。张东荪还指出：一个事实

---

① 刘伯明：《评梁漱溟〈东西文化及其哲学〉》，《学衡》第三期，1922年3月。

是无论哪一民族，其中的哲学学说都不止一个，并且是很复杂的，但是其民族中的各种哲学虽互相反对而都带有这个民族的特性；一个事实是思想的交通，如印度哲学却不一定在印度，所以在一个民族中可以有一种哲学思想竟和他族中的一种哲学相同。张东荪认为，从这两点事实便可证明，哲学是哲学者的宇宙观与人生观，他发明这种宇宙观与人生观虽受民族根性与时代背景的影响，却有些是出于个人的创造力。

基于上述分析，张东荪对梁漱溟关于中西印文化的判断进行了批驳。他认为，第一，文化不是由哲学所产生，因为同时影响于文化的有许多相反的哲学学说，所以不能说中国文化是孔子哲学所产生的；第二，文化与哲学的范围不相应，因为哲学终究有一些个人的努力，这种个人的人生观与宇宙观绝不是该民族中人人所同具的。无论中国文化或梁漱溟说的中国人的生活样法与孔子的思想有多大的关系，然而终不能并为一谈，印度文化无论与佛家思想有何等关系，毕竟是两个东西。

和刘伯明一样，张东荪对梁漱溟三大文化交替发展的演绎表示怀疑和"最不满足"。比如近代以来的西方思潮确实有一种反对"物欲的征逐"的倾向，如反对国家主义，反对战争，反对阶级制度以及社会主义诸派别，但是这种倾向只是主张向前追求应改变方法而绝不是以中国的"自得主义"取西方"向前奋进主义"而代之，绝不是像梁漱溟所演绎的那样是持中意欲以自得安分。质言之，张东荪认为，西方现代思想之所以发生如此改变，主要是因为向前要求用了自由竞争的方法以致同类相残过甚，现在必须改用"互助"的手段，专心于征逐自然。以前是个人逐物，所以同类相残，现在变成社会逐物，则所得更多。实质上这是一种"社会的享乐主义"，而绝不是梁漱溟所说的什么西方文化必然要发展到中国的自得主义的"持中意欲"。

至于印度文化，梁漱溟认为代表人类文化发展的最终归宿，必将在较远的未来代中国文化而大兴。张东荪指出，这种主张是大谬而特谬的，他以为这种"超绝"的"从事"（即从事于超绝的功夫），只能问可能与不可能；如其可能则今天也可能；如其不可能，则其今天不可能，明天也不可能，断不能说今天不可能而明天就可能。果真如此，则我们不能不问明天所以异于今天在哪些地方。如果说是条件未备的关系，则条件显然是不在自身而在环境，而将来的环境不可能使人类比现在更烦闷。生活即是奋进，而奋进中必然含有烦闷，所以努力的人生观永远是正流，如佛教"向后追求"的厌世的人生观则永远只能是一个伏流。那么，到了将来，厌世的哲学不会消灭，但也决不会大盛，不能成为一种文化，不能为哪一个民族所独有，而只能是人类个体中的一种情绪，不能限于某一民族。

按照张东荪的本意，梁漱溟人生三种路向的分析本无错误，但不能划定为中、西、印三大民族所固有，三种人生路向在各个民族的人生观和宇宙观中都有不同程度的存在，它们之间的影响和渗透是必然的。中国人不可能如梁漱溟所期望的那样，在最近的将来全盘承受西方文化，同时又重提中国原有的态度。一个民族有它由历史而来的"根性"，断不是一旦要采取外来的文化而能立刻办到的。并且外来的文化充分灌入以后，固有的根性也不会消灭，必仍杂然呈露于其间，所以总不免有些变态。在一定意义上说，中国文化在世界文化上只占很小一部分，印度文化则是一个伏流，西方文化实在已不是西方本身的了，已大部分取得世界文化的地位，大部分含有世界文化的要素。因此，中国人采取西方文化便不是直抄他族的东西，而是吸收人类公共的东西，更不存在梁漱溟说的先全盘承受西方文化，再加以根本改造的可能性。[①]

和张东荪的说法不同，从欧洲留学归来的年轻哲学家李石岑在他的评论中根本否认梁漱溟人生三条路向分析的合理性和价值。李石岑认为，人类生活的全部发展都是向前走，只不过是走法不同，或是走的快慢不同，譬如西方人向前走，是左冲右撞走过来的；孔子向前走，是一面走一面安排不吃力地走过去的。但都是同一路向，并不像梁漱溟演绎、设计的那样具有许多条路向。

与三条人生路向相连带的，是梁漱溟提出的中国现在应取的三种态度，即第一要排斥印度的态度，丝毫不能容留；第二，对于西方文化是全盘承受而根本改过；第三，批评地把中国原来的态度重新拿过来。关于第三个态度，李石岑和张东荪一样，认为孔子虽然伟大，确实感化过许多中国人，但孔子的思想只是在他生前或死后不多久的时候现了一现，并不能代表中国文化的全部。李石岑指出，中国此刻促使世界文化走向第二路不妨慢些讲，孔子哲学，此时暂可不必提倡；无论真孔、伪孔，此刻尽可不必去理论。因为你想批评地拿出"孔子原来

---

① 张东荪：《读〈东西文化及其哲学〉》，《时事新报》1923 年 3 月 19 日 "学灯" 副刊。

态度"，其结果必致引起许多"非孔子原来态度"，那非孔子原来态度，力量定归比孔子原来态度大。李石岑强调，梁漱溟发誓要寻出孔子的真面目，只能是孔子一人之幸，却是中国人之全体不幸。中国现在所需要的仍然是陈独秀一班人对孔子的批判，只有这样，才可以推翻军阀的靠山，拔掉老百姓的迷根，才不至于被那些"伪孔"、陋儒等所利用。如果孔子的儒家哲学确有价值，那就尽情宣扬，也不必拉上孔子。

不难看出，在对待孔子和中国文化的态度上，梁漱溟的真意并不被当时人所理解。不仅反对梁漱溟基本观点的一班学者如此，即使是那些"差不多全体赞成"梁漱溟观点的人也并没有真正理解梁漱溟的思想真谛。[①]

最先赞成梁漱溟观点的人，恐怕要数严既澄。严既澄对五四新文化运动多有指责，因而对梁漱溟对孔子思想和儒家文化的张扬以为是"深得吾心"，对梁漱溟"研究的精细"表示极为"佩服"，至于梁著中的所表达的基本观点，严既澄表示"差不多全体赞成"，尤其是梁漱溟对孔子的评判以及对儒家伦理思想的发挥，严既澄认为是"全书最精到、最有价值处"，同时又提出一些相当严厉的批评。严既澄认为，一个民族的文化，断不是一个人领着路便可以把整个民族带入那一条路去的，大概非整个民族本来有这种趋势不行。同理，中国文化的发展，就绝不是孔子一人之功，而是客观形势、外部条件使然。依照严既澄的意思，大概环境的影响，客观的原因，

---

① 如《民国日报》1922 年 3 月 28 日副刊"觉悟"刊载的恶石《评〈东西文化及其哲学〉》一文，表示对梁漱溟书中的观点差不多"统都赞成"，实际上并不理解梁漱溟这部著作的真意，特别是对梁漱溟所谓"三条路向"的"说破"，对梁漱溟思想的阐释并不准确。

是不免的；因为有了这样的环境，所以产生出这样的志向来，积渐成惯，更得天才来鼓舞推动，于是大家便不知不觉地走向那一条路上去，这才说得圆通。

梁漱溟对孔家哲学的发挥，盖以"性善"的假定为根基。最突出的是孟子对他人言性的批评，无不拿礼、义来比喻同嗜之味，同听之声。基于性善，梁漱溟对儒家思想发挥到极致，以为依靠儒家思想，便能达到"全凭直觉"的最高境界。对此，严既澄指出，梁的愿望或许不错，但这种观点和愿望毕竟是立足于假定的根基。根据近代心理学的研究，这个假定似乎已不能成立，因为一个人刚生出的时候，仅是混沌而已，性恶固然不可能，性善恐怕也无从谈起，人之初性善，还是性恶，先秦诸家争论不少，但从现代科学看，可能还是告子的说法比较可信，即性犹湍水，决诸东方则东流，决诸西方则西流。换言之，导之以善则善，诱之以恶则恶。

按照严既澄的意思，梁漱溟对儒家思想的阐释，的确是合理的人生态度，是一种"近代化的"孔家思想，本可不必论辩是否合乎孔子的原意，只要看其是否合理，是否合乎现代需要即可。从这个观点去观察，就不必说梁漱溟对儒家伦理的阐释是否合乎历史事实，只看他的论证是否合乎逻辑，是否能够自圆其说。只要合乎逻辑，能够自圆其说，梁漱溟就应理直气壮地坚持立即"批评的"把这种态度拿出来以作为拯救时弊的方案。可惜，在当时西化之风正烈之时，梁漱溟并没有勇气这样做，只是羞羞答答地强调世界文化的不远将来才是中国文化的复兴，而最近期的中国文化则是全盘承受西方化，西方化与东方化之间也无调和的余地，似乎二者是同一序列中的先后阶段。梁漱溟的这一判断反映了其内心的孤独和苦闷，和其身体力行的一些追求大相径庭，不可避免使其论证露出破绽，当然也引起了严既澄的不满足。严既澄在揭露了这些破绽后强调，东西文化不但有调和的可能，而且是非调和不可。①

对于这些正反两方面的意见，梁漱溟一概采取泰然处之的沉默，自始至终一概不愿作答，这一半是因为大家的赞美没有抓住梁漱溟的兴奋点，而那些"批评诲示"好像也没有能引起他作答的"兴味"，更多的原因则如梁漱溟所说的那样，由于理解的误差，他从这些不着边际的批评诲示里，很少"领取什么益处或什么启发"。②

然而到了1923年，胡适在《读书杂志》发表《读梁漱溟先生〈东西文化及其哲学〉》的长篇文章后，梁漱溟起初仍不想作答，仅写一信寄给胡适，除表示感谢外，又稍嫌含蓄地指责胡适文中"间或语近刻薄，颇失雅度"，不明白胡适何以如此。③

对于梁漱溟的愤怒，胡适迅即专函做了解释，称自己做文章往住喜欢在极庄重的题目上说一两句滑稽话，有时不免流为轻薄，有时流为刻薄，虽有时因此增加文章的辩论效力，然也往往因此挑起反感。这大概有向梁漱溟致歉的意思。只是胡适在此话题一转，表示轻薄与刻薄固非雅度，然凡事太

---

① 严既澄：《评〈东西文化及其哲学〉》，《民铎》1922年第3期。

② 梁漱溟：《东西文化及其哲学（三版）自序》，《梁漱溟全集》卷一，济南：山东人民出版社1989年，第321页。

③ 胡适：《读梁漱溟先生的〈东西文化及其哲学〉》附录一"梁漱溟先生第一次来书"，《胡适文存》卷二，合肥：黄山书社1996年，第181页。

认真亦非汪汪雅度。玩世的态度固可以流入刻薄，而认真太过，武断太过，亦往往可以流入刻薄。① 很显然，胡适毫不客气地批评梁漱溟不懂得幽默，太缺乏幽默，认真太过，武断太过，所以实际上是流入另一种形式的刻薄。

胡适的批评似乎引起了梁漱溟的反省与默认，稍后，梁漱溟复函表示自己最近正在研读宋明理学家的著作，"服膺阳明"，深悔往时态度。言下之意，对先前的冒犯与不恭表示歉意。② 至此，梁漱溟与胡适之间的不快暂告结束。

不料过了半年的光景，《努力周报》停刊，胡适在所作"停刊词"中旧事重提，称"努力同仁"在过去的一年半中在政治革新方面做了一些有益的事情，对于中国政治发展或许起到一定的积极意义，但是这种现实政治的努力远非他们的理想，他们用力之所在和成就之所在可能还在文化方面。胡适表示，在过去一年半中，《努力周报》必将留在中国思想史上的，不是政治上的革新建议，而是对梁漱溟、张君劢一班的批评。③

稍后，新文化运动另一主将陈独秀接着胡适的话题往下说，宣称梁漱溟、张君劢被胡适等人教训一顿，哑口无言，为中国思想界赢得一线曙光。陈独秀还调侃式地宣称："梁漱溟说我是他的同志，说我和他走的是一条路，我绝不能承认。"④ 这对不知幽默为何物，且每每以圣贤自我期许的梁漱溟

① 胡适：《读梁漱溟先生的〈东西文化及其哲学〉》附录二"答书"，《胡适文存》卷二，合肥：黄山书社1996年，第182页。

② 胡适：《读梁漱溟先生的〈东西文化及其哲学〉》附录三"第二次来书"，《胡适文存》卷二，合肥：黄山书社1996年，第182页。

③ 胡适：《一年半的回顾》，《胡适文存》卷二，合肥：黄山书社1996年，第363页。

④ 陈独秀：《精神生活东方文化》，《前锋》1924年第3期。

来说，是可忍孰不可忍！

按照梁漱溟的理解，他虽然对新文化运动中的主流意见有所保留，但大体上他是赞成这些意见的，从来都以陈独秀、胡适为同道。现在胡适、陈独秀白纸黑字不仅不承认梁漱溟是他们的同道者，反而将梁漱溟视为新文化运动的对立面、障碍物，以为正是梁漱溟们阻碍了思想革新运动的进行。这使梁漱溟感到很难过，很伤心。

当然，梁漱溟也不否认他和胡适、陈独秀等人在思想上的差异或不同。他表示，他有他的精神，陈独秀、胡适有自己的精神，各有各的精神和价值，这正是思想能够独立存在的前提和条件。不过，他毕竟没有要打倒陈独秀、胡适而后才能成功的意思，他们在思想上只是有差异，而不是有冲突，有斗争。[①] 他们不仅算不上敌人，而且应是"盟友"，他所做的一切包括"继绝学，开太平"，以当代孔子自居，也与胡、陈"打倒孔家店"的口号并不矛盾，而是相辅相成。

这只是梁漱溟的一厢情愿。在新文化运动当时，胡适、陈独秀并不把梁漱溟作为盟友，而是把他列为与张君劢同类的"言敌"。仅就学术观点或对中西文化的基本看法而言，胡适认为梁漱溟"不免犯了笼统的毛病"：笼统地断定一种文化若不能成为世界文化，便根本不配存在；笼统地断定一种文化若能存在，必然翻身成为世界文化，并由此造出一条笼统、"整齐好玩"的一条线，一种"全凭主观的文化轮回说"，一种臆想的人生三条路向说。

---

① 　梁漱溟：《答胡评〈东西文化及其哲学〉》，《梁漱溟全集》卷四，济南：山东人民出版社 1989 年，第 739 页。

在胡适看来，梁漱溟不仅对中西文化基本态势的整体观察过于笼统，就是对中、西、印具体文化的分析也犯有笼统的毛病。比如对印度文化的判断，梁漱溟认为其根本精神是意欲反身向后要求，而胡适则以具体的例子（甚至是梁漱溟举过的例子）证明不是"那么一回事"，印度宗教"何尝不是极端的向前要求"？

再如中国文化，梁漱溟以"调和持中""随遇而安"来概括，确实显得笼统和不全面，诚如胡适所说，这种人生态度不能说是哪一国的文化特征，这种境界乃是世界各民族的常识里的一种理想境界，绝不限于一民族或一国。中国思想中固然有，世界其他民族思想中也不乏其例，因为这种"美德"始终是世界民族常识中的一种理想境界。

至于梁漱溟判断中国人的思想是安分知足，寡欲摄生，既不提倡物质享受，也没有印度的禁欲思想，这在胡适看来，更与中国社会实况有很大出入。胡适以具体的事例批评梁漱溟发明的文化公式只是闭着眼睛的笼统话，全无真知灼见。其根本缺陷只是有意要寻出一个或者说发明一个简单公式，而不知简单公式决不能笼罩一大系的文化，结果只有分析辨别的形式，而实在都是一堆笼统话。

平心而论，胡适的批评相当程度上击中了梁漱溟论证的缺陷。并没有受过严格学术训练的梁漱溟为了证明自己的观点，在材料的取舍上是只注意与自己的观点有关的东西，而忽视了其他特别是足以反证的材料，仅以中国的文化而言，梁漱溟显然是以孔子的思想（梁氏心目中的孔子）代表整个儒家思想，又以儒家的思想代表整个中国人的思想，这难免犯有以偏概全的错误。

梁漱溟的错误不仅表现在三条文化路向的判断上，而且表现在对中、西、印三大文化系统的性质判断上。梁认为，西洋生活是直觉运用理智，中国生活是理智运用直觉，印度生活是理智运用现量。这便将各个民族不同时代知识程度的差异视为各个民族的本质区别。文化无他，只是民族的生活样法而已，从本质上说各个民族的生活样法无论怎样千差万别，在根本上都是相同的。用胡适的话来说，此即"有限的可能说"。①

根据"有限的可能说"，中、西、印三大系文化都有自己的光明时代与黑暗时刻，只是欧洲民族在最近的几百年，由于环境的逼迫而快走了几步，在征服环境方面的成绩较其他民族大了一些。这和赛跑一样，虽然只有一个人得第一，但其他的人只要不停地走下去，终究也能到达目的地。

胡适的这些论证，对于批驳梁漱溟的文化观自然有力，以梁漱溟思想表达过程中的内在矛盾否定了他所创造的文化公式。但是，应该注意的是，胡适在论证的过程中偷换概念，将梁漱溟本来讨论的文化问题扩而大之为整个社会的改革和

---

① 胡适：《读梁漱溟先生的〈东西文化及其哲学〉》，《胡适文存》卷二，合肥：黄山书社 1996 年，第 172 页。

进步问题。①

对胡适的这些批评，梁漱溟并不心服，以为胡适并没有真正弄懂《东西文化及其哲学》中所论问题，甚至怀疑尽管胡适写有长篇批评文章，但他可能并没有看过《东西文化及其哲学》一书，至少是没有认真看过，因此梁漱溟不客气地请胡适用心思"俯察"原书。②

胡适的冷嘲热讽深深地激怒了梁漱溟，无奈胡是以学术讨论做掩护，梁漱溟也奈何不得。但从梁漱溟回答胡适的那篇演讲中，我们不难看出梁漱溟的愤怒之心，也比较容易感到他们之间的冲突并没有完，他们迟早还会"较量"一番。

机会总是有的。几乎就在梁、胡争论的同时，中国思想界发生了"科学与人生观"的论战，当时叫作"科学与玄学之争"。关于这场争论，我们在下一章会专门讨论，现在只关心胡适与梁漱溟在这场论争中的表现。

在这场标志着"中国思想自觉"的文化论争中，胡适起先并没有出场，但是到后来亚东图书馆要将各家讨论文章结集出版时，出版者邀请胡适作序，胡适借此介入这场思想论争，

① 林毓生在《胡适与梁漱溟关于〈东西文化及其哲学〉的辩论及其历史涵义》一文中指出，胡适对梁漱溟的批评虽然盛气凌人，实际上与梁漱溟的理论并没有接头。综观胡适的批评，可以知道他对梁漱溟理论架构所呈现的困局并没有真正的了解，所以梁漱溟能够给予有力的反驳。事实上，胡适对梁漱溟所谓中国传统文化属于一特别类型，应该连根拔起全部抛弃的看法，是暗地赞成的，因此也就无法指出梁漱溟理论背后的整体论的问题了。另外，林毓生认为，胡适所谓世界历史属于同一类型的历史主义比梁漱溟的历史主义更为粗糙，因此胡适也就不可能指出梁漱溟历史主义的理论困境。见《思想家：跨世纪探索》，上海：华东化工学院出版社1989年，第35页。

② 梁漱溟：《答胡评〈东西文化及其哲学〉》，《梁漱溟全集》卷四，济南：山东人民出版社1989年，第756页。

表示自己是信仰科学的人，并提出自己的"新人生观"，即"自然主义的人生观"。

胡适指出，自然主义人生观是根据天文学、物理学、地质学、古生物学、生理学、心理学和社会学等科学知识提出来的，是建筑在二三百年科学常识之上的一个大假设。这种人生观认为，人在自然界中真是一个藐乎其小的微生物，因果法则支配着人的生活，但人能考究宇宙间的自然法则，利用它来驾驭"天行"。

就本质而言，胡适强调的科学人生观是一种积极向上的人生追求，这一点和梁漱溟此时主张并无区别。然而由于先前胡适对梁漱溟《东西文化及其哲学》不客气的冷嘲热讽，不能不在梁漱溟的心中留下一点芥蒂，不能不使梁漱溟寻找机会报此"一箭之仇"。当然，和胡适一样，梁漱溟的批评也是以学术讨论的形式出现的。

1923年12月9日，梁漱溟在北京大学第三院大讲堂做连续演讲的第三讲，专门批评胡适的人生态度。但为了使听众不觉得自己是"小家子气"，梁漱溟在开篇反复陈说、辩白自己批评胡适的心迹。他解释说，由他直接批评胡适似乎于礼敬上不大好，因为胡适先生是诸位同学的师长，是我们敬爱的朋友，似乎不应该批评到他的为人，而且这许多年来社会上很不注重礼敬，这本身就不太好。因此今天由他梁漱溟开宗明义地宣称公开批评胡适的人生观，自然也难免此弊。然而出于学术争鸣的考虑，梁漱溟认为他又有责任出面批评胡适。

梁漱溟解释道，这是因为这几年社会上有一种与从前人生态度不同的风气。这种风气如果有一个很有思想、很有价值的人替它做中坚，把它的道理说得圆融通妙，便可以站得住脚，真正成为一种时代风气。不过，由此也不可避免地会出现一些流弊，即由于是很有思想、很有价值的人做这种风气的中坚，使社会公众不容易觉察此种风气的不足和缺点，而盲目相信。对于当时在人生观上的新风气，梁漱溟觉得问题不少，有专门批评的必要，而这种批评必须对准倡导这种风气的中坚人物，所以批评胡适便在情理之中了。

对胡适人生观的批评，梁漱溟集中在胡著《不朽》一文中所表现的观念，认为这篇文章"说理圆到"，而且能代表《新青年》一派的人生观，值得批评。

胡适的这篇文章发表在《新青年》第六卷第二号，确实在某种程度上代表了胡适和《新青年》一派思想家的人生思想。胡适认为，社会是一个有机的整体，世间的人不可能不受制于"世界一切动作的影响"。作为个人的"小我"不可能独立地存在，而是和无数量"小我"有着直接或间接的交互关系，进而言之，是和社会的全体乃至世界的全体都有互为影响的关系。于是胡适充满激情地提出了他的人生不朽论，以为种种从前的因，种种现在无数"小我"和无数他种势力所造成的因，都成了我这个"小我"的一部分。我这个"小我"，加上种种从前的因，又加上种种现在的因，传递下去，又造成无数将来的"小我"。这种种过去的"小我"和种种现在的"小我"，和种种将来无穷的"小我"，一代传一代，一点加一滴，一线相传，连绵不断，一水奔流，滔滔不绝——这便是一个"大我"。"小我"是会消灭的，"大我"是永远不灭的。"小我"是有死，"大我"是永远不死的，永远不朽的。"小我"虽然会死，但是每一个"小我"的一切作为，一切功过罪恶，一切语言行事，无论大小，无论是非，无论善恶，都永远留存在那个"大我"之中。那个"大我"便是古往今来一切"小我"的纪功碑、彰善祠、罪状判决书、孝子慈孙百世不能改的恶谥法。这个"大我"是永远不朽的，故一切"小我"的事业、人格，一举一动、一言一笑、一点念头、一场功劳、一桩罪过，也都永远不朽。这便是社会的不朽，"大我"的不朽。①

胡适的"不朽论"无非是说历史是一个连续的发展过程，历史不会亏待任何人，任何人的作为都既受历史因素的制约，反过来又影响历史的发展，不管这个影响是大是小。因此，作为"小我"的个人，不仅受那不朽的"大我"以往发展的制约；而且应有一种历史使命感，时刻想着如何利用现在的"小我"，方可以不辜负那"大我"的无穷的过去，又不至于贻害那"大我"的无穷未来。这也就是那后来传之久远的"蝴蝶效应"的另一种说法。

胡适这样说，似乎并没有什么大错。梁漱溟也真诚地认为胡适的这番话"说得的确很好"，"实在可以于大家有许多益处"。并称假如自己不是以前本来站在另外一个立足点上，"一定也要很受他的感化"。

所谓另外一个立足点，是指梁漱溟素来反对对人的行为进行价值判断。他早就指出，人的行为的合理性不在于功利价值，而在于是否出于愉快的心理、自然的心理。一切严重教训以利害威迫人不得为恶或引诱人使之为善，都根本上与

---

① 胡适：《不朽——我的宗教》，《胡适文存》卷四，合肥：黄山书社1996年，第506页。

人的生活毫无关系，并不能使人变恶为善，反而给人一种不良影响，就是伤害人的生机，妨碍心理的愉快。妨碍了人的愉快心理，即可发生很多的恶行为。至于时常使人自省、悔过、洗涤旧恶，注意对历史负责的训诫，梁漱溟也认为不是最好的办法，因为人的本性有善有恶。所以最好的办法是着眼到自己好的一面，不要去理会那坏的一面。^①否则，以历史责任的名目过于刺激，结果毕竟是不能长久的，实在也全无效力。

由于是站在别的立足点上，梁漱溟打心底里对胡适的"不朽论"不以为然，以为其"浅薄无能力"。他指出，胡适的这番话对于在情志上没有什么不安的人可以听得入耳，如果有情志上大动摇的人，如因失恋而几至自杀者，那就完全不相干。即使对于那些深感人生的空虚和烦闷及对于人生十分疲乏的人，也是完全无效。这一理论的有效性，在梁漱溟看来只限于那些已具有积极人生理念的人。何以故？

梁漱溟认为，胡适这些让"小我"负责任的话实在太浅薄，不足以对付生活。真正尝过人生酸甜苦辣的人，一定晓得这些道理无济于事，因为它不具有为青年解决烦闷的能力。胡适的这种人生态度是把重心放在外面，是要替生活"找"出一个价值和意义，而不明了生活本身的内涵和价值。

再进一步，梁漱溟批评胡适的这些道理不但没有救药的能力，实在恐怕还要增加人的烦闷。因为一些人本来很烦闷，听说有一片好道理可以替他解决，当然高兴，等到看见所谓顶好的道理也不过如此，岂不使人更失望更烦闷？

---

① 梁漱溟：《如何使人的行为合理》，《梁漱溟全集》卷四，济南：山东人民出版社 1989 年，第 677 页。

那么，人生的这种烦闷难道就没有法子解决吗？不是的。梁漱溟认为，人生这种烦闷的病源就是一个"找"字。一个人当其烦闷时，实际上是在那里"寻找"人生的真意义，你再引导他去"找"，结果是愈"找"愈"找"不到。梁漱溟指出，人生的意义与价值是不能"找"到的，"人生意义与价值究竟在何处"这样的问题是根本不应该解答的，因为人生本无意义与价值。人生无所谓有意义与有价值，也无所谓无意义与无价值。① 很显然，梁漱溟是采用佛教对付人生的基本方法，以取消问题作为解决问题的最佳选择。

　　然而，人生是一客观实在，不论人生是有意义还是无意义，这本身就是意义。梁漱溟指出，人生的意义就在生活本身，不要说凡夫俗子，就是孔子和他那些最杰出的学生一生所着力的也只在生活上，如果我们弄清孔子和他的学生们的生活，也不难明了他们的人生意义。② 但是，决不能把人生的意义绝对化，以为人生的意义在于斗争，有无限量的历史责任，这样说，显然也未能把握人生的真谛。在这个意义上说，梁漱溟对胡适人生观的纠正不无道理，只是显得太过了些。

新中有旧，旧中有新

　　东西文化混战中的一个重要问题是新旧问题，不论是坚

---

① 梁漱溟：《批评胡适之先生的人生态度并述我自己的人生态度》，《梁漱溟全集》卷四，济南：山东人民出版社1989年，第764页。

② 梁漱溟：《孔子的真面目将于何求》，《梁漱溟全集》卷四，济南：山东人民出版社1989年，第770页。

持向西方学习的西化派，还是坚持走自己路的东方文化派，其实都是教条主义地看待这些问题，都没有弄明白文化从来不存在绝对的新和绝对的旧，新与旧只是一个相对概念，新中有旧、旧中有新，才是文化发展的正常形态。所以在五四新文化运动东西文化混战中，另一个并不太为人熟悉的看法就是中西调和，他们执着地探讨中西、新旧、古今之间调和的可能性和调和之道。

1919 年 9 月，杜亚泉撰文指出，思想上新旧的真实意义实际上是因时代的不同而不同。"新旧"二字在现代的意义颇为复杂，若仅以简单的观念，为现代思想界派别之标志，则诚有似旧非旧，似新非新，新中有旧，旧中有新，含混而不容易弄明白。

其实，"新旧"二字本从时间观念上发生，其间自然含有时代关系。时代不同，意义亦异。一个最简单不过的例子是，1898 年戊戌时以主张仿效西洋文明者为新，主张固守中国习惯者为旧。但是仅仅过了二十年，到了 1918 年第一次世界大战后，西洋现代文明已远远不能适应新形势，且有破产的迹象。因而此时的判断是，主张维持现代文明者为旧，主张创造未来文明者为新。

根据杜亚泉的论证，新中有旧，旧中有新，此亦一是非，彼亦一是非。这样一来，杜亚泉便轻而易举将原来那些主张中国固有文化与习惯的旧观念解释成最具有现代价值的新思想，于是他便格外强调新旧思想的折中，东西文化的调和。

杜亚泉认为，中国固有文明虽然不能直接应用于未来世界，然而中国固有文明也颇有足以证明西洋现代文明有问题有错误之处，能够为世界未来文明的创建提供某种借鉴。用科学的方法去刷新去激活中国固有文明，中国固有文明就会成为世界未来文明的一个重要组成成分。

基于这种判断，杜亚泉认为现时代中国的新思想新文明，不仅对于中国固有文明要持一种多元开放的文化胸襟，用科学的方法去刷新去激活，而且在人们对西方近代思想文化普遍失望的今天，依然不应该视西方近代文明全为负面的东西，而是应该注意相当的吸收，只是不要全盘的模仿，全盘照搬而已。[①]

杜亚泉的看法引起了学术界的共鸣。就在杜亚泉这一见解发表的同一个月，章士钊在寰球中国学生会发表一篇主旨类似的讲演，引起各方面争论。

章士钊在演讲中反对新旧时代不相衔接不相融合的观点，以为新时代与旧时代不可能截然为两个时代。那么所谓新时代的新青年云云，其实也有旧时代的旧因素。所以谈论时代，谈论青年，谈论问题，都不要被表面上的光鲜名词所迷惑，而是要看其精神其实质。任何一个时代都不可能是纯而又纯的"新"，当然也不可能是纯而又纯的"旧"。新与旧，只是相对而言，相对待而存在。我们不可能以 1912 年 1 月 1 日为界划出新时代与旧时代的截然区别，无法指出 1912 年的 1 月 1 日与 1911 年 12 月 31 日有什么根本不同。所以宇宙进步的真相可能是逐步的"移行"，而非突然的质变，突然的"超越"。

---

① 伧父（杜亚泉）：《新旧思想之折衷》，《东方杂志》第十六卷第九号，1919 年 9 月。

这是章士钊在文化变迁理论中的一个巨大贡献。

在章士钊的眼里，新旧时代连绵相承，不可能划出明确的新旧分界。宇宙的进化，只能是"移行"的，而不能是"超越"的。所谓移行的，就是说世界万物，不论进化到何种阶段，都是"新旧杂糅"的。新旧杂糅，就是调和。这样一来，所谓调和，实乃社会进化的最高原则。世上一切无日不在调和之中。中国青年无论政治方面、学术方面或道德方面，唯一正确的态度无非是尽心于调和之道而已。

章士钊在演讲中虽然一再声明自己从来不是一个文化保守主义者，因为他在十八年前就是一个激进的革命论者，并主张废学以救国。但这种声明并没有多少实在意义，不过与汪精卫的"烈士情结"相似而已。过去的激进不能代表永远激进，过去的守旧也不能代表永远守旧。进入民国之后的政治经验可以证明章士钊思想在变化，只是这种变化可能并不是从激进到激进，也不是从激进到守旧，而是有一种折中调和的意味在。章士钊一再说"新机不可滞"，但他的那些原本具有相当意义和价值的调和论，在当时就不免显得具有浓厚的守旧与保守之嫌。因为他毕竟一再强调在一个社会的良性发展，政治上、经济上、文化上，特别是道德上的守旧，必甚于开新。凡欲前进，必先自立于根基。而所谓根基，其实就是所谓旧。没有旧，绝不可能有新；不善于保旧，决不能迎新；不迎新的弊端，只是使进化推迟；而不善于保守，不善于保旧的弊端，则近似于自杀。[①] 章士钊的这个说法虽然听起来似乎很有道理，但实际上与19世纪末年盛行的"中体西用"

---

① 章士钊：《新时代之青年》，《东方杂志》第十六卷第十一号，1919年11月。

调和论有什么区别呢？

东西文化融合论者除了基于精神与物质二元结构困惑外，他们的另外一个重大失误，便是预设西洋文明在物质建设上的成就和东方文明在精神文化上的意义。事实上，不论是东方文化还是西方文化，区别来看，它们都只能是各自独立的整体，精神与物质不可能截然分开，更不可能存在物质文明超前进步而精神文明趋于破产的道理，否则便无法理解物质与精神之间的真实关系。

实际上，我们感到中国文化在过去近百年逐渐破产，逐渐不支，逐渐没落，这主要是在西洋文明的映照、比对下而逐渐产生的感觉。中国文化的落后也决不仅仅表现在物质方面，而是中国文明在整体上与西方近代文明存在着差异。也就是说，不论这种差异是否意味着彼优此劣，彼今此古，但中西文明之间的差异只能是一种整体性，而不可能将之分解为精神与物质的二元结构，更无法以此二元结构进行对应性的比较研究。果如此，中国自洋务运动发生以来，几乎没有停止过物质文明建设，何以时间过去那么久了而依然从整体上落后于西方呢？

相对正确的解释应该是，物质文明与精神文明是任何一种文明的两种不同表现形式或不同侧面。物质文明与精神文明，在任何时候都不可能各自分别发展，它们总是有着内在关联或互动。假如真像一些人所说，物质与精神二者互相敌视互不相容，那么许多历史现象就不好理解。通常意义上的所谓物质文明，不外乎人类精神能力的外在表现或物化表达；而精神文明不可能脱离该文明赖以产生赖以存在的物质基础，其精神与物质的关系之密切，可能正像形之与影，辅之与车，相辅相成而不可须臾离开。正确的比喻，大致如人类肉体与心灵的关系，离开肉体则心灵不能存在，而心灵活动程度过低，则不管有怎样强健的肉体，其心灵活动也不能超越一般动物之上。[①] 根据这个原则，要么承认中国文化整体性落后或进步，而绝不可能存在中国的精神文明优于西方，而西方的物质文明优于东方这样含混不清模棱两可的判断与估计。

所以，当章士钊这种貌似调和而十足保守的观点一经发表，立即激起学术界的极大反响。张东荪批评章士钊的"移行"说完全是常识的揣测，因为他看见两个圆体移行，就拿来作个比喻，哪里晓得生物的进化和社会的进化却不是如此，所以不根据专门科学的事实而单靠着常识推理，必定要失败的。实际上生物的进化乃是"突变"，就是说生物到了一定时期突然自变其形态，在没有变的时候，那变的因已经潜伏在当中了，所以只有"突变"与"潜变"两种形式。突变是变的表现，潜变是变因的发生，凡是一个生物他表面上不变，但变的因已经在那里潜萌暗长，到了时候便突然呈露出来。生物的进化如此，社会的进化也是如此。在一个社会中，表面上没有变化，而里面不能没有变的种子。这个种子渐渐多了，一旦爆发，便成了一个新社会了。所以，张东荪说社会进化文化发展只有突变和潜变，而没有移行，没有调和，一旦调和了，

---

① 　三无：《文明进步之原动力及物质文明与精神文明之关系》，《东方杂志》第十八卷第十七号，1921 年 9 月。

便不能产生出变化。[1] 据此，张东荪强调，守旧论不足阻害新机，而调和论最是危险。现在是思想的潜变时代，所以不能调和，一经调和，那么成熟的新思想便消灭了，社会改造的动因也就没有了。[2]

在这场新中有旧、旧中有新的争论中，蒋梦麟未敢忘记自己的社会责任，他也曾著文系统说明新思想不能用时代来定，也不能以西洋文明作标准。

蒋梦麟指出，新思想是一个态度，这一个态度是向那进化的一方面走的，抱这个态度的人视中国向来的生活为不满足，向来的思想无法使中国人得到知识上的愉快。所以他们要时时改造思想，希望得到满足的物质生活，充分愉快的知识活动。他们既视现在的生活为不满足，现在的知识活动为不能得充分愉快，所以把固有的生活状况、固有知识就批评起来，这就引起旧思想的反抗。具有旧思想的人说，你们天天讲什么新思想，迎和青年厌旧喜新的心理，把中国的国粹都抛弃掉了，把中国的道德都破坏了。于是凡有讲新思想的就送他一个过激派、共产主义派、无政府主义派一个徽号，这是他们消极地反抗新思想。从积极方面做，他们就讲起来古文是这样好，向来的道德观念是那样好，简单一句话，他们以现在的生活为满足。即不满足的，也是国粹丧失的缘故，以现在的知识活动为愉快的；即不充分，也是不尽心讲国学的缘故，但把国粹国学发挥起来，满足的生活就来了，充分的知识活动就"乐在其中"了。

---

[1] 张东荪：《突变与潜变》，《时事新报》1919 年 10 月 1 日。

[2] 张东荪：《答章行严君》，《时事新报》1919 年 10 月 12 日。

蒋梦麟认为，怀有旧思想的人对于西洋文化未必是不欢迎的，不过不要和他们向来的见解太离奇。所以他们听惯了一种新学说，起初以为离奇，极力反对，后来渐渐地受不知不觉地感化，倒也赞成了。中国的新派，并不是说凡中国所固有的都不好，他们只是要推倒他们所据为安乐窝的固有观念。新派是要改造旧观念，组织一个能够使生活丰富起来的新系统。所以从这个意义上说，新旧两派都是有价值的。在新陈代谢的时候，是用不着来讲调和的。

根据蒋梦麟的观察，新知识是一个态度，是为了追求丰富的物质生活和愉快的精神生活，而不是一个方法，也不是一个目的。旧的方面是对于这新态度的反动，也并不是方法，不是目的。新旧既不是方法，又不是目的，所以不是两个学派。两个学派之中能容调和派，新旧之间是用不着调和派的。[①] 显然，蒋梦麟的主张比较倾向于张东荪，但也没有完全抹杀杜亚泉、章士钊思想主张的部分价值。这可以说是蒋梦麟"亦中亦西""不中不西"态度的具体表示和展开。

针对蒋梦麟"新思想是一个态度"，以及抱这个态度的人向来视中国人的物质生活为不满足，向来视中国人知识上的生活不愉快的说法，杜亚泉表达了不同看法。

杜亚泉认为，新思想不仅是一个态度，而且是有实在内容的。只是现代中国所传播、所渲染的所谓新思想，大多只是主张推倒一切旧习惯，而附之以改造思想、改造生活等虚情假意的门面语。假如按照这些新思想主张者的看法，新思想真的只是一种态度，那么思想二字实在不能成立，因为态度非

---

① 蒋梦麟：《新旧与调和》，《晨报》1919 年 10 月 14 日。

思想，思想非态度。以为思想就是态度，就好比说鹿就是马。

根据这些分析，杜亚泉指出，态度呈露于外，思想活动于内，态度为心的表示，且常属于情的表示；思想为心的作用，且专属于智的作用，二者不能混而同之。至于以向来生活与智识为不满足、不愉快，只是一种感情，一种判断，感情非思想。

对于当时思想界特别是《新青年》等所倡言的新思想，杜亚泉很不以为然。因为在他看来，这些所谓的新思想，既不"新"，更不是"思想"。在杜亚泉看来，这些新思想的主张者唯一的主张仅仅是"推倒一切旧习惯"，这只是出自感性的一种冲动，而不是出自理性的一种思想。杜亚泉认为，旧习惯的破坏只是新思想成立后的自然结果，新屋既筑，旧屋自废；新衣既制，旧衣自弃。现在中国思想界不去积极筑新屋、制新衣，而是专事破坏，不仅将旧屋推翻了，甚至连茅房也一并焚毁了；不是制作大量的新衣服，使人们旧貌换新颜，而是将人们身上那点仅有的破衣服都给剥掉了。破旧而不立新，势必造成思想的断层，文化的断层。这个断层实际上成为阻遏新思想、新文化传播最有力的力量。人们以为主张推倒一切旧习惯，就真的能够将旧习惯推翻、抛弃，其实不知道旧习惯、旧思想依然顽固地存在于人们的头脑之中。在杜亚泉看来，中国思想进步与发展不能遵循先破后立的原则，而应遵循先立后破的道路。[1] 杜亚泉的这种见解在很多年之后引起了人们的关注和思考，不过那已是大破之后了。

---

[1] 伧父（杜亚泉）:《何谓新思想》,《东方杂志》第十六卷第十一号，1919 年 11 月。

安娜琪：一个美丽的传说

　　作为一种世界性的政治思潮，无政府主义不论在中国，还是在世界近代的历史上，都曾发生过极其重要的影响。然而，多少年来，只要一提起无政府主义这个字眼，在人们的脑海里就会立即显现出那些身披斗篷，手持炸弹的极端主义分子，那些野蛮而毫无节制的暴力行为、流血暴动、强奸、洗劫以及和现行一切法律和秩序根本不相容的一系列行为。无政府主义似乎已成为一种洪水猛兽，只要社会秩序发生些微的动荡，人们便自觉或不自觉地将此种行为推往无政府主义的身上。无政府主义似乎成为动乱、不安，与现存秩序格格不入的总根源，似乎历史的发展只有彻底排斥无政府主义的状态和思想背景，才能在秩序与理性的条件下稳步前进。然而，如果重新探讨无政府主义的思想主旨和成长背景，我们也不能不承认如某些无政府主义思想家和实践者所指出的那样："这种普遍的印象是多么错误啊！不错，在无政府主义的名义下，确实进行了不少暴力行动，也确实发表了一些狂妄的声明，但是在无比巨大的范围内，究竟是谁对人类犯下了最严重的罪行？是政府向毫无防卫的人民扔下了成吨的炸弹，是政府在整个历史过程中屠杀了难以统计的百万生灵，是那据说些代表着法律和秩序，代表着社会中一切与和平有关的事物的政府啊!"[①]

　　这种说法当然也带有明显的感情色彩，但它无疑在提示我们，对无政府主义者简单地加以彻底否定，或者是站在浓厚的意识形态的立场上，指责无政府主义"包含着严重的破坏性、反动性。特别是当世界历史进入了社会主义革命和社会主义胜利的时代，无政府主义的这种破坏性、反动性，就更加露骨，更加变本加厉"等等[②]，显然无助于对无政府主义思潮主旨的真正理解，更无法准确说明中国在步入现代化的早期，无政府主义思潮何以赢得那么多热血青年的倾心。鉴于此，系统、全面地研究无政府主义的思想宗旨以及它在中国的发生与发展，或许有助于理解中国现代化历程何以如此艰难痛苦。

无政府主义的思想史定位

　　真正意义上的无政府主义，不是指某一特定人群或特定学派，而是一个大得多的概念，在某种程度上代表了人类的共同理想和美好愿望。近代以来的无政府主义，既反映了人们的这一理想和愿望，当然在某些方面也反映了人们对工业社会和现代化所带来的灾难的不满和抗议。

---

① 乔治·卡思克罗斯：《无政府主义者——为它感到骄傲》。见〔美〕特里·M. 珀林编：《当代无政府主义》，北京：商务印书馆 1984 年，第 178 页。

② 《无政府主义是和社会主义敌对的反动思想》，《在思想斗争的战线上》，北京：中国青年出版社 1958 年。

在工业革命发生之前的漫长岁月中，人类和自然界大体上说处于某种浑然一体的状态。他们虽然不断遭受自然界的恐吓和统治，但同自然界却始终保持着比较融洽的关系。然而，随着人类分工的不断发展，特别是工业社会的出现，人和自然界的关系开始出现紧张，一方面，人类企图摆脱自然界的控制，成为能够驾驭自然界的力量，使人类自身获得更多的安全；另一方面，由于人类相对摆脱了自然界的控制，结果导致了人类与自然界的分裂，人和人之间的分裂，造成一部分人统治另一部分人的阶级社会，进而造成人自身内部的分裂，造成灵与肉、主观与客观的分裂，产生了一整套统治逻辑。这也是马克思早年不断揭示的"异化"现象。马克思写道："异化劳动，由于（1）使自然界，（2）使人自身，他自己的活动机能，他的生命活动同人相异化，也就使类同人相异化；它使人把类生活和个人生活异化；第二，把抽象形式的个人生活变成同样是抽象形式和异化形式的类生活的目的。"①

面对工业社会给人类带来的同一现象，人们从不同的角度和立场可以做出不同的解释和反应。马克思的观点是从费尔巴哈的立场上引申而来，但大体上说却失去了费尔巴哈的积极成分。费尔巴哈也承认人们之间真实存在着利益的相对敌对和对立关系，但是他认为这种关系不是来自阶级社会的历史的现实条件，即资产阶级社会的经济生活条件，而是来自人的真正的即类的本质同人相异化，来自人的人为的、绝非不可避免的同被大自然本身预先决定了的和谐的类生活相

---

① 马克思：《1844年经济学哲学手稿》，北京：人民出版社1985年，第53页。

脱离。他写道："把人分割为身体和灵魂，感性的和非感性的本质，只不过是一种理论上的分割；在实践中，在生活中，我们否定这种分割。……在理论中，否定我们在生活中，在实践中肯定的东西；把我们在实践中宣布为本质的东西，在理论中又仅仅当成现象，把在生活中对我们是同一的本质，分解为两个异种的本质，这不是明显的矛盾吗？本质属于和现象截然不同的类是可能的吗？感性的现象、感性的存在适合于非感性的本质吗？"① 很显然，费尔巴哈面对工业社会所带来的诸种问题在本质上持乐观态度，他永远不可能像马克思那样，因工业社会的问题而想彻底破坏或推翻这种制度。

和费尔巴哈明显不同，马克思面对工业化社会的诸种问题基本上持一种消极的态度。他认为，工业化社会即资本主义社会内部矛盾具有不可克服的性质，它只能让位于更高的社会形态才能从根本上解决问题。他和恩格斯在谈到他们和费尔巴哈的本质区别时指出："诚然，费尔巴哈比'纯粹的'唯物主义者有巨大的优越性：他承认人是'感性的对象'。但是，毋庸讳言，他把人只看作是'感性的对象'，而不是'感性的活动'，因为他在这里也仍然停留在理论的领域内，而没有从人们现有的社会关系，从那些使人们成为现在这种样子的周围生活条件来观察人们；因此毋庸讳言，费尔巴哈从来没有看到真实存在着的、活动的人，而是停留在抽象的'人'上，并且紧紧限于在感情范围内承认'现实的、单纯的、肉体的人'，也就是说，除了爱与友情，而且是理想化了的爱与友

① 〔德〕路德维希·费尔巴哈：《反对身体和灵魂、肉体和精神的二元论》，《费尔巴哈哲学著作选集》上，北京：商务印书馆1984年，第210页。

情以外，他还不知道'人于人之间'还有什么其他的'人的关系'。他没有批判现在的生活关系，因而他从来没有把感性世界理解为构成这一世界的个人的共同的、活生生的、感性的活动，因此，比方说，当他看到的是大批患瘰疬病的、积劳成疾的和患肺痨的贫民而不是健康人的时候，便不得不诉诸'最高的直观'和理想的'类的平等化'。这就是说，正是在共产主义的唯物主义者看到改造工业和社会制度的必要性和条件的地方，他却重新陷入唯心主义。"[1] 成为资本主义社会制度的辩护人。

马克思看到了"改造工业和社会制度的必要性和条件"，但是马克思的解决方案对资本主义社会来说，未免过于消极。事实上，在马克思生活的 19 世纪，工业化社会和资本主义社会还仅仅只是开始，预言它迟早必将灭亡的必然性可以理解，但立即着手为它的灭亡和新社会的到来而准备则未免带有浓厚的人为痕迹。

当然，这样说并不意味着否认马克思主义学说的科学性与合理性，马克思主义之所以能够产生与发展，也绝不是马克思、恩格斯等个别人物的突发奇想，它在本质上无疑反映了人类面对工业化社会和资本主义社会而希望重新走向统一的渴求。

和马克思主义具有许多相似性的另外一种学说，便是我们将要讨论的无政府主义。无政府主义和社会主义的理想一样，它之所以得以产生和发展，也是工业化社会和资本主义

---

① 马克思：《德意志意识形态》,《马克思恩格斯全集》卷三，北京：人民出版社 1960 年，第 51 页。

社会发展的必然结果。甚至在马克思主义发展早期，至少在19世纪中叶，人们依然把马克思主义者、共产主义者、无政府主义者以及那些名称不为人熟悉的同志统统称为"社会主义者"。从这个意义上说，无政府主义不仅和马克思主义产生的背景相同，而且其宗旨也有许多相像之处。"但是到了十九世纪七十年代，卡尔·马克思和米哈伊尔·巴枯宁由于思想上的冲突和个人气质迥异而分道扬镳。从那以后，马克思主义者和无政府主义者的分歧就十分明显地表现出来。马克思主义者醉心于历史发展、高速工业化、夺取中央集权的国家机器、特别是建立正统的思想体系。无政府主义者对这一套则恨之入骨。他们喜欢自发性而不喜欢计划性，喜欢权力分散的公社而不喜欢工人国家。许多无政府主义者都是好斗的个人主义者。"①

无政府主义确实一度成为马克思主义的同道者，在反对或揭露工业化社会的弊病方面，它们在这之间确曾一度携手合作，拥有不少的共同语言。但在面对这些弊病，进一步提出解决方案的时候，无政府主义几乎从一开始就和马克思主义走的不是同一条路线。作为无政府主义先驱者的威廉·葛德文（1756—1836），身处的时代和马克思大体相仿，他一方面批判欧洲封建制度及其残余，肯定资产阶级民主政体（代议制）能够使人类重新认识自己的价值和听从理性的指导；另一方面，鉴于资本主义社会固有矛盾和弊病的不易克服性，他毫无保留地指责财产私有是一种罪恶，民主政体以少数服从

① 〔美〕特里·M.珀林编：《当代无政府主义》，北京：商务印书馆1984年，第64页。

多数，立法权脱离了必须守法的人民，使代议制造成了不自然的和有害的一致。因此，葛德文认为政权是少数人的恶性强加于人类以及基于人们的愚昧和错误才得以存在的，是有害的和不自然的，人类的进步与发展应该让人类的理智主宰一切，以恢复理性和公正的社会关系。他强调："人类的真正利益所要求的是不断的改革和刷新。但是，政权却永远是改革的敌人。……政权的倾向是使弊病永久存在下去。……政权同人类的真正倾向相反，教导我们向后看去寻求完善，而不是让我们前进。政权鼓励我们从我们对祖先的决定的怯懦的崇拜中而不是从改革和进步中去寻求公众福利，好像人类思想的特征是总在退化，从来也不前进似的。"因此，葛德文基于自由理性的原则，"热烈希望的是：每一个人都能有足够的智慧来管理他自己，而不需要任何强制束缚的干预；并且，因为政权即使在最好的形态下也是一个弊害，所以我们所抱的主要目的就应该是：在人类社会的普遍和平所能允许的情况下统治得越少越好。"①显而易见，葛德文并不是要反对一切权威，更没有违背资本主义社会自由、平等、博爱等基本价值原则。

和葛德文一样，被恩格斯称为"现代无政府主义的先知"的麦克斯·施蒂纳（1806—1856）也并不反对资本主义社会的精典价值准则，他同样鉴于资本主义社会普遍异化的事实，而试图寻求自我彻底解决的道路。他宣称："对于我来说，我是高于一切的。"一切束缚自我的绝对自由的事物，不论是国家、社会、团体、人民、民族、祖国、人类，乃至世界本身，

---

① 〔英〕威廉·葛德文：《政治正义论》，北京：商务印书馆 1982 年，第 166 页。

都要予以无情的消灭；一切妨碍我的意志和愿望的意识形态，包括伦理、道德、法律、权利、义务、正义、真理等，都要作为"怪影"加以驱除。这里既有早期资本主义发展过程中人们对现实的极端不满和抗议，实际上也是资本主义社会发展的精神动力，即启蒙思想的自然延续。从这个意义上说，葛德文、施蒂纳等早期无政府主义的先驱，并不是站在工业化社会的对立面，他们和马克思主义者一样，敏锐地看到了工业化社会带给人类的灾难和局限，只是面对这个同一的问题时，他们所提出的解决方案不同而已。

按照马克思的意见，资本主义社会内部的深刻矛盾不可能真正消除，真正解决这一问题的根本道路只能是无产阶级通过革命，夺取国家政权。马克思的这些设想，就其理论而言，代表了人类历史发展的总方向，无疑是一条正确的道路。只是在当时的历史条件下，未免显得出台过早了些。

和马克思主义明显不同，无政府主义同样看到了资本主义社会内部这些矛盾的不易克服性，但无政府主义者较为普遍地认为资本主义社会内部的矛盾只能在资本主义社会框架内加以解决，最佳的选择方案便是无政府主义所提供的药方。至少从1917年起，以彼得·克鲁泡特金为开端，无政府主义者不仅继续反对资本主义国家，而且反对苏维埃中央集权制度，甚至认为后者比前者更坏。

那么，无政府主义的药方是什么呢？传统的评论几乎一致认定无政府主义是要破坏一切国家，使人类恢复到一种小经济范围内的公社状态。从一定意义上说，这种评价反映了无政府主义的一个侧面，但也严重忽略了无政府主义的建设性意义。法国社会学家、历史学家丹尼尔·奎尔灵早在 1965 年就在其杰出的小册子《无政府主义》中强调指出："（传统的）无政府主义的形象是不真实的。建设性的无政府主义在巴枯宁的著作中已经得到了最完善的表达，它依靠组织，依靠自我约束，依靠一体化，依靠一种并非强制性的而是联邦制的中央集权。它与大规模的工业，与现代技术，与现代无产阶级，与真正的国际主义有关联。……在现代世界中，物质的、智力的和道德的利益已经在一个国家的不同地区，有时甚至在不同国家之间创造出一种真正的、牢固的团结，这种团结将比所有国家的存在延续更长的时间。"[①] 也就是说，建设性的无政府主义与现代社会并无根本冲突，甚至在某种程度上说，社会越复杂，现代性越强，越需要按照无政府主义的原则加以组织和指导。简言之，无政府主义与现代化不仅不矛盾，而且可能更有助于解决现代化过程中所出现的诸种问题。

正如当代许多研究者所指出的那样，如果仅仅认为无政府主义者忽略了社会生活的复杂性，那是极其荒谬和不真实的。事实则相反，古典无政府主义者之所以反复强调要反对一切形式的政权，恰恰在于他们认为任何政权形式都是采取了一种"简单性"的办法，而忽视了社会生活尤其是社会与自然之间的复杂性。控制论数学家约翰·麦克尤恩在谈到无政府主义与控制论之间的关系时说："信奉自由意志论的社会主义者（非个人主义无政府主义的同义词），特别是克鲁泡特金和兰多尔，早其领会到复杂的社会结构就像相互之间关系不

---

① 〔法〕丹尼尔·奎尔宁：《无政府主义》。转引自《当代无政府主义》，北京：商务印书馆 1984 年，第 49 页。

断起着变化的一种复杂的网络。这种网络及许多独立于权力主义高压统治的互相关联的生活和相互帮助的结构。就是在这种背景下，他们发展了自己有关社会组织的理论。"[①] 或许正是基于此种考虑和预见，无政府主义者在谈到未来社会组织形式的时候，总是强调社会生活的极端复杂性，要求权力下放，要求废除集权，而由工人自己管理工业。由此可见，无政府主义的出现，虽然有对传统社会遭遇工业化冲击而解体的惋惜，但在根本态度上，它并不是要对抗工业化和资本主义现代文明的发展，而是以一种建设性的态度对待工业化和资本主义制度而带来的负效应，企图以一种比任何政权形式都更为有效的无政府主义原则组织现代工业和现代社会。如果不带先入为主的偏见的话，我们应该相信无政府主义的思想史定位只能是现代化道路的一种探索，甚至可以说是在资本主义的经典模式与马克思主义、社会主义模式之间寻求"第三条道路"。

无政府主义何以在中国得到广泛传播

探讨无政府主义的思想主旨不是我们在此的任务。我们的兴趣只在于无政府主义何以在中国一个相当长的历史时期内得以广泛传播，何以能迅速赢得那么多热血青年的认同和信奉。

---

① 约翰·麦克尤恩：《无政府状态》。转引自《当代无政府主义》，北京：商务印书馆 1984 年，第 50 页。

对于近代中国人来说，真正意义上的无政府主义无疑是纯粹的舶来品。只是这种舶来品之所以能够迅速地引起近代国人的共鸣，除了当时特殊的历史条件外，显然也与中国固有的文化资源、生存环境有着或多或少的内在联系。我们知道，中国自古以来是以农业立国的国家，社会中的绝大多数成员除了基于最基本的生存原因对"天—上帝"保持一定的尊重和敬畏外，对"皇帝老子"的尊重与敬畏实际上并没有后人想象的那样严重。在古代中国，皇帝及其所属的行政权力系统最多只能触及县级政权这个层面，而和广大民众基本无涉。故而在中国传统社会条件下，除了那些知识分子以及由知识分子跻身官吏阶层的人们不时抱怨君主或中央的权力过大外，广大民众对于政府或无政府一般并不表现出什么过于热情的关注。

但是到了近代之后则不然。随着中国近代社会的发生与发展，中国传统社会的田园式生存方式不得不逐渐遭到破坏和消失，中国人的生存方式发生着显著的变化，农村经济濒临破产，广大农民"每岁所获不足给衣食，流离转徙，恒千万人"；于是"无业之民数既日增，即有业之民亦复不足自值"①。形成了一个数目庞大的游民阶层。他们基于自己最起码的生存需要，迫切要求维护小生产者独立的经济地位，要求平均一切财富，要求铲除一切等级，要求建立一个不受任何人为的因素操纵和控制的绝对自由自在的世界。因此从这个意义上说，西方无政府主义思潮之所以在近代中国得到迅速地传播，在本质上和近代西方社会一样，是对近代工业社会的出

---

① 《论中国搜括民财之现象》，《衡报》第 2 号。

现而发出的哀鸣。

不过，从当时中国特殊的历史条件看，无政府主义之所以在中国迅速传播和发展，也并非完全基于近代工业社会的出现这一事实。事实上，中国近代工业的萌芽起于鸦片战争之后，至迟在19世纪60年代洋务运动兴起的时候。那么在此后将近半个世纪的时间里，一般说来中国社会内部并无明显的对近代工业社会的抗拒情绪，中国现代化的进程并未因为小生产者的破坏而受到太大的阻碍。只是到了19世纪末期，到了清王朝的最后岁月，无政府主义的思想观念才在中国得到迅速的传播和发展，并一度和革命派的力量结合起来，成为改造中国的理论武器之一。这难道是偶然的巧合吗？显然不能作如是观。

正如我已经指出的那样，在中国传统社会中，中国人特殊的生存方式决定着绝大多数中国人对政治生活的无所谓态度，如果不是把他们逼到山穷水尽的地步，如果没有陈胜、吴广、黄巢、朱元璋、李自成等少数英雄的鼓吹和号召，中国社会中的绝大多数人即使因贫困而死，也不会起来造反，反对官府，而是认定自己的"命"不好。由此而延伸，中国近代工业兴起之后，如果能像19世纪60年代之后的那二三十年稳步推进，中国社会中的小生产者即使因工业社会的出现而破产，也必将由此而沦为工业社会所必具的劳动者阶级。也就是说，如果不是清政府在最后的岁月竭力加强政治控制的话，工业社会的发展只能将小生产者逐步改造成工业社会的劳动者，而不至于引起他们对政府的普遍性反感和反抗。

清政府在最后的岁月里竭力加强政治控制的倾向性相当

明显，尤其是清政府基于自身利益的考虑对戊戌维新事业进行的一场血腥屠杀，不仅使清政府丧失了知识分子阶层的同情和支持，而且实际上引起了社会公众的普遍性反感和不满，丧失了中央政府在现代化过程中对社会力量的整合作用和功能。正如一些无政府主义者所揭露的那样，清政府"外托伪道德之名，内视公理如刍狗，对于弱者，则为自立之政府；对于强者，则为势力之政府。横行强权，贱视弱种，于民生之休戚，置若罔闻"。[①] 甚者在1903年的拒俄运动中，爱国青年的真诚愿望本来是帮助清政府争领土、保主权，而清政府却出于极端自私的考虑，不惜以武力加以镇压，结果不能不加剧青年知识分子阶层与政府之间的对抗情绪。中国早期无政府主义的重要人物张继就此写道："我脑筋受其刺激，于是手不忍舍，口不忍闭，忽作细声读之，忽作大声读之，忽作狠声读之，忽作鬼声读之。心为之动，足为之跃，血为之沸，气为之涨。"[②] 基于这样一种愤懑情绪，青年知识分子当然很容易走向打碎一切国家机器的破坏道路。

因对清政府的失望、愤懑而走上无政府主义道路或革命道路，这在晚清思想界和青年学生阶层是一个带有规律性的普遍现象，由此既可以说明中国早期无政府主义何以后来有相当一部分人拥护乃至参加孙中山领导的中国革命，更足以解释无政府主义思潮何以同社会主义理论几乎同时风行中国，并在一个相当长的时期里不分彼此。正如当时的一篇文章所分析的那样："总而言之，则政府之虐政，官吏之腐败，与一

---

① 《政府者万恶之源也》，《天义报》第3期。
② 张继：《读〈严拿留学生密谕〉有愤》，《苏报》1903年6月10日。

般农民之不平，使少壮有为之青年学生不堪其愤慨。其反抗政府之机既将成熟……激烈之社会主义与无政府主义，又深入彼等之脑髓而不可拔，于是革命之思想益发达，革命之志益坚，终至横行于专制极点之大帝国而留恐怖纪念于残暴之君主。"[1]

　　中国早期无政府主义者对清政府的专制、独裁深恶痛绝，必欲彻底推翻之。从这一点而言，早期无政府主义和革命党人有着共同语言，许多革命党人也大都同情和理解无政府主义的思想观念。马叙伦写道："我闻专制政治者，所以鼓铸破百万专制政体之无政府党之大制造厂也。制造厂之器用愈备，则其所鼓铸而出之物质愈多；专制政治愈甚者，则所制造无政府党愈众。此比例百不爽一。……夫今日中国志士疾首蹙额登大发言台为诸父伯父昆弟大声而呼曰：覆专制政府，覆专制政府！呜呼，菩提哉其人，佛偈哉其言！"[2] 他们共同相信，中国的未来与发展前景不论是怎样一种情况，但在目前阶段务必一致推翻清政府，先从事破坏，而后再言建设。张继在为其所译的《无政府主义》一书所写的"告白"中说："夫欲建设，必先大破坏，无政府党可谓达于破坏之极点矣。今之中国正值破坏时代之初，而吾编译是书，想必受吾同胞之欢迎，藉其手段以铲除此野蛮奴隶世界，则幸甚矣。"[3] 就此而言，中国早期无政府主义者是旧民主主义革命的同路人，他们的理

---

① 辕孙：《露西亚虚无党》，《江苏》第4期。

② 马叙伦：《二十世纪之心主义》。转引自《无政府主义思想资料选》，北京：北京大学出版社1984年，第13页。

③ 《中国白话报》第二期，1904年1月。

想无疑和革命党人的基本目标是一致的，即推翻专制、野蛮的清王朝。

不过，值得指出的是，中国早期无政府主义者和革命党人的一致性，也仅仅表现在推翻清王朝这一点上。至于在推翻清王朝之后究竟应该建立一种什么样的国家，无政府主义者与革命党人的分歧也甚为明显。我们知道，以孙中山为代表的革命党人并不仅仅满足于推翻清王朝，更不是要建立一个汉族人的专制帝国，他们的真正理想是毕其功于一役，通过推翻清王朝完成民族革命、民主革命的双重任务，建设一个现代国家，进而以国家的力量去整合社会资源，推动中国现代化的进程。然而正是在这一点上，中国早期无政府主义者的目标、理想不仅和革命党人大相异趣，而且针锋相对，表现出巨大的差异。"无政府的革命与有政府的革命，与实行时固无所冲突，同抱倾覆政府之方针。所异者，一为于倾覆政府后，不立政府，社会上一切制度阶级，含有有政府之性质者，皆革除之。婚姻也、财产也、家庭也、国界也、种界也，俱欲一扫而荡平之，始可见较为善较为正当之社会；一为于倾覆政府后，立新政府，社会一切制度，仍旧或加改良，最重政治之机关，大加振顿，内以治民，外以应敌。前者之观念，后者所不注意；后者之观念，前者所不乐为。后者之所注意，惟注意政治之机关；后者之所乐为，惟乐为社会之改良。一为社会自治，无中央集权；一为政府统辖，无地方自治。此有政府的革命与无政府的革命之比较之大概也。"[①]由此不难

---

① 民(褚民谊):《无政府说》(《书〈民报〉第十七号〈政府说〉后》)。转引自《无政府主义在中国》资料集，长沙：湖南人民出版社1984年，第178页。

看出，无政府主义者与革命党人在推翻清王朝之后的社会构想方面确实存在着深刻的分歧，由此也不难看出无政府主义者何以一度和中国的共产主义者结盟并最终闹翻的根本原因。不过，这都是后话。

刘师培无政府主义的思想实质

由排满主义者转变为无政府主义者是辛亥革命前后存在的一个普遍的现象。其中最典型的人物莫若刘师培。因此，系统分析和探讨刘师培的思想演变，不仅有助于理解无政府主义思潮何以在当时的中国风靡一时，而且有助于理解无政府主义者和革命党人思想冲突的实在意义。

刘师培（1884—1919），字申叔，号左庵。江苏仪征人。少秉家学，具有深厚的旧学功底，1901年中秀才，次年中举人，不料1903年赴京参加会试落第，归途中滞留上海期间结识章太炎、蔡元培等革命志士，遂绝意仕途，加入反满革命行列，并更名光汉，以示推翻清廷、光复汉族的决心，成为坚定的民族主义者。

推翻清廷，光复汉族，是刘师培的第一目标，也是他之所以和革命党人一度合作的思想基础。但是，在推翻清廷之后中国应该如何建设与发展的根本问题上，刘师培几乎从一开始就和革命党人的主张存在明显的分歧或者说不同。还在他尚未转变为一个真正的无政府主义者之前，他就认为在推翻清廷之后，"阶级制度消灭无存，而中国之民悉享自由之幸福。"① 这在一定程度上表明他并不完全赞成革命党人的未来设计，由此也埋下了他接受无政府主义思潮的契机。

1907 年春，刘师培应章太炎之邀，赴日本东京担任《民报》编辑。在东京，刘师培与日本社会党人北辉次郎、和田三郎等过从甚密，逐渐接受其思想影响，并最终与革命党人闹翻，而成为中国无政府主义的代表人物之一。

刘师培与革命党人闹翻而正式改宗无政府主义，有着复杂的人事原因。据目睹其事的陶成章记述："丁未正月，（刘师培）偕其妻何震及其姻弟汪公权到日本，由入同盟会，因见孙文受外贿，心轻之。寻又以与会中办事争权，大恨党人。徐锡麟事起，铁良、端方惧，铁良遣安徽人程家柽来东京，求和于党人，愿出万金以买其命，先由总庶务刘揆一独据之，寻为众会友所闻，群起相事，而同盟会破坏之形遂肇矣。然其实凡锡麟之同事人，咸不与闻此事也。端方则日伺党人之隙，欲以离间之，广出财帛，以买侦探，而侦探之势始炽。汪公权、何震亦从此入于侦探一流。光汉之性务名，遂与张继等提倡无政府主义，乃应之者寡。光汉郁郁不得意。"② 遂与革命党人走上不同的道路。

这种解释有助于说明刘师培与革命党人分手的原因，但尚不足以说明刘氏改宗无政府主义的思想动机。事实上，刘氏改宗无政府主义的根本原因还需从其思想演变的内在逻辑来分析。如前所提，刘师培早在 1904 年就提出与革命党人的斗争目标不相同的未来理想，这一信念在他到了日本之后不

---

① 刘师培：《论中国阶级制度》，《警钟日报》1904 年 5 月 12 日。

② 陶成章：《浙案纪略》，《陶成章集》，北京：中华书局 1986 年，第 364 页。

是削弱或消失，而进一步得到加强。从外部环境说，这和当时日本社会党的分裂密切相关，新分裂出来的幸德秋水等人都明确主张遵循他们所理解的社会主义理论，强调以工人的直接行动——总同盟罢工、暗杀为唯一的革命途径。从内在原因说，则是刘氏思想发展演变的必然结果。

从思想发展演变的实际过程看，刘师培改宗无政府主义之后的主张更激进，他不仅没有因为与革命党人的分裂而袒护清政府，而且其思想主旨在很大程度上是对革命党人关于革命成功之后社会模式设计的不满。他在社会主义讲习会第一次会议上说："吾辈之宗旨，不仅以实行社会主义止，乃以无政府为目的者也。无政府主义，于学理最为圆满。"他在分析了中西社会的文化背景之后接着说："故世界无政府，以中国为最易，亦当以中国为最先。若排满主义虽与无政府不同，然今之政府既为满人所组织，而满汉之间又极不平等，则吾人之排满，即系排帝王，即系颠复政府，即系排特权，正与无政府主义之行事相合。惟无政府优于排满者，亦有三端：仅言民族主义，则必贵己族而贱他族，易流为民族帝国主义。若言无政府，则今日之排满，在于排满人之特权，而不在于伸汉族之特权，其善一也。仅言民族革命，则革命之后，仍有欲得特权之希望，则革命亦出于私。若言无政府，则革命以后，无丝毫权利之可图，于此而犹思革命，则革命出于真诚，其善二也。今之言排满革命者，仅系学生及会党，倘成功由于少数之民，则享幸福者，亦为少数之民；若言无政府，必以劳动组合为权舆，使全国之农工，悉具抗力，则革命出于多数人民，而革命以后，亦必多数人民均享幸福，其善三也。

大约仅言无政府，则种族革命该于其中；仅言种族革命，决不足以该革命之全。此吾辈所由以无政府为目的也。"[1] 显而易见，刘师培之所以改宗无政府主义，并不仅仅是由于人事方面的原因，更不是为了袒护清王朝，恰恰相反，我们从刘师培这段话中不难体会到他的真实心迹在于超越以孙中山为代表的革命党人的一般主张，甚至在某种程度上说，他是基于自己的深沉考虑而故意与革命党人立异。

刘师培和革命党人在革命成功之后社会模式上的分歧主要的不是由于人事方面的原因，而是当时国人面对民族、民主革命的双重任务而产生的困惑。我们知道，刘师培改宗无政府主义在 1907 年，而当此之前的两年间，革命党人在革命成功之后的社会模式问题上，也处于相当艰难的探索过程中。孙中山在 1905 年所写的《民报》发刊词中，正式提出民族、民权、民生三大主义，并主张以此作为未来社会模式的基本原则，"是三大主义皆基本于民，递嬗变易，而欧美之人种胥冶化焉。其他旋维于小己大群之间而成为故说者，皆此三者之充满发挥而旁及者耳。"[2] 但是到了 1906 年秋冬间，孙中山在《军政府宣言》中则提出革命成功之后的三个时期，即军法之治、约法之治和宪法之治，企图以此三个时期"俾我国民循序以进，养成自由平等之资格"，奠定民主政治的基础。显然是以政府的权威作为国民的指导，并把政府的利益说成是全体国民的普遍利益。"所谓国民革命者，一国之人皆有自由、

---

① 公权：《社会主义讲习会第一次开会纪事》。引文见《无政府主义在中国》，长沙：湖南人民出版社 1984 年，第 21 页。

② 孙中山：《民报发刊词》，《孙中山选集》，北京：人民出版社 1981 年，第 75 页。

平等、博爱之精神，即皆负革命之责任，军政府特为其枢机而已。自今以往，国民之责任即军政府之责任，军政府之功即国民之功，军政府与国民同心勠力，以尽责任"[1]。

如果从后发国家现代化历程的一般情况来看，孙中山的政治设想未尝没有足够的道理。假如政府不能保持足够的权威，社会资源的整合便无从谈起。但是，从另一方面看，如果政府过于强调自己权威的至上性，过于强调政府的利益就是全民的利益，恐怕也便容易流于个人独裁，人民在这次革命中只是失去一个旧政府，并没有真正获得多少自由和平等。或许正是基于此种考虑，刘师培在改宗无政府主义之后所反复强调的思想主旨，便是颠覆清政府之后，不必另立新政府。他说："若于满洲政府颠覆后，另立新政府，此无论其为专制、为立宪、为共和也，特今日主张革命者多醉心欧美日本之文明，以为非推行其法于中国，则国势不强；又因西人功利学派之书输入中国，民习其说，历时既久，莫察其非，而崇拜强权之心遂以日盛，故以今日之人心，改建新政府，势必取欧美日本伪文明推行于中国。然伪文明所行之地，即干涉政治所加之地。试即欧美、日本之政治言之，今之欲采欧美日本政治者，一曰以法治国；二曰建立议院；三曰振兴实业；四曰广设陆军。"而这四者恰恰是西方社会弊病历久不治的深层根源，"故吾人之意，惟望中国革命以后，即行无政府，决不望于革命以后另立新政府，以采用欧美日本伪文明。若欧美日本之制，果推行于中国，则多数人民失其幸福及自由，

---

[1] 孙中山：《军政府宣言》，《孙中山选集》，北京：人民出版社 1981 年，第 79 页。

其陷于困难，必较今日为大苦。"① 由此可见，刘师培无政府主义主张的终极目的，不是中国是否应该步入现代化的道路，而是中国在未来的发展过程中如何避免西方先发国家业已出现且久治不愈的弊病。

这样说，是否意味着刘师培一概反对一切形式的政府，而主张极端个人主义的放任呢？显然不能作如此简单的理解。因为我们知道，刘师培相当清楚地划分过无政府主义的不同类型，"现今倡无政府说者，一为个人无政府主义，一为共产无政府主义，一为社会无政府主义。而吾等则以无政府主义，当以平等为归。"也就是说，他所信奉的无政府主义是有着特别的内容，并非通常所理解的那种对一切权威的彻底破坏。"无政府主义虽为吾等所确认，然于个人无政府主义不同，于共产、社会二主义，均有所采。惟彼等所言无政府，在于恢复人类完全之自由；而吾之言无政府，则兼重实行人类完全之平等。概人类均平等，则人人均自由。固于社会主义之仅重财产平等者不同，亦与纵乐学派之主张个人自由者不同也。"因此，他的无政府主义的终极目标是"无中心""无畛域"的人类平等，世界大同，"在于实行人类天然的平等，消灭人为的不平等，颠覆一切统治之机关，破坏一切阶级社会及分业社会，合全世界之民为一大群，以谋人类完全之幸福。"②

刘师培无政府主义的终极目标在于实现人类的完全平等

---

① 震（何震）、申叔（刘师培）：《论种族革命与无政府革命之得失》。见《无政府主义在中国》，长沙：湖南人民出版社1984年，第143页。

② 申叔：《无政府主义之平等观》，见《无政府主义在中国》，长沙：湖南人民出版社1984年，第125页。

和幸福，中心理念本身并没有什么错误。问题在于，当人类社会的不平等现象不仅是一种客观存在，而且因条件的制约还将在一个相当长的时期里存在下去的时候，那么如何或者说依什么样的手段去克服这种不平等而最终达到平等呢？面对这一问题，孙中山等革命党人的主张已如前述，即以政府的力量和权威稳步推进，而刘师培则从根本上怀疑这一渐近方案的可行性。他认为，当革命成功之后，如果不能一次性地实现人类的平等和废除政府，那么，"至于异日欲行无政府，亦较今日为尤难。何则？今日之政府，腐败之政府也，然腐败即系放任之异名。异日另立新政府，势必涤除旧制，纲纪肃然，由腐败之政府一变而为责任之政府。然责任政府，即系干涉之异名。又今日之人民，自由生活之人民也，故不为人治所束缚。异日政府实行干涉，则自由之人民易为受制之人民，饰以法治国之说，以范人民于桎梏之中。此皆革命以后，自然之趋势也。夫去放任之政府易，去干涉之政府难；以自由之民颠覆政府则其势至易，以受制之民颠覆政府其势至难"[1]。换言之，刘师培的终极关怀之所在，不在于革命成功之后是否立即废除政府，而在于革命党人有可能在推翻腐败、放任的清廷之后，建立一个强有力的干涉政府，使本来相对自由的人民陷入一种极不自由、平等的牢笼之中。因此，从这个意义上说，刘师培的这种担心并非没有道理，并非是无的放矢的无稽之谈。

革命成功之后不应该借机建立强有力的干涉型政府，这

---

[1] 震（何震）、申叔（刘师培）：《论种族革命与无政府革命之得失》，见《无政府主义在中国》，长沙：湖南人民出版社1984年，第143页。

一论点本身便意味着刘师培在最现实的考虑上并不反对一切形式的政府，只是他们通过对各种政权形式的本质分析，认定任何政权形式都只能是统治阶级进行统治的工具，都只是代表统治阶级利益的东西，"共和、专制，其名虽异，而人民受害则同"①。故而过分张扬政府的有害性，强调政府是万恶之源。但在涉及最现实的问题时，刘师培也不能不退而求其次，在一定程度上容忍革命成功之后新政府的产生与存在。"若虑既无政府无以御外人之侵略，则于革命既成之后，或暂设外交军事两机关，（斯时既行共和之制，则养兵之饷不必另筹；制造器械即以作工之民为之，不必由国家另为设厂也。）以为对外之准备。或近与亚洲诸弱国相联，远与欧美无政府党相络，摧折白人之强权，以覆其政府，由无政府之制，更进而为无国家。则世界归于大同，人类归于平等。"② 就这样，刘师培的无政府主义虽异无政府、无国家的人类平等为终极目标，但在最现实、最实际的问题上，却也不能不借助于政府与国家的力量，尽管对这种力量做了相当多的限制。

《新世纪》派的精神追求

刘师培的无政府主义的终极目标是要建立人类完全平等的大同世界，这一点和孙中山的三民主义的终极目标并无太

① 《共和之病》，《衡报》第 1 号。

② 震（何震）、申叔（刘师培）：《论种族革命与无政府革命之得失》，见《无政府主义在中国》，长沙：湖南人民出版社 1984 年，第 135 页。

大差异。在最近期的政治目标上，刘师培和孙中山一样，都以推翻清廷作为最实际、最实在的选择。二者之间的差异只在于，在推翻清廷之后到真正实行人类平等的大同世界之间，孙中山强调要依靠政府的力量加以过渡，只有凭借政府的权威才能有效地推动中国现代化的进程。而刘师培则不然，他虽然在一定程度上承认过渡政府的不可避免性，但却又从根本上担心推翻清廷之后重建的政府，极有可能是一种强有力的干涉政府，那么对一般民众来说，推翻清廷不过是以暴易暴，并没有获得多少实际的好处。刘师培的这种担心不管是否真有道理，但无疑是他个人和革命党人的直接交往而获得的切身感受。也只有从这个意义上来理解，我们才能明了刘师培以及《天义报》从同盟会中分化出来的原因除政治理念的不同外，也确有人事方面的复杂原因。据对刘师培甚有成见的冯自由说："光汉夫妇时与章太炎、苏曼殊同居，渐与日本社会党之急激派北辉次郎、和田三郎等游，遂醉心于社会主义。寻发刊一《天义报月刊》，极力鼓吹社会主义学说，是为我国人发刊社会主义机关报之嚆矢。其妻何震更提倡父母姓并重之说，自号其姓名曰何殷震。光汉复介绍日人北辉和田二人为同盟会员，欲援引二人任同盟会干事，以庶务干事刘揆一反对而止。光汉心衔所提议改组同盟会攘夺干部职权之策不成，渐有异志。"[1] 像如此的小事他都无法在同盟会内部随心所欲，那么他担心同盟会夺取全国政权之后的强有力干涉政策又有什么不可理解呢？

---

[1] 冯自由：《记刘光汉变节始末》，《革命逸史》集二，北京：中华书局1981年，第214页。

和刘师培以及《天义报》的情况明显不同，于此几乎同时在巴黎创刊的《新世纪》作为无政府主义的另一个重要派别，他们不是先和同盟会合作，继而分裂。恰恰相反，他们先是独自发展，继而谋求与同盟会的合作，并且《新世纪》中的许多重要人物最终走上与孙中山共同的道路，无政府主义终于变成了"有政府主义者"。

　　《新世纪》周刊于1907年6月22日创办于巴黎，它比东京的《天义报》仅仅迟了12天。《新世纪》的主要代表人物有张静江（1876—1950，名人杰，字静江，浙江吴兴人）、吴稚晖（1865—1953，名敬恒，字稚晖，江苏常州人）、李石曾（1881—1973，名煜瀛，字石曾，河北高阳人）以及褚民谊（1884—1946，原名明遗，号重行，浙江吴兴人）等。他们中除极个别人如吴稚晖和同盟会中的一些人物有过短暂的交往外，大多在创办《新世纪》之前与革命党人相当疏远或陌生。不过，他们毕竟是一群血气方刚的青年，在中国的前途与命运面临重大转折的历史时刻，他们最初的政治选择实际上与革命党人并无太大区别，同样主张种族革命和推翻清王朝。只是由于后来中国政治形势的发展，才迫使他们在提倡种族革命和推翻清廷的同时，进而提倡无政府主义。诚如李石曾在追述这一思想演变进程时所说的那样："凡吾辈今日主张社会革命与大同主义者，昔皆曾主张种族革命与祖国主义，此二主义非相反，惟之主义较昔之主义为进化耳。吾辈之革命，惟以伸公理为目的，使较不文明之社会，变而为较文明。若取昔者个人自私主义，以与种族革命及祖国主义较，自种族革命及祖国主义较为光明，故吾辈于未明社会主义之前，曾取种族革命及祖国主义，乃公理良心使然。既知社会主义之后，乃知其较种族革命与祖国主义更进正当，故即取社会主义，亦公理良心使然。总之由个人自私主义，而进至种族革命与祖国主义，由种族革命与祖国主义，而进至社会主义，同为公理良心之进化，所异者先后小大耳。是以凡真主张种族革命与祖国主义者，皆可望其主张社会革命与大同主义，由进化公例而知之。"①

或许正是基于此种政治理念，《新世纪》派不仅不反对孙中山等革命党人关于中国未来前途的政治设计，而且在相当程度上认同于这种设计，在相当多的情况下以革命党人的同道者自居。他们反复强调，他们所提倡和力行的无政府主义并不是要和孙中山的三民主义故意立异，二者之间既有差别性，更有其共通性，只是在终极目标上稍有不同而已。"夫社会主义（即无政府主义），非与民族主义民权主义背驰者也，不过稍有异同耳。社会主义有民族主义之作用则为同，而无民族主义之自私则为异；有民权主义之效能则为同，而无民权主义之自利则为异。盖社会主义者，求世界人类自由平等幸福，而民族主义民权主义求一国一种族少数人之自由平等幸福也。归纳之有大小，犹行程之有远近，初非背驰者也，实任人之自择其主义何如耳。"②

既然《新世纪》派常以革命党人的同道自居，既然他们也

---

① 《欲友人书论新世纪》真（李石曾）注。见《辛亥革命前十年间时论选集》卷二，北京：三联书店1963年，第984页。

② 民（褚民谊）：《申论民族、民权、社会三大主义之一同，再答来书论"新世纪"发刊之趣意》。见《辛亥革命前十年间时论选集》卷二下，第1004页。

"深信非革命不能救中国"[①]，那么，他们便不会像《天义》派那样，专以革命党人为论敌，恰恰相反，他们不仅在理论上站在革命党人一边，在舆论上支持孙中山，回击来自各个方面的孙中山的攻击和诽谤，使《新世纪》成为革命党人的重要的宣传阵地[②]，而且在经济上大力支持孙中山，在政治实践上一度坚定地站在革命党人一边。据亲历其事的朱和中回忆说："自张静江加盟后，巴黎之革命团体为之一变。盖从前纯为学生，此刻则兼营商业。……时总理需款甚急，静江至出卖茶馆、停止营业以济之，前后若干万，不复如寒酸学生之仅能接济旅费矣。当一千九百○七、八年之间，巴黎之革命空气可称盛极一时。"[③]

这样说，当然不意味着《新世纪》派无政府主义者在加盟之后，一夜之间变成了坚定的革命党人。事实上，他们在政治理念上与革命党人的区别在很长一段时间内并未轻易消失。他们之所以在一定程度上赞成革命党人的政治主张，并在力所能及的条件下予以赞助和支持，除了革命党人的这些政治主张在一定限度内合乎他们的政治理念外，另一个重要的背景是他们觉得如果不和革命党人进行合作，那么中国的命运就有可能发生重大转折，有可能葬送在那批立宪派的手里。

---

① 《新世纪主人张静江》，《革命遗史》集二，北京：中华书局1981年，第210页。

② 1910年7月20日，孙中山致吴稚晖信说："弟自抵美西及檀香山二地，大蒙华侨欢迎，此皆多《新世纪》、先生辩护之力也。"见《孙中山全集》卷一，第470页；邹鲁《中国国民党史稿》说："《新世纪》虽挂名为无政府报，实系本党之宣传机关。"

③ 朱和中：《欧洲同盟会纪实》。见《辛亥革命回忆录》集六，北京：中华书局1963年，第18页。

他们指出："今有一说，为敌革命而欲杀其势者，预备立宪也。嗤嗤者希望之，嚣嚣者赞成之。若曰：中国将立宪矣，不数年则国荣民富，能列于列强，雄视宇内。其希望固大。今不问其能达其希望与否，即使其能也，荣则荣矣，非民荣也，皇帝及少数官吏将弁之荣也；富则富矣，非民富也，皇室及少数资本家之富也。民权不能伸，民困不能苏。中江笃介所谓'恩施之立宪，钦定之宪法'，亦无补于社会。而况其以弥缝补苴之策，剜肉愈疮之术，以掩人之耳目，以保己之残喘，必其不能实行也耶！"[①] 或许正是基于此种考虑，《新世纪》派在一个相当长的时期里将立宪派作为反对的主要目标，而引革命党人为同道。

然而，由于无政府主义与孙中山的三民主义毕竟是两种完全不同的思想体系，他们在利益相对一致的条件下可以结成暂时的联盟。但待这些条件消失，他们的合作便也不复存在。据朱和中说："因李煜瀛为无政府党所引诱，以浪漫派普鲁东、巴枯宁为神圣，尊崇其说。吴敬恒本不通欧洲文学，亦盲从之，对于革命转趋冷淡，所出《新世纪》反刺孙文、黄兴。于是同人莫不短气，豆腐公司亦只成为商业，无革命之意义。……尔时《民报》已出版，（孙中山）先生之三民主义第一次有成文之理论，真革命同志莫不击节赞赏，而浪漫派却不理会。……迨武汉起义，各省响应，吴敬恒始偕石瑛过柏林，

---

① 千夜（褚民谊）：《就社会主义以正革命之义论》。见《辛亥革命前十年间时论选集》卷二下，第 1014 页。

并邀蔡元培同回国，骂孙文、黄兴之文始绝笔矣。"[①] 这段记述虽与历史事实稍有出入，但大体上反映了《新世纪》派无政府主义者与革命党人之间的关系。

《新世纪》派无政府主义者大都是一班极端自负的人，他们动辄以"公理"作为论证、争辩的前提，以为真理只掌握在他们手里，以为中国的命运与前途的最终解决只能有待于他们的主张与理想能否转化为政治实践。因此，他们虽然一度支持、同情孙中山等革命党人，但那不过一方面是因为他们要利用革命党人去反对清政府和立宪党人，另一方面则是他们相信孙中山的民族、民主革命也是无政府主义革命过程中的必然阶段和必然环节。他们强调："科学公理之发明，革命风潮之澎涨，实十九、二十世纪人类之特色也。此二者相乘相因，以行社会进化之公理。概公理即革命所欲达之目的，而革命为求公理之作用。故舍公理无所谓为革命，舍革命无法以伸公理。……若新世纪革命则不然。凡不合于公理者皆革之，且革之不已，愈进愈归正当。故此乃刻刻进化之革命，乃图众人幸福之革命。"[②] 以此反观革命党所从事的共和革命，《新世纪》派无政府主义者当然不承认他们的理论与实践尽乎"公理"，但却出于策略的考虑，承认这一革命为无政府主义革命进程中的"过渡物"，在这一过渡阶段，革命党人与无政府主义有比较一致的理想和利益，甚者无政府主义可以成为共和革命的指导思想。他们称："庶几乎急急广传无政府主

---

① 朱和中:《欧洲同盟会纪实》,《辛亥革命回忆录》集六, 北京: 中华书局1963 年, 第 18 页。

② 《新世纪之革命》,《新世纪》第一期, 1907 年 6 月 22 日。

义，使知世界之人民，不久有大同之革命，而国界且将消灭，故共和政治，已止为不得已之过渡物，断不容世界尚有皇帝。盖无政府党欲毁灭世界之政府，固尚未能确言其日期。因政府虽为强弱相制之机关，然亦为人民相互之机关。无政府时代虽决无统治之组织，而亦不能无关联之组织。欲取关联之组织，以代统治之组织，非一时可臻于完备。至于无政府党先欲铲除君主，消灭国界，此实行之期，必不在远。君主之应铲除，先于道德上被认为无有尊贵之名分（五伦中君父同尊，人知其谬），复于政治上被认为无有责任之资格（此立宪党之所能言），故一经无政府党起而为彼等直接之对头，断然可望其绝迹于二十世纪之中。苟使中国人而洞知此义，则君主一层之理障，可以全撤。于是推倒满洲政府，固当毫无迟回，即建设共和民政，自必目为平常矣。所以欲坚决革命党之责任心者，莫若革命党皆兼播无政府主义。"[1] 这既是《新世纪》无政府主义与革命党人合作的思想基础，也是二者思想体系迥异而根本不是一回事的原则性分歧。

师复主义宗旨

历史总是嘲弄那些自以为聪明的预言者。当《新世纪》派的无政府主义者还在喋喋不休地攻击孙中山领导的共和革命

---

[1] 四无（吴稚晖）：《无政府主义可以坚决革命党之责任心》，《新世纪》第五十八期，1908 年 8 月 1 日。

"皆无真诚之心术，特其心为利害与功名所惑动"的时候①，武昌城头一声枪响，不仅宣判了清王朝的死刑，而且从根本上动摇了中国几千年的统治基础。中国历史由此掀开了新的一页。

当辛亥革命胜利之后，老牌的无政府主义者如刘师培等《天义》派人物，因与革命党人关系根本无法弥合，故而"深恐党人追究前罪，闭门不出。民党亦无与往还者"，②成为失意的政客或潦倒的文人。《新世纪》派则不然。他们虽然在辛亥革命之前一度攻击过革命党人，但他们的政治主张毕竟和革命党人的主张有某些相通之处，更何况如《新世纪》的主人张静江在经济上还曾不遗余力地资助过孙中山，并在组织形式上也差不多都已加入了同盟会。因此，当辛亥革命取得初步的成功之后，《新世纪》派的无政府主义者差不多都翻然回国，有的甚至俨然以革命功臣自居。无政府主义的后起领袖刘师复曾不无惋惜地写道："张继与吴稚晖皆中国提倡无政府主义之先进，前数年在《新世纪》操笔政时，持论至激烈。（辛亥革命后）乃张继既作议员，吴稚晖亦时周旋于国民党间。既与政党日益接近，即无异与社会党无政府党日渐疏离。及讨袁事起，其原因本由于政治之竞争原为社会主义所不取。而张氏既竭力主持，吴氏亦日日著论鼓吹。以主张无政府主义之人，提倡有政府之战斗，尤足骇人听闻。记者于此，不禁为

---

① 民（褚民谊）：《无政府说》。见《无政府主义在中国》，长沙：湖南人民出版社 1984 年，第 177 页。

② 冯自由：《记刘光汉变节始末》，《革命逸史》集二，北京：中华书局 1981 年，第 215 页。

无政府主义痛苦。"①然而不管怎么说,无政府主义在辛亥革命之后确曾一度烟消云散。

烟消云散当然不意味着彻底消失。辛亥革命作为一场政治运动当然也不可能在一夜之间彻底铲除无政府主义得以滋生的基础和条件。因此我们看到,一旦这些基础和条件得以恢复正常,业已烟消云散的无政府主义便又重新聚拢起来,形成一种新的政治思潮。当武昌起义之后不久,南方各省次第独立,避居上海的江亢虎一方面宣布"赞成共和",一方面又攻击革命党人"多事以自扰"。11月5日,他宣布将"社会主义研究会"改组为"中国社会党",并公布由他手订的党纲八条,带有浓厚的无政府主义色彩,"就表面观之,颇类社会民主党之主张。惟江氏宣言非政党,且不运动选举,而对于资本制度之解决,则只主张遗产归公,而不主张土地资本公有,又批评共产集产以为均不可行,而仍赞成自由竞争,此则视社会民主党为尤下者也。尤异者,江氏尝自称主张无政府社会主义,然忽又批评无政府以为不能安居不能进化,又谓无政府党采用强权,其矛盾而可笑于此可见矣。"②总而言之,江亢虎在辛亥革命之后那刹那的政治主张带有无政府主义的色彩,但在纯粹的无政府主义者看来,江亢虎的无政府主义未免过于浅薄和矛盾。

辛亥革命之后比较典型、比较正宗的无政府主义当推刘

---

① 师复:《致吴稚晖书》(1913年),《师复文存》,广州:革新书局1928年,第131页。

② 师复:《致无政府党万国大会书》,《师复文存》,广州:革新书局1928年,第259页。

师复（1884—1915，广东香山人）以及他的"师复主义"。刘师复不仅对无政府主义具有真诚的信仰，而且对其理论具有深刻的研究，提出比较成型的思想体系。据他自己说，他的无政府主义上承《新世纪》，而由他创办的"晦鸣学舍"则是《新世纪》无政府主义的正宗嫡传。"1912年5月，晦鸣学舍发起于广州，是为中国内地传播无政府主义之第一团体，数年前《新世纪》所下之种子，至是乃由晦鸣学舍为之灌溉而培植之，刊布多种之印刷品，介绍其学说于内地，一时风气颇为之披靡。凡一般研究社会主义者，皆知无政府社会主义之完善，且知国家社会主义之无用矣。"① 言下之意，只有他的无政府主义才是解决中国问题的唯一出路，因而才能获得如此众多的支持和赞同。

如果从思想发展的实际情况看，"师复主义"确实在一定程度上继承了《新世纪》派以及《天义》派中国早期无政府主义者的思想遗产，在某种程度上说也确实是对孙中山三民主义理论的超越，不管这种超越是否成为事实，但"师复主义"从其成立的主观目的上确实如此。我们知道，刘师复在其声明的早期确实是一个极少有的激进主义者。据他的追随者所做的传记说，师复"为学无师承，孤造独诣乃然理解。千九百一年，君方弱冠，愤政府无状，吮脂啜血，视民如鹿豕，创设演说社香山城。提倡革命，发言诚挚，闻者感泣。旋东航留学日本逾年，会党人组织同盟会，君为之号召甚力，成立后即走香港主某报笔政，鼓吹急进主义。复以间旋香倡办

---

① 师复：《致无政府党万国大会书》，《师复文存》，广州：革新书局1928年，第258页。

女学。时香风犹未通，抗者环起，君坚拒勿动，女学卒以成立。千九百七年，党人将有事于钦廉，提督李准故号摧锄革命最勇，大吏咸以为重。君谓宜先取此獠，今敌惊乱乃举事，因携炸弹潜入粤城伺焉。顷之，觇李当出，欲遮击所经途上，甫行，弹遽发，伤君头胸及手，仆地，血泉涌。逻者闻声驰集，舁之病院，医断其左腕。疗治弥月，得不死。自史坚如以炸弹震悚国人，君其第二人也。"[1] 由此可知，刘师复在辛亥革命之前不仅是一个激进的革命者，而且一度加入同盟会，赞成同盟会的政治主张。

刘师复无政府主义思想的形成时间，传统的说法均认为在其入狱的三年间，即1907—1910年间。此说的最初根据似为刘师复的自述，他曾说："谋刺李准方出门而弹发，事觉入狱两年余。经种种刺激及研究，而余之思想一变。出狱后组织暗杀团，章程为余所起草，以'反抗强权'为宗旨，取单纯破坏之手段。自是之后，余虽未尝标揭无政府之主张，然敢自信确为反抗强权之革命党，而非复政治之革命党。且此后皆独立运动，与'同盟会'亦几无关系矣。"[2] 也就是说，他在出狱之后，不仅改宗无政府主义，而且在思想上、政治上、组织上已彻底脱离了同盟会。

我们不必否认刘师复在狱中的日子里确曾思考过无政府主义问题，但我们也无法承认他出狱之后即改宗无政府主义，否则"师复主义"的思想宗旨便无法理解。而且，从刘师复出

---

[1]　颐父述：《师复君行略》，《民声》第二十三号，1915年5月5日。

[2]　师复：《驳江亢虎》(1914年6月13日)，《中国无政府主义和中国社会党》，南京：江苏人民出版社1981年，第123页。

狱之后的最初行动看，事实上依然应该归为同盟会的革命范畴。1911年暗杀团"团员林冠慈创李准粤城南门，君实多所擘画。寻君欲赴宛平图摄政载沣，抵上海而清廷覆"。[①] 所有这些，和同盟会的追求无疑是一致的。

　　清政府的垮台，对于刘师复来说，显然已经达到了革命破坏的基本目标，中国往后的道路如何走，似乎刘师复此时心中并没有底，"于是往游西湖，住白云庵一月，心社的约，就在此时创议。"[②] 通过心社的约，我们不难感觉到，刘师复虽然承认旧的政治制度已遭彻底破坏，但旧的观念、旧的道德似乎依然束缚人心，于是他发愿从自我改造始，培养一代具有极强自律精神的新人。"吾人处今日不正当之社会，受一切伪道德恶制度之薰习，所作所为，恒日与非理为缘而不自觉。顾吾人各具良心，苟明知其非，又何忍以己身甘犯良心之不韪！用特举最显最大之数事，凡吾人良心上认为违背真理者，相与戒而不为。设为信约，名曰心社，将以求当世同具此心理之教言，倘不我遐弃，相约相勉，养个人之良德。用振厉乎流俗，风雨如晦，鸡鸣不已，一切伪道德恶制度之破坏，庶几不远矣。"[③] 很显然，刘师复此时思维的重点不是要再破坏什么政府，而是那些束缚自我的伪道德、恶制度。这里虽然已有明显的无政府主义倾向，但实际上已不蕴含有那么重要的政治意味。

　　1912年1月，南京临时政府宣告成立。刘师复对这一重

① 颉父述：《师复君行略》，《民声》第二十三号，1915年5月5日。

② 文定：《师复先生传》，《师复文存》，广州：革新书局1928年，第8页。

③ 《心社意趣书》，《民声》第十四号，1914年6月13日。

大事件虽然没有明确的反应，但这一事件本身显然与他多年来的政治理想有些相合有些不相合。也就是说，当此时，他的心情相当矛盾，"以为无政府主义，从此已有传播的机会，而当时最急要的并不是单纯的破坏，于是回到广州，发起晦鸣学舍，以提倡无政府主义。……他们一面编印《晦鸣录》，一面选录《新世纪》论著，刊行小册子，于是无政府主义的种子，逐渐传播国内了。先生又以为都市太繁扰，想约同志到乡村居住，半耕半读。……先生为人孤介，寡嗜欲，薄荣利，很慕托尔斯泰的做人。在 1912 年又和几个朋友，实行组织心社。……先生又以为世界大同，当以言语统一为先导，于是发起世界语研究会，后又被举为环球世界语会广州代理人。先生提倡世界语，非常热心，每天从西关步行到东堤会所，到深夜二、三时才回家；在狂风暴雨的时候，也是如此。当时广州入世界语会的，有三四百人之多。"[①] 这就是刘师复在 1912 年的大体活动。从中不难看出他的所为不仅不是要和南京政府的政策立异，而且实际上是期望在南京政府已实行的政策的基础上继续前进，并最终超越这一制度，实现世界大同。

在 1912 年的大部分时间里，刘师复的所思所想可以说都是无政府主义的问题。也就是说，正是到了这个时候，他才真正改宗无政府主义。而他改宗无政府主义，其思想实质就是《新世纪》的主张，即民主共和革命为无政府主义革命的"过渡物"，无政府主义者在共和革命业已成功的时代里所要从事的唯一事情，就是要随时做好无政府主义革命的全面

---

① 文定：《师复先生传》，《师复文存》，广州：革新书局 1928 年，第 8 页。

准备，随时迎接世界大同的到来。故而他在 1912 年所写的几篇文章，仅从标题就可以看出其主观目的是要超越共和阶段，而实现人类大同的无政府主义。这几篇文章的题目是：《不用仆役不乘轿及人力车与平等主义》（1912 年 5 月）、《废婚姻主义》（1912 年 5 月）、《废家族主义》（1912 年 5 月）。① 从这些事情不难看出，如果中国政治不发生急剧性的变化，刘师复的无政府主义理论只能在小范围中传播和小规模中实践，并不可能形成更大规模的影响。诚如他自己所说："盖心社社约只为个人道德问题，而与社会无涉。《晦鸣录》则以倡导社会革命，促进世界大同为宗旨，纯为研究社会问题，而不但拘拘于个人道德而止。"②

然而到了 1913 年，由于中国政治形势的急剧变动，刘师复不可能依然安心于乡间从事心性的修炼与纯理论的研讨工作，不得已，只好走出乡间，并由理论的研讨而转为政治实践。他后来总结这一转变过程时说："迄乎清室既倒，宣布共和，吾人以为可以乘此机会自由传播矣。不料袁氏秉政，其专制乃甚于满清，不独吾党备受摧残，即温和如'中国社会党'亦且不能相容。言论集会之自由，剥夺净尽，以吾党之幼稚，而处此艰难之恶境，其不能有若何猛厉之进步，固有由矣。"官逼民反，于是才演出后来一幕幕刘师复无政府主义与专制集权斗争的活剧。"至是年 8 月 28 日，其（晦鸣学舍）机关报《民声》乃乘南北战争风潮最烈之时而出世直接鼓吹无政府主义，仅出二期，遂为龙济光所禁止，并封晦鸣学舍。袁世凯

① 均见《师复文存》。

② 《师复启事》，《晦鸣录》第二期，1913 年 8 月 27 日。

及黎元洪且通电各省拿禁。诸同志出走澳门，期继续吾人事业，而彼等复怂恿葡人干涉，《民声》不能公布，虽曾在澳秘印两期，然侦缉过严，举动悉不自由，不得已复去而他适，……（至1914年）上海同志发起'无政府党共产主义同志社'，本社之设，一方面传播主义，一方面联络世界同志期为一致之进行，又一方面则鼓励内地之同志各就其所在地设立传播机关，以为将来组织联合会及实行革命运动之预备。"[1] 就这样，师复主义才名气越来越大，信徒越来越多。

"师复主义"的真正成立既然和1913年的国内政治背景密切相关，因此我们也不难明了其主义的思想实质何在。刘师复写道："无政府共产主义者何？主张灭除资本制度，改造共产社会，且不用政府统治者也。质言之：即求经济上及政治上之绝对自由也。……政府者，名为治民，实即侵夺吾民之自由，吾平民之蟊贼也。吾人有自由生活之权利，有个人自治之本能，无需乎强权之统治者也。故政府必废，将来之社会，各个人完全自由，无复一切以人治之强权，是之谓'无政府'。行无政府于共产社会，是之谓无政府共产主义。"[2] "无政府主义既以排斥强权为根本，强权之为害于社会最显而最大者即为资本制度。Capitalisme 无政府主义首反对之，故凡无政府党必同时主张社会主义。……惟社会主义分为两大派，即'共产社会主义'与'集产社会主义'。共产主义

---

① 师复：《致无政府党万国大会书》，《师复文存》，广州：革新书局1928年，第257页。

② 师复：《无政府共产主义同志社宣言书》（1914年7月），《师复文存》，广州：革新书局1928年，第53页。

Communisme 主张以生产机关及其产物全属之公共。人人各尽其所能，各取其所需；集产主义 Colectivisme 主张以日用之物（如衣食房屋之类）属之私有，生产之物（如机械土地之类）属之公有。……是故无政府党常自标其主义曰'无政府共产主义'Anarchistecommunisme。……世有欲浑称无政府主义曰社会主义者。不知社会主义，对于经济的；无政府主义，则对于政治的，不应该混为一物。无政府党未有不主张社会主义者，故无政府主义可以兼赅社会主义。社会党则多数不主张无政府主义者，故社会主义不能代表无政府主义。又况社会主义一语，近世已习用为集产社会主义之简称，尤与无政府党所主张相抵触。"[①] 由此可见，"师复主义"的思想总之从政治上说在于反对一切强权，主张无官吏、无政府、无宗教、无军队等，这和当时国内政治背景有着直接的密切关联；于经济上，则主张反对资本制度，实行各尽所能、各取所需的空想共产主义模式，而这一点则又明显与民国成立以来的整个经济发展趋势及经济政策走势相抵触。因而从这个意义上说，"师复主义"既预示着中国现代化的发展有可能超越西方国家已经走过的经典模式，当然也是超越孙中山涉及的民主共和模式；另一方面则又意味着伴随这一模式的转换，无政府共产主义有可能与集权社会主义发生更为直接的冲突。不过，这都是后话。

---

① 师复：《无政府共产主义释名》（1914 年 4 月），《师复文存》，广州：革新书局 1928 年，第 88 页。

马克思主义与无政府主义的冲突

　　既然"师复主义"的思想总之在于打倒一切强权，以实行无政府共产主义为最终目的，那么我们便不难理解，作为辛亥革命之前极端激进的政治活动家，刘师复何以在辛亥革命之后一度隐居乡间，而当面对以孙中山为首的革命党人和袁世凯政府发生正面冲突时，竟然又采取超然物外的姿态。"会二次革命军发难湖口，（无政府）党中同志多以倾覆袁氏专制政府，党事进行必较易，因相率参与其事，君独不谓然，屹然不动，经营其传播事业益笃。且即于此干戈扰攘之时期中，完成其艰难缔造之《民声》而布焉。其特立独行不靡于物之风概，餐之有素矣。"[①] 他的理由并不特别，只是基于无政府共产主义反对一切强权的立场，"以为以政府倒政府，终无善果，于是屹然不动，专心一意地传播无政府主义。"[②] 道不同不相为谋。刘师复不愿支持或偏袒任何一方，而专注于自己所愿从事的事业，试图从根本上扭转中国未来发展的方向。

　　正是基于无政府共产主义反对一切强权的政治立场，刘师复坚定地站在一切被压迫的平民百姓的一边，"既以平民之声自勉，其言论即直接为平民之机关。今天下平民生活之幸福，已悉数被夺于强权，而自陷于痛苦秽辱不可名状之境。

---

① 颉父述：《师复君行略》，《民声》第二十三号，1915 年 5 月 5 日。

② 文定：《师复先生传》，《师复文存》，广州：革新书局 1928 年，第 9 页。

推原其故，实社会组织之不善有以致之。欲救其弊，必从根本上实行世界革命，破除现社会一切强权，而改造正当真理之新社会以代之，然后吾平民真正自由幸福始有可言。"①于是，他一方面超然于物外，不愿意介入"以政府倒政府"的政治斗争的同时，另一方面却不停顿地呼唤受压迫、受剥削的平民团结起来，以与一切形式的政府相对抗，并为此提出四条必备的手段：

（一）用报章书册演说学校等等，传播吾人主义于一般平民，务使多数人晓然于吾人主义之光明，学理之圆满，以及将来组织之美善，及使知劳动为人生之天职，互助为本来之良德。

（二）当传播时期中，各视其时势，与地方情形，可兼用两种手段：1.抵抗，——如抗税、抗兵役、罢工罢市等；2.扰动，——如暗杀、暴动等。此两种手段，既所以反抗强权，伸张公理，亦所以激动风潮，遍传遐迩，无异迅速有力之传播。

（三）平民大革命，即传播成熟，众人起事，推翻政府及资本家，而改造正当之社会也。

（四）平民大革命，即世界大革命，故吾党万国联合，而不区区为一国说法。……将来时机既熟……一旦起事，或数国合举，或一国先举，其余诸国必皆闻风相应。工党罢工，军队倒戈……其成功之迅速，必

---

① 师复：《晦鸣录发刊词》(1913年8月)，《师复文存》，广州：革新书局1928年，第57页。

有不可思议者。……

以上又即吾党用以达吾人目的之手段也。①

正是在这样一种信念的支配下，我们看到，刘师复虽然对孙中山"以政府倒政府"的政治斗争不愿介入，但他却充分利用时机，试图于混乱的政治格局中策动平民起义，推翻政权。"1914 年 8 月，上海发生漆业工人大罢工的风潮，（师复）先生曾著一文，指示中国劳动运动的进行方针，而归结于革命的工团主义。"② 遗憾的是，尚未等到这篇文章正式刊布，刘师复不幸英年早逝。

假使刘师复不是这样早的去世，那么按照他的思想发展趋势，必将更进一步地推动中国劳工运动的进程，在中国资本主义制度日趋成熟与发展的同时，必将在其社会内部形成一个健全而有力量的劳工阶级。故而我们在一定程度上可以说，刘师复的主观意图是要超越资本主义的发展阶段而建设无政府共产主义，但其实际后果只是培养与造就了一个资本主义社会所必备的劳工阶级，这个阶级虽然是资本主义制度的掘墓人，但它在一个相当长的历史阶段恐怕必然要屈从于整个社会制度。

刘师复的突然去世，对于中国无政府主义者来说，无疑是一次沉重的打击。在他之后，中国的无政府主义运动虽然一度规模宏大，但真正从理论上有所建树者却少有其人。中

---

① 　师复：《无政府共产党之目的与手段》（1914 年 7 月），《师复文存》，广州：革新书局 1928 年，第 48 页。

② 　文定：《师复先生传》，《师复文存》，广州：革新书局 1928 年，第 7 页。

国的无政府主义运动实际上一度呈现青黄不接、日趋萧条的境地。

但是到了 1917 年，俄国十月社会主义革命获得了成功，这一成功既鼓励了国人向西方寻找马克思主义，也一度引起中国无政府主义者的错觉，以为俄国十月社会主义革命的成功，便是无政府主义理论的胜利。他们曾不无欢欣地说："现在我们中国的比邻俄国，已经光明正大的做起贫富一班齐的社会革命来了。社会革命四个字，人人以为可怕，其实不过是世界的自然趋势。"[1] "俄罗斯来的电报，格外得人注意，过激党分子的消息，特别得人欢迎。"[2] 俨然以俄国十月社会主义革命的同盟者、支持者自居。

然而，随着十月社会主义革命影响的不断扩大和马克思主义在中国的广泛传播，中国的无政府主义者逐渐明白，十月社会主义革命并不是他们的理想，恰恰相反，十月社会主义革命之后俄国人所信奉的无产阶级革命、无产阶级专政等信条恰恰是他们的"先觉"刘师复[3] 毕生致力于反对的"集产社会主义"之类的东西[4]。于是他们幡然醒悟，意识到中国无政府主义运动目前最大的危险，不是来自软弱且内部分裂的政府，而是来自和他们同样处于奋斗阶段的中国马克思主义、社会主义思潮。这样，他们便不得不把斗争的锋芒对准俄国

---

[1] 持平：《俄罗斯社会革命之先锋李宁事略》，《劳动》第一卷第二号，1918 年 4 月 20 日。

[2] 一纯：《俄国过激派施行之政略》，《劳动》第一卷第二号，1918 年 4 月 20 日。

[3] 凌霜：《师复主义》，《进化》第一卷第三号，1919 年 3 月。

[4] 师复：《无政府共产主义释名》，《师复文存》，广州：革新书局 1928 年，第 89 页。

十月社会主义革命和马克思主义方面来。

最早向俄国十月社会主义革命和马克思主义发起攻击的中国无政府主义者当数黄凌霜。黄凌霜原为刘师复的弟子，时在北京大学求学。他比较忠实地继承了刘师复的政治理念，仍将社会主义分成两大派，即"共产社会主义"与"集产社会主义"。前者为无政府主义的信仰，后者为马克思的学说。他说："马克思的集产主义，现在已不为多数社会党所信仰。近来万国社会党所取决的，实为共产主义。"故而他表示"极端反对马克思的集产社会主义"。① 可以说，在反对马克思的学说方面，黄凌霜的观点在理论上并没有多少新发展，基本上是在祖述刘师复业已讲明的那些东西。只要我们翻翻刘氏的《无政府共产主义释名》，就可以比较明显地看到这一点。

应该指出的是，黄凌霜对马克思主义和俄国社会主义实践的批评，不可避免地包含有无政府主义的偏见，但是他在谈到那些实际问题时，却也尽可能地站在客观的立场上平心静气地加以检讨。比如他说："且社会主义，不应当压制个人的自由。社会民主党的政府（指苏维埃政权）又要设立什么工兵农兵，这不是压制个人的表征吗？此外还有他们所主张的分配问题，也有可批评之点。社会是对个人而言，即称为社会主义。那么，社会的物，概当属诸公有，不要为个人所私有，这才对的。马氏的集产说，以衣食房屋之类，可以私有，是明明尚有个人财产，根本上已和社会主义的定义不对。况且同一房屋，牛马的圈厩，即为公有，人居的房舍，则为私有，

---

① 凌霜：《评"新潮杂志"所谓今日世界之新潮》，《进化》第一卷第二号，1919年2月20日。

在理论上也说不过去。还有一层，他们主张按各人劳动的多寡，来给酬报。那么强有力的，将享最高的幸福，能力微弱的，将至不能生活；能力微弱的缘故，或关乎生理，非其懒惰的罪，而结果如此，还说什么幸福呢？无政府共产党想将国家的组织改变，由平民自己建立各种团体会社，如办教育就有教育会，办农业就有农业会等等，由单纯以趋于复杂，以办理社会所应需的事，去除一切强权，而以各个人能享平等幸福为主。他们所主张的劳动原则，就是'各尽所能'四个大字 To each according of his capacity，他们所主张的分配原则，就是'各取所需'四个大字 To each according to his needs。无政府党和马克思派争论的焦点，就在这个了。"① 这里不仅含有明显的无政府主义者的偏见，而且显然他们不懂得社会主义与共产主义之间的差异和区别，将共产主义阶段才能实现的事情幻想在社会主义阶段成为现实，这显然是一种过于激进的"左"倾敦促。

但是，如果我们不像黄氏那样带有偏见来观察，我们应该承认，他提出的要把国家的组织形式加以改变，由平民自己建立各种团体会社等民间组织，恢复个人的本然自由等等，不仅相当深刻地触及了苏维埃政权形式的集权本质，而且在相当程度上关涉现代化转向过程中社会资源的整合和现代化的动力等根本性的理论问题。也就是说，如果站在现代化的立场上，我们看到，无政府主义和苏维埃政权形式的冲突不是向前或向后的问题，而是在向前的前提下，是依靠政府的强权呢，还是依靠民间社会、市民社会的自身组织能

① 凌霜：《马克思学说的批评》，《新青年》第六卷第五号，1919 年 5 月。

力呢？

黄凌霜对马克思主义理论和俄国社会主义实践的批评，在理论上的偏见自不待言。但其针砭时弊的思想贡献实际上也不能不引起国人的警醒。因此，在黄氏的批评意见发表之后，在一个相当长的时期里并未引起怎样有力的反批评。相反，无政府主义运动却以前所不曾有的气势蓬勃发展，据不完全统计，"从1919年下半年至1920年，新创办的无政府主义刊物有《奋斗》《北大》《学生周刊》《社会运动》（以上北京）、《自由》《革命》（以上上海）、《民风》（广州）、《闽星》（福建漳州）、《革命潮》（山西）、《半月刊》（四川）等。此外，许多宣传无政府主义的小册子也纷纷出版，例如，1920年在广州就出版有《真理丛刊》（集录无政府主义的学说）、《无政府主义讨论集》（集录刘师复和别人讨论的文章）等；1921年《民声》在广州复刊，并出版了第1至29期的合刊本。此外，在当时流行的一些进步报刊上，也都不断地登载有谈论无政府主义的文章。"一时间，似乎只有无政府主义才能够救中国，而中国的最大危险似乎也只在于马克思主义和俄国社会主义的影响。

正是在这种思想背景下，马克思主义在中国的传播一度处于低潮，国人在对俄国十月社会主义革命的成功经过一段不太长时间的欢呼之后也开始了更深层的反省。他们关注的焦点只在于，中国既要走上现代化之路，又怎样才能避免资本主义和社会主义的双重危险。易家钺说："我不像中国的大总统、督军、内务部，发几道通电，出几张告示，拿过激党作无政府党，指熊希龄为过激党；边防上忙煞了鲍贵卿、孙烈臣、杨增新。我又不像日本帝国的原敬首相,深怕过激派的势力,侵过东部西伯利亚,就想用大兵就征服他。我又不像美国政府,检查三十五个大都市,捉去五十多名布尔什维克党。我是一个无强权的学生,也没有这样大的力量。我所以反对布尔什维克的理由……完全是从学理上着眼。……我们反对布尔什维克,可以从两方面立论,就是:(一)从学理上,反对布尔什维克主义;换句话说,就是反对马克思主义。(二)从方法上说,布尔什维克的施设、行动,我们有不满意的地方。我们知道布尔什维克是马克思主义的实行者,他们对于马氏学说,真实'奉命维谨';所以说马克思主义的不对,就无异乎说布尔什维克的不对。"[1] 那么,马克思主义错在哪里呢?易家钺从哲学和历史两个方面作了揭示,其论证的根据显然并不可靠。

不过,易家钺对马克思主义的批评,代表了当时的一种思想倾向。也就是说,要真正有力地反对马克思主义和俄国社会主义,只能从理论和实践两个方面入手。他所做的工作无疑代表了前者。至于后一项工作,最有影响的见解当是极端激进分子朱谦之所提出的几个论点。朱通过对俄国社会主义实践的粗浅观察,提出中国不能走上俄国社会主义道路的三个基本理由:

> (一)抹煞个人。无个人当无社会,无社会决无
> 个人。所以我们应当于为能的范围内,对于个人自
> 由,加以开放。但布尔什维克把个人作能做的事一

---

[1] A.D(易家钺):《我们反对布尔什维克》,《奋斗》第二号,1920 年 2 月 24 日。

概干涉，叫国家来治理。于是个人自吃饭穿衣，以至著书立说，都要仰赖国家，因为随便什么都是由国家办理。这样子叫整齐、一致。吾人所谓文明，是从参差里生出来，学术界有独一的思想，就不能进步，好比从前的中国。精神上有独一的思想，就无进步，好比中世纪欧洲的教皇。今布尔什维克是要以国家的权力来干涉个人，是要从物质上干涉个人到精神上，因为什么印刷、教育都在国家手里。这样子，岂不是抹煞个人，而社会退步吗？

（二）滥用强权。强权本来就不好，因为他同个人自由立于反对地位。布尔什维克却事事用强权。这样子势必弄得个人不能生存。因为无论什么人，一有强权，势必横行，如同吃烟一般，明明知道不好，但总有些人不住地吃。所以有人反对强权，或限制强权到极小限度。布尔什维克却滥用他，不当用的，无需用的地方，也去用。这就是摧残个人，这就是非人道。

（三）独裁专制。我们人类的性情个个不同，刻刻变换，所以我们的事最好由我自处之。无论什么政府，怎样的好，他所做的事总不如我们小民的愿，因为他人虽聪明，但总不明白我们的心，而我的心又是常常变换，布尔什维克不顾此处，却把人类当作一律，事事都由他处管，这时候的人民差不多就是机械，连他自身的事都不能由他自家决定。我们德谟克拉西的精神就在使人民能决定自家的事，布尔什维克则刚刚相反，所以是独裁，是专制。

> 总之，布尔什维克虽成功，我看比专制魔王还要坏。……因为他只能使人类退步，不能进步。我们人类的进步全凭自由意志，在布尔什维克之下决不能发生自由思想。他虽然整天普及教育，也不过是一种机械的教育。……我反对布尔什维克是因为他抹煞个人，滥用强权，独裁专制，使人民的幸福和自由减削，使社会退化。[1]

朱谦之的这段分析，当然不乏无聊的谩骂和先天的偏见。但我们如果剔出这些谩骂和偏见，站在一种比较客观的立场上来反省俄国社会主义的实践以及一百年来国际共产主义运动的全部历史，特别是站在后冷战时代反观苏联的解体和东欧的剧变，我们又不能不承认朱谦之对苏式社会主义的三项指控并非没有一点道理，因为事实俱在，不是靠谩骂和偏见所能增长或消除的。因此，即使是对无政府主义持极端反对态度的陈独秀，在批评无政府主义的同时，也不能不承认："我所以说无政府党反对国家，反对政治，反对法律，反对强权，也有一大部分真理"，"我固然赞同。"[2]

作为中国早期的马克思主义者，陈独秀在一定程度上承认无政府主义的理论含有部分真理的成分，但是又正如他的批评者所指出的那样，陈独秀此时的思考重点毕竟落脚在如何将落后的中国变为先进的中国这一根本问题上，因而在某

---

[1] A.F（朱谦之）:《为什么反对布尔什维克？》,《奋斗》第八号，1920 年 4 月 30 日。

[2] 陈独秀:《谈政治》,《独秀文存》，合肥：安徽人民出版社 1987 年，第 363 页。

种程度上便自然和当时一部分进步知识分子一样，以为中国在目前的阶段可能只有走上俄国共产党所走过的路。"（陈独秀）先生鉴于现在政治的罪恶，对于俄罗斯的劳农政府不禁油然生欣慕之心；这也是人情所常有的事。当他一种过渡时代的暂时办法"①。故而陈独秀在批评无政府主义的时候，便主要是基于人性恶的哲学立场，反复论证在无产阶级夺取国家政权之后实行强权统治的必要性。他说："我因此深信许多人所深恶痛绝的强权主义，有时竟可以利用他为善；许多人所歌颂赞美的自由主义，有时也可以利用他为恶；万万不可一概而论，因为凡强权主义皆善，凡自由主义皆恶，像这样笼统的大前提，已经由历史底事实证明他在逻辑上的谬误了"②；"因此我觉得不问强权的用法如何，闭起眼睛反对一切强权，像这种因噎废食的办法，实在是笼统的武断的，决不是科学的。"如果站在无产阶级革命的立场上看，"各国底资产阶级，都有了数十年或数百年底基础，站在优胜的地位，他们的知识经验都比劳动阶级高明得多；劳动阶级要想征服他们固然很难，征服后想永久制服他们不至死灰复燃更是不易。这时候利用政治的强权，防止他们的阴谋活动；利用法律的强权，防止他们懒惰、掠夺，矫正他们的习惯、思想都很是必要的办法。这时候若反对强权的压迫，若主张不要政治、法律，若提倡自由组织的社会，便不啻对资产阶级下了一道大赦底恩诏；因为他们随时得着自由，随时就要恢复原有的势力地

---

① 陈独秀：郑贤宗致陈独秀信，见《独秀文存》，合肥：安徽人民出版社1987年，第817页。

② 陈独秀：《谈政治》，《独秀文存》，合肥：安徽人民出版社1987年，第367页。

位。所以各国共和革命后，民主派若失了充分压服旧党底强力，马上便有复辟底运动。此时俄罗斯若以克鲁巴特金的自由组织代替了列宁的劳动专政，马上不但资产阶级要恢复势力，连帝政复兴也必不免"[①]。

如果陈独秀仅仅说到这里为止，那么不仅我们，而且连无政府主义者都会承认他的说法有相当深刻的意义。然而陈独秀毕竟没有到此为止，他于1921年年初在广州发表的直接批评无政府主义的言论，不仅引起了一场激烈的争论，而且事实上也把自己原本正确的理论推到了极端，故而不可避免地留下了论证上的漏洞。他说："就经济而言，现代工业发达，一个工厂往往有数千数万人；而无政府主义要保护人人绝对自由，不许少数压多数，也不许多数压少数，九十九人赞成，一人反对，也不能执行，试问数千数万人的工厂，事事怎可以人人同意，如不同意，岂不糟极了么？而且个人或小团体绝对自由，则生产额可以随意增减，有时社会需要多而生产少，有时需要少而生产多，因为没有统一的机关用强制力去干涉调节，自然会发生生产过剩或不足的弊端。但无政府主义者必定说：我们可以自由联合，公议生产事业，断不至有这样生产过剩或不足的情形发生；那知一面赞成绝对自由，一面又赞成联合，是不对的，也不能成功的。我常说要绝对自由就不能联合，要联合就不能绝对自由，这是不易的道理。因为各个生产团体各个利害不同，若是没有一个统一机关用强制力去干涉调节，各个生产团体主张各个的绝对自由，这样能联合不能？无政府主义者用这种没有强制力的自由联合

① 陈独秀:《谈政治》,《独秀文存》, 合肥: 安徽人民出版社1987年, 第367页。

来应付最复杂的近代经济问题，试问怎么能够使中国底农业、工业成为社会化？怎么能够调节生产只使不至过剩或不足？怎么能够制裁各生产团体使不至互相冲突？怎么能够转变手工业为机器工业？怎么能够统一管理全国交通机关？"①

确实，从现代社会的立场来说，现代工业的最大特征是要求各个部门各个环节的统一与协调，因此如果过分强调个人的绝对自由，那么显然与现代社会的基本要求不合。从这个意义上说，陈独秀强调统一机关的强制力的适度干预并不错，但如果将这一理论推向极端，用多数人去压制少数人恐怕也并不完全合乎现代社会的要求。而且，陈独秀以为无政府主义无法解决现代社会的复杂问题，显然也只是基于经典无政府主义的观念，而忽视了诸如克鲁泡特金这样的新派无政府主义的建设性意见。故而陈独秀的这些说法一发表，立即遭到来自无政府主义营垒的激烈反对。区声白在致陈独秀的一封信中针锋相对地说："据我所知道无政府主义的社会，是自由组织的，人人都可以自由加入，自由退出，所以每逢办一件事，都要得人人同意。如果在一个团体之内，有两派的意见，赞成的就可执行，反对的就可退出，——赞成的既不能强迫反对的一定做去！反对的也不能阻碍赞成的执行，这岂不是自由吗？……自由确可以联合，有联合就不能自由一言之不足信。至于不顾社会的福利，只要个人有绝对的自由，这是个人的无政府主义所主张，共产的无政府主义者所

<hr>

① 《社会主义批评——在广州公立法政学校演词》（1921年1月19日），《陈独秀文章选编》中，北京：三联书店1984年，第94页。

不敢赞同的。"① 显而易见，陈独秀对无政府主义的批评并不
具有足够的说服力，至少只是讲到了个人无政府主义的弱点，
并没有触及共产无政府主义的痛处。

陈独秀是一位极富思想主见的人，因此他对区声白的批
评相当不以为然。他反驳道："我们的社会乃由许多生产团体
结合而成，一团体内各人有各人的意见，人人同意已不易得；
一社会内各团有各团的意见，人人同意更是绝对没有的事；
一团内意见不同的份子还可以说左右退出，我不知道一社会
内意见不同的份子或一团体，有何方法可以自由退出？"至于
联合与自由之间的关系，陈独秀坚持认为，"联合无论大小，
都要有一部分人牺牲自己的意见，才能够维持得比较的长久
一点；若常常固执个人或小团体的绝对自由，自由退出，自
由加入，东挪西变，仍是一堆散沙，这种散沙现象，至少也
不适宜于大规模的生产事业。……因为社会组织和生产事业，
都必须有持续联合的方法，决不是一时乌合的勾当。"② 主语继
续强调自由与联合之间的绝对冲突，以为要解决现代社会所
面临的问题，只能凭借强权和干涉。

对于陈独秀的解释，区声白当然不能同意。他在第二次
致信陈独秀时争辩说，自由与联合绝对的没有冲突，尤其是
在现代以契约为主要特征的社会里，只有自由联合才最适宜
于大规模的生产事业。"既然有了一种自由契约，那么如果两

---

① 区声白：《区声白致陈独秀书》，《无政府主义批判》下，北京：中国人民大学
　1959年，第255页。

② 陈独秀：《答区声白的信》，《陈独秀文章选编》中，北京：三联书店1984年，
　第140页。

方合意，便可联合。联合一年也可，两年也可，何云东挪西变，一堆散沙，如果他违反了自己承认的契约，便失信于社会，不用你去惩罚他，他自己也站不住。就现在而论，凡经营商业的人，全靠契约来维持，很少有胆敢破约的。所以维持社会秩序最好的东西是'信权'，不是'法权'。"而且从自由的观念言之，自由也只是一个相对待的东西，"必要以一己之自由尊重他人之自由方得谓之自由，所以人与人相交，你不侵犯我的自由，我也不侵犯你的自由，便是真自由；个人与个人结交，互相敬重其自由，便是个人的自由；团体与团体相联合，互相敬重其自由，便是社会的自由。所以孤立便不能自由。以上反覆申论，自由与联合不特没有冲突，我可简直说：'惟联合才能自由，惟自由方能联合'，这是一定不易的道理！"①

应该承认，区声白对自由与联合的辨析具有相当的道理。但是他所强调的自由与联合的可能性无疑是在实现了无政府共产主义的社会模式之后，也就是说，区声白所提出的问题只是证明了无政府主义并非仅仅具有破坏意义，即使在现代大工业的条件下，正确处理个人自由与联合、强权之间的关系，无政府主义仍然具有建设性的意义。但是，这毕竟是对未来社会的一种设想，而中国社会的现实情况是，或者说陈独秀等一班共产主义者所焦灼的问题是，如何破坏一个旧世界，如何使散漫而落后的中国变成一个富强而繁荣的中国。因此，曾经以鼓吹德谟克拉西而著称的陈独秀此时的关怀所在不是如何保障个人的自由，而是怎样以牺牲小我而获得全

---

① 区声白：《区声白答陈独秀书》，《无政府主义批判》下，北京：中国人民大学
1959 年，第 264 页。

社会的解放。这样，我们看到，区声白与陈独秀之间的争论，一面是在进行学理性的探讨，一面是在考虑如何从事实际的政治斗争，故而两人的争论虽然不了了之，但中国现代化的转向已不可避免则为不争的事实。

新文化流变

　　在五四运动中及其之后一段时间里，文学革命和思想启蒙成为中国知识界的基本共识，真正的反对派实际上势力很小，影响不大，辜鸿铭、刘师培、黄侃、林纾、严复、陈衍、马叙伦等人，虽然个人在某些专业领域中的影响巨大，他们对新文化运动的非议、批评，虽然也获得知识界一些共鸣，但总的说来影响不大，而且他们的反对并不是真反对，也就是说，他们在反对新文化运动的同时，也承认或主张文化的革新与进步，甚至他们中的许多人，用胡适的话，还是二十年的革命党或维新党，只是随着时代前进而落伍，或者说随着时间推移，逐渐边缘化而心有不甘，故为惊人之论而已。

反对派后继乏人

　　我们在前面已经说过，新文化运动真正有力量的反对派主要的还是那些接受过西方学术训练的人物。他们对西方的理解并不比胡适、陈独秀等差，甚至在很大程度上可以说，他们自认为或被公认为对西方的理解远在陈独秀、胡适之上，所以他们总有点瞧不起陈独秀、胡适等人的文学主张和文化理论。在前，有胡适的留美同学梅光迪、任鸿隽；在后，有胡先骕和《学衡》杂志，以及文坛老将章士钊等人。然而，岁月不饶人，新文化的反对派尽管在几个阶段都闹腾了一番，但他们还是后继乏人，力度不足。

反对派的前期主将梅光迪的处境很不好，或许是因为他与胡适的关系，或许是因为胡适的事业与形象太光辉照人，总而言之，梅光迪事实上成为文化上的失败者，尽管在后来他对二十年代文化文学方面的论争有过反思，有过总结，也曾得出一些有意义的结论，但确实在后来的中国学术界并没有留下多少正面影响。

1919 年，梅光迪获得硕士学位回国，第二年出任南开大学英文系主任，不久应刘伯明的邀请，转任南京高等师范学校西洋文学系主任。1921 年，南京高师改名为东南大学，留学美国的吴宓也于这一年来到这里。翌年，梅光迪、吴宓及刘伯明等人共同创办《学衡》杂志，东南大学和《学衡》俨然成为与北京大学和《新青年》相抗衡的东南文化中心。

梅光迪和吴宓、刘伯明都有留学美国的经历，都大致信奉美国人文主义大师白璧德的新人文主义思想。他们向中国人介绍过白璧德的人文主义，也期待中国能够有一场真正的人文精神复兴或者说重建，他们对新文化运动特别是胡适一直有很尖锐的批评，认为胡适和新文化运动带给中国的并不是一场真正的有价值的精神启蒙，而是一场虚幻的精神鼓噪、文化污染，是将中国文化发展的正路引到了一条斜道，偏离了中国文化正常发展的轨道。中国人接受这场文化革命的闹剧，并将长时期地受制于这场文化革命闹剧的困扰。中国人丢失了自己的精神家园，迷失在胡适等人所指点的西行途中。中国文化丧失了自主性和自身特质，日渐成为西方文化的翻版。

1922 年 1 月，由吴宓主编的《学衡》杂志由中华书局在上海出版，这个刊物开宗明义宣布自己只是"论究学术，阐求真理，昌明国粹，融化新知，以中正之眼光，行批评之职事"，于国学则立以切实之工夫，为精确之研究后整理而条析之，明其源流，着其旨要，以见中国文化有可与日月争光之价值。其实说来真是奇怪得很，标榜适度保守立场的《学衡》同仁几乎个个都是对中西文化有精到研究和理解的饱学之士，他们看到了西方文化的精髓，又看到了中国文化的价值，他们主张中国应该在文化上向西方学习，但不能丧失文化的自主性。然而奇怪的是，他们这种并不绝对化的折中主义主张，竟然可以被胡适等人一棍子打到守旧、保守、落后的阵营，而且使他们百口莫辩。问题还在于，读书界、知识界，还就是有人相信胡适等人对《学衡》的认定无误。

《学衡》不反对西方文化，不反对中国学习西方，但《学衡》确实反对胡适，反对陈独秀。所以当胡适看到《学衡》创刊号后，他是不是真生气我们不知道，但他确实说过，梅光迪几个人出了这本《学衡》，是专门用来攻击胡适之的，因为在创刊号上就有几篇文章都是以胡适为批评、辩驳对象，这就不免使人感觉到《学衡》有点小家子气，只记住了胡适、陈独秀等人的问题和缺陷，而忽略了、否定了他们在文化上的贡献，就是说胡适、陈独秀既然拥有那么多的拥护者、赞成者和粉丝，那么为什么不能肯定他们一点点呢？这不是显得《学衡》太小气了吗？所以《学衡》出版之后，引起读书界、知识界的激烈争论，有赞成的，如上海的《中华新报》，有谩骂的批评，如《时事新报》，多无价值。直至2月4日的《晨报》，始有署名式芬的一篇《评〈尝试集〉》，对《学衡》创刊号中发表的胡先骕的《评〈尝试集〉》以及梅光迪的《评提倡新文化者》提出反批评，话说得比较中肯，稍有价值。式芬指出，胡先骕的批评，评新诗原很好，只可惜太聋盲中国人了。随意而言，很有几个悖谬的处所，不合于"学者之精神"。所以胡适对来自《学衡》的批评不仅不以为意，反而引以为荣，正如后来不断表示的那样，"反对就是注意的表示"，《学衡》的愤怒与几近非理性的骂街，甚至使胡适感到扬扬得意。他在南京时，曾戏作一首打油诗题《学衡》：

老梅说：

"《学衡》出来了，老胡怕不怕？"（这是梅光迪问任鸿隽的原话）

老胡没有看见什么《学衡》，

只看见了一本《学骂》。[①]

真是如鲁迅此后所说：谩骂和恐吓绝不是战斗。岂止不是战斗，反而有损自己的人格，真的是得不偿失，搬起石头砸了自己的脚。

胡先骕（1894—1968）是现代中国植物学泰斗级的大学者，1913年留学美国，专攻植物学，1916年回国，往北京大

---

① 胡适:《胡适日记》,《胡适全集》卷二十九，合肥：安徽教育出版社2003年，第509页。

学谋职未果，两年后受南京高等师范学校聘请，出任该校农科教授，后参与创办东南大学生物系、中国科学社生物研究所，是著名的"活化石"水杉的发现者，毕生潜心于草木，著作等身，桃李满天下，在专业领域享有国际声誉。专业之外，或许是其少年时代受著名学者沈曾植的影响，胡先骕还是中国传统文化的捍卫者，旧学功底颇深，文理兼通，博学多才，所作诗文也有人认为堪称一流，所以他总有点瞧不上胡适之这样暴得大名，因此在文学革命高潮时，他就在《东方杂志》发表《中国文学改良论》，站在传统文化立场上，对胡适等人倡导的白话文和文学革命理论主张提出批评，以为中国文学不能不说没有问题，但文学的改良总不能因噎废食，视中国文学皆为陈腐卑下不足取，而不惜尽情推翻之。殊不知陈独秀、胡适之等人立言大有所蔽，他们故作堆砌艰涩之文者，固以艰深以文其浅陋。而此等文学革命家，则以浅陋以文其浅陋。

不过，比较奇怪的，胡先骕也与梅光迪、任鸿隽当年讨论时犯了同样的毛病，即他首先承认了中国文学确实存在问题，承认他在许多问题上的看法与胡适的看法多所符合，承认自己也和胡适、陈独秀等人一样，素怀改良文学之志，他们之所以对胡适，对陈独秀，对所有力主文学革命的人有意见，主要是不满意于他们的鲁莽灭裂之举，而以白话推倒文言，或者说以白话完全取代文言，他们期望为文言留有一定的生存空间，因为在他们看来，如欲创造新文学，必浸淫于古籍，尽得其精华，而遗其糟粕，乃能应时势之所趋，而创造一时之新文学。①

①　胡先骕：《中国文学改良论》，《东方杂志》第十六卷第二号，1919 年 2 月。

按照胡先骕后来的说法，他之所以起而反对胡适和陈独秀，除了他对中国传统的高度信仰，不容他人毁灭的使命感外，还有一个是看不惯胡适等人欺负林纾等老先生看不懂英文，所以他这个留学归来的新青年路见不平，拔刀相助，引经据典，以西文的矛来陷胡适的西文的盾[①]，结果确实弄巧成拙，自取其辱。

不言而喻，胡先骕等人在对待新文化运动的立场上是矛盾的，他们承认中国文学应该改良，但是不承认胡适等人见解的合理性，以为他们的见解充满着激进和谎言，有把中国文化毁灭的危险。不过，他们对旧文化特别是文言文、中国旧戏的意见，还是比较正确，比较有价值的。比如在新文化运动关于中国旧戏的讨论中，胡适、钱玄同、陈独秀、刘半农、傅斯年等人，将中国旧戏看得一无是处，一味期待中国旧戏的毁灭，期待中国全盘引进西方话剧，特别是胡适，以为西方的写实主义才是文学发展的正途，而中国旧戏的写意主义则存在很多问题。

对于胡适的这个观点，胡先骕似乎也很不以为然。他在1920年发表的《欧美新文学最近之趋势》中，根据欧美近代以来小说发展趋势，以说明写实主义、自然主义终非文学之极致，要紧的是树立起"美术之价值"[②]。这个看法至少对新文化的主流有所修正，因而蕴含着内在价值。

---

① 胡先骕：《对于我的旧思想的检讨》，转引自《胡先骕先生年谱长编》，南昌：江西教育出版社 2008 年，第 70 页。

② 胡先骕：《欧美新文学最近之趋势》，《东方杂志》第十七卷第十八号，1920年 9 月。

"胡先骕们"看法的合理价值被历史大潮给湮没了，特别是"新青年"们对"胡先骕们"上来就以"讥讽口吻"定位为守旧主义者[1]，这就使他们的话语权力和话语价值打了很大的折扣[2]，使"新青年"在话语上着了先鞭，占了优势。而胡先骕以及梅光迪等人心中自然觉得憋屈，因为他们内心并没有反对新文化，他们所反对的只是胡适、陈独秀。所以他们的委屈与社会思潮相激荡，于是原本并不存在的新旧阵营还真的逐步形成，连这些原本并不守旧的人，也越来越觉得或者说越来越怀疑自己是不是真的守旧，这大概就是胡先骕执意写作《评〈尝试集〉》的历史背景和心迹。

　　这篇长达两万多字的《评〈尝试集〉》对胡先骕来说当然是一种有意义的精神活动，该文旁征博引中外文学批评家的言论以证明胡适《尝试集》中新诗尝试和文学革命主张，以为《尝试集》之价值与效用，基本上为负性的，不仅了无价值，而且还将扰乱中国青年人的思想。胡先骕指出，中国青年既与欧洲文化接触，势不能不受其影响，而青年识力浅薄，对于他国文化之优劣无抉择之能力，势不能不于各派皆有模仿。然以模仿颓废之故，至有如是之失败，则入迷途之少年，或能憬悟主张偏激之非而知中道之可贵，洞悉溃决一切法度之学说之谬妄，而知韵文自有其天然之规律，庶能按部就班力求上达，且同时表示现代社会之文学尚未产生。以此反观胡适的《尝试集》，胡先骕认为胡适或许可以称为"真正新诗人

---

① 胡先骕：《梅庵忆语》，转引自《胡先骕先生年谱长编》，第 85 页。
② 罗家伦：《驳胡先骕君的〈中国文学改良论〉》，《新潮》第一卷第五号，1919年 5 月。

之前锋，亦犹创乱者为陈胜、吴广而享其卓者为汉高，此或《尝试集》真正价值之所在欤？"①

按照吴宓在《自编年谱》中的说法，胡先骕这篇批评《尝试集》的长文写出后，历投南北各日报及文学杂志，无一愿意刊登者，亦无一敢为刊登者，不得已，胡先骕遂与情趣相同的梅光迪、刘伯明、吴宓诸人合作创办《学衡》，所以在一定意义上说，是先有了这篇批评胡适的文章，再有《学衡》，《学衡》杂志之发起，半因胡先骕的这篇文章。②

胡先骕对自己这篇文章中的观点和文章影响很自信，表示此文刊出后，《新青年》《新潮》两刊物中迄无人作一文以批评之，仅罗家伦曾作一讥讽口吻之短评而已。胡先骕的这个看法显然是不对的，因为我们知道这篇文章发表后，各方面争论还是有的，有赞成，有反对，有署名"式芬"的批评，而这个"式芬"据说就是周作人。至于在"式芬"之后，还有鲁迅的《估〈学衡〉》，更是对《学衡》进行了尖锐而不遗余力的鞭打、讥讽和批评，以为所谓《学衡》者，实在不过聚在"聚宝之门"左近的几个假古董所放的假毫光；虽然自称为"衡"，而本身的秤星尚且未曾钉好，更何论于他所衡的轻重的是非。所以，决用不着较准，只要估一估就明白了③，竭尽贬损之能事，像胡适斥之为"学骂"一样，以为《学衡》实在没有多少价值。

就专业水准而言，胡先骕主要还是一个自然科学家，他

---

① 《评〈尝试集〉》，《学衡》1921 年第 1 期。

② 吴宓：《吴宓自编年谱》，北京：三联书店 1995 年，第 229 页。

③ 鲁迅：《估〈学衡〉》，《鲁迅全集》卷一，北京：人民文学出版社 2005 年，第 397 页。

对胡适新文化的痛恨更多地还是自己直观感受，而不是一种专业自觉，真正具有专业水准的当然还是梅光迪、吴宓等人。梅光迪的情况我们前面多次说过，他与胡适确实是不错的朋友，但他又确实痛恨胡适的所言所行，以为胡适是中国文化的罪人，是中国文化传统、礼仪制度的破坏者。在他看来，中国文化之可宝贵，历代圣贤、儒者思想之高深，中国旧礼俗、旧制度之优点，都被胡适假新文化的名义破坏殆尽，所以他有责任出来对胡适迎头痛击，保卫中国文化，以中国文化的申包胥自居自勉。①

梅光迪认为，中国的文化传统当然并不是毫无问题，实际上面对西方文化的冲击和中国现代化的压力，中国的文化传统在过去的几百年中也积累形成了许多问题，至少已经陷入狭隘的故步自封、自我满足、自我欣赏、自我陶醉的自我状态之中，不知外部世界的变化，更没有与域外文明一较长短的勇气，所以在梅光迪的意识中，中国文化传统中的问题当然也应该正视和解决，只是不能像以胡适、陈独秀为代表的文化激进主义那样，凭借西方文化将自己的文化传统拦腰斩断，彻底毁灭，而是参照西方文化价值体系，为现代中国重塑平衡稳定的社会文化心态，为中国的文化复兴创造条件与可能。

至于中国文化复兴的理论基础，梅光迪认为正是胡适等人所要打倒的儒家思想伦理。尽管胡适一再声称他的目的并不是要打倒儒家，打倒孔子，但在梅光迪以及一切持适度文化保守的思想家看来，胡适的主张即便本身没有排斥孔子和

---

① 吴宓：《吴宓自编年谱》，北京：三联书店1995年，第177页。

儒家伦理的意思，但也为排斥孔子和儒家伦理的思想开了方便之门。

根据梅光迪的理解，以陈独秀、胡适为代表的所谓新文化运动仅仅将程朱理学中的心性之学和修己之学看作是孔子儒学正宗，并让这种儒学正宗承担近代中国落伍的原罪，这显然是不对的。孔子和儒家伦理的真价值绝不仅仅是程朱理学所发展的那点东西，而近代落后的根源更不能完全归罪于儒学和孔子。按照梅光迪的说法，新文化运动对孔子和儒学的排斥，或许是对的，但他们的排斥的内容可能并不真孔子真儒学。梅光迪的这个判断与同时兴起的所谓新儒家有着比较类似的特征，他们都是力图为孔子和儒学辩护，而辩护的思路都是说秦汉以来历史上的所谓孔子所谓儒学，都是假的，都是历代腐儒的误解误释，所以他们不仅要批判清儒，返归宋儒，还要批判宋儒，返归秦汉之儒，进而批判秦汉之儒，返归先秦原始之儒。其实，原始之儒也有很大的差别，孟子与孔子不同，与荀子不同，但他们都是儒家大学者，究竟应该相信谁的呢？这其实就是梅光迪《学衡》诸同仁与新儒家的共同困惑，只是他们都不曾真正直面这样的问题而已。

梅光迪之外的《学衡》诸同仁中，有分量的还有吴宓、柳诒徵、刘伯明等，他们都对孔子和儒家推崇备至，都反对新文化运动对中国传统的破坏，但他们的思想深度和学问的广博，似乎都没有办法与新文化运动主流相提并论，所以他们只能在"后五四"时代长时期地边缘化，由此也说明新文化运动的反对派后继乏人，新文化运动不论有着怎样多的缺点与问题，但它毕竟合乎历史前进的大趋势。

主义淡出问题凸现

中国知识分子尤其是新知识分子之间的团结与联合只是表面现象，这是他们当时面临共同对手的暂时选择。因此，当新文化反对派后继乏人之后，新知识分子群体首先在思想上，继而在行动上的不一致就与日俱增，并最终导致新文化运动分流。

要说新文化运动的发生，除了我们已经探讨过的原因外，还有一个重要背景我们在前面似乎没有怎样过多描述，其实这也是一个非常重要的原因。这就是1917年发生在俄国的十月革命。

按照传统的说法，十月革命给中国送来了马克思主义和社会主义。为什么是这样的呢？毛泽东有一段比较合情合理的分析。毛泽东在《论人民民主专政》中说，在十月革命之前，中国人一直在向西方学习，只要是西方的新道理，什么书也看。中国确实也向西方学习了不少，但是依然不行，依然被动挨打，理想不能实现，多少次奋斗，甚至像辛亥革命那样全国规模的运动，最终都失败了。于是，人民的怀疑产生了，增长了。第一次世界大战震动了全世界，暴露了西方资本主义文明带来的严重社会矛盾，而俄国十月社会主义革命的胜利，却在世界上一切被压迫的民族开辟了一条崭新的道路，带来了曙光。从此，中国人民找到了马克思主义，选择了社会主义道路。所以当十月革命的消息传到中国后，中国人的兴奋一点都不亚于俄国人。北大教授李大钊情不自禁地欢呼布尔什维克的胜利，欢呼庶民的胜利，以为民主主义劳工主义既然取得了胜利，今后世界的人人都成了庶民，也就都成了工人，十月革命是人道主义的胜利，是平和思想的胜利，是公理的胜利，是自由的胜利，是社会主义的胜利，是20世纪新潮流的胜利。基于这么一种认识，李大钊很快转变为一个马克思主义者，并决心用最快的时间，从纸上的空谈转变为实际的方面，实践的方面，于是他很快成为中国共产党的缔造者之一，企图将社会主义理想转化为千百万中国人的政治实践。

随着李大钊等进步知识分子对苏俄的好感不断增加，社会主义的研究与宣传已是中国知识界一股重要思潮。他们倾向于认为，中国问题虽然复杂，但如果采用某种特定的西方理论便可一揽子解决。而这种特定理论显然是指马克思主义和社会主义。

在李大钊看来，社会主义不仅是一种思想体系，具有非常浓厚的理论色彩，而且是一种崭新的社会制度，是一种运动中社会实践。如果从社会实践方面进行观察，社会主义至少可以分成这样几个方面：

一、政治上，社会主义必须实行无产阶级专政，因为无产阶级专政既是社会主义的政治制度，也是以生产资料公有为基础的社会主义经济制度得以形成和发展的前提；

二、就法律方面而言，社会主义必须将旧的经济生活与秩序彻底废止，彻底扫除，另行规定一种新的经济生活与经济秩序，将资本财产法、私有者改为公有者的一种制度，因为生产资料主要是归公共所有，还是归资本家私人所有，在李大钊等早期社会主义者看来，这是区分社会主义与资本主义两种经济制度的主要标志；

三、从经济方面言，李大钊认为，社会主义必须使劳动的人满足欲望，得全收益，因为只有实行按劳分配的原则，才能消灭剥削，使劳动者摆脱贫困。

在李大钊看来，未来中国要实行社会主义制度，就必须满足这样三个条件，否则便不是社会主义。

李大钊的宣传，使马克思主义、社会主义在中国迅速深入人心，特别是在青年知识分子中逐步拥有一批坚定的信仰者。1919 年下半年起，陈独秀也开始谈论社会主义，开始相信世界上的军国主义和金力主义已造成了无穷罪恶，现在是到了应该抛弃的时候了。陈独秀的思想开始向社会主义转变，逐渐接近马克思主义，开始承认用革命的手段建设劳动阶级的国家，创造那禁止对内对外一切掠夺的政治法律，为现代社会第一需要。由于陈独秀在新文化运动中拥有巨大声誉和影响，他的加盟遂使社会主义的影响与日俱增，如日中天，知识界越来越多的人开始逐步意识到社会主义救中国的道理。

马克思主义、社会主义的影响日益扩大，自然加剧了知识界、新文化运动阵营的分流乃至分裂，新文化运动的右翼知识分子自然对马克思主义、社会主义宣传非常敌视，以为是新文化运动启蒙思潮的中断、转向，乃至走向失败的表征，他们依然期待继续坚守原来的启蒙理想，期待为中国社会进步奠定牢固的思想文化基础，继续反对新文化运动转变为一场政治运动，转变为一场改造社会现状的运动。

　　按照比较传统的说法，在《新青年》的早期，陈独秀、胡适等一批新文化的中坚人物为了避免与旧势力发生直接冲突，刻意避免谈论现实政治，专注于文学、文化、思想的革新，发誓要从教育、思想、文化等方面入手，追求一种非政治的文化基础。这个说法在一定意义上是成立的，但是也应该看到《新青年》的早期，其中坚也有一些人对现实政治有一种天赋的敏感，陈独秀、李大钊、高一涵乃至蔡元培等，他们不仅高度关注现实政治的发展变化，而且对现实政治有一种欲罢不能的敏锐直觉。所以当俄国十月革命的消息传来之后，当第一次世界大战胜利的消息传来之后，他们并不是个人孤独地享受胜利的喜悦，而是狂欢，同欢，比专业政治家还要疯狂，还要兴奋，并终于由此走上以学术干涉政治的路子。于是有专门谈论政治的刊物《每周评论》的诞生。

　　《每周评论》第一期于 1918 年 12 月 22 日出版，1919 年 8 月 31 日出版至第 37 期时被查封。前 25 期由陈独秀主编，陈独秀、李大钊等都是主要撰稿人。从第 26 期起，因陈独秀被捕，李大钊出走，遂由胡适接任主编，《每周评论》的政治议论开始转向，对现实政治的关怀逐渐减少，而逐步向学理方面扩展。再加上胡适个人是比较谨慎的人，他的政治理念、文化理念，也使他不愿意更多地谈论现实政治，更愿意谈论道理，所以《每周评论》必然转向。

　　胡适主编《每周评论》对现实政治的放弃或减弱，主要是他依然倾向于避免与现实政治发生过多的纠葛，减弱对教育、文化和思想问题的关注。胡适的想法从他的立场看自然有自圆其说的理由，只是你不关爱现实政治并不意味着现实政治不存在，所以在胡适接手主编《每周评论》的时候，另一份专门谈论政治的《星期评论》于 1919 年 6 月 8 日在上海创刊。

《星期评论》是国民党人创办的周刊，由戴季陶、沈玄庐任主编，孙中山、廖仲恺、李大钊、陈独秀、李汉俊、胡适、刘大白等都曾为之撰稿。这个刊物在体裁格式上和胡适主编的《每周评论》很相像，所以胡适认《星期评论》为《每周评论》的兄弟，特别使他感到兴奋的是，《星期评论》的言论主张代表了团体，而那些主张又是经过几年研究的结果，是脚踏实地的具体政策，而不是空洞的说教和口号。这是胡适感到高兴的最重要一点，所以他热烈祝贺《星期评论》的出版，并由衷表达自己对《星期评论》和国内舆论界的期待：

现在的舆论界的大危险，就是偏向纸上的学说，不去实地考察中国今日的社会需要究竟是什么东西。那些提倡尊孔祀天的人固然是不懂得现时社会的需要，但是那些迷信军国主义或无政府主义的人就可算是懂得现时社会的需要吗？

要知道舆论家的第一天职就是要细心考察社会的实在情形。一切学理、一切"主义"（Isms），都只是这种考察的工具。有了学理做参考材料，便可使我们容易懂得所考察的情形，容易明白某些情形有什么意义，应该用什么救济的方法。①

胡适当然知道他的这种议论，有许多人一定不愿意听。但是就在当时北京的《公言报》《新民国报》《新民报》和日本的《新支那报》，都在极力恭维安福系首领王揖唐主张民生主

---

① 胡适：《欢迎我们的兄弟——〈星期评论〉》，《胡适全集》卷二十一，合肥：安徽教育出版社 2003 年，第 180 页。

义的演说，并且恭维安福系设立"民生主义的研究会"的办法。有许多人自然嘲笑这种假充时髦的行为。但是胡适看了这些消息，发生一种感想，那就是：安福系也来高谈民生主义了，这不够给我们这班新舆论家一个教训吗？这个教训可分三层说：

第一，空谈好听的"主义"，是极容易的事，是阿猫阿狗都能做的事，是鹦鹉和留声机都能做的事。

第二，空谈外来进口的"主义"，是没有什么用处的。一切主义都是某时某地的有心人，对于那时那地的社会需要的救济方法。我们不去实地研究我们现在的社会需要，单会高谈某某主义，好比医生单记得许多汤头歌诀，不去研究病人的症候，如何能有用呢？

第三，偏向纸上的"主义"，是很危险的。这种口头禅很容易被无耻政客利用来做种种害人的事。欧洲政客和资本家利用国家主义的流毒，都是人所共知的。现在中国的政客，又要利用某种主义来欺人了。

在胡适看来，这三条合起来，可以看出"主义"的性质。凡"主义"都是应势而起的。某种社会，到了某种时代，受了某种的影响，呈现出某种不满意的现状。于是有些有心人，观察这种现象，想出某种救济的法子。这是"主义"的源起。主义初起时，大都是一种救时的具体主张。后来这种主张传播出去，传播的人要图简便，便用一两个字来代表这种具体的主张，所以叫它作"某某主义"。主张成了主义，便由具体的计划，变成一个抽象的名词。"主义"的弱点和危险，就在这里。因为世间没有一个抽象名词能把某人某派的具体主张都包括在里面。比如"社会主义"一个名词，马克思的社会主义和王揖唐的社会主义不同；你的社会主义和我的社会主义不同，绝不是这一名词所能包括的。你谈你的社会主义，我谈我的社会主义，王揖唐又谈他的社会主义，同用一个名词，而中间的内涵或许隔开了七八个世纪，或许隔开了两三万里，然而你、我和王揖唐都可自称为社会主义家，都可用这个抽象名词去骗人。所以胡适告诫人们一定要注意"主义"的大缺点和大危险。

由于胡适深觉高谈主义的危险，所以他郑重奉劝新舆论界的朋友："请你们多提出一些问题，少谈一些纸上的主义。"

更进一步说："请你们多多研究这个问题如何解决，那个问题如何解决，不要高谈这种主义如何新奇，那种主义如何奥妙。"

在胡适看来，当时中国应该赶紧解决的问题，真是多得很。从人力车夫的生计问题，到大总统的权限问题；从卖淫问题到卖官卖国问题；从解散安福部到加入国际联盟问题；从女子解放问题到男子解放问题，都是一个火烧眉毛的紧急问题。我们不去研究人力车夫的生计，却去高谈社会主义；不去研究女子如何解放，家庭制度如何救正，却去高谈公妻主义和自由恋爱；不去研究安福部如何解散，不去研究南北问题如何解决，却去高谈无政府主义；我们还要得意扬扬夸口道：我们所谈的是根本"解决"。胡适至此嘲笑道：老实说罢，这是自欺欺人的梦话，这是中国思想界破产的铁证，这是中国社会改良的死刑宣告！

当然，胡适也不忘告诫他的读者，不要误会他的意思，他并不是劝人不研究一切学说和一切主义。学理是研究问题的一种工具。没有学理做工具，就如同王阳明对竹子痴坐，妄想"格物"，那是做不到的事。种种学说和主义，我们都应该研究。有了许多学理做材料，见了具体的问题，方才能寻出一个解决的方法。但是胡适真诚希望中国的舆论家，把一切"主义"摆在脑后，做参考资料，不要挂在嘴上做招牌，不要叫一知半解的人拾了这些半生不熟的主义，去做口头禅。"主义"的大危险，就是能使人心满意足，自以为寻着包医百病的"根本解决"，从此用不着费心力去研究这个那个具体问题的解决法了。① 这就是胡适刻意强调的"多研究些问题，少谈些主义"。

很公平地说，胡适的主张基于杜威实验主义哲学，是一种改良主义的政治主张，只是这种主张将"主义"之间的差异表面化，并一再征引时代思潮的主流社会主义、无政府主义作为例证，于是引起知识界领导人之间一场激烈的争论。这场为时不长的争论或被看作新文化运动分裂的一个信号，用胡适后来的话说，是中国自由主义知识分子与中国马克思主义者之间冲突的第一个回合。这个说法当然有点夸大其词。

进步党专栏作家蓝公武此时正在主持《国民公报》社务，且正在热心研究、宣传马克思主义。他是胡适的朋友，他看到胡适的这篇《多研究些问题，少谈些主义》的文章后，遂把它转载到《国民公报》上，又在这个报上发表了一篇《问题与主义》的文章。蓝公武的议论，在胡适看来很可以在许多地方

① 胡适：《多研究些问题，少谈些主义》，《胡适全集》卷一，合肥：安徽教育出版社 2003 年，第 328 页。

补正他的原作，因此他对蓝公武的讨论不仅不反对，而且竭诚欢迎。

蓝公武指出，胡适的这篇文章，劝人少讲主义，多研究问题，说得非常痛辟。中国舆论界应该从这篇文章中得到很多有益的启示。但是中国思想界现在是混乱已极，是个"扶得东来西又倒"的东西。胡适的这篇议论恐怕会得到一个意外的结果。况且胡适在议论里头，太注重实际问题，把主义、学理那一面的效果抹杀了一大半，也有些因噎废食的毛病。

在谈到问题的性质说，蓝公武指出，各种问题往往是交错的，而不是简单孤立的。许多问题如果没有主观的思考或某些理论的帮助是不能被认作问题的。譬如法国大革命时所标示的自由、平等，和中国辛亥革命所标示的排满，算是具体的方法呢，还是理想的目标呢？这可以不言而知的。故凡是革命的问题，一定从许多要求中抽出几点共性，加上理想的色彩，成一种抽象性的问题，才能发生效力。若是罗列许多具体方法，即就变成一种条陈，连问题都不成，如何能做一般的进行方针呢？于是可见问题并不仅限于胡适所说的具体性，而抽象的问题，可能在某种时候显得更重要。而且当问题初起时，一定先为抽象性，后才变成具体性的。照此讲法，主义、学说，如何可以说是不重要，而一笔抹杀呢？这大概就是蓝公武对胡适的一个重要补正。

蓝公武的第二点补正，是他不能完全同意胡适对主义性质的判断。胡适认为，所谓主义，从一种救时的具体主张，因为传播的缘故，才变成一种抽象的主义。蓝公武认为，胡适的判断有对的一面，但似乎并不完整。许多主义，它的重要部分，并不在从具体主张变成抽象名词，却在那未来的理想。世间有许多极有力量的主义，在它发生的时候，即为一种理想，并不是什么具体方法，信仰这主义的，也只是信仰他的理想，并不考究它的实行方法。即如从具体方法变成主义的，也绝不是单依着抽象方法便能构成，尚须经过理想的洗练炮制，改造成的。所以理想乃主义的最要部分，一种主张能否成为主义，似乎全靠这一点。

在蓝公武看来，主义是一件事，实行的方法又是一件事，其间虽有联属的关系，却不是必然不可分离的。一个主义，可以有种种的实行方法，甚至可以互相冲突，绝不相容。各种的实行方法，也都是按照各部分人的利害必要，个个不同。因为方法与主义，不过是目标与路径的关系；向这目标走，果然是一定不变；至于从哪一条路走，路中所遇事物如何，行路中间所起的事变如何，与这目标并无必然联系。换句话说，主义并不一定含着实行的方法，那实行的方法，也并不一定要从主义中推演出来。所以同一主义，在甲地成了某种现象，在乙地又成了一种现象。乃同在一地，信仰同一主义，因实行的方法不同，变成种种极不相容的党派，这也是很正常的。

胡适反复强调主义的危险，而按照蓝公武的分析，主义本身并没有什么危险。所谓的危险，都在贯彻主义的实行方法。因为凡是主义，必定含着一种未来的理想，不过是一种标准趋向态度，并非实行方法。在同一主义下，可以有种种不同或是相反的方法。危险不危险，全看选择得精确不精确，与主义本身没有关系。所以胡适所说主义危险，在蓝公武看来，就有点因果倒置了。

按照蓝公武的分析，问题与主义，并不是相反而不能并立的东西。谈主义也并不是那么容易的，谈问题也并不都是那么难的。主义的易与难，不在主义本身，而在随便乱谈；问题的难，不难在解决方法，而难在解决后的好结果。再进一步言：解决的结果何以有好坏，好结果何以很难，这不可不有一判别标准。这个标准，就是一种主义。所以胡适强调不要从主义做工夫，让人们去想实际解决的方法，那自然是难极了。这是蓝公武在"补正"之后，对胡适的第一点质疑，打一个并非十分恰当的比方：胡适的多研究些问题，少谈些主义有点类似于"知易行难"，而蓝公武的主张则有点"行难知亦不易"的意思。

胡适对主义兴趣索然，竭力排斥，主要是他对那些空谈外来进口的主义高度反感，以为没有什么用处。以为一切主义，都不过是某时某地一种具体方法转变来的，和我们实际的需要未必相符。各有各的需要，各有各的办法，所以说外来的主义是无用的。胡适的这个论证自然有道理有逻辑，但蓝公武认为，现今的世界日趋一体化，各社会的需要渐渐日即日近，一地有效的主义，在他地未必无效。我们只能问主义是否有效，而不必问其出身，问其来历。况且从所谓实际需要看，当今中国所面对的新需要新问题，哪一件不是外来的思想主义所产生的呢？这正是作为后发展国家在现代化进程中必须面对的问题。应该承认，蓝公武的第二点质疑也是有道理的。

第三，胡适之所以反对纸上的主义，强调这种主义有为无耻政客用来做害人的危险。他对这个问题的讨论，直接动因似乎就是王揖唐不靠谱的"社会主义"宣扬，以及那些过度膨胀的无政府主义思潮。胡适的这种担心有一种因噎废食的味道。无耻的政客，决不能用来欺人的，王揖唐的"社会主义"依然是王揖唐的"社会主义"，并不会有多少人去上他的当。所以不必因噎废食，因为王揖唐谈论"社会主义"，我们就不再谈论"社会主义"。①

当胡适的《多研究些问题，少谈些主义》在《每周评论》发表的时候，陈独秀入狱，李大钊也因为上了黑名单，而逃离北京，前往故乡昌黎五峰山。在那里，李大钊挥笔写就《再论问题与主义》一文，投递给胡适，以为其中有的或可与胡适的主张相互发明，有的是他们对社会的告白。

在这篇文章中，李大钊主要谈了四个问题：

第一，李大钊认为，问题与主义有不能十分分离的关系。因为一个社会问题的解决，必须靠着社会上多数人共同的运动。那么要想解决一个问题，应该设法使这个问题成为社会上多数人共同的问题。要想使一个社会问题成为社会上多数人共同的问题，应该使这社会上可以共同解决这个那个社会问题的多数人，先有一个共同趋向的理想、主义，作他们实验自己生活上满意不满意的尺度或是一种工具。那共同感觉生活上不满意的事实，才能一个一个的成了社会问题，才有解决的希望。不然，思想家尽管研究社会问题，社会上多数人，却一点不生关系。那个社会问题，是永远没有解决希望

---

① 蓝公武：《问题与主义》，《胡适全集》卷一，合肥：安徽教育出版社 2003 年，第 337 页。

的；那个社会问题的研究，也仍然是不能影响于实际。所以李大钊强调，我们的社会运动，一方面固然要研究实际的问题，一方面也要宣传理想的主义。这是交相为用的，这是并行不悖的。不过，李大钊也坦然承认，我们最近发表的言论，偏于纸上空谈的多，涉及实际问题的少，以后誓向实际的方面去作。这是李大钊读了胡适那篇文章后发生的觉悟。

第二，李大钊承认假冒牌号的危险。他指出，一个学者一旦成名，他的著作恒至不为人读，而其学说却如通货一样，因为不断的流通传播，渐渐磨灭，乃至发行人的形象、印章，都难分清。亚丹斯密史留下了一部书，人人都称赞他，却没有人读他。马查士留下了一部书，没有一个人读他，大家却都来滥用他。英人邦纳（Bonar）氏早已发过这种感慨。况在今日群众运动的时代，这个主义，那个主义多半是群众运动的隐语、旗帜，多半带着些招牌的性质。既然带着招牌的性质，就难免招假冒牌号的危险。王麻子的刀剪，得了群众的赞许，就有旺麻子等来混他的招牌；王正大的茶叶得了群众的照顾，就有汪正大等来混他的招牌。今日社会主义的名词，很在社会上流行，就有安福派的社会主义，跟着发现。这种假冒招牌的现象，讨厌诚然讨厌，危险诚然危险，淆乱真实也诚然淆乱真实。可是这种现象，正如孙中山所说新开荒的时候，有些杂草毒草，夹杂在善良的谷物花草里长出，也是当然应有的现象。王麻子不能因为旺麻子等也来卖刀剪，就闭了他的剪铺。王正大不能因为汪正大等也来贩茶叶，就歇了他的茶庄。开荒的人，不能因为长了杂草毒草，就并善良的谷物花草一齐都收拾了。所以，李大钊强调，我们不能因为安福派王揖唐也来讲社会主义，就停止了我们正义的宣传。恰恰相反，因为有了假冒牌号的人，我们愈发应该，一面宣传我们的主义，一面就种种问题研究实用的方法，好去本着主义做实际的运动，免得阿猫、阿狗、鹦鹉、留声机来混我们骗大家。

第三，关于所谓过激主义。李大钊坦诚表示他个人是喜欢谈论布尔什维克主义的，也确实因此给《新青年》《每周评论》两个刊物及其同仁带来一些困扰和麻烦。他在向同仁表示歉意的同时，依然觉得布尔什维克主义的流行，实在是世界文化上的大变动。我们应该研究它介绍它，把布尔什维克的真相昭布在人类社会，不可一味听信反对派的造谣，就拿凶暴残忍的话抹杀布尔什维克的一切。李大钊强调，在这种浅薄无知的社会里，发言论事，简直是万难，东也不是，西也不是。我们唯有一面认定我们的主义，用它作材料作工具，以为实际的运动；一面宣传我们的主义，使社会上多数人都能用他做材料做工具，以解决具体的社会问题，不必再计较什么过激主义、洪水猛兽、异端邪说的罪名。

第四，关于"根本解决"。李大钊指出，"根本解决"这个话，很容易使人闲却了现在，不去努力，这实在是一个危险。但这也不可一概而论。若在有组织有生机的社会，一切机能都很敏活，只要你有一个工具，就有你使用它的机会，马上就可以用这工具作起工来。若在没有组织没有生机的社会，一切机能，都已闭止，任你有什么工具，都没有你使用它做工的机会。这个时候，恐怕必须有一个根本解决，才有把一个一个的具体问题都解决了的希望。依马克思的唯物史观，社会上法律、政治、伦理等精神的构造，都是表面的构造。它的下面，有经济的构造作它们一切的基础。经济组织一有变动，它们都跟着变动。换一句话说，就是经济问题的解决，是根本解决。经济问题一旦解决，什么政治问题、法律问题、家族制度问题、女子解放问题、工人解放问题，都可以解决，可是专取这唯物史观的第一说，只信这经济的变动是必然的，是不能免的，而于他的第二说，就是阶级竞争说，了不注意，丝毫不去用这个学理作工具，为工人联合的实际运动，那经济的革命，恐怕永远不能实现，就能实现，也不知迟了多少时期。有许多马克思派的社会主义者，很吃了这个观念的亏。天天只是在群众里传布那集产制必然降临的福音，结果除去等着集产制必然成熟以外，一点预备也没有作，这实在是现在各国社会党遭了很大危机的主要原因。李大钊承认，遇着时机，因着情形，或须取一个根本解决的方法，而在根本解决以前，还须有相当的准备活动才是。[①]

　　胡适承认，蓝公武和李大钊两人的批评，使他的意思发挥得更透彻明了，还有许多匡正的地方。他认为，蓝公武、李大钊二人的意见，有很相同的一点，那就是他们都说主义是一个"共同趋向的理想"，是"多数人共同行动的标准，或是对于某种问题的进行趋向或态度"。这个解说，胡适认为与他的看法并没有冲突。

　　对于蓝公武、李大钊批评中不能接受的部分，胡适也做了解释。他说他们误会了一些概念，比如"具体"，比如"抽象"，

---

① 李大钊:《再论问题与主义》,《胡适全集》卷一, 合肥: 安徽教育出版社 2003 年, 第 344 页。

在对这些误解进行了辩解后，胡适再次重申自己的原则看法：

多研究些具体的问题，少谈些抽象的主义。一切主义，一切学理，都该研究，但是只可认作一些假设的见解，不可认作天经地义的信条；只可认作参考印证的材料，不可奉为金科玉律的宗教；只可用作启发心思的工具，且不可用作蒙蔽聪明，停止思想的绝对真理。如此方才可以渐渐养成人类的创造的思想力，方才可以渐渐使人类有解决具体问题的能力，方才可以渐渐解放人类对于抽象名词的迷信。[①]

胡适的这篇长达五千多字的《三论问题与主义》发表之后，意犹未尽，觉得还有几个小意思不曾发挥明白，故又写作《四论问题与主义——论输入学理的方法》。

在这篇文章中，胡适就输入学理的方法提出三点意见：

第一，输入学说时应该注意那发生这种学说的时势情形。胡适指出，凡是有生命的学说，都是时代的产儿，都是当时的某种不满意的情形所发生的。这种时势情形，乃是那学说所以出世的一个重要原因。若不懂得这种原因，便不能明白某人为什么要提出某种主义。每种主义初起时，无论理想如何高超，无论是何种高远的乌托邦，都只是一种对症下药的药方。若要知道一种主义，在何国何时是适用的，在何国何时是不适用的，我们就必须先知道这种主义发生的时势情形和社会政治状态是什么样子，然后可以有比较，然后可以下判断。一种主义发生时的社会政治情形记得越明白越详细，这种主义的意义就越容易懂得完全，这种主义的参考价值也

就最大。所以胡适说输入学理时，就应该注意那学理发生时的时势情形。

第二，输入学理时应注意"论主"的生平事实和他所受的学术影响。胡适指出，学说是时代的产儿，但是学说又代表了某人某人的心思见解。而这个某人某人的心思见解之所以不同，主要是与其所受到的教育，所接受的影响有关。所以要弄明白一个学说是否合乎社会需求，就应该弄明白这个学说发生时的社会情形、论主的情形等细节，从细节中发现价值与问题。

第三，输入学说时应该注意每种学说已经发生的效果。胡适强调，凡是主义，都是想应用的，都是想世间人信仰奉行的。那些已经充分实行，或是局部实行的主义，他们的价值功用，都可在它们实行时所发生的效果上分别出来。那些不曾实行的主义，虽然表面上没有效果可说，其实也有了许多效果，也发生许多影响，不过我们不容易看出来罢了。因为一种主张，到了成为主义的地步，自然在思想界、学术界，发生了一种无形的影响，触动许多人的心思，变化许多人的言论行为，改换许多制度风俗的性质。

这三点意见，总起来说就是一种"历史的态度"，凡对于每一种事物制度，总想寻找出它的前因后果，不把它当作一种来无踪去无影的孤立东西，这种态度就是历史的态度。胡适认为，输入学说的人，若能如此存心，也许可以免去现在许多一知半解，半生不熟，生吞活剥的主义的弊害。[①]

---

① 胡适：《四论问题与主义》，《胡适全集》卷一，合肥：安徽教育出版社2003年，第359页。

胡适的《四论问题与主义》原本计划发表在 1919 年 8 月
30 日出版的《每周评论》第 37 期上，无奈这期刊物正在印刷
时，刊物被查封，财物被没收，只有少量已印制完的刊物流
传出来，于是"问题与主义"的论争在外力作用下戛然而止。

　　参与"问题与主义"论争者仅三人，他们的政治倾向、思
想信仰当此时并没有根本冲突，他们在这个问题上也没有根
本的对立和斗争，只是互为补充，丰富论证和论据。在对主
义与问题的重视方面，稍有轻重缓急，但并没有谁力主非此
即彼，要主义不要问题，或要问题不要主义。所以，这场争
论原本说不上是一场争论，只是后来他们几个的人政治分野
太大，不仅外人回观他们当年的商榷补正有若斗争，即便他
们自己也慢慢地有了这种冲突、斗争的感觉了。

古史辨与新儒家的兴起

　　我们在前面已经大致说过，五四新文化运动中的激进主
义流派或许确实具有全盘反传统的思想倾向，或许真的要打
倒至少真的是在打孔家店和儒家伦理，然而他们的贡献只是
破坏和扫除了儒家伦理中僵化和陈旧的部分，只是儒家思想
的细枝末节，以及束缚个人的传统腐化的部分。而这一部分
内容，其实也是历代正统儒学竭力排斥的，也是正统、正宗
儒家学者从来不以为然的东西。所以，五四新文化运动主流
思想家原本要打倒孔子和儒家，结果却和历代正统、正宗儒
家学者一样，做了剔除异端、正本清源一类的工作，从而使

儒家的真面目更加显露，儒家的真精神更加张扬。这是五四新文化运动主流思想家无论如何也没有想到的结果。

要张扬儒家的真精神，就要剔除历代儒者根据他们的时代需要附加在儒家文本之上的各种依附物，于是在五四新文化运动主流思想的影响下，自清中期以来一直存在的疑古学术潜流终于浮出水面，成为现代学术成立的一个重要标志，这就是以顾颉刚为代表的现代疑古学派，或称为古史辨派。

古史辨的创始人顾颉刚深受胡适在五四新文化运动中所提出的"整理国故"思想的影响，主张用历史演进的观念和大胆的怀疑精神，吸收和运用西方近代社会学、考古学等方法，重新探讨中国古代的历史，考辨中国古代典籍，重建古史系统。

除胡适的思想影响外，顾颉刚的古史辨还有一个重要的学术源头，即钱玄同的思想影响。我们知道，钱玄同曾是古文经学大师章太炎的得意弟子，后又接受今文经学疑古大师崔适的思想。由于这种特殊的学术传承机会，从而使钱玄同对今文、古文两派都不满意，以为这两派都犯了从主观成见出发的错误，对于古籍的整理都不实事求是。他认为，今文经学是孔子学派所传衍，经长期蜕化而失掉它的本来面目。古文经学异军突起，古文经学家得到一点古代材料，用自己的意思加以整理改造，七拼八凑而成其古文学，目的是用它作工具而和今文家唱对台戏。所以今文家攻击古文经伪造，这话对；古文家攻击今文家不得孔子的真意，这话也对。我们今天，该用古文家的话来批评今文家，又该用今文家的话来批评古文家，把他们的假面目一齐撕碎，方好显露出他们的真相。钱玄同将这些意思告诉他的门生顾颉刚，并谆谆告诫顾在治学时一定要从开始弄清一个目标，知道现在治经学的任务不是要延长经学的寿命，而是要促成经学的死亡，使得我们以后没有经学，而把经学的材料全数变成古代史、古代思想史的材料。钱玄同还宣称，西汉董仲舒和京房等是今文经学的开创者，而我们乃是经学的结束者。我们要结三千年来经学的账，结清了就此关门，就此打烊，就此歇业。这样，章学诚等前辈学者所向往的将经学变成史学的前景，我们就能将其实现。

　　由于顾颉刚具有经学的训练和基础，因而他在胡适、钱玄同等人点拨下很快便心领神会。他充分利用乾嘉汉学的学术成就，开创疑古学的新领域。真正做到入经学之室，操经学之戈，以伐经学。他在1923年发表的《与钱玄同先生论古史书》中大胆地提出"层累地造成的中国古史"的观点，认为传统的所谓中国古史完全是后人一代代垒造起来的，并非客观真实的历史。这一创见在当时中国学术界立即引起轰动，胡适、钱玄同、傅斯年、周予同、罗根泽等表示支持，并齐心合力考辨古史，出版《古史辨》丛刊，他们这一自发的学术共同体遂被称为古史辨派或疑古学派。

　　古史辨派的工作就是推翻伪古史，他们的方法就是严格地不信任一切没有证据或不能被证明的东西。他们在儒家经学上的意义，就是将自东汉王充、马融以来，及至唐宋刘知几、欧阳修、郑樵、程颐、朱熹、王应麟，以及明代宋濂、胡应麟、清代姚际恒、阎若璩、康有为、崔述等人疑古惑经的学术传统在新的历史条件下发扬光大。他们在经学上的成就就是依靠科学的方法将中国传统社会具有宗教性的最高法典即儒家经典进行了科学的整理和批评，破除了它的神圣尊严，还其本来面目，从而扫除儒家经学在学术界的余威，使经学真的完成自己的历史使命而终结。

古史辨的工作是将儒学恢复到先秦诸子百家之一的地位，表面上看是压抑、贬低了儒家思想的地位，实际上则为儒家思想获取了再度辉煌的可能和机会。与古史辨从学术上考辨儒家学术的理路稍有不同，新儒家则主要从思想上辨明儒家思想传统在现代社会发生发展乃至重新发达的可能性。

现代新儒家一般都从梁漱溟的演讲《东西文化及其哲学》开始算起，其实这一思想源流的源头可能还要早。当近代中国面对西方的压力不断反省自身，最终将中国问题的原罪推给儒家思想的时候，就有了重新检讨儒家思想价值的学术潜流。只是到了梁漱溟，由于各方面的机缘巧合，使大胆宣扬儒家思想可能还有价值，甚至还有拯救西方思想破产的可能，于是新儒家的思想从潜流浮出水面，并终致蔚为大观，成为20世纪中国最重要的学术思想流派之一。

继梁漱溟之后大胆弘扬儒家思想传统的大概是张君劢。张君劢的思想与梁漱溟大概没有什么关系，但与梁启超的思想则密切相关，他在梁启超基于对西方思想破产的困惑而重提中国文明和东西精神时，正式提出人类文化正处于一个转变时期，这一转变的实质是从西方走向东方，从物质走向心灵，从向外追求走向反求内省。所以，张君劢不能继续认同中国人迷信科学，以为对科学的迷信是与工商立国的政策和单纯地追求物质之快乐，求一时之虚荣的价值观联系在一起的，而这一切将导致中国社会循欧洲之道而不变，必蹈欧洲败亡之覆辙。更何况欧洲近数十年来的思想已发生重大的转变，已由原来的机械主义、主智主义、命定主义等走上了新的玄学时代了。而这种新玄学，在张君劢看来，其基本精神与我中华先圣尽性以赞化育之义相吻合，与宋明以来的理学基本精神足资相互发明。所以他强调，自理论实际两方观之，宋明理学有倡明之必要，诚欲求发聋振聩之药，唯在新宋学之复活，心性之发展为形上的真理之启示，故当提倡新宋学。

那么，张君劢的新宋学究竟是什么呢？难道真的是程朱理学在新的历史条件下的复活吗？显然不能作如是简单的回答。细绎其思想的真意，他心目中所谓的新宋学，主要是与"唯科学主义"相对待的"唯道德主义"，是以提倡道德主义来纠正科学主义的弊病。他说：孟子之所谓"求在我"，孔子之所谓"正己"，即我之所谓内。本此意以言修身，则功利之念在所必摈，而唯行己心之所安可矣；以言治国，则富国强兵之念在所必摈，而唯求一国之均而安可矣。主张以道德立国和修身养性，这虽然有复归传统的意思，但实际上是基于西方科学主义的失败而所做的反省，尽管这个反省的方向可能错了。

在张君劢之后有熊十力。熊十力也被视为现代中国新儒家的重要开山祖师，他十四岁从军，后参加反清团体，武昌起义后任湖北军政府参谋，后参加孙中山领导的护法运动，失败后决意从事哲学研究，以期导人群之正见，专心于"为己之学"，以增进国民道德为己任。

熊十力的思想原本倾向于王夫之、顾炎武等人，遂有革命之志，立功建业之心，只是后来念党人争权夺利，终无善果，于是和梁漱溟一样离开革命，先在支那内学院师从欧阳竟无，究心于佛教，直从大乘有宗唯识论入手，以期真正解决自己内在终极关怀问题。不久舍弃有宗，深研大乘空宗。当此时，他受章太炎的思想影响甚深，崇佛贬儒，认为不仅佛学哲理精微，而且可以使人摆脱小我之见和利欲之私，而儒学虽讳言利，但其思想本质则每每被牟私利者所利用。

1922 年，在梁漱溟等人的推崇和举荐下，熊十力受北大校长蔡元培的邀请任教北大，他和梁漱溟一样，也在那里彻底改变了佛教信仰，不敢以观空之学为归宿，于是返求诸己，忽有所悟，开始摆脱佛教思想的影响，转而倾心于儒家思想，为新文化运动晚期竭力张扬儒家思想现代价值的主要人物，当代新儒家的好几位代表人物如唐君毅、牟宗三、徐复观等，都出于熊十力门下。

在 20 世纪中国学术史上，除冯友兰与熊十力外，也有人尝试重组传统哲学，特别是欧阳竟无、太虚与梁漱溟。只是欧阳竟无与太虚只不过恢复了唯识之学，并没有增加任何新意；梁漱溟给予儒家仁的概念以力动直觉的新解释，对新文化运动发挥了无比的影响力，但他并没有造成一个自己的哲学系统；而熊十力则在新文化运动晚期开始这项工作，并确实营造了一个自圆其说的思想体系，深刻影响了年轻一代学者。

正如一些研究者所意识到的那样，熊十力作为"后五四时代"的一员，也具有中国知识分子所共持的"救国"愿望。他深切知道思想救国这项工作的庄严性与尝试着去消纳西方压力、资源的迫切性。然而，熊十力坚信，如此意图必须立基于高度的自我认知上，以为西方洞识的采用，必须与中国价值之重建相辅相成，互为表里，融为一体。所以，深入研究中国人的心灵，不只具有内在价值而已，而且就成功汲取新观念而言，也是扮演着必要的功能。五四新文化运动主流思想家情绪化地执迷于西方思想的皮毛表象，比起毫不拣择地接受西方的那种心态，更让熊十力感到担心。就体用而言，熊十力认为一定要重建中国之"体"，并由此"体"作为了解西方经验的真实途径。同样道理，熊十力主张对西方之体的了解欣赏将反过来加深中国自我认知的层面。唯有如此，才可能有创造性的相辅相成、内在动力。熊十力坚信，零零星星地将西方思想浪漫化，并不能精辟把握到西方思想的精髓和内在结构。假如没有触及中西两方之"体"，那么任何想利用外来思想的企图终将白费。

中国思想的自觉

近代中国走上现代化的道路，在某种程度上说带有很大的被迫意味，是近代中国人一种不得已的选择。不过，中国人既然选择了现代化，选择了向西方学习，那么近代中国人在稍事徘徊与犹豫之后，大体上说还是比较坚定地走上了步趋西方的道路，开始了向西方学习的艰难历程。那时候，在中国人的概念中，西方社会比中国进步，西方的生产力比中国发达，西方人也比中国人更自由，更容易发挥自己的聪明才智和创造性，于是中国人将向西方学习的内容大致限定在科学、民主及自由这几个大的层次上或范围内，至少到了五四新文化运动，中国经历了向西方学习的半个多世纪的历程，似乎还很少有人怀疑这种学习的正当性、合理性。

然而第一次世界大战的爆发，粉碎了中国人半个多世纪以来学习西方的梦想，正如严复所意识到的那样，西方社会在民主、科学、自由光芒的照耀下，三百年进化得到的只不过是"利己杀人，寡廉鲜耻"八个字。

严复的判断还只是一个东方智者的猜测，并没有实证基础。待到梁启超从欧洲现场归来，他那如簧之舌、如椽之笔，终于唤醒中国人半个世纪的迷梦，使先前半个世纪发展方向发生迟疑和转向，引发中国思想的自觉。

梁启超和他的研究系同仁漫游欧洲的目的很明确，一来是想自己求得一点学问，且看看第一次世界大战这空前绝后的历史惨剧如何收场；二来呢，梁启超和大多数中国人一样，都正在做着正义人道的外交梦，以为即将开幕的巴黎和会将要实现"公理战胜强权"的梦想，真是要将全世界不合理的国际关系根本改造，立个永久和平的基础。抱着如许期待，梁启超决定以私人资格到巴黎活动，向各国政要以及世界舆论申诉中国的立场，也算尽一份国民责任。

1918年12月28日，梁启超携刘崇杰（外交）、丁文江（工业）、张君劢（政治）、蒋百里（军事）、徐新六（经济）等离开上海，开始了长达一年之久的欧洲游历。

战后的欧洲，满目凄凉，遍体鳞伤，过去的繁华早已被战火所吞没，到处是断壁残垣、荒烟蔓草，绝好风景的所在，都被弄成狼藉不堪了。更令人触目惊心的是，欧洲大陆遍布着林林总总的新坟，坟头上插着密密麻麻、成千上百的十字架。面对战争的破坏，梁启超感慨万千，以为自然界的暴力远不及人类，野蛮人的暴力更是没有办法与文明人相比。现在所谓光华灿烂的文明，究竟将来作何结果，越想越令人不寒而栗。

梁启超认为，第一次世界大战给西方文明的破坏是空前的，整个欧洲实际上笼罩在世界末日、文明灭绝的悲观主义情绪之中。欧洲应该向何处去，东西文明的价值究竟应该如何评估，再一次提到了学术界的面前。针对这些问题，梁启超的看法是，欧洲的问题一方面固然由于机器的发明与使用，由于科学的进步和创造日新月异；另一方面也因为生计上的自由主义成了金科玉律，自由竞争的结果，终于导致出这些恶劣现象。除此之外，19世纪中叶以来畅行无阻的生物进化论和以自己为本位的个人主义这两股思潮推波助澜，也是欧洲问题之所以发生的原因之一。梁启超指出，欧洲人之所以失去了安身立命的所在，之所以陷入悲观主义的境地，就在于欧洲人过于相信"科学万能"，以为科学可以解决一切问题。他说，这回战争中各种发明日新月异，可惜大半专供杀人之用。现在点电灯、坐帆船的人类，实在看不出有什么特别舒服之处。

欧洲问题的根源是否如此姑且不论，然梁启超的认识实际上是在秉持其一贯的"以今日之我非昨日之我"的思想原则，是将批评的矛头指向了自己早年所信奉的社会进化论以及对现代科学的认知，是对科学的反动。

基于这种认识，欧游归来的梁启超一反常态，反对将科学凌驾于一切事物之上，主张重新认识中国传统文化的价值，向西方推广重视精神生活的东方文化。他在《欧游心影录》指出：当时讴歌科学万能的人，渴望着科学成功，黄金世界便指日出现。如今功总算成了。一百年物质的进步，比从前三千年所得还要加几倍。然而我们人类不惟没有得到幸福，反而带来了许多灾难，好像沙漠中迷路的旅人，远远望见个大黑影，拼命向前赶，以为可以靠它向导，哪知赶上几程，影子却不见了。因此无限凄凉失望。影子是谁？就是这位科学先生。欧洲人做了一场科学万能的大梦，到如今却叫起科学破产来。

第一次世界大战带给人们心灵上极大的震撼，当时不止梁启超一人，举凡对人类命运略表关注的东西方学人，都在思考着西方近代以来的科学除了给人类带来无穷的好处外，是否也有值得反思、值得重新审视的问题？他们一个普遍的看法是，以科学为主要内容的西方文化似乎已经到了山穷水尽的境地，而以精神文明为主要特征的东方文明似乎正好可以用来补西方文明之穷，这在梁启超那里的表现，就是比较审慎地提出了东西文化融合的看法，只是他仍然没有像稍后的梁漱溟那样大胆地要以东方文明、孔子之道去拯救西方，拯救人类。但是，也正如梁漱溟后来所表白的那样，他之所以敢于如此明白地主张，实在是受了梁启超欧游感想的启发。因此不管梁启超在《欧游心影录》中所表达的文化理念真实意义如何，他对西方文化的怀疑，对东方文明的期待，实际上不仅背离了他前期的信仰，而且开启了稍后所谓东方文化派的先河。

欧洲战场满目凄凉、遍体鳞伤的景象给中国人留下持久难忘的印象,许多中国人以为自然界的灾难无论如何巨大也赶不上拥有"科学"武器的人类更残忍。与其继续追求辉煌而不确定的科学未来,不如安于恬静诗意的田园风光。第一次世界大战促使中国思想界对既往历史的深刻反省:科学可以解决人类的许多问题,但科学决非万能。所以,到了新文化运动晚期,对科学主义的怀疑竟然一时间成为风潮,将矛头直指新文化运动所期待的"科学与民主"中的两轮之一。

1923年2月14日,张君劢在清华作题为"人生观"的演讲,接着梁启超的思考往下讲,对科学万能的说法提出尖锐的批评,强调科学尽管很重要,但科学具有很大的局限性,并不能解决人生观的问题。因为科学与人生观是根本不同的:科学之中,有一定之原理、原则,而此原理、原则,皆有证据;然而同为人生,因彼此观察点不同而意见各异,故天下古今之最不统一者,莫若人生观。他列举科学与人生观的五点区别是:

第一,科学为客观的,人生观为主观的;

第二,科学为论理的方法所支配,而人生观则起于直觉;

第三,科学可以以分析方法下手,而人生观则为综合的;

第四,科学为因果律所支配,而人生观则为自由意志的;

第五,科学起于对象之相同现象,而人生观起于人格之单一性。

张君劢认为,人生观之特点所在,曰主观的,曰直觉的,曰综合的,曰自由意志的,曰单一性的。这一切,都是与科学的特点截然不同的。按照他的分析，人生观面对或者说要解决的问题主要有这样九个方面：

1. 我与我之亲族之关系；

2. 我与我之异姓之关系；

3. 我与我之财产之关系；

4. 我对于社会制度之激渐态度；

5. 我在内之心灵与在外之物质之关系；

6. 我与我所属之全体之关系；

7. 我与他我总体之关系；

8. 我对于世界之希望；

9. 我对于世界背后有无造物主之信仰。

张君劢指出，凡此九项皆以我为中心，或关于我以外之物，或关于我以外之人，东西万国，上下古今，无一定之解决者，则以此类问题，皆关于人生，而人生为活的，故不如死物质之易以一例相绳。

在张君劢看来，科学是关乎物质的，而人生观是关乎精神的。基于这种判断，再对中西文明进行了对比，张君劢轻而易举地回到文化保守主义的观点上，认为中国文明是"精神文明"，西方文明是"物质文明"：自孔孟以至宋明理学家，侧重内心生活之修养，其结果为精神文明；三百年来之欧洲，侧重以人力支配自然界，故其结果为物质文明。西洋"物质文明"的文化或人生观到底不足以解决人生观问题，所以导致了第一次世界大战的灾难；唯有中国的"精神文明"才能解决人生问题。所以科学无论如何发达，而人生观问题之解决，决非科学所能为力，惟赖诸人类之自身而已。盖人生观既无客观标准，无法由外在的物质文明、科学所规范或决定，而只能反求诸己，进行内心修养，力主寻找中国传统文化特别是儒学精义作为解救时艰的良药：欲求发聋振聩之药，惟在"新宋学"之复活。这显然是将法国哲学家伯格森的生命哲学与中国的宋明理学糅合在一起，刻意宣扬自由意志，将科学逐出人生观的领地。

张君劢与梁启超有师生之谊，他在陪同梁启超漫游欧洲的时候，也与梁启超一样深切地感到了西方物质文明的破产，与其师梁任公一样开始怀疑科学的功能与地位，以为科学并非万能。所以，张君劢以反对科学万能为宗旨的这个演讲，在某种程度上说正与梁启超的思想主张契合。

对包括科学在内的一切保持适度的怀疑原本是一种科学的态度，然而张君劢的演讲实质上已不是对科学的适度怀疑，而是在宣扬一种在科学主义者看来非常有害的思想主张，所以，当张君劢的演讲词发表后，"绝对科学主义者"丁文江不禁"勃然大怒"，他当面怒斥张君劢，曰诚如君言，科学而不能支配人生，则科学复有何用？

丁文江与梁启超也有师生之谊，也是陪同梁启超游历欧洲，看过战后欧洲真相的人。不过丁文江毕竟出身于科学，受过西方系统的科学训练，是当时中国最著名的地质学家，也是最著名的"绝对科学主义者"，而且更重要的是，他虽然与梁启超、张君劢一样看到了战后欧洲的真相，但他就是没有得出梁启超和张君劢那样的悲观印象，没有丝毫感觉科学破产的迹象，反而坚信科学的未来，他无论如何不能赞成张君劢对科学作用有限性的解析。丁文江强调，科学如果不能解决、支配人生，那么科学还有什么用呢？第一次世界大战只是人类历史上的偶然现象，并不能由此证明科学的破产。

张君劢与丁文江是相交有年的好朋友，他们两人面对面辩论了两个小时，但谁也说服不了谁。于是，为了拯救被"玄学鬼附身"的张君劢，更为了提醒没有被玄学鬼附在身上的青年学生，丁文江迅即在《努力周报》上发表《玄学与科学——评张君劢的"人生观"》一文，竭力为科学辩护，以为第一次世界大战的结果并不能证明科学破产。强调无论如何，人生观都要受到科学的公例、定义及方法的支配。凡是心理的内容，真的概念推论，无一不是科学的材料。科学方法不但是求真理所必须，也是教育同修养的最好工具。人类今日最大的责任与需要不是在人生观上排斥科学，为玄学留下一块空地，恰恰相反，应该把科学应用到人生问题上去。

在丁文江看来，张君劢并不了解科学的性质，而且从哲学上看，张所依赖的主要是欧洲唯心主义的蒙昧主义传统。站在中国人的立场上看，张君劢的争辩是企图把宋明理学和一切古老文化，从偶像崇拜反对者的攻击中拯救出来，而防御这些攻击只能诉诸非理性的直觉。丁文江认为，宋明理学早已遭到清代经验主义学者的鄙薄和清算，倘若在20世纪听任其莫名其妙地复活，中国社会就有可能完全脱离科学进步的危险。

丁文江认为，科学能知世上可知的一切，从认识论的意义上说，我们对任何事物的了解，都是思维活动的结果。人生观现在没有统一是一件事，永久不能统一又是一件事；何况现在无是非真伪之标准，安见得就是无是非真伪之可求？

要求是非真伪，除去科学方法，还有什么方法？

基于"经验实在论"的立场，丁文江提出讨论三原则：

一是经验原则：科学知识起于感知。觉官感触是我们晓得物质的根本；无论思想多么复杂，总不外乎觉官的感触；

二是逻辑原则：知识起于据经验而进行的逻辑推论。旁人有没有自觉呢？我不能直接感触他有，并且不能直接证明他有，我只能推论他有；

三是唯心原则：物质存在最终起于经验—逻辑。我们所晓得的物质，本不过是心理上的觉官感触，由知觉而成概念，由概念而生推论。科学所研究的不外乎这种概念同推论。

丁文江之所以坚信张君劢的人生观不可能逃出科学的范围，是因为他坚信：

一、凡不可以用论理学批评研究的，不是真知识；

二、科学的材料原都是心理的现象，若是你所说的现象是真的，决逃不出科学的范围；

三、科学未尝不注重个性直觉，但是科学所承认的个性直觉，是根据于经验的暗示，从活经验里涌出来的。

丁文江指出，张君劢的人生观，一部分是从西方玄学大家柏格森哲学中演化出来的，又联合了中国陆九渊、王阳明、陈白沙一派高谈心性的玄学家。

就张君劢对科学的误解，丁文江提出三点申辩：

第一，科学的材料是所有人类心理的内容；张君劢说科学是向外的，如何能讲得通？

第二，科学不仅是物质的；科学对人心大有裨益：科学不但无所谓向外，而且是教育与修养最好的工具；不但使学科学的人有求真理的能力，而且有爱真理的诚心；拿论理来训练他的意想，而意想力愈增；用经验来指示他的直觉，而直觉力愈活；

第三，科学不是机械的；了然于宇宙生物心理种种的关系，才能够真正知道生活的乐趣。这种活泼泼的心境，只有拿望远镜仰察过天空的虚漠、用显微镜俯视过生物的幽微的人，方能参领得透彻。

至于张君劢强调的欧洲文化破产及其责任，丁文江的回应更简单，他根本不承认欧洲文化破产。退一步，即便欧洲文化纵然是破产，科学绝对不负这种责任，因为破产的大原因是国际战争；对于战争最应该负责的人是政治家同教育家。这两种人多数仍然是传统宗教教育的产物，而这种传统宗教教育与科学理想相去万里。所以丁文江坚持认为，欧洲麻烦的原因可能与张君劢的估计相反，不是科学破产，而是科学精神没有渗透到社会生活的各个方面，也就是说，由于欧洲没有能够把科学精神转化为人们的自觉意识和自觉行动，没有延伸到社会的、政治的问题中去，不是科学导致了欧洲的灾难，恰恰相反，第一次世界大战的灾难证明欧洲人只是利用了科学的结果，而没有将科学精神贯彻到底。

丁文江的文字批评和口头批评一样，并不能说服张君劢。稍后，张君劢又撰《再论人生观与科学并答丁在君》长文，分上中下连载于《晨报》副刊，就其所谓自由意志的人生观作进一步阐释，认为丁文江拒绝接受精神现实与物质现实相联系的可能性，他称丁文江是"感知论者"，于是张君劢借用康德反对英国经验主义的传统论点驳斥丁文江，以为人的思维如果不对感知材料作概念化的加工并使之成为可以接受的东西，那么感官感知的内容就十分支离破碎。

张君劢、丁文江的论辩，引起了学术界的积极回应，学界名流均有文章参与讨论，煞是热闹。胡适、吴稚晖、王星拱、唐钺、朱经农站在丁文江一边，坚持"科学的人生观"，批评张君劢将世界分为科学的物质世界和思想的精神世界的观点；而张东荪、林宰平、瞿菊农、屠孝实则赞同张君劢的观点，以为科学的功能是有限的，支持张君劢借重玄学，重建"新宋学"的努力。

学界的喧嚣自然引起不甘寂寞的梁启超的注意，不过由于丁文江、张君劢二人都与其有师生之谊，都是他的追随者，而参与讨论的学界中人，也大多是其朋友，所以颇显"老辈"的梁启超似乎无法尽情讨论，担心论战伤了各方的和气，他在同年5月9日发表了一篇《关于玄学科学论战之"战时国际公法"——暂时局外中立人梁启超宣言》，希望各方平心静气地加以讨论，万不可有"越轨的言论"。他为论战各方制定的两条"战时国际公法"是：

第一，问题一定要集中，针锋相对，剪除枝叶；

第二，措辞一定要庄重恳挚，万不可有嘲笑或谩骂语。

梁启超认为，张君劢与丁文江的这场争论非常值得注意，一是科学与人生观确实是当时思想界一个非常重大的问题，而人生观问题从来就是宇宙间最大的问题；二是这种论战在过去的中国从来没有发生过，这为中国学术界开了一个新纪元，标志着中国思想的自主、自觉与自立，意味着中国思想此后将有可能偏离或者说调整半个多世纪以来的走向，重建中国思想的体系，重估中国思想的价值。

在科学与人生观争论之初，胡适正在烟霞洞养病，5月11日，他在上海写成一篇"很不庄重"的《孙行者与张君劢》，把张君劢比作孙悟空，而把赛先生（科学）和罗先生（逻辑）比作如来佛，认为玄学家张君劢等人纵有天大的本领，也跳不出科学的掌心，从道义上坚定地站在丁文江科学派一边。

由胡适这篇文章开头，科学派大将对玄学派展开凌厉攻势，丁文江、任鸿隽、朱经农、唐钺、王星拱、吴稚晖等相继出场，轮番轰炸，表达科学主义的坚定立场。

面对科学主义的攻势，以张君劢、梁启超为代表的玄学派绝地反击，以攻为守。张君劢又在中国大学发表一次《科学之评价》演讲，更加细致解读科学为什么不能解决人生观问题的道理。

至于先前表示"暂时局外中立"的梁启超也终于忍不住披挂上阵，并成为玄学派压阵大将，于5月29日发表《人生观与科学——对于张丁论战的批评》，以"长者"的身份对论战两造各打五十大板：

对于张君劢的观点，梁启超认为张君劢所谓人生观不能用科学方法解答者，而依梁启超自己看来，十有八九倒是要用科学方法解答。他还说，张君劢尊直觉，尊自由意志，我原是赞成的，可惜他应用的范围太广泛而且有错误。

对于丁文江，梁启超批评他过信科学万能，正和张君劢之轻蔑科学同一错误。梁启超指出，在丁文江的那篇批评张君劢的文章中，很像专制宗教家口吻，殊非科学者态度，这是我梁启超最替丁文江可惜的地方。

批评了论战两方之后，梁启超全面阐述了自己对"科学"与"人生观"的看法。他首先为人生观与科学这两个概念定义：

人生观：人类从心界、物界两方面调和结合而成的生活叫作人生；我们悬一种理想来完成这种生活，叫作人生观；

科学：根据经验的事实，分析综合，求出一个近真的公例，以推论同类事物，这种学问叫作科学。

用这种概念看待科学与人生的关系，梁启超的答案是：人生问题有大部分是可以，而且必须用科学方法来解决的；却有一小部分，或者还是最重要的部分是超科学的。换言之，人生关涉理智方面的事项，绝对要用科学方法来解决；关涉情感方面的事项，绝对的超科学。情感表出来的方向很多，内中至少有两件的的确确带有神秘性，就是"爱"和"美"。梁启超强调，"科学帝国"的版图和威权无论扩大到什么程度，这位"爱先生"和那位"美先生"依然永远保持他们那种"上不臣天子，下不友诸侯"的身份。

梁启超对张君劢、丁文江的主张都进行了批评，似乎提出了自己的这种主张。其实，他把人的理智与情感截然分开，认为理智受科学支配，情感超乎科学，否认科学是对客观物质环境的反映，这恰恰暴露了他的主观唯心主义思想倾向，暴露了他对科学的忧虑以及对玄学神秘主义的亲近。表面上的折中主义终究无法掩盖其思想本质上的玄学鬼。

对于梁启超的新提法，又引起一些争议，新文化运动后期的中国学术界突然被这个问题搅和得煞是热闹，出版界也迅速跟进，至1923年年底就有两本论文集出版，一本是上海亚东图书馆汪孟邹编辑的《科学与人生观》，另一本是上海泰东图书局郭孟良编辑的《人生观之论战》。两本论文集所收文章大致相同，不同的是亚东本有陈独秀、胡适这两位安徽老乡为汪孟邹专门写的两篇序言，而泰东本则由张君劢作序。由此也可看出两本论文集的大致倾向，亚东本大致代表科学派的立场，而泰东本则明显为玄学派的观点集大成，最突出的表现集中在张君劢的序言上。

张君劢在这篇序言中，继续对其人生观进行阐述，说明心理学、社会学和唯物史观等作为"科学"是怎样的不可能，尤其是马克思主义的历史唯物论、科学社会主义等，更不能对人生观给予合情合理的解释，因而是不可信的。

而亚东本的陈独秀序，则是一个早期马克思主义者正式加入这场论战，表达了马克思主义者对科学与人生观的基本看法。陈独秀并不是简单地支持论战中的任何一方，他实际上可能是期望在两条战线作战，既反对张君劢、梁启超这些玄学鬼，更反对丁文江、胡适之这些"唯科学主义"者。陈独秀相信，对于未发现的物质固然可以存疑，而对于超物质而独立存在并且可以支配物质的什么心，什么灵魂与上帝，已无疑可存了。我们相信只有客观的物质原因可以变动社会，可以解释历史，可以支配人生观，这便是"唯物的历史观"。

陈独秀的"唯物的历史观"也包含有对胡适的批评，所以胡适在他的长序中也对陈独秀的批评给予回应，并在吴稚晖论证的基础上正面提出"自然主义的人生观"或称为"新人生观的轮廓"，即著名的"胡适十诚"：

一、根据于天文学和物理学的知识，叫人知道空间的无穷之大；

二、根据于地质学及古生物学的知识，叫人知道时间的无穷之长；

三、根据于一切科学，叫人知道宇宙及其中万物的运行变迁皆是自然的，自己如此的，正用不着什么超自然的主宰或造物者；

四、根据于生物的科学的知识，叫人知道生物界的生存竞争的浪费与惨酷，因此，叫人更可以明白那"有好生之德"的主宰的假设是不能成立的；

五、根据于生物学、生理学、心理学的知识，叫人知道人不过是动物的一种，他和别种动物只有程度的差异，并无种类的区别；

六、根据于生物的科学及人类学、人种学、社会学的知识，叫人知道生物及人类社会演进的历史和演进的原因；

七、根据于生物的及心理的科学，叫人知道一切心理的现象都是有因的；

八、根据于生物学及社会学的知识，叫人知道道德礼教是变迁的，而变迁的原因都是可以用科学方法寻求出来的；

九、根据于新的物理化学的知识，叫人知道物质不是死的，是活的；不是静的，是动的；

十、根据于生物学及社会学的知识，叫人知道个人即"小我"是要死灭的，而人类即"大我"是不死的，不朽的；叫人知道"为全种万世而生活"就是宗教，就是最高的宗教；而那些替个人谋死后的"天堂""净土"的宗教，乃是自私自利的宗教。[①]

胡适指出，这种新人生观是建筑在过去两三百年科学常识之上的一个大假设，我们也许可以给它加上一个"科学的人生观"的尊号，但为避免无谓争论起见，不妨叫作"自然主义的人生观"，以为人在自然界中真是一个藐乎其小的微生物，因果法则支配着人的生活，但人能考究宇宙间的自然法则，利用它来驾驭"天行"。

对于胡适的说法，梁漱溟很不以为然。他指出，所谓为了生活的说法是根本不知生活为何物，不知生命何所指。人类的生命是一种无目的的向上奋进，即人类生命处在一个永无止境的进化过程：人生真义无他，只在于同心协力奋勉向前而已。[②]

胡适的一些说法也引起了中国马克思主义者的批评，陈独秀、瞿秋白等人认为论争中的所谓科学派和玄学派都是一丘之貉，本质上都是唯心主义，都不可能科学地解决人生观问题；人生观不是偶然的，是一定社会存在的产物；只有马克思主义历史唯物论才能科学地解决人生观问题。

科学与玄学的论争从表面上看，参与论争的人是谁也没

---

① 胡适：《〈科学与人生观〉序》，《胡适全集》卷二，合肥：安徽教育出版社2003年，第213页。

② 梁漱溟：《我之人生观如是》，《梁漱溟全集》卷四，济南：山东人民出版社1989年，第757页。

有说服谁，但从实际后果看，这场论争所产生的对科学的热情，成为知识分子生活中的一股创造性力量。尽管他们有着论战的分歧，但所有鼓吹和信奉科学的人，实际上都受到这种信念的鼓舞，即只有受过科学训练的知识分子，才能设计出解决中国问题的方案，才有可能进行一场科学的社会革命。在这场社会革命中，运用理性的技术解决人类福祉问题，使得提供比迄今通过常规智慧所提供的更为人道、更为有效的解决方法成为可能。这就使得他们所鼓吹的科学的行动，不仅具有学术上的重大意义，而且具有政治上、社会上的合法性保障。他们使用"赛先生"作为护身符，用这个具有魔力的护身符去驱走一切迷信、保守主义以及对过去的盲目忠诚，以便把人的智慧解放出来，去思考人类所面临的种种紧迫问题。科学，已不再是一般意义上的科学，而是一种"科学主义"，甚至是"绝对的科学主义"。

科学是个好东西，但当科学成为一种"主义"，可能其中也就蕴含着一些问题。因为人类对自身、对社会、对自然的认识，不仅无法穷尽，甚至可以说，人类现在的认识不过是九牛一毛，因此以"科学"加"主义"的名义去号令一切，于是许多的东西，便在这些科学家的眼里成为迷信，成为糟粕，成为必须打倒、必须舍弃的东西。于是，借助于科学的名义，许多"不科学"的事情照样发生，许多人类尚无法认知的东西，被作为糟粕而舍弃。

不过，最值得强调的是，科学与人生观的讨论，表明中国思想的成熟与自觉，意味着中国思想在经过半个多世纪的与西方思想冲撞、糅合、融汇之后，开始有了自己的问题与话语表达方式，有了自主性的思考与判断。不过到了陈独秀、瞿秋白等人加入，这场讨论的方向实质上又从人生观转到了历史观，由此又引发了稍后的中国社会性质及社会史论争，中国思想又在另一个层面展开。